VIVA LA REVOLUCIÓN

ERIC HOBSBAWM

Viva la revolución

A era das utopias na América Latina

Organização
Leslie Bethell

Tradução
Pedro Maia Soares

2ª reimpressão

COMPANHIA DAS LETRAS

Grafia atualizada segundo o Acordo Ortográfico da Língua Portuguesa de 1990, que entrou em vigor no Brasil em 2009.

Título original
Viva la Revolución: On Latin America

Capa
Thiago Lacaz

Preparação
Andréa Bruno

Índice remissivo
Luciano Marchiori

Revisão
Ana Maria Barbosa
Carmen T. S. Costa

Dados Internacionais de Catalogação na Publicação (CIP)
(Câmara Brasileira do Livro, SP, Brasil)

Hobsbawm, Eric, 1917-2012
Viva la revolución : a era das utopias na América Latina / Eric Hobsbawm ; tradução Pedro Maia Soares. — 1ª ed. — São Paulo : Companhia das Letras, 2017.

Tíulo original: Viva la Revolución : On Latin America
ISBN 978-85-359-2983-6

1. Ensaios 2. América Latina — História — Século 20 3. América Latina — Política e governo — Século 20 I. Título.

17-06596   CDD-320.980904

Índices para catálogo sistemático:
1. América Latina : História política : Século 20 320.980904
1. Século 20 : América Latina : História política 320.980904

[2021]
Todos os direitos desta edição reservados à
EDITORA SCHWARCZ S.A.
Rua Bandeira Paulista, 702, cj. 32
04532-002 — São Paulo — SP
Telefone: (11) 3707-3500
www.companhiadasletras.com.br
www.blogdacompanhia.com.br
facebook.com/companhiadasletras
instagram.com/companhiadasletras
twitter.com/cialetras

Sumário

Sobre esta edição

Antes de sua morte, em 2012, aos 95 anos, Eric Hobsbawm reuniu em *Como mudar o mundo* uma coletânea dos seus escritos, de 1956 a 2009, sobre Marx e marxismo. Ao mesmo tempo, organizou uma antologia de textos e palestras (de 1964 até 2012) sobre cultura e sociedade do século xx, publicada postumamente com o título *Tempos fraturados*. E deixou indicado que gostaria de uma coletânea dos seus artigos e ensaios sobre a América Latina. Os administradores do espólio literário de Hobsbawm, Bruce Hunter e Chris Wrigley, convidaram Leslie Bethell, historiador sobre a América Latina e amigo de Eric por mais de cinquenta anos, para levantar, selecionar e editar os escritos do historiador sobre a região, do artigo na *New Statesman* sobre a Revolução Cubana (outubro de 1960) até seu capítulo sobre o Terceiro Mundo, falando principalmente sobre a América Latina, em sua autobiografia *Tempos interessantes*, e para contribuir com uma introdução sobre o relacionamento de quarenta anos de duração de Eric com a América Latina. Sua viúva, Marlene, apoiou o projeto entusiasmadamente.

Keith McClellan disponibilizou generosamente ao editor sua bibliografia dos textos de Eric Hobsbawm (até fevereiro de 2010). Andrew Gordon, agente literário na David Higham Associates, com seus assistentes Marigold Atkey e David Evans, assumiu a digitalização de muitos desses escritos. Zoe Gullen, na Little, Brown, preparou o livro para a publicação, e Sarah Ereira compilou o índice.

Introdução: Eric e a América Latina

Leslie Bethell

Em sua autobiografia *Tempos interessantes: Uma vida no século XX*, publicada em 2002, quando estava com 85 anos, o historiador Eric Hobsbawm (1917-2012) escreveu que a única região do mundo fora da Europa que ele achava que conhecia bem e onde se sentia totalmente em casa era a América Latina. Mais de quarenta anos antes, Eric sentira-se atraído pela América Latina devido ao potencial do continente para a revolução social. Após o triunfo de Fidel Castro em Cuba, em janeiro de 1959, e mais ainda depois do insucesso da tentativa dos Estados Unidos de derrubá-lo, em abril de 1961, "não havia intelectual [de esquerda] na Europa ou nos Estados Unidos que não sucumbisse ao feitiço da América Latina, continente onde aparentemente borbulhava a lava das revoluções sociais".[1] Numa introdução inédita para um volume sobre as revoluções do século XX, Eric escreveu (em janeiro de 1967):

> A Segunda Guerra Mundial produziu uma espécie de reação em cadeia de movimentos de libertação revolucionária. [...] O movi-

mento de libertação começou finalmente a avançar no império informal da maior e mais poderosa das potências capitalistas sobreviventes, entre os países independentes nominalmente, mas, na prática, semicoloniais da América Latina. Ali, os movimentos revolucionários não conseguiram se transformar em mais do que guerras civis anárquicas (como na Colômbia após 1948), nem tiveram êxito nas circunstâncias bastante excepcionais da Bolívia (1952). Porém, a vitória de Fidel Castro em Cuba (1959) traria em breve o primeiro regime socialista para o continente americano e nele inauguraria uma era de agitação social *que ainda não terminou* [grifo meu].

Foi acima de tudo a expectativa, ou a esperança, de que haveria uma revolução social, ou pelo menos uma mudança social significativa, em particular no Peru e na Colômbia, brevemente no Chile, depois na América Central e na Venezuela e, por fim, no Brasil, que sustentou o interesse de Eric pela América Latina ao longo das décadas seguintes.

Membro do Partido Comunista (PC) da Grã-Bretanha desde seus dias de estudante na Universidade de Cambridge, no final da década de 1930, Eric visitou Cuba no verão de 1960, a convite de Carlos Rafael Rodríguez, uma das principais figuras do PC de Cuba que aderira ao Movimento 26 de Julho na Sierra Maestra e se tornara um dos aliados mais próximos de Fidel Castro. Eric acabara de passar três meses na Universidade de Stanford e uniu forças em Havana com dois amigos dos Estados Unidos, os economistas marxistas Paul Sweezy e Paul Baran, editores da *Monthly Review*. Foi, recordou mais tarde, o "irresistível período de lua de mel da jovem revolução".[2] Em outubro, ao retornar a Londres, além de apresentar um informe ao Comitê de Assuntos Internacionais do PCGB, escreveu um artigo para a *New Statesman* em que descrevia a Revolução Cubana como "um espécime de laboratório de seu tipo (um núcleo de intelectuais, um movimento de massas de camponeses)", "extremamente cativante e estimulante", que, "a menos que haja uma intervenção armada dos Estados Unidos", fará de Cuba, "muito em breve", "o primeiro país socialista do hemisfério ocidental".[3]*

Em abril de 1961, junto com o crítico de teatro Kenneth Tynan, Eric mobilizou a *crème de la crème* para assinar uma carta ao *Times* denunciando a ofensiva norte-americana contra Cuba. Os dois organizaram também uma manifestação em solidariedade ao povo cubano no Hyde Park, memorável, recordou Eric mais tarde, por ser "a maior concentração de garotas estonteantes — do teatro e das agências de modelos, presumivelmente — que eu já vira numa manifestação política".[4] Eric também foi membro fundador do Comitê Britânico de Cuba e voltou a visitar a ilha entre dezembro de 1961 e janeiro de 1962, junto com "uma delegação britânica de esquerda com a composição habitual: um parlamentar trabalhista de esquerda; promotores do desarmamento unilateral; um pragmático líder sindical, geralmente afinado com a linha do Partido, não sem interesse em fornicação no exterior; algum conspirador radical; funcionários do PC e outros tipos semelhantes".[5]

---

* Foi em Londres, em outubro de 1960, logo após seu regresso de Cuba, que conheci Eric. Nós dois morávamos nas Gordon Mansions, Huntley Street, Bloomsbury, perto da universidade. Eu era estudante de pós-graduação de história no University College e dava aulas na sucursal de Londres da Associação Educacional dos Trabalhadores (WEA, na sigla em inglês). Acabara de voltar de minha primeira visita ao Brasil, onde pesquisara para minha tese de doutorado sobre a abolição do comércio de escravos brasileiro. Vinte anos mais velho do que eu, Eric era professor adjunto de história no Birkbeck College e, o que me impressionou ainda mais, crítico de jazz da *New Statesman* (sob o pseudônimo de Francis Newton).

Curiosamente, afora algumas observações num relato divertido publicado no *Times Literary Supplement* sobre o Congresso Cultural de Havana de janeiro de 1968, uma assembleia heterogênea de quinhentos intelectuais da Nova Esquerda internacional de setenta países, e algumas páginas em *Era dos extremos* (1994), sua história do breve século xx (1914-91), Eric escreveu muito pouco sobre o progresso da Revolução Cubana na década de 1960 e, tampouco, mais tarde. No *TLS*, afirmou que Cuba era "um país conflituoso e heroico, [e] extremamente atraente, porque ao menos é visivelmente um dos raros Estados do mundo cuja população realmente gosta de seu governo e confia nele. Além disso, o estado atual de liberdade e florescimento das atividades culturais, as admiráveis conquistas sociais e educacionais e as incursões cativantes na utopia antimaterialista dificilmente deixam de atrair intelectuais".[6] No entanto, apesar de todos os seus feitos, no final da década de 1960 Cuba já não era exatamente uma vitrine da revolução socialista bem-sucedida na América Latina. E, em breve, deixaria de ser verdade que "aqueles que não gostam do lugar são livres para emigrar". Além disso, como veremos, Eric foi um crítico feroz dos movimentos guerrilheiros inspirados pela Revolução Cubana em toda a região — e em outras partes.

Em 31 de outubro de 1962, Eric iniciou sua primeira viagem à América Latina continental, numa visita de três meses ao Brasil, Argentina, Chile, Peru, Bolívia e Colômbia.* Ele ganhara uma bolsa da Rockefeller Foundation para viajar e pesquisar as formas "arcaicas" de revolta social, tema de seu recente livro *Rebeldes primitivos* (1959), cujo foco estava voltado principalmente para a Europa meridional. Em seu pedido de bolsa, argumentara que, na

---

* Eric casara-se com Marlene alguns dias antes de viajar para a América do Sul e lhe disse que, se a crise dos mísseis cubanos ficasse realmente séria, ela deveria comprar uma passagem para Buenos Aires e encontrá-lo lá.

América Latina, as ideologias políticas e os partidos políticos "modernos" tinham sido aceitos pelas elites locais havia muito tempo, mas aparentemente não exerciam muita influência sobre as massas, cuja chegada à consciência política só ocorrera nas últimas décadas. Ele esperava, portanto, encontrar na região não apenas "numerosos movimentos verdadeiramente arcaicos", mas também "combinações do superficialmente moderno com o arcaico". Esses movimentos eram, em sua opinião, invariavelmente mal interpretados,

> como quando o movimento de Gaitán foi rotulado de "liberal" porque seu líder agia dentro de um dos partidos colombianos tradicionais, ou "fascista", como no caso de Perón [na Argentina], ou muito provavelmente "comunista" no caso dos movimentos castristas. [...] Como mostra a indeterminação ideológica das elites intelectuais em décadas recentes (por exemplo, a mudança de rotulações e a cooperação de elementos nominalmente trotskistas, peronistas, comunistas etc. na Bolívia), a descrição em termos de movimentos europeus formados do século xx pode ser mais enganadora do que esclarecedora.*

* A visita de Eric à América Latina, como sabemos agora, despertou as suspeitas do Serviço de Segurança Britânico, mais conhecido como MI5, que, durante anos, monitorou todos os seus movimentos — bem como sua correspondência e seus telefonemas. Veja o artigo de Frances Stonor Saunders na *London Review of Books* (9 de abril de 2015) sobre a ficha de Eric no MI5, que foi liberada no final de 2014 (até dezembro de 1963, e ainda com inúmeras páginas em branco). Porém, Saunders equivoca-se ao afirmar que o MI5, ao alertar a CIA e o FBI, tentou e não conseguiu bloquear a bolsa Rockefeller de Eric. Tamanha era a incompetência do MI5 que o órgão só ficou sabendo (de "uma fonte extremamente delicada") que Eric, um "comunista linha-dura", "deveria sair de licença" por "doze meses" para "escrever um livro sobre as revoluções da América do Sul", com o auxílio de "uma fundação não identificada", quando ele já estava na América Latina havia mais de um mês. E eles só levaram o assunto às autoridades norte-americanas

Em seu retorno a Londres, entre abril e julho de 1963, Eric publicou uma série de artigos na *Labour Monthly*, *New Society*, *Listener* (os textos transcritos de duas transmissões de rádio para o *Third Programme*, da BBC) e *World Today* (baseado em um trabalho apresentado no Seminário Latino-Americano na Chatham House), nos quais examinou a evolução demográfica, econômica e social da América Latina desde a Grande Depressão da década de 1930 e, em particular, a desintegração das sociedades agrárias tradicionais (o colapso da "velha América Latina", "o fim da Idade Média") e o despertar político das massas — a classe operária urbana, os pobres urbanos e, sobretudo, os camponeses — nos anos 1940 e 1950. Eric retornara de sua primeira visita à América Latina convencido de que, por volta da década seguinte, a região estava destinada a tornar-se "a mais explosiva do mundo".[7] Vários países latino-americanos, acreditava ele, estavam "a ponto de se rebelar", exceto, talvez, a Argentina e o Uruguai, prontos para a revolução social, apenas se devidamente organizada e conduzida.

Ele estava especialmente impressionado com o potencial para a revolução dos movimentos camponeses no Peru e, sobretudo, na Colômbia, que eram "praticamente desconhecidos do mundo exterior". A partir do final dos anos 1950 e atingindo um pico no início da década de 1960, os altiplanos do centro e do sul do Peru haviam testemunhado a maior insurreição em massa e mobilização política dos camponeses indígenas desde a rebelião de Túpac Amaru, no final do período colonial. "Se há um país pronto para uma revolução social e que precisa dela", escreveu Eric, "esse país é o Peru." Na Colômbia, exceção na América Latina, uma revolução social vinha "em preparação" desde os anos 1920. "[Ela] de-

---

quando ele estava prestes a deixar a América Latina e, de novo, alguns meses depois que já havia voltado para casa.

veria logicamente ter produzido algo análogo ao fidelismo, um regime de esquerda populista trabalhando em estreita colaboração com os comunistas." A insurreição de Bogotá, em abril de 1948, conhecida como *Bogotazo*, foi um "fenômeno de proporções revolucionárias". Contudo, sem que houvesse alguém para direcionar e organizar uma "revolução social clássica", o movimento foi abortado por ocasião do assassinato do líder liberal Jorge Eliécer Gaitán. No entanto, na guerra civil e anarquia que se seguiram — início do que se tornou conhecido como *La Violencia* —, a Colômbia assistiu à "maior mobilização armada de camponeses (como guerrilheiros, bandoleiros ou grupos de autodefesa [organizados pelo PC]) da história recente do hemisfério ocidental", com a possível exceção de alguns períodos da Revolução Mexicana de 1910-20. Eric afirmava que uma situação revolucionária persistia na Colômbia no início da década de 1960 e que — devido ao seu tamanho, população, "economia totalmente equilibrada" e localização estratégica entre o Caribe, a América Central, a Venezuela, as repúblicas andinas e o Brasil — a Colômbia "pode ser um fator decisivo para o futuro da América Latina, papel que Cuba provavelmente não desempenhará".

No Brasil, Eric ficara chocado com o atraso econômico e a pobreza que encontrou no Recife, a primeira cidade que visitou em sua viagem pela América do Sul, mas também reconheceu o "imenso" potencial para a organização dos camponeses no Nordeste brasileiro, "aquela vasta área de cerca de 20 milhões de habitantes que deu ao país os seus mais famosos bandidos e revoltas camponesas". As Ligas Camponesas, que representavam os primeiros sinais de mobilização política no interior do Brasil, estavam ativas na região desde 1955. O movimento, no entanto, "tinha pouca presença nacional e visivelmente já passara de seu momento culminante", recordou ele mais tarde.[8] O Partido Comunista Brasileiro (PCB) era, no final da Segunda Guerra Mundial, o maior partido comunista da América Latina. Porém, fora declarado ilegal no início da Guerra Fria, em 1947. (Ao que parece, Eric não percebeu que, não obstante a ilegalidade, o PCB estava ativo, juntamente a padres católicos progressistas, na organização dos trabalhadores assalariados agrícolas em sindicatos rurais no Nordeste.) De qualquer modo, em março de 1964, um ano após a visita de Eric, toda a esperança de revolução social no Brasil seria esmagada por um golpe militar que levou à instalação de uma ditadura militar que durou 21 anos (1964-85).

Eric escreveu relativamente pouco sobre o potencial revolucionário no Brasil. Porém, como era de seu feitio, encontrou tempo para redigir um artigo perspicaz sobre a bossa nova, [então] o mais recente movimento da música popular brasileira, para a *New Statesman*. Tratava-se, segundo ele, de "um cruzamento entre a música urbana brasileira e o jazz, criado nos círculos de jovens brasileiros ricos [...] [e] por aqueles músicos profissionais com maior probabilidade de encontrar músicos norte-americanos visitantes. [...] O estudioso de jazz visitante observa essa música com admiração e a sensação de estar diante de um momento histórico, pois a bossa nova é a primeira grande conquista de novos territórios pelo jazz [...] [significativamente] no único país latino--americano que parece ter entrado definitivamente na era da civilização industrial moderna". Além disso, concluía ele, "ela não só perdurará, como se desenvolverá".[9]

De meados da década de 1960 à metade da de 1970, as possibilidades de revolução social (na América espanhola, se não no Brasil) foram o foco principal dos escritos de Eric sobre a América Latina. Em um ensaio a respeito do papel dos camponeses e dos migrantes rurais na política, argumentou que a classe trabalhadora urbana e a população urbana pobre da América Latina, o "gigantesco proletariado e subproletariado em constante expansão" de "imigrantes internos" e "camponeses desalojados", eram "uma força potencialmente explosiva" em virtude de sua pobreza, insegurança e terríveis condições de vida. Em sua maioria, no entanto, eram politicamente "imaturos", relativamente passivos, mais facilmente mobilizados de cima por partidos populistas e políticos — Haya de la Torre e a Aliança Popular Revolucionária Americana (Apra) no Peru, a Ação Democrática na Venezuela, Perón na Argentina, Vargas no Brasil — do que pela esquerda, comunista ou não.[10] Desse modo, Eric escreveu surpreendentemente pouco sobre os trabalhadores urbanos da América Latina. Estava mais interessado no papel revolucionário em potencial dos movimentos camponeses organizados, em especial nos Andes.

Em artigos acadêmicos reunidos em um volume publicado em Paris, *Les Problèmes agraires des Amériques Latines* (1967), no *Journal of Latin American Studies* (1969) e em *Past & Present* (1974), baseados tanto na observação em primeira mão quanto em pesquisas, ele se concentrou na província de La Convención, na região de Cusco, no planalto central do Peru, onde o sistema de hacienda neofeudal estava entrando em colapso ("esperemos que para sempre") em decorrência das mobilizações, invasões de terras e ocupações camponesas. "O potencial para a revolução do campesinato tradicional é enorme", concluiu, "mas seu poder e sua influência reais são muito mais limitados." As revoluções camponesas só se tornam eficazes, advertiu, "quando unificadas e mobilizadas em número suficientemente grande de áreas cruciais no âmbito político por organizações e lideranças modernas, provavelmente revolucionárias, ou quando a estrutura e a crise nacional são de tal ordem que movimentos camponeses regionais em posição estratégica podem desempenhar um papel decisivo nos assuntos nacionais. Isso aconteceu no México em 1910-20 com os nortistas de Pancho Villa [...] e com os seguidores de Zapata [...] em Morelos. [...] Nada disso aconteceu no Peru".[11]

Em um ensaio sobre os movimentos camponeses na Colômbia, escrito em 1969, mas publicado pela primeira vez em 1976, Eric argumentou que a Colômbia tinha "um passado de ação armada e violência por parte dos camponeses (por exemplo, guerra de guerrilha) que talvez perdesse apenas para o México", mas até meados do século xx relativamente poucos movimentos sociais do campesinato *enquanto classe*. Nesse ensaio, ele traça a história dos movimentos camponeses colombianos, "invulgarmente descentralizados e não estruturados, [mas], não obstante, extremamente poderosos", da década de 1920 até o *Bogotazo* de 1948, com alguma ênfase na influência do pc. (Em 1935, lembra ele, o partido colombiano queixou-se ao Comintern de que a maioria de seus membros era de índios e camponeses, em vez de trabalhadores urbanos!) Mas, embora a resistência camponesa tenha persistido depois de 1948, Eric era menos otimista em 1969 do que tinha sido em 1963 em relação às perspectivas de uma revolução na Colômbia. "Em vez de revolução social, ou de um regime populista, houve anarquia e guerra civil. As esperanças da esquerda foram enterradas na *Violencia*."[12]

Eric acreditava que, na década de 1960 e início da de 1970, a escolha para a América Latina não era entre mudança gradual e revolução, mas entre revolução e estagnação ou caos. Embora fosse uma inspiração para todos os revolucionários, era improvável que a Revolução Cubana fosse replicada em outros lugares da América Latina: "suas condições eram peculiares e de difícil repetição", escreveu.[13] E numa série de artigos publicados no *Socialist Register* (1970), na *New York Review of Books* (1971) e na *Latin American Review of Books* (1974), Eric criticou fortemente os movimentos guerrilheiros de inspiração cubana da década de 1960 e início da de 1970 — em países como Guatemala, Venezuela, Colômbia, Peru e Bolívia, além de Uruguai e Brasil.[14]

A estratégia dos jovens intelectuais de classe média ultraesquerdistas que, inspirados pelo exemplo de Fidel Castro e Che Guevara (e pelos escritos do intelectual francês Régis Debray), acreditavam que as revoluções em toda a América Latina poderiam ser precipitadas pela ação de pequenos grupos de militantes armados era, na visão de Eric, "espetacularmente mal concebida". Os vários focos de guerrilha estavam fadados ao fracasso — como aconteceu com todos (exceto, como veremos, na Colômbia). Não havia uma receita única para a revolução latino-americana, mas, segundo ele, uma coisa era certa: ela não poderia ser feita a bel--prazer. Para ser bem-sucedida, seria necessária uma combinação de vários fatores: guerrilhas rurais, com uma sólida base camponesa (os movimentos de guerrilha da década de 1960 e início da de 1970, escreveu mais tarde, "não entenderam, nem queriam entender, o que poderia fazer com que os camponeses latino--americanos tomassem das armas"[15]); insurreição urbana ("Nenhum revolucionário que não desenvolver um programa [...] para capturar as capitais deve ser levado muito a sério", escreveu ele no ensaio publicado no *Socialist Register*); provavelmente, forças armadas dissidentes; e, absolutamente indispensável, análise política, organização e liderança. Numa resenha de *Modern Revolutions*, de John Dunn, Eric comentou que, embora Dunn não acreditasse que Marx houvesse lançado muita luz sobre as revoluções do século xx e suas consequências, "ele admite que Lênin continua a ser, de longe, o melhor guia sobre como elas aconteceram, e as revoluções comunistas foram, de longe, as mais formidáveis e bem-sucedidas".[16]

Cuba pode ter sido um falso amanhecer, mas não havia necessidade de ser excessivamente negativo a respeito das perspectivas de mudança política e social radical na América Latina. As revoluções não estavam "do outro lado da esquina", como Debray e Guevara pensavam, mas tampouco estavam "além do alcance da política realista", escreveu Eric. A América Latina continuava a ser um território revolucionário. As perspectivas para a esquerda eram encorajadoras desde que, ao menos, ela reconhecesse que havia mais de uma maneira de avançar. A esquerda marxista, inclusive a esquerda comunista (exceto, talvez, na Colômbia), sempre entendera mal a América Latina e, portanto, sempre foi insignificante na política da região. Em vez de permanecer ideologicamente pura — e ineficaz —, foi obrigada a tirar o melhor proveito de situações desfavoráveis e improdutivas e unir forças com outros movimentos políticos progressistas. Como Eric escreveu no artigo para a *New York Review of Books*,

> na história da esquerda latino-americana (com raras exceções, como Cuba e Chile [onde Allende fora eleito presidente em setembro de 1970]), ela sempre teve de escolher entre uma pureza sectária ineficaz ou tentar tirar o melhor de várias opções ruins: populistas civis ou militares, burguesias nacionais, ou qualquer outra coisa. Trata-se também de uma história em que, com muita frequência, a esquerda lamentou não ter entrado em acordo com esses tipos de governos e movimentos antes que fossem substituídos por algo pior.

Eric tinha mais expectativas quanto ao governo revolucionário das Forças Armadas sob o comando do general Juan Velasco Alvarado, que assumira o poder no Peru em outubro de 1968, do que em relação a qualquer dos movimentos guerrilheiros da América Latina daquele momento. O Peru era um país "cuja injustiça social e completa miséria fazia o sangue congelar", escreveu na *New York Review of Books*, numa resenha de vários livros sobre o Peru escritos antes do golpe militar. "Se existe um país que precisava, e precisa, de uma revolução, era esse. Mas isso não parecia provável."[17] Os movimentos camponeses e as invasões de terras do final da década de 1950 e início da de 1960 provocaram o colapso do sistema de haciendas do altiplano, mas, como ele escreveu em seu artigo sobre ocupações de terras por camponeses no Peru, publicado em *Past & Present*, "ao contrário do proletariado de Marx, a força espontânea do campesinato, embora capaz de matar o latifúndio, foi incapaz de cavar sua sepultura". Foi preciso um golpe militar (em 1968), "após vários anos de hesitações, para enterrar o cadáver da hacienda do altiplano".

Desde o início, Eric solidarizou-se com o regime militar antioligárquico e anti-imperialista peruano, embora sempre com uma dose de ceticismo. Foi o primeiro governo a reconhecer a massa de peruanos — os índios de língua quéchua do alto dos Andes — como cidadãos potenciais e o primeiro a instituir uma reforma agrária radical, embora imposta de cima, sem mobilização camponesa. Mas, sem quadros revolucionários ligados à massa da população, "isso é uma revolução?", perguntava-se. Após três anos de regime revolucionário militar, ele estava um pouco mais crítico e pessimista, mas, ao contrário da esquerda peruana, não o deu por perdido. Se permanecesse unido, não havia perspectiva previsível de substituí-lo. Com certeza, não havia a alternativa de uma revolução de massa marxista.[18] Num artigo em que comparava a experiência da revolução militar de, entre outros, Peru e Portugal, e reconhecia suas limitações políticas e institucionais, Eric insistiu que o Peru era "fundamentalmente diferente" do que era em 1967 e que "as mudanças foram irreversíveis".[19]

Nesse meio-tempo, a eleição de Salvador Allende no Chile, em setembro de 1970, abrira para Eric a "perspectiva emocionante" de uma transição pacífica sem precedentes ao socialismo através da democracia. Em artigo escrito para um suplemento especial da *New York Review of Books*, manifestou suas esperanças de sucesso da Unidade Popular (UP), uma coalizão de socialistas e comunistas com sólidos alicerces num dos mais fortes movimentos operários da América Latina.[20] Em conversas privadas, ele acreditava que as chances estavam contra isso: seis para quatro contra, ou talvez uma em duas, se a sua simpatia por Allende entrasse no cálculo. O governo de Allende enfrentou três anos difíceis e talvez nem conseguisse sobreviver; havia um perigo real de que fosse derrubado por um golpe militar apoiado pela burguesia chilena. Quando o golpe aconteceu, em setembro de 1973, Eric escreveu: "Por mais trágica que tenha sido, a notícia do golpe era esperada e prevista. Não surpreendeu ninguém".[21] O governo Allende não cometera suicídio, tinha sido assassinado. Tal como a esquerda latino-americana em geral, ele havia subestimado o medo e o ódio da direita, sua disposição de abandonar a legalidade, quando a legalidade e o constitucionalismo não funcionavam mais a seu favor, e de correr o risco de uma guerra civil. Eric impressionou-se para sempre com a facilidade com que "homens e mulheres bem-vestidos" adquiriram um gosto por sangue e com a ferocidade da violência que estavam preparados para desencadear.

A ditadura militar chilena não foi a única na América do Sul. O Brasil estava sob regime militar desde 1964 e a Argentina desde 1966. (O retorno de Perón, em 1973, proporcionou um breve período de alívio, mas os militares retomaram o poder em 1976 — e se mostraram ainda mais homicidas do que os militares chilenos.) Houve golpes militares na Bolívia, em 1971, e no Uruguai, em 1972, ambos apoiados pelos militares brasileiros (tal como aconteceu no golpe chileno). E, em agosto de 1975, a fase radical do regime militar no Peru chegou ao fim com a deposição de Velasco e sua substituição por uma junta militar mais convencional. Esses regimes militares direitistas da década de 1970, caracterizados por "execuções ou massacres, oficiais e paraoficiais, tortura sistemática de prisioneiros e o exílio em massa de adversários políticos", foram consequência, acreditava Eric, do medo das oligarquias locais das massas urbanas mobilizadas por políticos populistas e dos movimentos guerrilheiros rurais inspirados por Castro, junto com o medo dos Estados Unidos da propagação do comunismo na América Latina, na esteira da Revolução Cubana e no contexto da Guerra Fria. Cada golpe de Estado sul-americano foi "fortemente apoiado, talvez até mesmo organizado, pelos Estados Unidos".[22]

A ditadura "antiquada" do general Alfredo Stroessner, que estava no poder no Paraguai desde 1954, era uma exceção. Eric visitou o país em 1975 e escreveu um artigo para a *New York Review of Books*, ao qual deram o título infeliz de "Ditadura com charme".[23] O *stronato* era a "mais longa e mais direitista das ditaduras latino-americanas", mas não excessivamente repressiva da oposição política (pelo menos daqueles membros que já não estavam na prisão ou no exílio) e, em grande parte, disposta a deixar os camponeses, que compunham dois terços da população, continuarem com suas vidas. Eric concluiu que "pelos padrões miseravelmente modestos dos pobres da América do Sul, eles não se deram tão mal". No entanto, em *Tempos interessantes*, confessou que tinha sido excessivamente bondoso com o Paraguai, em grande parte porque era o único Estado da América Latina que reconhecia oficialmente uma língua indígena, o guarani, e também porque descobriu que era conhecido pelo editor da "uma tanto inesperada *Revista Paraguaya de Sociología*" como autor de *Rebeldes primitivos*. "Que intelectual", perguntou ele, "poderá resistir à fama no Paraguai?"[24]

Eric convertera-se "permanentemente à América Latina".[25] Fez visitas periódicas durante as décadas de 1960 e 1970, entre elas uma viagem de seis meses, em 1971, ao México, Colômbia, Equador, Peru e Chile com Marlene e os filhos — o mais longo período ininterrupto que passou fora do Reino Unido desde que chegara de Berlim, em abril de 1933.* E continuou a viajar para a América Latina, especialmente Peru, México, Colômbia, Chile e Brasil, nas décadas seguintes — para dar palestras, participar de seminários e conferências, promover seus livros, os quais foram traduzidos para o espanhol e o português, receber homenagens de autoridades públicas (por exemplo, do Legislativo de Buenos Aires, em novembro de 1998, numa cerimônia realizada no Teatro San Martín, que tinha 1500 lugares, e mais setecentas pessoas que assistiram por uma tela instalada do lado de fora do teatro) e ganhar títulos honorários (por exemplo, da Universidade de Buenos Aires, em novembro de 1998, e da Universidade da República, em Montevidéu, em julho de 1999). Em *Tempos interessantes*, afirmou ter visitado todos os países da região, exceto Venezuela e Guiana.

Eric continuou interessado principalmente na economia, na sociedade, na política e, sobretudo, no potencial revolucionário da América Latina. Ao mesmo tempo, escreveu que "nem sequer tentei resistir ao drama e ao colorido das partes mais glamourosas desse continente, embora ele contenha um dos ambientes mais anti-humanos do globo — o altiplano andino, no limite da cultivabilidade, e o semideserto eriçado de cactos do norte do México —, além de algumas das gigantescas cidades mais inabitáveis do mundo, a Cidade do México e São Paulo".[26] Tornou-se amigo íntimo de muitas figuras acadêmicas e culturais importantes, como o sociólogo colombiano Orlando Fals Borda, cujos primeiros

* Eric tinha conexões familiares distantes com o Chile. O irmão de seu pai, o tio Berkwood (Berk, Ike ou Don Isidro), especialista em mineração, emigrara para o Chile com sua esposa galesa e cinco filhos durante a Primeira Guerra Mundial. Com a eclosão da Segunda Guerra, em 1939, seu tio Sydney também emigrara para o Chile, levando consigo Nancy, irmã de Eric, e seu primo Peter. Sydney permaneceu no Chile, mas Nancy e Peter foram embora ao final da guerra.

textos influenciaram decisivamente o pensamento de Eric sobre os camponeses dos Andes e sobre *La Violencia* na Colômbia; o historiador peruano Pablo Macera; o cientista político argentino José Nun, com quem fez uma longa viagem através do Chaco argentino; o romancista mexicano Carlos Fuentes; seu editor brasileiro Fernando Gasparian (na verdade, toda a família Gasparian). Ele atraiu para Birkbeck vários estudantes de pós-graduação latino-americanos. A América Latina, escreveu em *Tempos interessantes*, "é um continente onde tenho muitos amigos e alunos, com o qual mantenho contato há quarenta anos e que, não sei bem por quê, tem sido extremamente bom para mim". A América Latina também foi a única parte do mundo "onde não me surpreendi por ser apresentado a presidentes, passados, presentes e futuros [no Chile, por exemplo, Salvador Allende; no Brasil, tanto Fernando Henrique Cardoso como Luiz Inácio Lula da Silva] [...] o primeiro que conheci durante seu mandato, o sagaz Víctor Paz Estenssoro, da Bolívia, mostrou-me na praça fronteira a seu balcão em La Paz o poste no qual seu predecessor, Gualberto Villarroel, fora enforcado por uma multidão de índios rebelados em 1946".[27]

Depois de meados dos anos 1970, no entanto, Eric escreveu relativamente pouco sobre os problemas contemporâneos e perspectivas revolucionárias da América Latina. Brasil, Argentina, Uruguai, Paraguai, Chile, Bolívia e Peru, para não mencionar a maioria das repúblicas da América Central, estavam todos vivendo sob ditaduras militares. O único país com o qual Eric permaneceu envolvido foi a Colômbia. Lá, um movimento guerrilheiro de estilo antigo, liderado pelo PC e baseado no apoio dos camponeses e trabalhadores rurais, as "poderosas e destrutivas" Forças Armadas Revolucionárias da Colômbia (Farc), havia sobrevivido à década de 1960 e, único caso na América do Sul, ganhara força durante a década seguinte e início dos anos 1980. Além disso, ganhara a companhia de outros movimentos guerrilheiros: o maoista Exército Popular de Libertação (EPL), o Exército de Libertação Nacional (ELN), de inspiração cubana, e o Movimento 19 de Abril (M-19). Mas a luta armada não levara a Colômbia para mais perto da revolução social. Parecia não haver fim para o "estado endêmico e sem sentido de subguerra civil" — até que, em 1984, o presidente Belisario Betancur iniciou finalmente a política de paz negociada com as Farc e o EPL (os extremistas do ELN rejeitaram a negociação) que, com intervalos, continua até hoje. Eric discutiu a situação na Colômbia (e também na América Central) com Betancur em seus aposentos presidenciais em Bogotá, para um artigo que foi publicado no *Guardian*.[28] E os 35 anos de guerra de guerrilhas da Colômbia e os problemas de uma nação com "uma propensão excepcional ao homicídio" foram objeto de um longo ensaio publicado na *New York Review of Books*.[29]

Foi o Brasil, no entanto, que atraiu cada vez mais o interesse de Eric — e sua afeição. Como a maioria das pessoas, aparentemente, Eric gostava dos brasileiros. Em *Tempos interessantes*, ele escreveu: "Ninguém que descubra a América Latina consegue resistir à região, sobretudo se o primeiro contato for com os brasileiros".[30] E os brasileiros certamente o admiravam e apreciavam. Em maio de 1975, durante a ditadura militar, ele retornava ao Brasil pela primeira vez desde 1962 para participar de uma conferência internacional sobre história e ciências sociais realizada na Universidade Estadual de Campinas (Unicamp). Na opinião da revista *Veja* (4 de junho de 1975), "depois de onze anos de silêncio [desde o golpe de 1964], foi o primeiro sinal da ressurreição das ciências sociais no Brasil". A conferência reuniu várias "estrelas" internacionais, sendo "a maior delas — pelo menos a julgar pela admiração demonstrada pelo público — o historiador Eric

Hobsbawm".[31]* A fala de Eric sobre "movimentos pré-políticos em áreas periféricas" impressionou toda uma geração de historiadores e cientistas sociais brasileiros, e a ampla cobertura que a conferência recebeu da imprensa chamou a atenção do público em geral para seu nome. Ele descobriu que o marxismo não era apenas o rótulo de uma pequena minoria acadêmica, mas a ideologia dominante entre os intelectuais brasileiros mais jovens. Após o fim da ditadura, Eric e Marlene foram ao Brasil de férias em dezembro de 1985. E, em junho de 1988, ele retornou à Unicamp para uma conferência que assinalava o centenário da abolição da escravatura no Brasil, na qual apresentou dois trabalhos: "Sobre o conceito de cidadania" e "Sobre o conceito de raça". Em dezembro de 1992, falou ao ar livre para um público de centenas de pessoas em Porto Alegre e na Universidade Federal de Santa Catarina, em Florianópolis, e discutiu política com Luiz Inácio Lula da Silva, o líder do Partido dos Trabalhadores (PT), em um restaurante de São Paulo. Em agosto de 1995, novamente com Marlene, esteve em Angra dos Reis e Paraty (de férias), em São Paulo (para uma conferência pública no Masp), no Rio de Janeiro (onde fez uma conferência pública para uma plateia de mil pessoas — sem contar as centenas que faziam fila do lado de fora — organizada pela Rede Globo) e em Brasília (para um encontro com o presidente Fernando Henrique Cardoso). E em 2003, na primeira Festa Literária Internacional de Paraty, no litoral sul do Rio — onde ele e eu dividimos uma mesa —, Eric, aos

---

* A *Veja* também comentou o amor de Eric pelo jazz, mas, em seguida, cometeu o erro grotesco de criticá-lo por sua "megalomania intelectual", alegando que seu pseudônimo de crítico de jazz, Francis Newton, era um amálgama de Francis Bacon e Isaac Newton! Na verdade, esse nome era uma homenagem a Frankie Newton, o trompetista de jazz negro e comunista que acompanhara Bessie Smith em suas últimas gravações e Billie Holiday em sua gravação original de "Strange Fruit".

86 anos, foi recebido surpreendentemente como um astro de rock por pessoas nas ruas que gritavam "Eric, Eric" (pronunciado Ériqui), e algumas mulheres chegaram a pedir-lhe um beijo. As livrarias de São Paulo e do Rio de Janeiro estavam, e estão, cheias de seus livros, que são praticamente todos best-sellers. A certa altura, contou que vendia mais livros no Brasil do que em qualquer país fora do Reino Unido. "Eu sou importante no Brasil", dizia.

Eric estava interessado pela história brasileira, é claro, mas também pela arte, arquitetura, literatura, pelo futebol ("Quem, tendo visto a equipe brasileira em seus dias de glória [1970], negará [ao futebol] a reivindicação de ser uma arte", escreveu ele em *Era dos extremos*) e, acima de tudo, pela música. Uma vez ele me disse que achava que havia dois verdadeiros gênios da música popular do século xx: Duke Ellington e Antonio Carlos Jobim. Quando fui visitá-lo no hospital, em 2012, Eric (com 95 anos) saudou-me falando de um jovem rapper negro brasileiro radical chamado Criolo, do qual, tive de confessar, nunca tinha ouvido falar (e eu estava morando no Brasil naquela ocasião). Mas, como sempre, seu principal interesse era político. O Brasil, ao que parecia, era a última chance da América Latina, se não de revolução social, ao menos de uma transformação social significativa.

Em "The Forward March of Labour Halted?" [A marcha em frente dos operários detida?], sua influente palestra no Marx Memorial Lecture de 1978, mais tarde publicada na *Marxism Today*, Eric afirmara que os movimentos operários europeus já não eram capazes de desempenhar um papel transformador e, em consequência, os socialistas e os sociais-democratas de esquerda estavam perdendo terreno em todo o mundo. Contudo, dois anos depois, em 1980, fundou-se o PT no Brasil. Eric reconheceu o PT como um partido socialista clássico com suas raízes na organização dos operários, tal como havia surgido na Europa antes da

Primeira Guerra Mundial. E, ao contrário do que acontecia na América Latina e em quase todos os outros lugares do mundo, era um partido socialista baseado em organizações operárias criadas depois do fim da Segunda Guerra Mundial. E ainda mais digno de nota, Lula, líder do partido, era mesmo um operário industrial.

À luz da história política, da cultura política e do sistema político do Brasil (e da derrota da esquerda socialista em quase todo o mundo naquele período), o crescimento do PT na década de 1990 foi algo notável. Apesar de ter perdido três eleições presidenciais, a votação em Lula passou de 17% em 1989 para 27% em 1994 e 32% em 1998. Além disso, a cada nova eleição, o PT aumentava seu número de cadeiras no Senado e na Câmara dos Deputados, bem como o número de estados e grandes cidades que governava. O crescimento constante do PT liderado por Lula era o suficiente, escreveu Eric em *Tempos interessantes*, para "aquecer os corações de todos os velhos corações vermelhos".[32]

Olhando em retrospecto para mais de quarenta anos de envolvimento com a América Latina, Eric admitiu em *Tempos interessantes* que "a revolução esperada, e em tantos países necessária, não aconteceu, estrangulada pelos militares nativos e pelos Estados Unidos, porém não menos pela debilidade doméstica, divisão e incapacidade". Além disso, acrescentou, "não acontecerá agora".[33]

Eric tinha alguma simpatia por Hugo Chávez na Venezuela, mas mais por seu antiamericanismo e pelo fato de que era apoiado pelos remanescentes do PC da Venezuela do que por alguma confiança de que iria construir uma sociedade socialista naquele país. Ele nunca visitou a Venezuela na época de Chávez, mas, assim como sempre me interrogava detalhadamente sobre o Brasil quando nos encontrávamos, interrogava nosso amigo Richard Gott, autor de um estudo sobre os movimentos guerrilheiros na América Latina, de uma história de Cuba e de uma biografia de

Chávez, sobre a Venezuela. Em 2002, quando Chávez retornou ao poder após o golpe que tentou derrubá-lo, Eric enviou a Richard um postal perguntando simplesmente: "baía dos Porcos de Chávez?".[34] Ainda havia, no entanto, alguma esperança para o Brasil, embora o PT, nos anos posteriores a sua derrota na eleição presidencial de 1998, houvesse se movido continuamente para o centro (com efeito, tirou a palavra "socialismo" de seu programa), e a esquerda marxista, trotskista e socialista tivesse sido expulsa ou isolada. No entanto, em outubro de 2002 saí de carro de Oxford para celebrar com Eric, no jardim de sua casa em Nassington Road, norte de Londres, a eleição de Lula para a presidência, em sua quarta tentativa. Com a garrafa de champanhe vazia, Eric, que sempre fora otimista em sua esperança de uma revolução social na América Latina, mas nos últimos anos, como vimos, cada vez mais pessimista sobre as possibilidades de alcançá-la, olhou para mim e disse: "Agora, suponho que devemos esperar mais uma vez sermos desapontados". Nós esperamos e fomos.

Como historiador profissional, Eric estava interessado principalmente na Europa moderna. Mas, a partir de suas amplas leituras e de conversas com amigos e colegas acadêmicos e intelectuais, ele acumulou um conhecimento surpreendente da história do resto do mundo, especialmente do Terceiro Mundo — África, Índia, China e, não menos importante, América Latina. Considerava esta última um "laboratório da mudança histórica", "um continente feito para minar verdades convencionais", cujo estudo enriqueceu e mudou sua perspectiva sobre a história global. Quase tudo o que Eric escreveu sobre a região tinha uma dimensão social, mas foi como um observador e analista contemporâneo das mudanças sociais e políticas das décadas de meados do século xx e, em especial, do período crítico que se seguiu à Revolução Cubana que Eric deu sua contribuição pessoal ao nosso conhecimento e compreensão da América Latina. Ele nunca tentou se tornar um historiador da América Latina nem se considerava um.

Seu primeiro livro, *Rebeldes primitivos*, um estudo de formas arcaicas de protesto social organizado, reforma e revolução nos séculos XIX e XX, publicado em 1959, tinha como foco o sul da Itália. Não havia nenhum exemplo retirado da América Latina, embora, no prefácio, haja uma referência à obra-prima de Euclides da Cunha *Os sertões* (1902), um "estudo clássico de rebelião social primitiva" que trata da Guerra de Canudos (1896-7), no interior do estado da Bahia, no Nordeste do Brasil. O epílogo da primeira edição em espanhol desse livro (1968) e o prefácio da terceira edição inglesa, de 1971, mencionam novas pesquisas realizadas desde 1959 sobre os movimentos milenaristas e messiânicos, principalmente em áreas fora da Europa e, em particular, o trabalho de Maria Isaura Pereira de Queiroz sobre o Brasil.

Eric expandiu o primeiro capítulo de *Rebeldes primitivos* ("O bandido social") e o transformou no livro *Bandidos*, publicado em 1969, que incorporou estudos de vários cangaceiros do sertão nordestino do Brasil entre as décadas de 1870 e 1930, especialmente Virgulino Ferreira da Silva, o famoso Lampião. De acordo com Eric, os bandidos, ou pelo menos os "bandidos sociais", não eram simplesmente criminosos; eram foras da lei camponeses. E o banditismo, ou pelo menos o "banditismo social", era uma expressão do descontentamento camponês, uma forma de ação camponesa. Ele estava interessado no surgimento de bandidos sociais em sociedades agrárias tradicionais, sua relação com os movimentos messiânicos rurais e os movimentos camponeses organizados. Eles poderiam ser precursores de grandes movimentos sociais e ser absorvidos por eles, mas, devido a sua relação ambivalente com as estruturas locais de poder e suas limitações ideológicas e militares, foram com mais frequência um substituto e até mesmo um obstáculo para a formação desses movimentos. Desse modo, concluiu Eric, "a contribuição dos 'bandidos' para as revoluções modernas foi ambígua, duvidosa e curta. Essa foi sua tragédia".[35]

Em *A era das revoluções: 1789-1848* (1962), o primeiro dos quatro volumes que Eric escreveu sobre a história do mundo moderno, da Revolução Francesa até o fim da Guerra Fria, há apenas referências de passagem à América Latina. As revoluções da independência latino-americana são tratadas com brevidade, principalmente como reações aos acontecimentos na Europa e "obra de pequenos grupos de aristocratas, soldados e elites afrancesadas, deixando a massa da passiva população branca, católica e pobre e dos índios indiferente ou hostil. Só no México a independência foi conquistada pela iniciativa de um movimento de massa agrário, isto é, indígena".[36] Em *A era do capital: 1848-1875* (1975), há meia dúzia de páginas sobre a América Latina, no capítulo intitulado "Perdedores", no qual Eric conclui que, apesar de alguma exploração capitalista estrangeira, principalmente dos britânicos, dos recursos naturais da região, "muito pouco havia mudado no interior da América Latina até a década de 1870, exceto que o poder dos senhores da terra tinha aumentado e o dos camponeses, enfraquecido".[37] Em *A era dos impérios: 1875-1914* (1987), a América Latina aparece principalmente em comentários sobre as consequências negativas da inserção da região na economia internacional e sobre as elites locais como agentes subordinados (e colaboradores) da exploração estrangeira. Porém, quatro páginas são dedicadas à Revolução Mexicana, uma "importante revolução popular armada [...] a primeira das grandes revoluções no mundo colonial e dependente em que as massas trabalhadoras desempenharam um papel importante". Nesse aspecto, Eric foi claramente influenciado pela obra de Friedrich Katz sobre o papel de

Pancho Villa no norte e de John Womack sobre o papel de Emiliano Zapata no centro-sul do México.

Somente em *Era dos extremos: 1914-1991* (1994) a América Latina ocupa um lugar de destaque como parte do surgimento do Terceiro Mundo na política revolucionária do "breve século xx".* Há alguma consideração acerca da Revolução Mexicana; o movimento revolucionário estudantil em Córdoba, Argentina, em 1918, que, segundo Eric, "em breve [...] espalhou-se para toda a América Latina e [...] gerou líderes e partidos marxistas revolucionários locais"; a "Longa Marcha" de Luís Carlos Prestes, o futuro líder do PCB, e dos tenentes rebeldes no final da década de 1920; a resistência aos fuzileiros navais dos Estados Unidos na Nicarágua liderada por Augusto César Sandino (1927-33); a "República Socialista" de curta duração no Chile, em 1932, sob a liderança de "um coronel de nome esplêndido, Marmaduke Grove"; a Apra, no Peru; na Colômbia, os liberais e a "tribuna do povo" de Jorge Eliécer Gaitán, cujo assassinato em 1948 provocou a insurreição popular do *Bogotazo*; a mobilização política dos trabalhadores urbanos por líderes nacionalistas-populistas — Getúlio Vargas no Brasil, Perón na Argentina; o Movimento Nacionalista Revolucionário (MNR) na Bolívia e a revolução de 1952 que nacionalizou as minas de estanho e realizou uma reforma agrária radical; e, por fim, a Revolução Cubana e a tragédia no Chile de Allende.

---

* Paulo Drinot, um historiador da América Latina do University College de Londres, fez um estudo do tratamento dedicado por Eric à América Latina em sua grande tetralogia para a conferência sobre "A História depois de Hobsbawm" realizada no Birkbeck em abril de 2014. Ele concluiu que em *A era das revoluções* a América Latina "mal aparece". Em *A era do capital*, as referências à América Latina são "raras e incidentais". Em *A era dos impérios*, a América Latina "aparece fugazmente". Mas, em *Era dos extremos*, a América Latina recebe finalmente um "tratamento mais extenso".

Nesse meio-tempo, Eric escreveu um longo ensaio no qual argumentou que o desenvolvimento da moderna economia mundial capitalista "gerou ou regenerou em vários lugares e em vários momentos relações sociais dependentes que não eram capitalistas, [mas] claramente feudais". No caso da América Latina, o fenômeno do "neofeudalismo", embora marginal e transitório, merecia um exame sério no período que ia do final do século XIX à crise mundial da década de 1930, quando a região se integrou totalmente à economia mundial capitalista/imperialista, mas não após a década de 1930, "exceto em circunstâncias bastante incomuns, tais como aquelas que prevaleceram nos vales amazônicos do Peru entre a década de 1930 e início da de 1960 (por exemplo, em La Convención)".[38]

Eric também se interessou muito pelo nacionalismo, sobre o qual tinha opiniões bastante negativas. Seu livro *Nações e nacionalismo desde 1780* (1990), baseado nas Wiles Lectures feitas na Queen's University de Belfast, em maio de 1985, não tinha nada a dizer sobre a América Latina. No entanto, ele contribuiu com um ensaio sobre nacionalismo e nacionalidade na América Latina para um *Festschrift* em homenagem a Paul Bairoch,[39] publicado em Genebra em 1995. O ensaio concluía: "Por enquanto, sorte da América Latina" — por ter escapado até agora, como ele diz em *Tempos interessantes*, "da epidemia mundial de nacionalismo linguístico, étnico e confessional".

Por fim, ele continuou a revisar e expandir *Bandidos*. No posfácio à terceira edição (1981) e no prefácio e posfácio à quarta edição (2000), levou em conta algumas das extensas pesquisas sobre o assunto feitas desde que o livro fora publicado em 1969 e respondeu a alguns de seus críticos mais convincentes, que estavam preocupados principalmente em afirmar que, apesar dos mitos em torno deles — e a análise de Hobsbawm, diziam, dependia muito de fontes literárias —, a maioria dos bandidos não era necessária ou tipicamente composta por rebeldes sociais, muito menos revolucionários. Numa resenha de *Bandidos: The Varieties of Latin American Banditry* [Bandidos: As variedades do banditismo latino-americano] publicada na *Hispanic American Historical Review* (1988), Eric disse que o livro, "o primeiro tratamento abrangente do tema na América Latina", era "essencialmente uma crítica dos meus escritos sobre banditismo". Ele estava orgulhoso de ser o "fundador de todo um ramo da história".[40]

Leslie Bethell é professor emérito de história da América Latina da Universidade de Londres e Emeritus Fellow do St. Antony College, Oxford. Foi diretor do Instituto de Estudos Latino-Americanos da Universidade de Londres (1987-92), diretor do Centro de Estudos Brasileiros da Universidade de Oxford (1997-2007), editor da Cambridge History of Latin America *(doze volumes, 1984-2008) — e amigo de Eric por mais de cinquenta anos.*

PARTE I
PRIMEIRAS IMPRESSÕES

1. Perspectivas cubanas

A menos que haja uma intervenção armada dos Estados Unidos, Cuba será muito em breve o primeiro país socialista do hemisfério ocidental. Cerca de 70% de sua pequena indústria, quase todos os engenhos e 60% da agricultura cubana (incluindo o açúcar) já estão sob o controle do governo ou de cooperativas, para não mencionar o comércio exterior. Já existem mais de 2 mil lojas do povo (*tiendas del pueblo*), quase todas no campo, que vendem os bens de consumo dos camponeses por pouco mais do que o preço de custo. Recentemente, a velocidade da transformação aumentou, sobretudo com a expropriação das empresas petrolíferas e bancos norte-americanos, a nacionalização da indústria do tabaco e a tomada das usinas de açúcar, grandes lojas e fábricas têxteis.

Duas coisas são notáveis nesse processo. A primeira é o apoio popular avassalador que o governo tem mantido — e entre os trabalhadores chegou a aumentar — durante todo esse processo. Uma pesquisa de opinião pública não oficial feita em junho mostrou que a porcentagem espantosa de 88% da população dava ao governo apoio total ou praticamente sem reservas: 94% no campo, 91% na faixa etária de vinte a trinta anos, 92% na classe trabalhadora. Por outro lado, a província de Havana dava "somente" 72% de apoio totalmente acrítico, os trabalhadores de escritório e colarinho-branco, 73% (uma queda acentuada desde 1959), e a pequena classe de proprietários, executivos e profissionais liberais, 61%.

Perguntados sobre o que julgavam ser as melhores realizações do governo, 49% citaram a reforma agrária, 42%, a provisão de mais escolas e professores, 37%, a construção de novas casas, estradas etc., 30%, a redução do custo de vida urbano (por meio do corte de 50% nos aluguéis, cortes no custo da eletricidade etc.), e 57%, uma combinação indefinível de fatores como "libertação", "beneficiar e ajudar os pobres", "dar atenção aos camponeses", "democracia e liberdade", "paz, segurança e felicidade para todos", "cuidar das pessoas", "governar bem", "fazer uma verdadeira revolução, romper com o passado", "justiça revolucionária" e assim por diante.

Questionados sobre os piores feitos do governo, as únicas queixas manifestadas por mais de 1% das respostas diziam respeito à arbitrariedade e incapacidade na reforma agrária (2,5%) e o suposto pró-comunismo do governo (1,5%). Para responder a "o que o governo deixou de fazer até o momento", os cidadãos fizeram uma série de sugestões, mas, de longe, o maior bloco — 34% — respondeu simplesmente que "tudo está perfeitamente bem". Para aqueles que não estiveram em Cuba, esses números podem parecer quase incríveis. Para aqueles que visitaram essa revolução extremamente cativante e inspiradora, eles apenas confirmam as impressões cotidianas.

O segundo fato é que o socialismo não era o objetivo consciente do movimento 26 de Julho. Tal como a maioria dos intelectuais latino-americanos, os fidelistas originais tinham alguma influência de Marx, mas a "tese econômica" do movimento (1957) não era em nenhum sentido um documento socialista. Tampouco a propaganda atual da revolução enfatiza o socialismo. Ela pode ser resumida na frase: "Uma Cuba livre e próspera deve estar livre do imperialismo, da pobreza e da ignorância". Os principais slogans — todas as revoluções produzem aforismos públicos em profusão incrível — são simplesmente patrióticos, como "Pátria ou morte", "Venceremos", ou "Cuba sim, ianques não"; são vagamente a favor dos pobres, como "Quem trai os pobres trai Cristo", ou anti-imperialistas. Sem dúvida, os socialistas do movimento fidelista e do influente Partido Comunista tinham um objetivo socialista em mente. Mas o que realmente o impôs foi a força da necessidade prática.

Todos os planos de melhoria do governo exigiam uma ação planejada: as revoluções não podem esperar. Com efeito, uma grande parte do corpo de oficiais do Exército Rebelde transformou-se imediatamente no Instituto Nacional de Reforma Agrária (Inra), que passou a organizar cooperativas e fazendas estatais, construir casas e escolas, administrar fábricas, planejar a industrialização e abrir lojas. Depois que Castro fez a descoberta crucial de que os trabalhadores sem terra não queriam pequenas posses, mas poderiam ser organizados de imediato em unidades maiores, as imensas vantagens técnicas da agricultura planejada simplesmente saltaram aos olhos. Não é a doutrina, mas o empirismo que está transformando Cuba em socialista.

A velocidade e a suavidade da transformação até agora se devem a uma combinação de sorte histórica do país com a natureza clássica pura de sua revolução. Cuba tem a sorte de possuir um solo fabulosamente fértil, subpovoado e mal cultivado que torna possíveis grandes aumentos imediatos de produção; e uma abundância de meios de comunicação (especialmente televisão) que pode produzir algo próximo da democracia direta. Seu catolicismo é mais do que normalmente nominal: apenas 10% das mulheres ainda assistem à missa. Sua hispanidade lhe permite recorrer a especialistas de outros países latinos com facilidade: a maioria dos principais homens que comandam a economia parece ser chilena. Acima de tudo, um século de monocultura salvou Cuba dos problemas camponeses mais intratáveis. Em resumo, as peculiaridades da escravidão econômica se transformaram em seus opostos revolucionários.

Ao mesmo tempo, a Revolução Cubana não era somente um espécime de laboratório de seu tipo (um núcleo de intelectuais, um movimento de massas de camponeses), mas uma revolução não perturbada por noções preconcebidas. Enquanto a maioria dos socialistas aceitava a impossibilidade de ir direto do latifúndio para a cooperativa, Castro viu a realidade cubana. Enquanto trinta anos de complexidade internacional haviam turvado o problema do Estado e da revolução, os homens da serra redescobriram espontaneamente a solução clássica. Até os garçons lhe explicarão que Fidel viu a necessidade de o antigo Exército ser totalmente destruído e o povo se armar, se quisessem evitar a paralisia de Betancourt na Venezuela ou a derrota de Arbenz na Guatemala. E o antigo Exército está totalmente disperso. Uma vasta milícia urbana (que talvez ainda não seja, a julgar por sua aparência, uma força de combate poderosa) e 400 mil camponeses armados protegem a revolução de exilados e *condottieri* caribenhos. O que a maioria dos governos não daria por uma ajuda política tão gratuita, um apoio de massa tão fervoroso?

Os feitos da revolução são tão notáveis até agora que as dificuldades que irão surgir cada vez mais talvez sejam negligenciadas por um excesso de "cuba-utopismo". Essas dificuldades são tanto técnicas quanto políticas, ainda que as técnicas venham a ser aliviadas pela disposição óbvia da URSS e da China de manter a pequena economia cubana à tona no momento. Afinal, isso não vai custar muito e os ganhos políticos serão enormes. Mas grande parte da administração cubana ainda é um emaranhado ineficiente que será preciso endireitar. Na área política, o governo enfrenta, com socialização e crescimento cada vez mais rápidos, não apenas a dissidência da pequena classe média e dos colarinhos-brancos, mas também alguma oposição camponesa. E o programa econômico não contempla aumento dos salários urbanos nos próximos anos, quando o boicote americano (que afeta especialmente peças de reposição e bens de consumo mais duráveis) será sentido com mais força nas cidades. A rapidez com que a revolução deve avançar nessas circunstâncias — na medida em que a situação internacional não determine seus movimentos — é o principal problema com que se defrontam os revolucionários. Embora o cauteloso e o arrojado possam ser encontrados em todos os grupos, meu palpite é que (paradoxalmente) os fidelistas se inclinam mais para a velocidade, e os comunistas, para a cautela.

No entanto, nenhum desses problemas é insuperável ou precisa ser muito sério. Nenhum deles é susceptível de produzir, no futuro previsível, qualquer corpo importante de opinião cubana a favor da contrarrevolução, que a política americana identificou com sucesso com o quinta-colunismo. Não há nenhuma razão conclusiva para que meu amigo Pepe, um refugiado espanhol protestante, anglófilo, bevanista,* não deva continuar a explicar a todos que se importam em ouvir: "Esta é uma boa revolução. Não houve banho de sangue, como na Espanha. Ninguém mais está

---

* Bevanistas: membros de um grupo da esquerda do Partido Trabalhista britânico da década de 1950, liderados por Aneurin Bevan (1897-1960), que havia sido o ministro da Saúde responsável pela criação do Serviço Nacional de Saúde britânico em 1946. (N. T.)

sendo torturado. Temos um Estado de direito. Este é o primeiro governo que age para nós e não mente para o povo".

A menos que, evidentemente, o mundo permita que os americanos transformem Cuba em outro Suez.

Outubro de 1960

2. Viagem sul-americana

Qualquer pessoa que queira saber o que é uma região subdesenvolvida poderia começar pelo Recife, a capital do empobrecido Nordeste brasileiro — aquela vasta área de cerca de 20 milhões de habitantes que deu ao país os seus mais famosos bandidos e revoltas camponesas, e ainda lhe fornece um fluxo de migrantes subnutridos. Recife tem 800 mil habitantes, bem mais do que o dobro da população em 1940; metade vive nos barracos indescritíveis que cercam todas as grandes cidades sul-americanas, em meio ao cheiro característico das favelas tropicais: imundície e decomposição de matéria vegetal. Como vivem ninguém sabe. Assim como na maioria das outras cidades da América do Sul, não há indústria suficiente para absorver esses fluxos de imigrantes.

Há pobreza extrema em todos os lugares. A população parece não ter tido uma refeição completa há dez gerações: raquítica, baixa e doente. Ao mesmo tempo, há sinais de rebelião. As bancas de jornal estão repletas de literatura de esquerda: *Problemas da*

Paz e do Socialismo, China em Reconstrução e o jornal das Ligas Camponesas, que são fortes nessa região. (Mas há também uma abundância de Bíblias.) O estado do qual o Recife é a capital acaba de eleger um governador bastante de esquerda, graças principalmente ao voto dos trabalhadores da cidade. As pessoas do campo — ex-escravos das fazendas de açúcar e algodão, pequenos camponeses do sertão — são em grande parte analfabetas e, portanto, não votam. A força das ligas camponesas é irregular e não se tem a impressão de que fizeram muitos progressos ultimamente, mas o potencial de organização camponesa é imenso.

As ligas camponesas daqui aprenderam a falar com os camponeses em sua própria língua. Usam violeiros ambulantes que compõem suas próprias músicas como propagandistas, e seu jornal publica um "almanaque dos camponeses" semanal com os santos dos dias, "feriados" religiosos e leigos (como o aniversário das revoluções russa e cubana), uma balada semanal, horóscopo, conselhos médicos e provérbios ou "ditos famosos". Esta semana, eles vêm da Bíblia — aquele sobre o camelo e o furo da agulha — de santo Ambrósio e de Fidel Castro. Santo Ambrósio, somos lembrados, disse que Deus criou todas as coisas para serem comuns a todos os homens, e Fidel Castro, que os trabalhadores devem lutar não apenas por melhorias, mas pelo poder. Se alguma parte do mundo precisa desse conselho útil é essa região terrível.

BRASIL: SÃO PAULO

É assombroso pensar que estou no mesmo país do Recife. Os arranha-céus brotam, as luzes de néon brilham, os carros (a maioria feita no Brasil) rasgam as ruas aos milhares, numa anarquia tipicamente brasileira. Sobretudo, há uma indústria para absorver as 150 mil pessoas que *a cada ano* fluem para esta cidade gigantesca — nordestinos, japoneses, italianos, árabes, gregos. São Paulo é uma espécie de Chicago do século XIX: impetuosa, rápida, dinâmica, moderna — qualquer coisa com mais de vinte anos é história antiga — e corrupta. Um líder político local [Adhemar de Barros], agora estimado pelos norte-americanos por seu anticomunismo, costumava fazer campanhas eleitorais com um slogan muito franco: "Rouba, mas faz". Ao mesmo tempo, São Paulo é a capital do movimento operário militante, no qual o PC é poderoso, especialmente entre os mais bem organizados e qualificados. Mas o partido é tecnicamente ilegal; ele não pode apresentar sua lista própria de candidatos, embora na verdade — assim são as complexidades da política brasileira — alguns candidatos anunciem que têm o apoio de Luís Carlos Prestes, o famoso líder do partido.

A industrialização de São Paulo — um caso único na América do Sul — avança a todo vapor, mas impressiona a magreza de sua base. O mercado interno para a indústria brasileira é extremamente pobre: aqui, até camisas e sapatos são vendidos a prazo. O mercado de exportação é inexistente. A inflação mantém a expansão em andamento, mas, ao mesmo tempo que torna os ricos mais ricos, empobrece os pobres. Em São Paulo, onde, pelos padrões brasileiros, os trabalhadores estão bem de vida, isso não é tão óbvio, porque as grandes empresas procuram reforçar seu monopólio dando aumentos salariais periódicos que as empresas menores de fora não podem pagar. Mas tudo ainda tem o ar de uma pirâmide equilibrada em sua ponta. Uma coisa que a industrialização definitivamente produziu é uma burguesia nacional confiante no futuro do Brasil e de seu poder para superar os latifundiários feudais e tornar-se independente dos Estados Unidos. Ela está até disposta a fazer causa comum com os operários e os camponeses para essa finalidade, pois, entre todos os ricos da América do Sul, os interesses industriais brasileiros são os únicos que não parecem ter medo da revolução social ou de Castro. Eles podem ser demasiado otimistas, mas, no momento, é com o imperialismo que estão preocupados, e não com a expropriação vinda de baixo. De certa forma, eles me lembram dos velhos industriais radicais da Inglaterra do século XIX, que tinham o mesmo sentimento de ter a história ao seu lado. Até que seja alcançada a independência do imperialismo norte-americano, parece que essa aliança entre a burguesia nacional e a esquerda continuará; mas o Brasil é um país muito estranho para previsões de visitantes casuais.

PERU: CUSCO

Foi dito antes, mas precisa ser dito novamente: se há um país pronto para uma revolução social e que precisa dela, esse país é o Peru. Em Lima, hotéis de luxo entre as favelas, a aristocracia fundiária peruana que voa para o sul da França para breves férias; aqui em cima, a mais de 3 mil metros no ar rarefeito, os turistas chegam pelos voos diários para contemplar as catedrais construídas por aqueles rufiões heroicos, os conquistadores espanhóis, e as relíquias do Império Inca. Metade da população do Peru é composta por índios, como aqueles que caminham descalços pela lama de Cusco, com roupas coloridas e esfarrapadas tecidas em casa, as mulheres com chapéu de homem sobre duas tranças negras, com bebês nas costas. As agências de turismo os anunciam como pitorescos, mas eles estão entre as pessoas mais pobres que já vi.

Os indígenas são servos desde sempre. Qualquer proprietário de terras pode bater neles ou tomar suas esposas e filhas, qualquer um que use trajes europeus os trata como cães, todo policial ou funcionário é inimigo deles. No entanto, eles agora estão se mexendo. Nada é mais impressionante do que as longas filas de homens e mulheres indígenas esperando silenciosamente dentro e fora da Federação Camponesa de Cusco, à noite, à espera que os escritórios reabram na manhã seguinte. São delegações que vêm de fazendas e comunidades distantes para pedir conselhos, denunciar injustiças. Há alguns dias, trezentos deles — como de costume, homens e mulheres em colunas compactas — invadiram a propriedade do dr. Frisancho para desviar os canais de irrigação que deveriam justamente servir suas terras comuns. O proprietário mobilizou a polícia, que usou gás lacrimogêneo, mas os índios avançaram, protegidos por máscaras contra gás improvisadas, feitas de panos embebidos em água. A polícia então atirou e atingiu Clara Huaranca Puclla e seu bebê e o camponês Guillermo Huamán Huamantica. Três policiais foram feridos — com pedras. Todo dia há esse tipo de incidente. A Federação Camponesa (ajudada pela forte e militante Federação dos Trabalhadores de Cusco) organizou os índios, e pela primeira vez na história eles descobriram que a união faz a força. Os índios não são impotentes.

Uma centena e meia de quilômetros adiante, seguindo pela ferrovia de bitola estreita que os japoneses estão terminando agora, depois das gargantas, no longo e sinuoso vale subtropical que vai em direção ao remoto rio Amazonas, encontra-se o vale de La Convención, onde 110 das 160 propriedades rurais têm agora sucursais sindicais e os proprietários fugiram para Lima, deixando propriedades de até 160 mil hectares nas mãos de seus administradores. Quillabamba, a capital da província, é uma cidade larga, poeirenta, putrefata, ligada ao mundo pelos caminhões que partem às 4h30 e retornam à noite. Ali, os verdadeiros senhores de La Convención têm seus escritórios: El Banco Gibson, Anderson, Clayton & Co, compradores de café etc. Nosso caminhão é parado por policiais, pois há unidades armadas de autodefesa dos camponeses na região e as autoridades estão tensas.

A maioria dos camponeses não fala espanhol ou fala de modo hesitante com um sotaque indígena sibilante e arrastado que é difícil de entender. Felizmente, há um carpinteiro local que pode ajudar na tradução. Eu pergunto: por que os camponeses começaram a se organizar? Porque eles são tratados injustamente, como bestas. Por que agora? Porque agora o movimento sindical está ativo. Não há problemas para organizar pela primeira vez? Um homem calmo, forte, de rosto achatado intervém, explicando pacientemente. "Não, é muito simples. Veja, há duas classes. Uma não tem nada, a outra tem tudo: dinheiro, poder. A única coisa que os trabalhadores podem fazer é se unir, então é o que eles fazem." Eu pergunto: "Mas vocês não têm medo da polícia e dos soldados?". "Não, não agora", diz o carpinteiro. "Não mais."

NA ESTRADA DE FERRO DO PERU PARA A BOLÍVIA

Meu vizinho é um jovem esperto que carrega uma pasta. "Sou um agente de seguros, o gado é o principal negócio aqui, então eu ando um bom bocado por todo o país. Na minha opinião, são os próprios fazendeiros os responsáveis pelo problema. Eles não investem. Acham que, porque são *dueños de vida y hacienda*, senhores da vida e do sustento, não têm nada com que se preocupar. Agora a hora deles está chegando e eles correm para chorar em Lima. Os índios andam descalços, mesmo nas casas dos donos da terra, e dormem no chão, enquanto o senhor torra 2 mil ou 3 mil soles numa noite de festa. E eles nem sequer se dão conta do contraste. Agora estão sofrendo as consequências. Agora não há nada, exceto as tropas e as prisões, entre eles e os índios. Mas isso não vai durar para sempre."

Não, certamente não. Em toda a América do Sul, os pobres e oprimidos estão se mexendo. Não se pode dizer qual a forma que seu despertar assumirá. Mas a hora dos senhores em suas propriedades rurais está de fato chegando. E, quando chegar, haverá grandes mudanças no Peru e em toda a América do Sul.

Julho de 1963

3. Bossa nova

A cidade de São Paulo, Brasil, onde a indústria da música pop tem seu lar, é difícil de distinguir de seu homólogo londrino, exceto pelos arranha-céus. Os mesmos personagens espertos, piegas, levemente lupinos frequentam o mesmo tipo de escritórios abarrotados de discos e exemplares da *Billboard* e *Cashbox*. A mesma mistura de compositores, disc jockeys, jornalistas e violonistas enche os bares, come sanduíches, telefona e conversa sobre negócios. O sr. Enrique Lebendiger, o *boss* da bossa nova, que já trocou o Brasil pelos horizontes mais amplos do sucesso pop mundial, poderia ser transplantado da avenida Ipiranga para Londres sem introduzir um tom especialmente latino na Charing Cross Road.

E esse é, de fato, o segredo do apelo internacional da bossa nova. É um cruzamento entre a música urbana brasileira e o jazz, criado nos círculos de jovens brasileiros ricos e no ambiente mais ocidentalizado de entretenimento da grande cidade brasileira por aqueles músicos profissionais com maior probabilidade de encontrar músicos norte-americanos visitantes. O interessante é que, na sua curta vida de quatro ou cinco anos, ela teve três funções completamente diferentes.

As origens da bossa nova remontam ao tempo da Segunda Guerra, quando a descoberta das grandes bandas americanas de swing dos anos 1930 (reforçada posteriormente pelo jazz "progressivo" e "cool") fez com que os músicos brasileiros tomassem consciência das limitações instrumentais e harmônicas de seus grupos populares. Portanto, a bossa nova começou no Brasil como uma tentativa de introduzir cores e harmonias mais complexas na música local: um desses surtos de ambição musical tão característicos da evolução das comunidades de músicos autodidatas. Em São Paulo, a novidade da bossa nova não é somente que ela traz uma nova ênfase (um elemento de síncope e, em formas comerciais, uma sugestão crescente da batida quadrada do Norte aplicada ao ritmo do samba, o que o torna aceitável para os gringos), mas, além disso, as progressões de acordes do acompanhamento são mais habilidosas e "cultas" do que antes. Elas exigem *estudo*.

O novo amálgama ganhou alguma popularidade entre os descolados da classe alta brasileira (a principal cantora, Maysa Matarazzo, vem de uma família milionária, e um dos principais compositores, Vinicius de Moraes, é diplomata e poeta) e também naqueles círculos em que os músicos brasileiros encontravam seus colegas americanos. Consta que próprio nome (que significa "novo estilo") teria sido inventado por um certo Zé Carioca, que trabalhou com a falecida Carmen Miranda e, mais tarde, em Los Angeles.

O mundo descobriu a bossa nova através da visita ao Brasil de jazzistas de vanguarda norte-americanos, liderados por Dizzy Gillespie. É revelador que a vanguarda do jazz tenha posto em circulação esse novo estilo pop, uma coisa muito rara. O sucesso "Desafinado" (que o sr. Lebendiger afirma com sóbria satisfação que tem 25 versões) foi gravado por figuras improváveis como Stan Getz e Charlie Byrd. Para a vanguarda do jazz, são duas as atrações do novo estilo. Primeiro, forneceu um interesse e um estímulo rítmico notáveis; em segundo lugar, esse mesmo interesse rítmico permitiu que se voltasse, depois de anos de experiência harmônica cada vez mais ingrata, a tocar uma melodia agradável e simples sem se sentir vulgar. E esse estilo é suficientemente modificado pelo jazz para ser facilmente usado por jazzistas. Daí o prazer espontâneo com que líderes da vanguarda como Sonny Rollins se voltaram para a bossa nova. O fato de que essa combinação de um ritmo desconhecido, mas não totalmente incomum, e boas melodias atraia o público é um bônus bem-vindo.

E assim chegamos à indústria da música de Nova York e do leste norte-americano. Para ela, a bossa nova não é nem uma maneira de tornar a música tecnicamente mais exigente, nem uma maneira de sair de um impasse musical. É o possível sucessor do twist. É uma nova dança em uma era da música pop na qual, pela primeira vez em uma geração, danças como essa são mais uma vez a base da moda pop. Ora, no Brasil, a bossa nova não é de forma alguma uma dança. É uma maneira de tocar e cantar. Quando mostrei os diagramas de salão que as estações de rádio dos Estados Unidos estão distribuindo a fim de ajudar seus ouvintes a aprender os novos passos, os músicos brasileiros começaram a rir. Para eles, a bossa nova é tanto uma dança especial quanto o jazz.

É por isso que a bossa nova no Brasil vai certamente sobreviver às ruínas da febre nos Estados Unidos e na Europa, pois a indústria do pop já está envolvida em sua tarefa habitual de matar cada nova moda que descobre por excesso de exposição. Ela não só perdurará, como se desenvolverá. E o estudioso de jazz visitante observa essa música com admiração e a sensação de estar diante de um momento histórico, pois a bossa nova é a primeira grande conquista de novos territórios pelo jazz. Até agora, as regiões com uma música popular fortemente enraizada, ritmicamente poderosa, urbanizada e expansionista — e, sobretudo, a América Latina — mostraram-se impermeáveis ao jazz. Ao contrário, o jazz foi influenciado por elas. A bossa nova marca seu primeiro recuo. Talvez seja significativo que esse recuo ocorra no único país latino-americano que parece ter entrado definitivamente na era da civilização industrial moderna.

Dezembro de 1962

4. América Latina: a área mais crítica do mundo

Nos anos posteriores à Segunda Guerra Mundial, a Ásia era a região das grandes mudanças políticas e sociais do mundo. Na década de 1950, estávamos todos preocupados com o que estava acontecendo na África e no mundo árabe. Nenhum homem sensato se aventura a fazer previsões firmes sobre política, mas uma parece razoavelmente segura. Nas próximas décadas [anos 1960 e 1970], é provável que a região mais explosiva do mundo seja a América Latina. As vinte repúblicas ao sul dos Estados Unidos — uma francesa, uma portuguesa e o resto de língua espanhola — são provavelmente as partes do mundo sobre as quais menos se conhece na Grã-Bretanha. [...] No entanto, quando se começa a pesquisar sobre a América Latina, descobre-se imediatamente um obstáculo ainda maior do que a simples ignorância. Pelos nossos padrões — não apenas britânicos, mas, se quiserem, norte-americanos ou mesmo russos — e nos termos em que em geral analisamos os fenômenos políticos, a região simplesmente não faz sentido.

Pense no tipo de coisa com que se defronta o infeliz estudioso da América Latina. Achamos que sabemos o que defendem os fascistas, homens diretamente inspirados por Hitler e Mussolini. Na Bolívia, no entanto, uma coalizão de seguidores dos nazistas, nacionalistas menos classificáveis e trotskistas fez uma revolução social que nacionalizou as minas, distribuiu a terra aos camponeses, deu a igualdade aos índios e substituiu parte do Exército por uma milícia de operários e camponeses armados. Achamos que sabemos o que é um sistema parlamentar de liberais e conservadores, mas na Colômbia, onde um sistema desse tipo é tradicionalmente forte — houve, pelos padrões latino-americanos, comparativamente poucos golpes militares e ditaduras —, ele fez do massacre uma instituição política permanente, pelo menos nos últimos quinze anos. Ainda recentemente, em 22 de dezembro, um pistoleiro conservador chamado Efraín González entrou em uma pequena cidade no dia de feira, escolheu catorze liberais do lugar e os matou a tiros, mas não lhes cortou fora a cabeça, uma sequela não rara em tais desacordos políticos.

Também pensamos saber qual é a ideologia política de um movimento sindical sólido, com consciência de classe, não particularmente revolucionário. Mas na Argentina esse movimento é quase todo peronista, e, inversamente, o peronismo é quase tão firmemente baseado nos sindicatos quanto o Partido Trabalhista na Grã-Bretanha. Achamos que podemos reconhecer o que separa socialistas de comunistas. Mas onde existem socialistas na América Latina — o que ocorre em apenas alguns países —, eles muitas vezes se distinguem dos comunistas por serem mais revolucionários, pelo menos, em sua fraseologia. Fidel Castro é um comunista, e Cuba, a primeira "democracia popular" do continente americano. Mas até mesmo seus admiradores mais fervorosos não diriam que sua carreira política ou seu comportamento desde que chegou ao poder seja ortodoxo pelos padrões comunistas tradicionais.

Obviamente, não podemos esperar que os bem conhecidos movimentos políticos e instituições de nossa parte do mundo fossem bem-sucedidos na América Latina; e eles não foram. Talvez não seja surpreendente que a democracia liberal ocidental tenha um histórico inexpressivo por lá, pois essa forma de governo nunca foi facilmente transplantada. Com efeito, seu desempenho tem sido, em geral, extremamente débil e inexpressivo. Mesmo nos casos em que foi forte, pelos nossos padrões foi também um tanto esquisito, como no Uruguai, onde até a recente vitória do partido Blanco os colorados haviam monopolizado o governo por quase cem anos. O que é mais surpreendente é que movimentos como o socialismo e o comunismo têm sido, em geral, igualmente fracos. Se movimentos comunistas de massa puderam existir em países como China e Indonésia, cujas estruturas sociais têm pouco em comum com as da Europa, por que, com exceção de Chile, Cuba e, talvez, Brasil, nenhum partido comunista de massa se estabeleceu permanentemente em países que são um território fértil para movimentos de revolução social? (O Chile é quase o único país da América Latina cuja estrutura política e seus partidos parecem razoavelmente familiares ao visitante europeu, embora essa familiaridade seja provavelmente enganosa.) Ademais, até mesmo o estudioso asiático ou africano ficará intrigado com a política latino-americana. Ele procurará em vão, por exemplo, por coisas como o "movimento nacional" com que está familiarizado — a frente fortemente organizada pela independência nacional, em geral sob a direção de um líder carismático, que abarca e substitui quase toda a vida política de um país.

Por outro lado, o observador sem preconceitos logo descobrirá que há uma forma latino-americana característica de movimento político que não a periódica ditadura militar. É o que se pode chamar de "populismo": um movimento de massas dos pobres contra os ricos, mas apoiado igualmente por militares e intelectuais, ao mesmo tempo — se os termos não forem demasiado enganosos — nacionalista e socialmente revolucionário, às vezes mal ou quase nada organizado em geral construído ou moldado em torno de algum demagogo ou figura de líder. Em um sentido amplo, movimentos populistas desse tipo existem ou existiram em vários países. O peronismo na Argentina, o getulismo no Brasil, o Movimento Nacionalista Revolucionário na Bolívia, a Apra no Peru, a Ação Democrática na Venezuela, o movimento do falecido Jorge Eliécer Gaitán na Colômbia são ou foram fenômenos desse tipo. O movimento revolucionário mexicano e o fidelismo talvez tenham também algo em comum com eles. O auge desses movimentos ocorreu entre o final da década de 1930 e meados dos anos 1950, embora alguns, como a Apra no Peru, tenham uma história bem mais longa. Por volta da de 1945-50, observadores imparciais teriam provavelmente concluído que, para o bem ou para o mal, esses movimentos representavam a próxima tendência da política latino-americana. Hoje, já não podemos ter certeza nem mesmo disso, pois todos eles estão em um estado evidente de estagnação, declínio ou desintegração, ou então sofreram uma mudança fundamental em seu caráter.

POR QUE OS TERMOS EUROPEUS NÃO SÃO PERTINENTES

Está claro, portanto, que qualquer tentativa de analisar a política da América Latina em termos europeus apenas cria confusão. Essa confusão torna-se ainda pior quando julgamos os países não somente em nossos termos, mas conforme nossas preferências; por exemplo, se têm eleições livres ou são contra ou a favor dos Estados Unidos. Para entender os países situados entre o rio

Grande e o cabo Horn, não devemos olhá-los sob nossa luz, mas sob a deles.

Contudo, não podemos deixar de perguntar por que os termos europeus não são, de fato, pertinentes, e por que os movimentos e as instituições clássicos do mundo ocidental fracassaram até agora na América Latina. E a resposta talvez nos possa dar uma pista valiosa para a solução do problema maior. Se eu tivesse que resumir em uma frase, diria que a política latino-americana é determinada pelo fato de a independência nacional ter chegado à região há mais de um século, antes que a grande maioria do seu povo entrasse na vida nacional. Em 1830, todas as ex-colônias espanholas e portuguesas, com exceção de Cuba e Porto Rico, já eram Estados independentes, embora tenham se tornado imediatamente dependências econômicas informais da Grã-Bretanha. No entanto, as estruturas sociais e a situação colonial da América Latina permaneceram praticamente inalteradas. As massas de seus escravos ou ex-escravos (isto é, os negros), os peões e os servos (isto é, os índios), suas comunidades interioranas autossuficientes de camponeses mestiços medievais, seus artesãos e trabalhadores urbanos, em geral, não se interessaram pela libertação nacional nem foram consultados. Alguns — por exemplo, os índios do altiplano andino — quase certamente permaneceram sem saber que estavam vivendo em um Estado e não em outro, até a década de 1950, pois a nacionalidade dos senhores e funcionários que os mantinham sob jugo era irrelevante para a sua vida. Conheço pelo menos um cavalheiro idoso no interior do Brasil que, em 1953, ainda não sabia que seu país deixara de ser governado por um imperador havia mais de sessenta anos.

A independência, portanto, foi obra de um pequeno estrato dos ocidentalizados e instruídos, ou seja, dos ricos crioulos ou, como diríamos hoje, colonos brancos ("branco" é um termo relativo num continente que sempre definiu a cor de sua população em termos sociais, em vez de biológicos). As ideias e instituições liberais francesas e britânicas que a América Latina adotou no início do século XIX não faziam sentido na sociedade feudal e colonial; ou melhor, elas simplesmente se tornaram mais um método de enriquecer os que já eram ricos, fortalecer os que já eram fortes — por exemplo, com a espoliação das terras comuns indígenas, com a corrupção de deputados e ministros, pelos atrasos intermináveis de uma justiça teoricamente lúcida e codificada. O que havia de liberal neles foi transformado em retórica ou numa desculpa para rixas locais. Portanto, não é surpreendente que quando entraram na política as massas latino-americanas estavam em sua maioria vacinadas contra o liberalismo.

UMA MINORIA NÃO REPRESENTATIVA

As ideias socialistas e comunistas mostraram-se um pouco mais influentes, mas os movimentos socialistas e comunistas sofriam de uma defasagem temporal semelhante, pois mesmo durante o seu período de formação — digamos, entre 1890 e 1920 — a política latino-americana continuou, com exceção do México e de alguns outros casos especiais, nas mãos de uma minoria não representativa. As ideias socialistas pertenciam a imigrantes europeus (como na Argentina), ao modelo peculiar de artesãos e trabalhadores industriais organizáveis e a uns poucos intelectuais de famílias ricas. Grosso modo, onde havia espaço para os sindicatos de tipo europeu, também havia espaço para o socialismo, mas não em outros lugares. E "outros lugares" incluía a grande maioria do campesinato latino-americano, o qual os socialistas tradicionais e até os comunistas costumavam negligenciar e com quem eles não conseguiam chegar a um acordo, mesmo quando tentavam. Não era fácil para os artesãos anarquistas espanhóis ou italianos simples, racionalistas e secularistas, que tanto fizeram pela agitação socialista no continente europeu, entrar em acordo com, por exemplo, os camponeses do interior do Brasil, cujo universo intelectual era praticamente o mesmo da Europa na época de são Francisco de Assis. Quando, por sua vez, os camponeses começaram a migrar para as cidades, às vezes também associavam o socialismo e o comunismo às aristocracias operárias comparativamente ricas de lá, como se não fossem compostas por imigrantes europeus.

Tudo isso mudou com a Grande Depressão da década de 1930, que marca o verdadeiro fim da Idade Média da América Latina. Se houve uma década crucial na história de qualquer continente, foi essa. De modo geral — e sempre ressalvados os casos especiais como o do México —, foi somente há mais ou menos 25 anos que a maior parte dos latino-americanos começou a ser o sujeito, em vez de mero objeto da história de seus países. Seus próprios movimentos de revolta social demoraram a tomar forma, mas o colapso das economias coloniais levou quase imediatamente à formação de movimentos nacionalistas e anti-imperialistas liderados por políticos, intelectuais ou oficiais de classe média. Eram pessoas que, às vezes, tomavam emprestadas, de um modo generoso e superficial, ideias do fascismo, que era então a ideologia nacionalista-demagógica mais influente na Europa, embora, na realidade, a tendência geral de seus movimentos fosse para a esquerda, pois seu poder estava na mobilização dos pobres contra os ricos (que eram, por sua vez, associados à economia colonial).

MOVIMENTOS POPULISTAS

Esses movimentos populistas eram os equivalentes dos movimentos de libertação nacional da Ásia e da África. Mas eram inevitavelmente mais complexos ou, se preferirem, fenômenos um pouco mais confusos, pois não tinham a finalidade óbvia da independência política nacional, que mantém esses movimentos unidos e lhes dá um programa facilmente realizável. Os Estados latino-americanos já eram independentes, pelo menos no papel. Somente os menores, ou aqueles mais próximos dos Estados Unidos, conheciam as tropas estrangeiras como verdadeiros ocupantes, corpos estranhos de homens que eram os governantes verdadeiros, embora talvez não oficiais, como nas repúblicas de bananas da América Central. Não é por acaso que a coisa mais próxima de um movimento nacional direto contra os estrangeiros seja o de Fidel Castro em Cuba. O que mais impressiona o observador nesses movimentos é uma espécie de tatear, uma espécie de improvisação — uma busca, muitas vezes extremamente desordenada e ineficiente, de um programa que daria realidade à independência formal de suas nações. Esse programa implicaria reformas sociais, nem que fosse apenas para satisfazer as massas sem cujo apoio os nacionalistas estavam destinados a fracassar. Implicaria também o desenvolvimento econômico. E independente da opinião pessoal de seus líderes, seria contra os gringos dos Estados Unidos, porque ninguém gosta do *Big Brother*, e até mesmo o hábito de falar "América" quando querem dizer "Estados Unidos" irrita os latino-americanos tão profundamente quanto o hábito de dizer Inglaterra, em vez de Grã-Bretanha, irrita os escoceses e galeses. Mas, além disso, estava longe de estar claro para onde os populistas iam, e ainda menos claro se iriam chegar lá.

Não está claro ainda. Apenas três coisas estão claras. A primeira é que o povo da América Latina começou a despertar. Ninguém pode voltar aos anos anteriores a 1930 ou mesmo anteriores à Revolução Cubana de 1959. A segunda é que os países latino--americanos ainda não encontraram uma forma razoavelmente permanente de organização social e política. E a terceira é que a América Latina está passando por mudanças sociais e econômicas extremamente rápidas diante dos nossos olhos.

Maio de 1963

5. Desenvolvimentos sociais na América Latina

Sugeri que é inútil e, com efeito, perigosamente enganoso pensar no futuro da América Latina nos termos políticos da Europa e da América do Norte. Quero examinar aqui o que realmente está acontecendo nessa região hoje [1963]. Não se trata, como disse, de uma coisa sem precedentes, mas de algo que tem muitos aspectos familiares ao estudioso europeu, especialmente se ele é um historiador medieval e também conhece alguma coisa sobre as economias coloniais modernas. O que é original na América Latina é sua combinação peculiar de, por assim dizer, diferentes épocas históricas; a configuração institucional específica — que é muito mais europeia do que na maioria das outras regiões subdesenvolvidas — e o momento da história mundial em que as coisas começam a mover-se, e mover-se a toda velocidade.

As primeiras impressões nunca são completas, mas nem sempre, como se está propenso a pensar, insignificantes. A maioria das pessoas, por exemplo, precisa viajar pela América Latina por via aérea, porque muitas vezes não há outra escolha. No Brasil, há um voo do Rio para São Paulo a cada meia hora, mas poucas ferrovias e ainda menos rodovias. A maioria dessas viagens de avião quase certamente começará ou terminará no aeroporto de alguma grande cidade, com seus arranha-céus, letreiros de néon e congestionamentos surgindo, como uma miragem, das planícies e desertos, das selvas e dos picos agrestes e nus de 5 mil metros dos Andes. Cidade do México, São Paulo, Buenos Aires e Rio de Janeiro são maiores do que qualquer cidade europeia, exceto Londres, Moscou e Paris. Mas entre elas sobrevoam-se áreas enormes e aparentemente desabitadas. A América Latina, com exceção de algumas áreas, como parte da zona do Caribe, é, na verdade, um continente vazio, com comunicações extremamente ruins, pontilhada de cidades gigantescas.

Mas não completamente: se está vazia, também se está enchendo a um ritmo incrivelmente rápido, mais depressa do que qualquer outra parte do mundo. No ritmo atual, até o ano 2000, o número de latino-americanos deve aproximar-se dos 600 milhões, o que é quase três vezes a população atual. Hoje, há cerca de um norte-americano para cada latino-americano. Amanhã, haverá duas pessoas ao sul do rio Grande para cada uma ao norte dele, e ambos os lados estão conscientes disso.

Isso é o que os estatísticos nos dizem. Mas não é preciso ser estatístico para ficar horrorizado com o aspecto mais marcante dessa revolução demográfica, o fantástico êxodo das aldeias e do sertão para as cidades. Quarenta por cento da população de Lima ou do Rio de Janeiro e metade da população do Recife vivem — se essa é a palavra apropriada — como refugiados de um terremoto, em favelas e acampamentos. Em dez anos, o tamanho das cidades grandes pode dobrar. Em um continente majoritariamente não industrial, já há mais habitantes urbanos do que rurais em cinco países: Argentina, Chile, Cuba, Uruguai e Venezuela. Em 1970, eles ganharão a companhia de Colômbia, México e Peru. Foram necessários setenta anos de Revolução Industrial britânica e quarenta anos de industrialização soviética para produzir uma maioria urbana nesses dois países. Essa explosão das cidades ainda não produziu uma turbulência social distinta da demográfica nas cidades, embora tenha havido rumores e erupções aqui e ali — em Buenos Aires, no governo de Perón; em Bogotá, na grande insurreição de 1948; em Caracas, capital da Venezuela, hoje. No mínimo, os camponeses que inundam as cidades afogaram os pequenos núcleos urbanos de socialistas e comunistas. Apesar das aparências, o nível de vida dos camponeses é, com frequência, muito melhor nas favelas do que no sertão medieval, pois o consumo médio per capita em uma cidade latino-americana pode ser várias vezes maior do que no campo. Vai demorar para que essas pessoas se deem conta da distância entre o que têm — que é muito pouco — e o que poderiam e deveriam ter. Elas são politicamente ignorantes e inocentes, e custa pouco comprar seus votos, onde têm algum. Mas a paixão que é atualmente descarregada sobretudo na torcida de times de futebol não permanecerá longe da política para sempre.

Numa sociedade tradicional, milhões de camponeses não começam a abandonar o campo a não ser que algumas mudanças profundas estejam ocorrendo em sua vida. E é o que está acontecendo. Em termos gerais, existem dois tipos de América Latina rural: uma de cultivo comercial colonial para o mercado mundial, de café e bananas, por exemplo, e uma economia atrasada de grandes propriedades e camponeses dependentes, como na da idade das trevas europeia. As culturas comerciais são mais conhecidas no exterior do que nas propriedades medievais, mas ambas estão em estado de crise.

Chamar a maior parte da América Latina rural de medieval não é uma metáfora, mas a pura verdade, pois em muitos casos ainda subsiste o mundo mental da Idade Média europeia, que é, afinal, o mundo que os conquistadores do século XVI trouxeram com eles. Um renascimento religioso ou rebelião camponesa no sertão brasileiro (que começa a poucas dezenas de quilômetros da cidade grande) ainda é, muitas vezes, uma heresia medieval, liderada por um profeta do lugar que adota o modelo dos frades franciscanos. Os violeiros ainda recitam versos épicos sobre Rolando e Carlos Magno para ouvintes iletrados. Mas, mesmo sem essa herança, não é um equívoco chamar de medieval uma sociedade em que senhores feudais dirigem propriedades em ruínas, muitas vezes cultivadas por servos, em que as comunidades camponesas vivem numa economia de subsistência, muitas vezes quase sem usar dinheiro, ligadas entre si pela dependência feudal e pela ajuda mútua entre vizinhos, que é sua instituição social básica.

Tudo isso foi profundamente perturbado pelo crescimento da agricultura comercial que fornece, em parte, os alimentos para as novas cidades, e em parte nos fornece o café, as bananas e outros alimentos tropicais que queremos, e dos quais o comércio exterior de várias repúblicas latino-americanas depende quase que por inteiro. Essa ascensão da agricultura de mercado é um fenômeno relativamente recente, e seus efeitos diretos e indiretos são cataclísmicos. Alguns camponeses aproveitam as novas oportunidades e se tornam pequenos agricultores comerciais. Alguns escapam para a vasta fronteira não colonizada, onde os homens livres ainda podem agachar-se em terra virgem. (Ambos os grupos passam facilmente à rebelião e ao comunismo.) Muitos desistem e se mudam para as cidades. Os restantes vivem cada vez mais inquietos numa estrutura social que está em colapso: uma massa imprevisivelmente explosiva.

Mas mesmo a economia colonial das culturas de exportação (e de mineração e petróleo) já não é o que era. A Grande Depressão de 1929 quebrou-a, pois demonstrou a instabilidade do mercado mundial do qual depende. Em quase todos os países latinos, o ano de 1930, quando despencaram os preços das únicas commodities de que o seu comércio dependia, é um marco tão visível como a data da libertação da Espanha ou de Portugal. A partir de então, não houve nem mesmo a ilusão de estabilidade econômica, embora o período entre 1940 e o fim da Guerra da Coreia tenha produzido um boom temporário do qual uma safra de ditadores contemporâneos se beneficiou muito. Desde 1930, a oligarquia dos latifundiários e intermediários do comércio, que é a classe dominante típica da maior parte da América Latina, não governou sem contestação. Hoje, quando mudanças que parecem triviais para nós, como a ascensão do café instantâneo, podem tirar mais renda de uma meia dúzia de repúblicas latino-americanas do que os empréstimos estrangeiros astronômicos podem pôr de volta, as pessoas estão mais conscientes do que nunca da crise em economias que são, na verdade, coloniais ou semicoloniais, qualquer que seja o estatuto oficial de seus governos.

A velha América Latina está entrando em colapso. Algo radicalmente novo deve tomar seu lugar. Mas até agora, na maioria dos locais, isso ainda não aconteceu. Eis um caso óbvio: há grandes cidades, mas até agora é pouca a industrialização, e a que existe ainda se concentra, em larga medida, nos tradicionais e antiquados setores de alimentos, bebidas e têxteis. Um punhado de arranha-céus e hotéis de luxo, ou mesmo (como mostra o Oriente Médio) um campo petrolífero florescente, não significa que um país entrou econômica ou socialmente no século xx. Assim, há um sentimento de tensão opressiva, uma sensação de que as coisas não podem continuar assim, em todos os lugares, especialmente entre os instruídos e os intelectuais. Como tantas outras coisas nesse continente, é um clima que lembra o estado de ânimo da Rússia antes de 1917. Por exemplo, embora apenas um em cada cinco estudantes da Universidade Nacional da Colômbia seja fidelista, nove em cada dez acreditam que é preciso "uma mudança econômica social e política radical" em seu país. São homens e mulheres jovens que estão pessoalmente bastante otimistas sobre suas perspectivas futuras; talvez sem razão, pois, como em muitos países subdesenvolvidos, há uma nítida escassez de oportunidades para quem tem formação profissional superior.

Não, o descontentamento desses estudantes é simplesmente uma forma extrema e explosiva da insatisfação que todos, exceto um punhado dos muito ricos, sentem em relação à situação atual de seus países. Os mais francos e ativos desses rebeldes potenciais são os estudantes e, às vezes, jovens oficiais (que são uma espécie de classe média muito subempregada, porque poucos exércitos latino-americanos lutaram ou é provável que lutem contra alguém por um longo tempo). Há nasseristas, além fidelistas, entre o rio Grande e o cabo Horn.

Não é apenas o senso de justiça social que cria rebeliões. É também uma sensação geral de atraso e dominação estrangeira, não menos verdadeira por ser informal. Isso é algo sentido até pelas novas classes médias da América Latina, que estão divididas entre esse sentimento e o medo onipresente, que Fidel Castro intensificou, da expropriação. São classes que se sentem oprimidas pelas oligarquias de latifundiários e comerciantes de exportação que se interpõem no caminho do desenvolvimento industrial, porque os seus interesses próprios se encontram na economia de exportação semicolonial de café ou banana, carne, cobre ou petróleo. São pessoas que, de qualquer modo, se ressentem dos velhos governantes, pois, embora não haja monarquias, poucas aristocracias de hoje são mais orgulhosas ou mais poderosas do que a das "famílias tradicionais" das repúblicas sul-americanas. Ressentem-se da preguiça e da ignorância dos seus países e estão realmente muito irritadas com a imagem de ópera-bufa de *sombreros*, carnavais e dragonas que atrai o turismo norte-americano. Não necessitam do estímulo comunista para ser antiamericanas mais do que os povos do Oriente Médio precisavam dele para ser antibritânicos nos dias em que éramos os *Big Brothers* econômicos da região.

O que esses descontentes esperam? Na medida em que pensam com clareza sobre o assunto, todos eles, independentemente de suas posições políticas, estão convencidos de que quatro mudanças importantes devem ocorrer. Deve haver reforma agrária — ou seja, a expropriação e a divisão das vastas propriedades que dominam grande parte do continente. Deve acabar a dependência dos países de um ou dois produtos primários — ou seja, acabar com a economia semicolonial. É preciso um desenvolvimento sistemático da economia — ou seja, na prática, uma industrialização. Por último, simpatizem ou não com elas, é necessário fazer reformas sociais completas. Estão todos de acordo com esse programa. Os conselheiros do presidente Kennedy exigem-no em uma forma moderada das oligarquias, às vezes recalcitrantes, a fim de evitar revoluções comunistas, assim como os fidelistas pedem-no como parte dessas revoluções. As Nações Unidas pedem-no à sua maneira. A questão é: quem pode realizá-lo e de que forma pode ser realizado.

Na verdade, a experiência das repúblicas latinas é tão desanimadora quanto longa, e suas perspectivas são obscuras. Mas algumas delas já deram algum tipo de passo em direção ao futuro e são observadas com grande atenção pelo resto. Há o caso de Cuba, que escolheu o caminho abertamente social-revolucionário, sob o pressuposto de que as classes médias latinas são muito fracas ou envolvidas demais na dependência econômica para resolver o problema do continente. (Há também a Bolívia, que teve uma revolução social nativa em 1952, mas, uma vez que esse país atrasado entrou num beco sem saída, ninguém o considera seriamente um modelo para o progresso.) Por outro lado, dois grandes Estados mostraram algum dinamismo na economia dentro da tradição da iniciativa privada: México e Brasil. Nenhum dos dois é uma economia capitalista no sentido liberal clássico. Ambos dependem de financiamento governamental em grande escala, de indústrias nacionalizadas e, em larga medida, do controle estatal. As classes médias de ambos estão longe de ser conservadoras. O México repousa sobre a maior revolução social feita na América Latina antes da cubana, uma revolução que durou de 1910 a 1920; e, no Brasil, os defensores da indústria nacional são também os mobilizadores deliberados da agitação operária e camponesa contra a velha oligarquia.

Além disso, enquanto México e Brasil não nutrem obviamente simpatia pelo comunismo, os Estados Unidos estão longe de estar felizes com a atitude deles — em especial, com a do Brasil — em relação à questão cubana. Nenhum dos dois está de forma alguma livre de problemas, e qualquer um que tenha visto as terríveis favelas do Brasil pode proclamar que o país é um monumento da injustiça social. É possível que sejam incapazes de manter o ritmo atual de desenvolvimento econômico, ou até mesmo que possam estagnar ou ter recaídas, como aconteceu com a Argentina, que tinha um nível de desenvolvimento social de certa forma mais avançado do que qualquer outro alcançado no resto da América Latina. Tudo o que posso dizer é que, atualmente, Cuba por um lado, e Brasil e México, por outro, proporcionam modelos autóctones de mudança. Isso não ocorre em nenhum outro país.

Nesse ponto, devemos resistir à formulação de perguntas proféticas e cheias de implicações, tais como: as instituições liberal-democráticas prevalecerão na América Latina? Quais são as chances do comunismo na região? É provável que surja uma nova safra de ditadores populistas? Não que tais perguntas sejam irrespondíveis, embora seja provável que qualquer previsão se revele errada. O problema é que, ao fazê-las, quase inevitavelmente projetamos sobre a América Latina nossos próprios desejos e aversões a respeito das questões mundiais. O importante não é que as mudanças latino-americanas satisfaçam nossas preferências políticas ou sociais. Aqueles cujos desejos elas devem satisfazer são os latino-americanos.

Maio de 1963

6. A situação revolucionária na Colômbia

A tese deste artigo é que a história da Colômbia dos últimos quinze anos só pode ser entendida em termos do fracasso, ou melhor, do aborto de uma revolução social clássica. Pelo menos desde 1930, por uma evolução histórica coerente, uma revolução social estava em preparação na Colômbia e deveria logicamente ter produzido algo análogo ao fidelismo, um regime de esquerda populista trabalhando em estreita colaboração com os comunistas. Com efeito, esse movimento atingiu o seu clímax, uma situação claramente insurrecional, num momento em que a tomada do poder era viável. Mais do que isso: a insurreição na verdade estourou espontaneamente em abril de 1948 e foi apoiada pela polícia de Bogotá. Mas não havia ninguém para dirigi-la e organizá-la. O movimento populista de Jorge Eliécer Gaitán, sendo totalmente desorganizado, foi decapitado pelo assassinato de seu líder; os comunistas não reconheceram o que estava acontecendo até que fosse tarde demais. Em consequência, o país caiu no estado de desorganização, guerra civil e anarquia local que prevaleceu nos últimos quinze anos.

A situação na Colômbia hoje é, portanto, muito mais significativa do que a maioria dos estudiosos da América Latina supõe, não somente porque um avanço direto para uma revolução social clássica é muito excepcional naquele continente, mas também porque o grau de mobilização de massa espontânea alcançado na Colômbia, especialmente no período entre 1948 e 1953, é maior do que em qualquer outro lugar na história da América Latina, com exceção do México. (O *Bogotazo* de 1948 foi, segundo todos os relatos, a mais impressionante insurreição espontânea da população urbana pobre, e a mobilização de guerrilheiros camponeses — e praticamente *todos* os guerrilheiros colombianos eram e são camponeses — foi incomparavelmente maior do que em Cuba, por exemplo.)* A principal razão pela qual a situação colombiana foi e continua sendo tão crucial é o fato de que a Colômbia é um país que pode ser um fator decisivo para o futuro da América Latina, papel que Cuba provavelmente não desempenhará. A Colômbia é um país grande; em termos de população, é o quarto maior do continente, e, no ritmo atual de crescimento, em breve ultrapassará a Argentina para se tornar o terceiro maior. É um país rico com uma economia potencialmente equilibrada. Sua posição geográfica faz dele uma ligação estratégica entre o Caribe e a América Central e pelo menos com a massa andina da América do Sul. Faz fronteira com Venezuela, Equador, Peru e Brasil, isto é, com países que estão a ponto de se rebelar. E seria muito

---

* Não há nenhuma base estatística sólida para as estimativas apresentadas pelo monsenhor Guzmán em seu livro *La Violencia en Colombia* (Bogotá, 1962) de que houve em determinado momento até 30 mil guerrilheiros armados em ação no país. Mas é fato que, durante apenas cinco dias de 1953, no final da guerra civil, 6500 rebeldes depuseram armas; trata-se de um número considerável para forças irregulares.

mais difícil exercer pressão sobre uma revolução colombiana do que sobre uma cubana.

É óbvio que a Colômbia, assim como a maioria dos países latino-americanos, com a possível exceção da Argentina e do Uruguai, contém a matéria-prima para uma revolução social, tanto do campesinato como da população urbana pobre. Como em outros países da América Latina, o problema não é descobrir material inflamável, mas explicar por que ainda não explodiu em chamas, ou — como no caso da Colômbia — por que, depois de ter se inflamado espontaneamente, voltou a ser uma massa fumegante, mostrando apenas um bruxuleio ocasional.

ANTECEDENTES DA SITUAÇÃO ATUAL

Pode-se dizer que a história colombiana moderna começou com a crise de 1929 e o retorno dos liberais ao poder em 1930, que marcou a abertura de uma nova era política.

A Colômbia tinha uma estrutura política especial, com uma oligarquia estável dividida em dois partidos: Liberal e Conservador; essa estrutura excluía, em grande medida, as formas habituais de caudilhismo, e tinha também — e isso é excepcional — lançado raízes profundas no campesinato. Em termos colombianos, portanto, a evolução política tendeu a avançar sem deixar os partidos tradicionais isolados como ilhas dos ricos, mas infiltrando-os e transformando-os. Assim, entre 1930 e 1948, o Partido Liberal transformou-se num partido popular, em parte por ter sido adotado pela classe média urbana industrial ascendente, sem vínculos com o comércio exterior, que, como de costume, foi estimulada pelo colapso da economia de exportação e, em parte, por meio do esforço deliberado feito por uma ala New Deal dos liberais tradicionais para captar o despertar político da população pobre urbana e, em menor medida, rural.

Alfonso López [Pumarejo], talvez sob influência rooseveltiana, seguiu esse caminho com grande sucesso em sua gestão presidencial de 1934-8 e, em menor grau, na de 1942-5. E o que é mais importante, o movimento de massas populista independente organizado por Gaitán voltou para a órbita do liberalismo, do qual o próprio Gaitán surgira; com efeito, Gaitán conquistou finalmente o Partido Liberal em 1946. Talvez seja necessário acrescentar que o Partido Comunista, também fundado em 1930, tendia a funcionar sob a proteção dos liberais da ala New Deal. Mas não era particularmente influenciado por Gaitán e seus partidários. Por várias razões, tratava o gaitanismo com profunda desconfiança até tarde demais, e isso, como se viu, foi um erro decisivo.

Essa tendência na política colombiana minou toda a base da oligarquia bipartidária, pois ameaçou transformar os partidos em movimentos sociais e, mais ainda, transformar o Partido Liberal, com seu apelo aos pobres, no partido majoritário permanente e esmagador.* Esse desdobramento político pode ser considerado a causa principal das guerras civis de 1949-53. Confrontados com um possível eclipse de longo prazo, os conservadores tiveram de reagir, e, depois que a insurreição de 1948 lhes mostrou todo o perigo de sua posição, fizeram isso por meio de um ataque sistemático às regiões liberais do país, combinado com a conversão deliberada do aparato estatal, em especial a polícia e o Exército, em arma de defesa dos interesses conservadores.

---

* É provável que a Igreja e certas regiões tradicionalmente conservadoras, como Boyacá, tenham mantido entre os camponeses certa quantidade de adeptos dos conservadores, embora não muitos nas cidades.

Em abril de 1948, Gaitán foi assassinado e eclodiu uma insurreição quase de imediato. Ela foi enfrentada por uma coligação nacional dos dois partidos, isto é, por uma aliança dos liberais moderados com os conservadores; esse movimento foi contestado pelos liberais de esquerda e pelos gaitanistas e provocou uma dissensão violenta dentro do partido.

A coalizão rompeu-se pouco antes das eleições de 1949. Os conservadores tentaram aproveitar a oportunidade proporcionada pela profunda divisão do Partido Liberal para estabelecer seu poder. Mas isso só poderia ser feito por métodos não eleitorais, uma vez que os liberais ainda eram fortes o suficiente, embora por estreita margem, para ganhar as eleições. O Exército foi expurgado dos liberais e, de acordo com o candidato presidencial de direita Laureano Gómez, os conservadores utilizaram todos os meios administrativos e militares para tornar a política liberal impossível e para esmagar os redutos liberais no campo. O interior já estava consideravelmente perturbado desde a morte de Gaitán, e o ataque conservador provocou um movimento de autodefesa liberal, que ia da formação espontânea de guerrilhas camponesas contra as forças do governo e os esquadrões de intimidação à dissidência coletiva de regiões liberais inteiras, como as Planícies Orientais. A guerra civil logo se transformou em mais do que uma mera luta entre partidos armados. Em termos gerais, em seu pico ela envolveu todas as áreas habitadas do país, com exceção das zonas costeiras do Atlântico e do Pacífico. O regime conservador avançou gradualmente para uma ditadura semifascista.

Em 1953, no entanto, as forças militares, sob o comando de Rojas Pinilla, assumiram o governo a fim de acabar com uma situação intolerável, pois já estava claro que a experiência do governo de direita de Laureano Gómez tinha sido um fracasso total. A guerra civil terminou com uma anistia, e a vida política foi ao menos formalmente restabelecida, embora apenas como uma espécie de apêndice do regime militar. Mas a ditadura de Rojas Pinilla também fracassou. A violência rural recomeçou após 1954, embora apenas em um setor limitado do país, e ficou claro que a tentativa de Rojas de introduzir um regime que tinha por modelo o peronismo era totalmente impossível. Faltava-lhe a base essencial do regime militar populista, a saber, o apoio de massa, pois as massas colombianas não eram solo virgem político, mas tradicionalmente conservadora, liberal, ou, numa minoria de casos, comunista. Rojas também carecia de outro ativo comum aos ditadores latino-americanos do início dos anos 1950, como Perón na Argentina e Odría no Peru: amplas reservas de moeda estrangeira ou o suporte de uma alta no preço do produto básico de exportação. O preço do café (do qual dependiam 95% das divisas da Colômbia) caiu de oitenta centavos de dólar por libra em 1954 para 45 centavos em 1958. Além disso, a má gestão da economia de Rojas não ajudava. Em 1957, houve uma grave crise cambial e foi necessário cortar fortemente as importações. A Igreja abandonou o apoio a Rojas, os dois partidos formaram uma frente bipartidária sólida no exílio e, em 1957, a ditadura caiu e o regime atual assumiu, aparentemente como uma medida temporária.

A conclusão da guerra civil pode ser explicada, portanto, em termos muito semelhantes aos do seu início. A guerra civil corria o perigo de se transformar em guerra social. Nas Planícies Orientais, por exemplo, ela começou como autodefesa armada de uma região solidamente liberal contra o governo conservador e foi organizada por pecuaristas, liderada pelos capatazes das fazendas e travada por vaqueiros e peões. Mas, dentro de pouco tempo, a clivagem social no seio do povo das planícies começou a perturbar seus líderes: a guerra contra Bogotá mostrava sinais de se transformar em uma guerra contra os homens sem gado, que favorecia a mudança social. Os magnatas preferiram então fazer as pazes com a capital, depois que obtiveram uma garantia de não interferência. A partir de 1953, as planícies ficaram tranquilas, embora se diga agora que lá existe uma forte atividade clandestina comunista.

Vale a pena acrescentar que, no decurso da guerra, algumas áreas comunistas — em particular, a chamada "República do Tequendama", importante e estrategicamente situada a poucas dezenas de quilômetros de Bogotá — se tornaram praticamente autônomas, embora a mais ortodoxa delas não tenha tentado mais do que impedir as incursões de todas as pessoas de fora, do governo ou não.

Em 1953, a ditadura de Rojas Pinilla pôs fim à guerra civil, mas a agitação reviveu novamente. Em 1957, no entanto, os dois partidos tradicionais concordaram com a trégua de doze anos sob a qual a Colômbia ainda é governada. Agora, apenas liberais e conservadores podem concorrer às eleições (embora, num arranjo que lembra o que aconteceu no Uruguai, tenham se organizado grupos políticos dentro de cada partido que podem apresentar candidatos, e o PC, embora privado do direito ao voto, é legalmente tolerado). Presidentes liberais e conservadores alternam-se no poder.

Essa trégua reduziu muito a *violencia*, embora ela tenha recentemente dado sinais de renascimento, dessa vez inteiramente livre de lealdades partidárias, ainda que encorajada pelo simples fato de haver eleições. No entanto, é bastante certo que os liberais são e continuarão a ser o partido da maioria — em 1960, tiveram cerca de 1,5 milhão de votos contra 1 milhão dos conservadores — e o equilíbrio advém agora do conservadorismo das Forças Armadas. O elemento revolucionário passou para o apoio dos assim chamados liberais revolucionários, liderados por López

Michelsen, filho do presidente do New Deal, e para membros da extrema esquerda que foram ou são eleitos deputados do Movimento Revolucionário Liberal (MRL), como o líder camponês Juan de la Cruz Varela, de Sumapaz.

A SITUAÇÃO ATUAL

Qual foi a consequência da guerra civil e da agitação rural que persiste desde então? Com efeito, foi a de destruir a tentativa, feita durante a era conservadora, de montar uma administração centralizada eficaz. Atualmente, a única organização presente em toda a Colômbia com o poder de fazer cumprir suas ordens centrais em nível local e coletar renda em todo o país é a Igreja (que é, naturalmente, um tradicional bastião conservador). Existe uma aparência de administração central, mas ela depende, em grande medida, de uma retirada de fato do governo de certas funções puramente locais, que são deixadas à administração local — em alguns casos, comunista, em sua maioria, liberal ou conservadora. Essa situação, que lembra Estados feudais medievais, talvez não seja pior na Colômbia do que em vários outros países da América Latina, embora a complexidade geográfica da Colômbia faça com que pareça um pouco mais óbvia.

Qual é a situação hoje, quinze anos após o *Bogotazo*, em termos das forças que se poderia esperar que apoiariam uma revolução social? Nas cidades, que cresceram a um ritmo incrivelmente rápido — as cinco maiores, em conjunto, dobraram sua população nos últimos dez anos —, tudo está tranquilo. Gaitán está morto e não surgiu nenhum líder capaz de mobilizar a população urbana pobre. O movimento dos trabalhadores urbanos e industriais foi dividido, por meio de desmoralização e de divisões ideológicas ou decorrentes da Guerra Fria, em três grupos principais: a Federação Colombiana do Trabalho, vinculada à Confederação Internacional dos Sindicatos Livres, um organismo católico e uma aliança de comunistas sobreviventes e sindicatos independentes.

Na zona rural, a situação é diferente, pois a *violencia* não foi eliminada, mas é endêmica em cinco ou seis departamentos — Valle [del Cauca], Tolima, Caldas e as partes adjacentes de Huila, Cauca e Cundinamarca, bem como em partes de Antioquia, Santander e Boyacá — e está latente em muitos outros lugares. Quinze anos de anarquia transformaram-na numa instituição ou organização, às vezes, como nas áreas de cafeicultura de Caldas, muito semelhantes à máfia siciliana, na medida em que é uma organização da classe média rural que trabalha para a ascensão econômica. Não se trata de uma instituição cujo objetivo é a revolução social. Recentemente, no entanto, abandonados pelos dois grandes partidos políticos, os grupos de bandidos subsistentes e os novos grupos que se formam constantemente na segunda geração de homens violentos descobriram a missão de lutar pelos pobres contra os ricos, e diz-se que a influência comunista aumentou entre eles. Porém, isso é verdade somente de uma forma muito restrita. O PC não tem nenhum entusiasmo pelos bandidos, mesmo quando eles não são francamente antivermelhos, e mostra uma extrema relutância em seus contatos com eles.

AS ÁREAS COMUNISTAS

Por outro lado, subsistem as áreas e os núcleos comunistas quase autônomos. São de três tipos. O primeiro, a "República do Tequendama", que é semelhante em estrutura social à área vizinha de *violencia* que se situa entre ela e Bogotá. Sua população é composta de ex-pequenos arrendatários que forçaram os proprietários a vender suas terras antes da guerra. Tornou-se uma espécie de Suíça comunista, que consiste de "cantões" independentes, tais como Viotá, dirigido por Víctor Merchán, um admirável funcionário do partido e ex-trabalhador de cervejaria, e Sumapaz, dirigido por Juan de la Cruz Varela, um líder da base camponesa que passou sucessivamente pelos estágios do liberalismo, do PC, do gaitanismo, de seu próprio movimento agrário e dos liberais revolucionários, que parece ser, em seu caso, uma camuflagem para concepções mais avançadas.

Essa área fica ao lado do segundo tipo de reduto comunista, que consiste nos espaços vazios que se estendem desde as montanhas até as planícies e a Bacia Amazônica. É uma região que foi gradualmente colonizada por grupos independentes de camponeses pioneiros que, como homens sem senhores, têm muita simpatia pelo comunismo. Nesses territórios inacessíveis do Meta e do Caquetá existem bases de treinamento de guerrilha e outros centros, como a base de treinamento para o pessoal de Sumapaz, junto ao rio Duda, na região de El Pato, em Meta, e em Belén (a sudoeste de Florencia). Existem também alguns centros comunistas em Tolima (Villarrica, Icononzo, Chaparral), e alguns — menos ativos do que antes — na zona indígena de Cauca. O terceiro reduto comunista é o núcleo semiclandestino das Planícies Orientais.

As regiões comunistas estão armadas, organizadas, disciplinadas, com um sistema regular de administração, educação e justiça, e são invariavelmente reconhecíveis, porque, mesmo no meio de áreas de derramamento de sangue, estão livres da *violencia*. Sua principal vantagem reside na atração que exercem sobre os camponeses vizinhos devido à eficiência e justiça evidentes de seus acordos; o melhor especialista nesse campo, monsenhor Germán Guzmán, considera que os redutos comunistas podem se tornar cada vez mais atraentes. Sua principal fraqueza é o caráter camponês muito espontâneo responsável pela atração que exercem, pois, na verdade, seu horizonte político é completamente local. Se forem deixadas sozinhas, essas áreas se concentram em sua própria região e dificilmente desafiam os níveis mais altos da administração e da atividade econômica. Viotá, por exemplo, vive num estado de convivência informal com o governo central.

AS TOMADAS DE TERRAS

No entanto, uma forma mais direta de agitação agrária reviveu recentemente: a ocupação de terras. Esse fato é muito semelhante ao que está acontecendo em toda a América Latina e não tem correlação direta com a *violencia*. O movimento de ocupação de terras, seja espontâneo ou organizado pelos comunistas, não ocorreu, em grande medida, na zona cafeeira de pequenos lavradores que é o centro da *violencia*, mas principalmente nas zonas de latifúndios do sul: Nariño, Cauca, Huila, parte de Tolima, e — fenômeno novo, ou melhor, renascido — na costa do Atlântico, em Bolívar, Atlántico e Magdalena. As ocupações são realizadas mais por meeiros e arrendatários do que por trabalhadores sem terra que formam, no seu conjunto, uma classe bastante passiva em toda a América Latina.

A característica principal dessa atividade é que ela transborda completamente as fronteiras políticas. Assim, no final de 1961, na região de Cunday — parte da antiga zona de influência do Tequendama e de Juan de la Cruz —, conservadores, liberais, comunistas e sacerdotes se uniram para invadir fazendas, e os proprietários preferiram (como em situações muito semelhantes no Peru) retirar-se para a cidade.

Em termos gerais, as áreas com ocupações de terra ativas são aquelas em que o governo decidiu implementar a reforma agrária.

Com exceção de uma zona em Santander, todos os nove projetos de reforma agrária em andamento em 1962 — em parte colonização (como em Nariño e Antioquia), em parte divisão de propriedades (como em Cunday) — dizem respeito a essas regiões. Esse fato, aliás, sublinha a fraqueza de todos os planos latino-americanos de reforma agrária que partem de cima para baixo; em geral, a única maneira de efetivar a aplicação desses planos é mediante a agitação agrária.

A SITUAÇÃO ENTRE OS ESTUDANTES

No que diz respeito à última das classes insurrecionais, os estudantes, a situação atual na Colômbia está calma. Ao contrário de vários outros países da América Latina, a Colômbia não tem visto um movimento de esquerda marcante entre os estudantes nos últimos dois ou três anos. A esquerda (inclusive o MRL) é claramente uma minoria em Bogotá, e até mesmo na Universidad Libre, uma instituição secular e de forte orientação marxista, os fidelistas compõem menos da metade do corpo discente, e o mesmo ocorre no corpo docente mais politizado da Universidade Nacional, na Faculdade de Direito e Economia. O clima geral de intelectuais de esquerda parece ser pessimista e desorientado, embora as greves estudantis, que se espalham de uma universidade para outra, como em 1962, sejam populares e influentes.

No entanto, é preciso observar um fato importante: entre 1948 e 1958, o número de estudantes universitários e do ensino médio aumentou em cerca de 140%. Em 1958, havia mais de 19 mil estudantes universitários. Além disso, criaram-se muitas novas universidades em diversas cidades, constituindo-se, assim, vários novos centros de atividade revolucionária potencial.

Qual é a situação atual dos partidos, bem como de outros grupos políticos? Há, em primeiro lugar, sinais de que todos os partidos estão um pouco enfraquecidos. Assim, nas eleições de 1960, apenas 4,4 milhões de eleitores se registraram, de um total de 7 milhões, e apenas metade deles votou. Em 1962, a porcentagem do eleitorado que efetivamente votou também ficou por volta da metade.

O Partido Liberal está, em termos gerais, dividido entre os liberais oficiais de Lleras Restrepo e o MRL de López Michelsen, que, em certa medida, embora contra muita resistência interna, é também a frente legal para a esquerda privada de direitos eleitorais. (Juan de la Cruz foi um dos seus primeiros líderes e representante na Câmara.) O MRL obteve um sucesso inesperado em 1960, ganhando 20% dos votos liberais e um sucesso ainda maior em 1962, com 36% dos votos. Sua força está no campo e nas cidades de médio porte com tradições liberais, e talvez também em suas ligações com guerrilheiros e ex-guerrilheiros que têm considerável poder político local. Nas grandes cidades, fracassou lamentavelmente em 1962. Seu apelo é, em linhas gerais, gaitanista, embora a filha de Gaitán, que tentou reviver seu movimento, se oponha ao MRL. Esse agrupamento manobra cautelosamente entre a identificação com os fidelistas e comunistas e a oposição a eles, que pode causar a perda de seu apoio. Atualmente, a tendência é para a direita. Trata-se, portanto, de uma coalizão de revolucionários e reformistas; seu líder, López Michelsen, está, talvez, à direita de seu pai [Alfonso López Pumarejo] e, sem dúvida nenhuma, está longe de ser revolucionário. Mas é através do MRL que a esquerda tem alguma expressão de massa.

Os conservadores têm um trunfo importante que é o apoio da Igreja, embora a lealdade dessa instituição para com este ou aquele político ou movimento (conservador) seja informal e condicional. Além disso, o partido está fragmentado, principalmente entre os seguidores bipartidários de Ospina Pérez e os laurenistas de direita. O ex-ditador Rojas Pinilla conserva um poder que também deve ser levado em conta. Talvez seja enganoso ver muito significado social no tipo de querela oitocentista entre clãs políticos e conexões, uma vez que relações pessoais, lealdades familiares e alianças táticas entre blocos locais exercem provavelmente uma influência importante nessas combinações. Ultimamente, eles tendem mais uma vez a unir-se.

É provável, no entanto, que, fora do quadro eleitoral, uma ala socialmente consciente esteja se formando em algum lugar dentro do conservadorismo, composta talvez em grande parte de jovens intelectuais e oficiais falangistas. Nas circunstâncias da América Latina, essa direita quase fascista pode facilmente se transformar em uma força potencialmente social-revolucionária, como aconteceu na Bolívia, ou produzir uma forte corrente nasserista, como no Peru. É verdade que o Exército colombiano não tem a tradição, comum a vários outros países da América Latina, de golpes militares e caudilhos, mas o colapso do sistema partidário já colocou um general, embora talvez relutante, no poder temporário: Rojas Pinilla, em 1953-7 — e pode fazê-lo novamente. Mas a persistência da *violencia* milita contra essa possibilidade, pois as tentativas de controlá-la mantêm o Exército ocupado.

O PC, muito menor e mais localizado do que os outros dois partidos, está enfraquecido por dissensões internas e também pela falta de controle central sobre distritos periféricos. Sua liderança, exercida por Gilberto Vieira, é do tipo ortodoxo, mas o partido nunca chegou à fase do monolitismo e não permanece longe da fase inicial, em que grupos se dividem e voltam a se unir quando muda a situação política. No momento, os principais dissidentes são intelectuais que consideram a política do partido moderada demais, embora até recentemente o maoismo tivesse muito pouca influência. Além deles, encontram-se os fidelistas, cujo nome é, em grande medida, sinônimo de oposição de esquerda aos comunistas. Eles criaram uma Frente Unida de Ação Revolucionária (Fuar), uma coalizão de vários grupos locais com o gaitanismo revivido pela filha e o genro de Gaitán, que parece ser sua força dirigente. É provável que alguns grupos fidelistas permaneçam fora dessa frente. Todos esses grupos tentam instigar a ação direta e estabelecer uma ligação com os guerrilheiros existentes. A Fuar é composta inteiramente de intelectuais, e até agora as suas atividades não tiveram grande importância.

PERSPECTIVAS PARA O FUTURO

Neste momento, não se pode dizer que qualquer partido ou movimento político existente possa ter sucesso em despertar as massas, ou que qualquer líder individual tenha ganhado uma reputação nacional como a de Gaitán. (Os líderes não comunistas existentes pertencem às famílias políticas tradicionais, como Lleras, López ou Ospina, com todas as vantagens e limitações que isso implica.) O MRL é a coisa mais próxima de um movimento de massas de esquerda, mas sua esfera de influência é limitada.

Porém, é possível, e até mesmo provável, que a rígida estrutura bipartidária seja rompida por uma deserção conjunta de descontentes conservadores e liberais e que uma agitação partidária total recomece antes do final oficial da trégua. Outra possibilidade, nessa ou em uma situação diferente, é algum tipo de ditadura militar. Há esquerdistas que depositam suas esperanças na reação contra uma ditadura, mas isso é apenas outra maneira de expressar seu pessimismo em relação à situação real.

Parece claro que o resultado final da revolução social abortada de 1948 foi o de produzir uma anarquia desorganizada. Na superfície, a situação parece estável, mas trata-se claramente de um fenômeno ilusório, pois por baixo a mudança social está ocorrendo a um ritmo vertiginoso. A população, como já mencionei, está crescendo rapidamente; na última década, aumentou em 27%. A população urbana cresce num ritmo ainda mais veloz. Em 1970, a população da Colômbia será predominantemente urbana e, o que é mais incomum, estará dividida entre várias cidades gigantescas: mesmo agora, Bogotá, Medellín, Cali e Barranquilla têm cada uma mais de meio milhão de habitantes. As condições de vida da classe trabalhadora são ruins, como mostra o fato de que os trabalhadores urbanos colombianos gastam uma proporção maior de sua renda em comida do que os trabalhadores brasileiros, e uma proporção bastante inferior em roupa do que até mesmo seus vizinhos do Equador. Há provas de que nas grandes cidades — e, em especial, em Bogotá — o padrão de vida da classe trabalhadora se deteriorou. A capital tem, por exemplo, um menor consumo per capita de proteínas e calorias em geral do que todas (com exceção de uma) as principais cidades do país, e, depois de Cali e Pasto (Nariño), mostra a maior diferença entre o consumo da classe média e o dos trabalhadores.

É inconcebível que essa situação não leve, mais cedo ou mais tarde, a um renascimento da agitação de massas na capital e, por que não, nas outras cidades. A industrialização é modesta e relativamente lenta: a percentagem de operários industriais na Colômbia, em comparação com o resto do continente sul-americano, é maior apenas do que na Bolívia, no Paraguai e no Equador.

A desintegração da sociedade rural tradicional está avançando a um ritmo acelerado, como a corrida para as cidades demonstra; e a estrutura agrária e o padrão da agricultura permanecem arcaicos. É muito cedo para julgar o possível efeito de uma reforma agrária, que está sendo planejada principalmente para atingir uma ou duas zonas particularmente críticas.

Acima de tudo, a convicção de que algo deve mudar, e de modo radical, é universal. Embora os estudantes sejam relativamente passivos, 82% (91% após o primeiro ano) estão convencidos da necessidade dessa mudança; e 72% seriam gaitanistas se Gaitán estivesse vivo.

É difícil prever a forma da mudança política e social mais provável de ocorrer ou suas consequências. Mas qualquer observador que acredite que a Colômbia esteja vivendo uma pausa causada por exaustão está sujeito a um despertar muito abrupto.

Junho de 1963

7. A anatomia da violência na Colômbia

Nos últimos quinze anos, a Colômbia foi devastada por uma combinação de guerra civil, ações de guerrilha, banditismo e simples massacre que não é menos catastrófica pelo fato de ser praticamente desconhecida no resto do mundo. Esse fenômeno é conhecido como *La Violencia*, por falta de termo melhor. No seu auge, entre 1949 e 1953, assumiu a proporção de uma guerra civil que envolveu cerca de metade da área do país e a maioria de sua população. No seu declínio (1953-4), reduziu-se provavelmente a partes de dois departamentos (as principais subdivisões administrativas da Colômbia). No momento, ela afeta partes de seis ou sete departamentos, que compõem 40% da população, e está provavelmente latente, mas não extinta, em vários outros.

Os custos humanos totais da *Violencia* são alarmantes. A mais recente monografia, publicada pela Faculdade de Sociologia da Universidade Nacional de Bogotá,[1] rejeita as estimativas mais extremas de cerca de 300 mil mortos (em 1958, a estimativa do governo era de 280 mil), mas sugere nada menos do que 200 mil. No entanto, esse número carece de fundamentos estatísticos confiáveis. Com base nos números oficiais dos governos central e departamentais mais recentes (janeiro de 1963), o total dificilmente é muito menor do que 100 mil e pode ser muito mais elevado. Não há números que indiquem perdas menores. Em contrapartida, o efeito da *Violencia* em áreas específicas pode ser avaliado por estudos locais, como o de R. Pineda Giraldo para El Líbano (departamento de Tolima).[2] Das 452 famílias entrevistadas nos bairros mais pobres da cidade em 1960, 170 haviam perdido 333 parentes em vários massacres. A influência da *Violencia* sobre a migração interna também foi medida em uma ou duas pesquisas. É muito importante, porque, para citar o padre Camilo Torres, que estudou esse tema em Bogotá, "como nos tempos feudais, os camponeses vêm para a cidade em busca de segurança".

Mas o que é mais interessante a respeito da *Violencia* é a luz que lança sobre o problema da agitação e rebelião rural. Se omitirmos o período de guerra civil formal (1949-53), a *Violencia* é um fenômeno inteiramente rural, embora em um ou dois casos (como nos departamentos de Valle [del Cauca] e Caldas) suas origens tenham sido urbanas, e certos tipos de pistoleiros — os *pájaros* — do governo ou dos conservadores tenham mantido suas bases nas cidades, como indica seu uso de transporte motorizado. Ela representa aquela que é provavelmente a maior mobilização armada de camponeses (como guerrilheiros, bandoleiros ou grupos de autodefesa) da história recente do hemisfério ocidental, com a possível exceção de alguns períodos durante a Revolução Mexicana. Seu número total para todo o período foi estimado em 30 mil homens, embora todas essas estatísticas sejam muito pouco confiáveis. Dos homens armados neste momento, quase todos são camponeses, entre as idades de catorze e 35 anos, e provavelmente acima da média em analfabetismo. (Uma amostra de cem guerrilheiros do departamento de Tolima continha apenas cinco alfabetizados.) Não há operários e encontra-se somente uma ou outra pessoa de classe média ou intelectual. Com exceção de alguns índios (em localidades específicas) e muito poucos — desproporcionalmente poucos — negros, constituem o tipo costumeiro de camponeses ou pastores *mestizos*, esquálidos, pequenos, subalimentados, mas surpreendentemente resistentes que podem ser vistos em qualquer lugar fora das regiões costeiras do país. Em termos políticos, dividem-se mais ou menos como o resto do país: em grupos liberais ou conservadores — esses últimos, provavelmente, em número menor — e um setor comunista muito menor, não envolvido na *Violencia* propriamente dita, e que se concentram na autodefesa armada contra a invasão pelo governo ou de grupos hostis. As áreas de *Violencia* latente apresentam provavelmente o mesmo padrão. A mais importante delas são as Planícies Orientais (Llanos Orientales), uma região solidamente liberal de criadores de gado, mas que agora conta também com um contingente comunista, que guardou mas não abandonou suas armas em 1953, depois que o governo (conservador) suspendeu sua tentativa de impor um controle central. Não examinarei esse cenário de Velho Oeste neste artigo.

Em qualquer país latino-americano existem fundamentalmente dois tipos de zonas agrícolas: as de agricultura de subsistência muito atrasada, que está praticamente fora do âmbito da economia, ou ocupa um lugar apenas marginal dentro dela, e as de produção para o mercado, o que significa, em parte, alimento para as cidades de crescimento rápido, mas principalmente o cultivo de produtos para o mercado mundial, como o café. A produção sistemática de café (assim como a de bananas e de alguns produtos de menor importância) começou na Colômbia [no início do século xx] e hoje o país é seu segundo maior produtor, depois do Brasil. Há também dois tipos básicos de organização agrária: a grande propriedade cultivada pelo trabalho assalariado ou algum dispositivo similar e a unidade familiar camponesa, operada por um proprietário, arrendatário ou meeiro. O padrão de propriedade da terra não tem relação direta com a estrutura do empreendimento agrícola, o que pode explicar por que não existe uma correlação significativa entre a *Violencia* e a distribuição da propriedade da terra. Aliás, ela é latifundiária como em muitas outras regiões da América Latina, mas com grandes trechos de pequenas propriedades. A combinação de grandes latifúndios e pequenas propriedades camponesas afeta a situação social colombiana de duas maneiras principais: acentua as desigualdades de renda (4,6% da população fica com 40% da renda nacional) e também perpetua uma estrutura social quase feudal no campo.

O quadro geral do campo colombiano é, portanto, composto por comunidades camponesas extraordinariamente atrasadas, isoladas, ignorantes e submetidas a velhos costumes, dominadas por latifundiários feudais e seus capangas. Essa sociedade tradicional, baseada numa agricultura quase de subsistência, está agora em rápida desintegração. Como em toda a América Latina, o principal agente de desintegração é a economia agrícola voltada para o mercado mundial. Seu avanço, preparado nos primeiros trinta anos deste século, acentuou-se drasticamente a partir de 1940.

Até que os partidos Conservador e Liberal se retirassem formalmente da *Violencia*, em 1957, o aspecto social geral era, em certa medida, obscurecido por lutas políticas nacionais e locais. No entanto, nos últimos cinco anos, o campo foi pouco afetado por esses fatores, e é possível fazer algumas generalizações provisórias. Em primeiro lugar, a *Violencia* pouco influiu na região das grandes propriedades agrícolas. Como em toda a América Latina, os trabalhadores rurais sem terra estão entre os elementos menos rebeldes do campo. Em segundo lugar, teve uma influência especial na área em crescimento rápido de cultivo comercial de pequenos plantadores, em especial na região do café. Atualmente, está confinada a uma área que abrange a totalidade ou parte dos departamentos de Tolima, Valle e Caldas, que são os três principais produtores de café do país. Caldas e Valle estão entre os três departamentos com crescimento populacional mais rápido. Tolima está bem acima da média. Pode-se acrescentar que algumas das principais áreas comunistas armadas, embora não violentas, são contíguas a essa zona e pertencem economicamente a ela. Uma terceira zona armada mas inativa também deve ser mencionada. Consiste do interior remoto e vazio que se estende das montanhas até a Bacia Amazônica, onde grupos de colonos pioneiros independentes estabeleceram núcleos fortemente comunistas e proporcionam locais para bases de treinamento de guerrilha. Esse fenômeno também tem seus paralelos em outros países latino-americanos. Os pioneiros independentes que romperam com um cenário tradicional, muitas vezes de dominação feudal, são um dos elementos camponeses com maior potencial de militância e — como no Peru e em algumas partes do Brasil — um dos mais acessíveis a organizações de esquerda.

Por outro lado, em seus principais centros, a *Violencia* não é um simples movimento dos pobres contra os ricos, dos sem-terra por mais terras. Em certa medida, trata-se evidentemente de uma expressão do desejo de possuir terras, mas assume a forma de massacre de camponeses pelos conservadores e expulsão dos liberais de suas propriedades, ou vice-versa. Mas é óbvio que, ao longo de quinze anos de anarquia, a violência foi utilizada por uma classe média rural crescente (que de outro modo dificilmente conseguiria ascender socialmente numa sociedade quase feudal) para ganhar riqueza e poder. Esse aspecto da *Violencia* assumiu formas que lembram muito a máfia siciliana, especialmente em Caldas, o departamento por excelência do café. Lá os equivalentes dos *gabelotti* sicilianos, os administradores de propriedades e intermediários, chegaram a criar uma organização formal para chantagear os proprietários — e aterrorizar os camponeses —, a Cofradía de Mayordomos (Confraria dos Mordomos). Nessas áreas, a *Violencia* tornou-se economicamente institucionalizada. Ela revive duas vezes por ano com as colheitas de café e determina a redistribuição de fazendas, propriedades, da safra do café e de sua comercialização. É significativo que o perpétuo massacre nessas áreas não tenha feito nenhuma diferença no aumento do cultivo do café. Assim que um camponês é expulso da sua propriedade, alguém assume imediatamente esse negócio lucrativo.

Está claro que a *Violencia* é muitas vezes revolucionária e tem consciência de classe num sentido mais óbvio, especialmente nos últimos anos, quando os homens armados, privados da justificativa de lutar em nome dos dois grandes partidos, tendem cada vez mais a se considerarem defensores dos pobres. Além disso, na natureza das coisas, os homens e bandidos armados tendem a ser jovens sem propriedade ou laços, ou vítimas de massacre e expropriação por parte do Estado ou dos adversários políticos. Na maioria dos casos registrados, a autodefesa ou (o que equivale à mesma coisa nessas sociedades) a vingança os levou para uma vida fora da lei. Por outro lado, o simples fato de que os bandos de camponeses armados não surgiram diretamente de uma rebelião social, mas de uma combinação de guerra civil tradicional entre partidos e terrorismo da polícia ou do exército, obscureceu as questões de classe. Para os guerrilheiros liberais, os *chulavitas* (originalmente soldados e policiais do departamento de Boyacá que ganharam uma triste reputação de ferocidade a serviço dos conservadores) são inimigos mais óbvios do que senhores liberais locais, embora nas Planícies Orientais os pecuaristas liberais tenham concluído, no decorrer da rebelião de 1949-53, que os homens sem gado e os vaqueiros comuns representavam um perigo mais sério do que o governo conservador. O guerrilheiro liberal "limpo" pode muitas vezes passar mais tempo lutando contra as comunas "sujas" ou grupos comunistas do que contra os conservadores, sob o pretexto (alegado estranhamente por camponeses pobres) de que "aqueles que afirmam que tudo pertence a todos, e que as coisas não são do senhor, mas devem pertencer àqueles que precisam delas, são bandidos". Para a lealdade comunal tradicional de algum povoado aos liberais (ou conservadores), as rixas tradicionais com áreas vizinhas de caráter diferente foram antes fortalecidas do que enfraquecidas nos anos de guerra civil. O que a maioria dos guerrilheiros e bandidos expressa é a desorganização social rural, em vez de aspiração social.

Acontece que temos alguns exemplos do que são essas aspirações sociais espontâneas dos camponeses, especialmente no complexo de áreas camponesas comunistas semiautônomas que ficam entre a capital e os grandes centros da *Violencia*, e conhecido (meio de brincadeira) como "República do Tequendama". Nessa área, o movimento camponês remonta há muitos anos — no caso de Viotá ao final da década de 1920 e início da de 1930. Bem antes da guerra, os arrendatários do lugar, sob a liderança comunista, obrigaram os proprietários a vender seus lotes. Desde então, a região — ou melhor, as propriedades rurais e aldeias, pois o centro comercial não é comunista — é habitada por pequenos proprietários camponeses relativamente iguais. O comunismo de Viotá é inteiramente uma questão de autonomia camponesa, independência e autogoverno em nível local. Quando o governo enviou uma expedição armada aos vales, durante o período de repressão, os homens de Viotá — todos armados e mobilizáveis — emboscaram e mataram todos os invasores. A partir de então, o governo os deixou em paz, confirmando assim seu orgulhoso alarde de que "lá eles se matam uns aos outros; aqui ninguém é perseguido".

* * *

Essas ilhas de autonomia camponesa são raras. Fora delas, rege o terror entre homens e nas almas dos homens, pois o aspecto mais espantoso e terrível da *Violencia* é a selvageria sem propósito e destrutiva dos homens armados. Suas vítimas não são apenas mortas, mas torturadas, cortadas em pedaços pequenos (*picados a tamal*), desfiguradas e decapitadas de várias maneiras horríveis. Sobretudo, os assassinos "não deixam sequer uma semente" (*no dejan ni semilla*). Famílias inteiras, inclusive os bebês, são massacradas, os fetos são arrancados das mulheres grávidas, os homens sobreviventes são castrados. Na Colômbia, o genocídio local — a expressão é usada para descrever esses incidentes — ocorre constantemente. Nos últimos cinco meses de 1962, houve sete desses massacres, com uma média de pouco mais de dezenove vítimas cada. Ultimamente, parece haver (de acordo com estatísticas do governo de janeiro de 1963) uma clara tendência de aumento desses genocídios.

Há, naturalmente, alguma razão funcional para essa barbárie. Os guerrilheiros ou bandoleiros dependem da cumplicidade absoluta da população local, e, onde metade dela acontece de ser implacavelmente hostil, seu silêncio é extorquido com mais facilidade pelo terror. No entanto, não se pode deixar de perceber que os assassinos sabem que suas ações — por exemplo, arrancar um feto com cesariana rudimentar e substituí-lo por um galo (como ocorreu em dois departamentos longínquos um do outro) — não são apenas violentas, mas erradas e imorais pelos padrões de sua sociedade tradicional. Há exemplos isolados de rituais de iniciação ou outras práticas deliberadamente antissociais. Há líderes que observadores atentos dizem ser mentalmente desequilibrados, ou cujos assassinatos exorbitam claramente até mesmo da norma da criminalidade, como Teófilo Rojas ("Chispas"), que foi morto há pouco tempo. Rojas é considerado responsável por uma média de dois assassinatos por dia nos últimos cinco anos. Mas, mesmo sem provas diretas, é difícil não ver o sadismo sem sentido de tantos bandos como um sintoma de desorganização social profunda.

Em que medida isso representa um colapso geral dos valores tradicionais em áreas que sofrem uma mudança social excepcionalmente rápida ou que estão sujeitas a tensões excepcionais? Em que medida representa apenas os problemas excepcionais de homens que foram, por assim dizer, jogados em um vazio pelo turbilhão de seu universo anteriormente estável? No primeiro caso, a explicação é obviamente esta última. Os guerrilheiros ou bandoleiros são pessoas perdidas, em especial os jovens, pois os homens mais velhos, com mais de trinta ou 35 anos, tendem, se puderem, a aposentar-se das serras. O infame Chispas foi lançado na ilegalidade com a idade de treze anos, com o pai assassinado, a mãe e os irmãos escondidos, sua vizinhança destruída.

Esses homens, sem uma âncora ideológica — pois até os liberais e os conservadores (isto é, a Igreja) os abandonaram —, transformam-se facilmente em criminosos profissionais ou vingadores cegos e selvagens de seu destino particular que descarregam sua vingança em cima de alguém. Eles ganham a companhia de grupos de jovens perdidos que compõem a geração mais recente (1958-63) de recrutas da *Violencia* que se unem em bandos de adolescentes de quinze anos de idade, meninos cujas famílias foram muito provavelmente massacradas diante de seus olhos, cujo trabalho infantil era dedurar inimigos locais para os pistoleiros, cujas irmãs migrantes compõem os exércitos de prostitutas das cidades. Quinze anos de *Violencia* criaram um mecanismo de autoperpetuação, como na Guerra dos Trinta Anos.

No entanto, não há distinção nítida entre esses casos extremos e as comunidades locais abaladas de onde eles emergem. Há uma abundância de exemplos, dentro e fora da América Latina, de violência além do grau tradicional (que já é grande o suficiente) que surge em comunidades tradicionais cujo mundo se desarticula. A profunda crise provocada na mentalidade dos camponeses que vivem de uma agricultura de subsistência pelo crescimento de uma economia de mercado talvez não tenha sido tão adequadamente estudada na Colômbia como o foi no Brasil, mas há pouca razão para duvidar de que o surgimento da violência pode ser o mesmo; talvez ainda maior, pois a Colômbia, com sua todo-poderosa Igreja espanhola do século XVI, não tem a válvula de segurança que o sectarismo apocalíptico fornece muitas vezes no sertão brasileiro. Em sua parte da Colômbia, o indescritível Efraín González tornou-se um herói popular, tal como o cangaceiro Lampião no Nordeste brasileiro: a crueldade pertence à imagem pública de ambos, em nítido contraste com a imagem quase universal do "bandoleiro nobre" da tradição camponesa, que salienta, invariavelmente, sua moderação na matança.

Por razões peculiares à história da Colômbia, talvez se possa sugerir que a violência latente dessas situações foi estimulada a emergir plenamente no decorrer de uma encarniçada guerra civil, que por sua vez refletia a crise econômica, social e política do país. O resultado foi *La Violencia*. As circunstâncias especiais que levaram a isso na Colômbia, mas não em outro lugar, não nos interessam aqui. Seria, de qualquer modo, nos levar muito longe para analisar a natureza peculiar do sistema bipartidário colombiano, a crise da economia desde aproximadamente 1930, a crescente conversão do Partido Liberal em um partido de massas dos pobres sob o impulso de políticas de estilo New Deal e do líder carismático de massa Jorge Eliécer Gaitán, que tomou seu comando; o assassinato de Gaitán em 1948 e a conseguinte insurreição espontânea das massas na capital que iniciou a época da guerra civil e dos massacres. Será suficiente para concluir dizer com o professor Orlando Fals Borda que a *Violencia* nasce de uma revolução social frustrada. É o que pode acontecer quando as tensões sociais revolucionárias não são dissipadas pelo desenvolvimento econômico pacífico, nem aproveitadas para criar novas e revolucionárias estruturas sociais. Os exércitos dos mortos, dos expulsos, dos física e mentalmente mutilados são o preço que a Colômbia paga por esse fracasso.

Abril de 1963

PARTE II
ESTRUTURAS AGRÁRIAS

8. Elementos feudais no desenvolvimento da América Latina

O feudalismo está fora do âmbito de interesse dos historiadores que se especializam nos séculos XIX e XX ou, na melhor das hipóteses, na sua margem. Não obstante, não podemos fugir dele. Em primeiro lugar, não podemos evitar algum interesse pelo problema da transição do feudalismo para o capitalismo, que tem sido objeto de muita discussão, especialmente entre os marxistas. Mesmo aqueles que negam que o sistema econômico que precedeu a Revolução Industrial no Ocidente possa ser chamado de feudal, dificilmente podem negar que o desenvolvimento específico de certas economias e sociedades capitalistas — por exemplo, a japonesa — foi marcado por um período histórico que pode ser plausivelmente descrito como feudal. Em segundo lugar, o feudalismo é talvez o único sistema de relações socioeconômicas dentro da sociedade de classes que pode ser encontrado em todas as partes do mundo e (poderíamos acrescentar) durante uma variedade de períodos históricos. Portanto, o desenvolvimento da economia capitalista moderna mundial penetrou inevitavelmente em numerosas sociedades com relações predominantemente feudais — por exemplo, entre os rajaputes da Índia, ou nos emirados do norte da Nigéria — e, ao conquistá-las, transformou-as. Mas, em terceiro lugar, o próprio desenvolvimento do capitalismo em escala mundial gerou ou regenerou em vários lugares e em vários momentos relações sociais dependentes que não são capitalistas. Algumas dessas relações podem ser reconhecidas como feudais, ou seja, indistinguíveis daquelas que prevalecem em sociedades inquestionavelmente feudais. Este ensaio analisará brevemente este último fenômeno na América Latina.

Talvez seja conveniente começar com alguns esclarecimentos. Em primeiro lugar, o processo pelo qual qualquer parte do mundo, fora dos centros originais do desenvolvimento capitalista, foi atraída para o mercado capitalista mundial deve ser distinguido da criação de estruturas e relações econômicas características do capitalismo moderno. Esse processo foi demorado e, admitindo variações na velocidade, gradual. Em outras palavras, por um longo período, o "mercado mundial" esteve longe de ser global. Em consequência, a qualquer momento de sua história entre o século XVI (ou qualquer outra data que escolhamos para marcar o início desse mercado mundial) e pelo menos o século XX, coexistiram setores transformados em diferentes graus pelo capitalismo. Em casos extremos, enclaves totalmente transformados por esse mercado (por exemplo, campos e refinarias de petróleo) coexistiram com setores praticamente não afetados por qualquer fator econômico externo (por exemplo, caça e coleta de tribos em selvas inacessíveis), embora seja duvidoso que qualquer parte da população das regiões mais remotas possa ser hoje considerada imune à economia moderna. Nessa medida, todas as economias com as quais até mesmo o historiador do século XIX trata, exceto em determinados países "desenvolvidos", eram economias múltiplas ou, se optarmos por colocar todas as partes da população afetada em algum grau pelo mercado capitalista mundial em um grupo, economias duplas. Embora essa distinção tenha sido feita e negada veementemente, o debate sobre essa questão não é de grande interesse. O importante é (1) que o processo pelo qual o capitalismo mundial penetrou em outras economias foi ininterrupto e irresistível e (2) que a qualquer momento, ele envolveu vários tipos e graus de penetração e consequente transformação.

Essas transformações, conscientes ou não planejadas, podem ser divididas em dois tipos gerais, na medida em que influíram nas relações sociais de produção. Elas podiam utilizar ou adaptar instituições e relações preexistentes ou podiam criar novas. Assim, os conquistadores espanhóis do Peru utilizaram o sistema já existente de trabalho no Império Inca, mas o modificaram de maneira significativa. Em primeiro lugar, eliminaram o elemento de reciprocidade e redistribuição que era essencial (ao menos idealmente) para o sistema inca. A partir de então, o movimento de bens e serviços foi num único sentido, dos índios para os espanhóis, sem qualquer retorno na direção oposta. Em segundo lugar, pediram não apenas mão de obra, mas também fornecimento de produtos. (Na medida em que os incas tinham pedido tais fornecimentos, por exemplo, de têxteis, também tinham sido apenas demandas de mão de obra, uma vez que o Estado fornecia a matéria-prima.) Em quarto lugar [sic], na medida em que a extração do trabalho excedente era feita diretamente para um mercado mundial (por exemplo, a produção de metais preciosos), ou indiretamente para um mercado mais amplo, ela deixou de ser realizada essencialmente como um sistema de provisão de trabalho localizado, como havia sido antes. Em quinto lugar, essa apropriação funcionava agora em grande medida para o benefício particular de um conjunto de *encomenderos* espanhóis que formavam uma classe exploradora da qual havia poucos precedentes.

Por fim, as exigências dos espanhóis provocaram mudanças no equilíbrio da produção — por exemplo, a substituição da produção e manufatura de lã pela forçada de algodão, bem como mudanças no ritmo de pagamentos de tributos (várias vezes por ano, em vez de anualmente) e um aumento das obrigações. No entanto, no que dizia respeito aos índios, tratava-se de modificações das relações sociais já existentes de produção, embora, sem dúvida, mudanças para pior e, sobretudo, alterações que privaram o sistema de sua antiga legitimidade. Por outro lado, a introdução de uma classe separada dos senhores, muito provavelmente com suas próprias terras privadas, e a falta de qualquer relação orgânica com a comunidade camponesa foram uma inovação em termos peruanos, embora em termos espanhóis possam ser simplesmente consideradas como uma adaptação de conhecidas instituições pré-capitalistas europeias.

A distinção feita aqui é, naturalmente, mais histórica do que funcional. Se os espanhóis não conseguissem usar um sistema preexistente de *mita*,* sem dúvida teriam inventado algum outro arranjo para fornecer trabalho forçado às minas reais ou às necessidades dos *encomenderos*, como de fato fizeram em outros lugares, e como foi feito nos séculos xix e xx na África. Não obstante, a disponibilidade histórica de certas técnicas estabelecidas de exploração é significativa. Ela pode influenciar a escolha dos exploradores de uma forma de exploração em vez de outra, ambas desempenhando a mesma função. Assim (como Witold Kula demonstrou para a Polônia), a escolha de um sistema de corveia tende a restringir os contatos de uma grande parte da produção agrícola — aquela produzida nos próprios lotes dos campone-

---

* No Império Inca, *mita* era uma forma de troca recíproca de trabalho. Sob o domínio espanhol, a *mita* tornou-se o trabalho forçado indígena obrigatório por um número de dias prescrito em obras públicas.

ses — com o mercado. Em contrapartida, onde se estabelece um sistema de trabalho forçado e há uma grande oferta de trabalho, é provável que o aumento das demandas do mercado seja atendido por uma intensificação ou ampliação de serviços e obrigações forçados em vez de por outros meios, na medida em que isso seja possível. Tudo isto, por sua vez, pode afetar a estrutura da economia, pelo menos durante algum tempo. Outro exemplo mais recente pode ilustrar isso. O café não é uma cultura tradicional na América Latina. Na verdade, fora do Brasil, não era cultivado em nenhuma escala antes da década de 1880, no mínimo. Além disso, em sua produção, tal como se desenvolveu nos séculos XIX e XX, não havia economias de escala obviamente decisivas. Com efeito, em algumas circunstâncias, acontecia o oposto. Na Guatemala e no Brasil, como, aliás, na maioria dos outros países do continente, o cultivo de café acontece em grandes propriedades. Na Guatemala, ao que tudo indica, trata-se de uma adaptação de um tipo mais antigo e quase feudal de "hacienda tradicional", caracterizada por um proprietário ausente, a gestão de um administrador e de capatazes que controlam os trabalhadores permanentes contratados, encarregados do trabalho contínuo, e a mão de obra sazonal de colheita consiste principalmente de migrantes camponeses temporários da agricultura de subsistência do interior. No Brasil, o café foi originalmente uma cultura de mão de obra escrava e, depois da abolição, foi plantado por uma combinação de colonos (às vezes pouco diferentes da mão de obra servil), meeiros e, cada vez mais, pelo trabalho livre.

No entanto, na Colômbia, o segundo maior produtor de café do continente, em 1960, 80% dos cafezais estavam plantados em unidades de menos de cinquenta hectares. Em 1952, o departamento de Caldas, com 40% da produção total nacional, tinha apenas 28 fazendas de café de mais de sessenta hectares.[1] Nesse país, parte da zona cafeeira havia sido inicialmente também cultivada em grandes propriedades que se dividiram em consequência das pressões combinadas da Grande Depressão de 1929 e da rebelião camponesa.

Seria claramente ilegítimo supor que a atual estrutura da produção de café se deve somente a diferenças históricas, ainda que modificadas pela operação subsequente da economia capitalista. Porém, seria igualmente ilegítimo negar que essas diferenças históricas desempenharam um papel importante. O fato de, por exemplo, a colonização de São Paulo ter sido organizada de uma forma que levou à predominância de grandes latifundiários, ao passo que a de Antioquia, na Colômbia, tomou, em larga medida, a forma de colonização camponesa, influenciou evidentemente a estrutura do cultivo do café nessas áreas. Com efeito, existem áreas em que regiões geograficamente semelhantes são colonizadas na mesma época de diferentes maneiras e em diferentes condições institucionais, mas para fins econômicos semelhantes, por exemplo, várias partes dos vales subtropicais e tropicais do lado leste dos Andes peruanos. Ali, as variações da estrutura econômica, devido a fatores "históricos" — por exemplo, a existência de uma economia de arrendatários, em um caso, e sua ausência, no outro —, podem ser observadas com particular clareza.

O segundo tipo de transformação não utilizou métodos preexistentes de exploração, ou antes, a existência deles era-lhe irrelevante. No entanto, isso não quer dizer que o desenvolvimento de uma economia capitalista mundial teve de avançar diretamente, pelo menos até o século xx, por meio das relações sociais de produção características do capitalismo em todos os lugares. A única exceção a isso são as relações entre compradores e vendedores em um mercado supralocal. Isso se aplica com especial vigor à produção agrária, embora também seja provavelmente verdade até certo ponto na produção de bens manufaturados, que também pode ser expandida de modo substancial enquanto continua a ser conduzida por pequenos produtores de commodities independentes, isto é, mesmo sem mais do que uma transformação muito parcial em algum tipo de *Verlagsystem*. Não há, é claro, nenhuma dúvida de que essas relações não capitalistas, locais ou setoriais, faziam parte de um mercado geralmente capitalista ou de uma economia capitalista mundial, e subordinadas a ele. Também não há nenhuma dúvida de que esses produtores podem ser considerados economicamente racionais, embora sua racionalidade possa não ter sido capitalista, talvez porque essa racionalidade não estava ao seu alcance por razões técnicas.

O exemplo mais dramático de uma forma não capitalista de exploração, subordinado ao desenvolvimento de um sistema capitalista mundial, é a escravidão produtiva, a qual, no hemisfério ocidental, é uma instituição inteiramente nova. Com efeito, enquanto o desenvolvimento das relações feudais, no contexto do desenvolvimento capitalista mundial, é constituído de modificações ou recriações de um tipo de relação de produção que pode e deve ocorrer quase que universalmente em determinadas circunstâncias — ao menos até o triunfo do capitalismo industrial moderno —, a escravidão (exceto na forma economicamente trivial de escravidão doméstica) ocorre apenas de modo ocasional ou marginal na história. É provável que o único exemplo concreto de um sistema socioeconômico baseado na escravidão seja o que ocorreu na zona do Caribe e seu interior e em certas zonas costeiras da América do Sul entre os séculos XVI e XIX. Uma vez que a grande fazenda com mão de obra escrava, que era sua unidade de produção característica, foi concebida em essência com o objetivo de produzir mercadorias para exportação no exterior, o sistema escravista surgiu claramente como uma parte subordinada do desenvolvimento capitalista. No entanto, embora tivesse de fazer cálculos econômicos semelhantes aos de qualquer outro produtor para o mercado mundial, o senhor de engenho não pode ser identificado com um empresário capitalista, seja econômica ou socialmente. Esse erro vicia as pesquisas tecnicamente muito sofisticadas sobre a economia da escravidão de Robert Fogel e outros, pelo menos do ponto de vista do historiador.

A mão de obra escrava foi uma resposta altamente específica para as exigências do mercado capitalista mundial sob certas condições, que podem, talvez, ser resumidas como a produção em massa de culturas de exportação bastante padronizadas (principalmente açúcar), na ausência de uma força de trabalho local disponível e de imigrantes disponíveis ou dispostos. A ausência de forças de trabalho alternativas pode dever-se à simples falta de população (como nas ilhas das Índias Ocidentais depois do extermínio dos nativos originais), a uma recusa dos trabalhadores livres a migrar sob quaisquer termos ou sob os termos oferecidos, ou (onde a coerção física é por alguma razão impossível) à recusa da mão de obra local a trabalhar nas fazendas. Daí a importância continuada do regime de arranjos quase escravistas, como a importação de trabalhadores forçados contratados na Ásia e na Oceania para antigas áreas de mão de obra escravista, tais como as ilhas de plantações de cana de açúcar do oceano Índico, Trinidad e Guiana, Cuba e as plantações isoladas do Peru. A ausência de forças de trabalho alternativas é ilustrada pelas discussões sobre a imigração em meados do século XIX no Peru, que consideravam todas as possíveis fontes de mão de obra para as plantações costeiras, exceto aquela que, no século XX, veio a suprir sua maior parte, ou seja, a emigração sazonal e, por fim, permanente dos índios das terras altas para a costa.

Arranjos feudais e quase feudais são mais complexos, uma vez que são quase sempre impostos a uma população preexistente com a sua própria estrutura social e, embora em muito menor escala, sejam eles mesmos susceptíveis de serem influenciados por tradições, instituições e leis trazidas pelos conquistadores e derivadas da Europa feudal. Por outro lado, a propriedade senhorial (hacienda) nas Américas foi uma inovação, não prevista pelas instituições da Conquista, desenvolvida de forma independente da política governamental e, em grande parte, contra ela, embora tenha sido, por fim, reconhecida pelo governo e, depois da independência, o tenha, em grande medida, substituído.[2] Até seu nome era uma novidade, pois inicialmente indicava apenas qualquer tipo de ativo líquido, bens imóveis ou móveis, sem referência especial aos direitos sobre a terra e os homens.

Duas proposições sobre as haciendas da América colonial (e das repúblicas independentes) podem ser feitas com segurança. Em primeiro lugar, em suas relações externas, não eram feudais em qualquer sentido institucional ou econômico. Ser proprietário não trazia consigo ou implicava status de nobre. As propriedades rurais (embora raramente diminuindo de tamanho nominal em comparação com um período inicial)* eram livremente compradas e vendidas, muitas vezes em caráter especulativo, por comerciantes e outros. De acordo com dados de H. Favre, das onze haciendas [doravante fazendas] de Huancavelica (Peru) documentadas para 1690 e 1760, apenas uma permanecia na posse de uma única família por ao menos três gerações, ao passo que sete foram vendidas pelo menos três vezes. Sobretudo, o objetivo de uma fazenda era a produção para a venda em um mercado supralocal e, consequentemente, o lucro.

Paradoxalmente, nas condições americanas, essa finalidade

---

* Por razões discutidas adiante, é preciso fazer uma distinção clara entre a área nominal de uma hacienda — na medida em que era conhecida — e a área real utilizada em qualquer momento.

poderia levar a um aparente e, às vezes, verdadeiro desvio do comportamento empreendedor numa direção não capitalista; com exceção, talvez, das propriedades dirigidas de forma mais racional de grandes instituições, como os jesuítas. Isso se devia tanto às limitações do mercado quanto — fora das principais culturas de exportação, normalmente produzidas pelas plantações de mão de obra escrava — às incertezas incontroláveis às quais os produtores estavam sujeitos. Em casos extremos, o mercado era tão insignificante que a maximização do lucro não era uma opção. Assim, a "Hacienda del Monte", em Michoacán (México), simplesmente não tinha um número adequado de compradores ao alcance de sua carne e seus couros e nunca se tornou economicamente viável.[3] Com mais frequência, a política das fazendas era dupla. Procuravam monopolizar o que havia de mercado — principalmente em torno das cidades e áreas de mineração substanciais — excluindo delas produtores camponeses, isto é, expandindo a área da fazenda para incluir todas as terras melhores, possivelmente reduzindo antigos camponeses autossuficientes à condição de consumidores e, certamente, excluindo-os da área de concorrência. (O desenvolvimento de fazendas na vizinhança de mercados também excluía os mais distantes de uma concorrência efetiva.) Procuraram também dominar uma área grande o bastante, que contivesse uma variedade suficiente de recursos e produtos para compensar as possíveis flutuações. Como disse um fazendeiro do período porfiriano no México:

> Uma boa fazenda deve ter de tudo, água, terra cultivável, pastagens, bosques, cactos, pedreiras, fornos de calcário etc. Desse modo, os produtos complementarão uns aos outros. A renda do pulque (bebida alcoólica) produzido pelos cactos ajudará a pagar os salários e suprimentos para os trabalhadores. A renda das pastagens ajudará na colheita. O que os carvoeiros indígenas produzem nas mon-

tanhas ajudará a pagar os impostos. Um pouco do que as outras culturas fornecem ajudará nas despesas extraordinárias. Assim, a receita produzida com a venda da safra principal pode pagar as despesas do ano seguinte e, pelo menos, deixar algo como lucro. A fazenda que não tem tudo é provável que sofra escassez. Para evitar a escassez, é preciso ter de tudo, e a maneira de fazer isso é expandir a fazenda.[4]

Mas, como destaca Florescano, nessas circunstâncias, a política lógica para os proprietários de terras era "obter um rendimento regular e fixo de suas fazendas, em vez de grandes lucros em um ano e perdas no outro", os lucros potenciais não sendo tão grandes para compensar os riscos do clima, as flutuações na produção e os mercados limitados. Por isso, a atitude do latifundiário podia facilmente convergir para a de uma espécie de *rentier*, ou ser transformada nela, buscando obter uma renda adequada ao seu status social e sem se preocupar muito com a administração da propriedade, desde que usufruísse dela,[5] ou ainda a atitude quase feudal do homem que se importava menos com a riqueza que sua terra produzia do que com o prestígio de possuir grandes territórios e o controle sobre um grande número de pessoas que viviam nele, ou sob sua dominação. É provável que nas vastas áreas distantes dos mercados realmente rentáveis (ou durante períodos de recessão geral) essas atitudes predominassem. Em suma, as fazendas podiam estar dentro ou nas margens de uma economia capitalista de mercado, mas não eram necessariamente empresas capitalistas.

Em segundo lugar, a organização interna e as relações das fazendas só podem ser descritas como feudais. A semelhança entre os serviços e obrigações exigidos pelos senhores dos Andes de seus camponeses é tão próxima quanto a não deixar margem para dúvidas. Deve-se observar, no entanto, que essas relações de vassalagem ou servidão não são apenas (ou de forma alguma) relíquias de um passado tradicional, mas são, sob certas circunstâncias, reforçadas e elaboradas devido ao aumento da produção para o mercado. Em La Convención, o "feudalismo" estava claramente muito mais desenvolvido na década de 1950 do que em 1917. Um fenômeno similar observa-se no Chile durante a segunda metade do século xix, com o crescimento do mercado para exportação do trigo.

No entanto, esse tipo de "feudalização dependente" tem algumas características peculiares e limites óbvios. Como já sugerido, em certo sentido foi, na verdade, reforçado pelo triunfo do capitalismo mundial. Assim, a tendência dos fazendeiros a se comportarem como magnatas feudais, isto é, a exercer um poder político-militar independente, era rigorosamente controlada pela Coroa no período colonial, mas é muito mais frequente no período da independência, pelo menos até o restabelecimento muito tardio do poder estatal central efetivo — no Peru, não antes da época de Leguía (1919-30). Macera não consegue recordar nenhum caso no Peru colonial em que "peões são mobilizados como soldados para satisfazer alguma finalidade política de seus senhores".[6] Por outro lado, os senhores podem achar conveniente expandir a produção para o mercado por meio de uma exploração mais sistemática da mão de obra de seus camponeses.

Os limites à feudalização eram tanto econômicos quanto sociais. Já observamos os efeitos dos mercados remotos, como, por exemplo, custos de transporte excessivos. A produção de alimentos para as cidades e áreas de mineração — o grosso da população rural era autossuficiente — não levava a um grande desenvolvimento agrícola, com exceção de um tipo muito localizado. Para fins práticos, os únicos produtos comercializáveis em qualquer escala na maior parte da área das Américas foram os da pecuária (como couros e talvez lã), e a maior parte da economia senhorial consistia de criação extensiva de gado, do tipo que, ainda em 1962, ocupava mais da metade da área total colombiana *"de utilización agropecuaria"*, mantendo-se no país um número estimado de 10 milhões de cabeças de gado, em comparação com uma estimativa de 15 milhões de seres humanos.[7] Em termos de mão de obra, suas demandas eram poucas. Os principais produtos de exportação (afora os das minas) eram, até meados do século XIX, produzidos por escravos, em vez de servos, especialmente o açúcar.

Ao considerarmos os limites desse método de exploração dentro do contexto do desenvolvimento capitalista, devemos, naturalmente, ter em mente duas coisas um pouco diferentes: o alcance limitado de qualquer produção em larga escala para um mercado capitalista e as limitações da empresa agrária baseada em trabalho servil. O primeiro é muitas vezes esquecido. Ainda em 1950, a área plantada de cafezais na Colômbia, o segundo maior produtor de café do mundo, e da qual o país derivava 80% do valor de todas as suas exportações, totalizava apenas 650 mil hectares, ou 0,5% do território nacional, ou ainda, no início da década de 1960, 5% da área explorada para fins agrários nas principais regiões do país (a andina e a caribenha).[8] Na pequena república centro-americana de Honduras, a agricultura ocupava apenas 15% do território em 1952. Dessa área, 70% era dedicada a culturas de subsistência e 30%, a safras comerciais.[9] A fortiori, o setor voltado para o mercado da economia agrária no período pré--imperialista era no mínimo tão restrito. Também se deve ter em mente que uma grande parte das necessidades normais de alimentos das cidades era satisfeita pela vizinhança imediata e, em larga medida, por compras de parentes, amigos e compadres.

Ao mesmo tempo, um "sistema senhorial", sendo baseado na atribuição de lotes de subsistência aos camponeses em troca da prestação de serviços, retira automaticamente uma grande proporção de terra da mais que marginal produção para o mercado. [...] Ainda em 1959, nos departamentos habitados em sua maioria por índios dos planaltos do sul do Peru, a terra usada diretamente pelos fazendeiros equivalia a 12% no departamento de Cusco, 7% em Puno e 4% em Apurímac e Ayacucho.[10] Uma grande parte da terra e da população era, portanto, irrelevante para a exploração por meio de empreendimentos agrícolas, embora não para outras formas de exploração, por exemplo, a coerção direta para a prestação de serviços não econômicos, as entregas forçadas de produtos e a exploração econômica por comerciantes, usurários, traficantes de bebidas alcoólicas (brancos, mestiços ou mulatos) etc. Em casos extremos, uma economia puramente dupla podia desenvolver-se, como na região mexicana de Huasteca, onde comunidades indígenas autossuficientes nas montanhas mais densamente povoadas coexistiam com quase nenhuma interação com enormes fazendas de gado operadas por mão de obra não indígena nas planícies costeiras, até que os colonos não indígenas penetraram e exploraram essas comunidades a partir de dentro durante e depois do século xviii.[11] Mas a resistência do próprio campesinato não deve ser subestimada, tanto mais que sua organização comunal foi, dentro de limites, legalmente reconhecida e mantida pela legislação colonial. Há provas contundentes de que os *comuneros*, embora envolvidos na economia das fazendas, prezavam sua relativa independência e se consideravam superiores aos colonos ou camponeses das fazendas. Em áreas indígenas, a comunidade, independentemente de seu estatuto legal ou função econômica, é um mecanismo para assegurar a rejeição dos não índios e evitar a aculturação. Como observa Macera, durante o período colonial, a multiplicação de ofícios civis e religiosos dentro das comunidades serviu e foi planejada para ser um meio para remover os índios da obrigação de servir os espanhóis. Pela mesma razão, os índios de Páez

(Colômbia) consideram vergonhoso vender nos mercados locais: "é um sinal de subserviência aos intrusos brancos".[12] Talvez se deva acrescentar que a resistência aos senhores não se limitou aos camponeses independentes. Todos os índios, dentro ou fora da fazenda, consideravam-na uma intrusão nas terras que eles acreditavam ser deles. Como os velhos mujiques russos, dos quais o observador se lembra constantemente, os servos da fazenda andina não eram tão impotentes na prática como na teoria. Eles possuíam a capacidade coletiva inestimável de arrastar-se. Sobretudo, estavam sempre lá, e muito do que faziam, especialmente em grandes propriedades administradas de modo tradicional, estava fora do controle ou mesmo do conhecimento do senhor. De fora e de dentro, estavam sempre testando e se infiltrando na economia do senhor. Daí a curiosa sensação, tanto dos fazendeiros tradicionais quanto de seus camponeses, de que uns "exploram" os outros.

Na verdade, tanto quanto podemos dizer, o número de camponeses que viviam exclusivamente dentro do sistema de hacienda era apenas uma minoria.

[...]

Os camponeses independentes não estavam, é óbvio, inteiramente fora da economia das fazendas, que contava com as comunidades vizinhas para boa parte de sua mão de obra. Além disso, uma pesquisa feita em qualquer data específica esconde as consideráveis flutuações da relação durante qualquer período longo de tempo. Ademais, qualquer camponês, independente ou não, era, especialmente se fosse indígena, subalterno a qualquer membro da classe dos proprietários (não indígenas) e estava sujeito à dominação não econômica. No entanto, parece evidente que o alcance da economia memorial era limitado.

Portanto, o limite essencial ao desenvolvimento da agricultura em larga escala de qualquer tipo era um campesinato cuja maioria não precisava nem queria trabalhar em um setor feudal ou capitalista da agricultura. A expropriação, de uma forma ou de outra, era um método óbvio para transformá-los em força de trabalho. No entanto, embora o processo de expansão das fazendas (em grande parte, através da invasão das terras dos camponeses) tenha continuado a um ritmo variado por alguns séculos, há comparativamente poucos exemplos de expropriação em grande escala e, em geral, não antes do final do século xix. Em alguns deles, as demandas do mercado são claramente visíveis, como em Yucatán, onde, em 1910, 90% dos chefes de famílias maias parecem ter ficado sem terras, e nas áreas do açúcar de Morelos (México), durante o regime de Díaz. Em outros, como o holocausto sistemático das comunidades na Bolívia durante o governo de Melgarejo (1864-71) e depois dele, o elemento mercado é menos claro. Não obstante, não é sensato supor que esses exemplos sejam representativos, ou que mesmo a enorme extensão do latifúndio ou, mais precisamente, a monopolização das terras boas por grandes propriedades, tenha por si só produzido uma população rural submarginal ou sem terra que foi economicamente obrigada a trabalhar nesses latifúndios.

A existência de um sistema em que os senhores da terra (a) possuem poderes consideráveis de coerção não econômica e (b) podem estabelecer direitos de propriedade sobre grandes extensões de território produz naturalmente um viés em favor das formas de exploração econômica que utilizam essas vantagens, ao menos em áreas de população relativamente densa que não estão a uma distância curta de terras não colonizadas.* Porém, isso não quer dizer que mesmo assim o desenvolvimento da produção se-

---

* Não devemos esquecer a proporção muito baixa homem/terra em grande parte da América Latina e a disponibilidade de terra desocupada fora — e, às vezes, dentro — do sistema de hacienda por longos períodos.

nhorial mediante o trabalho servil seja necessariamente a forma mais vantajosa de exploração. Com efeito, pode-se sugerir que, com algumas exceções, algum tipo de combinação de arrendamento de meeiros e cultivo por mão de obra com salário baixo seria mais adequado. O cultivo por meeiros (ou arrendamento pago em espécie) tem a vantagem de que excedentes comercializáveis podem ser extraídos de camponeses que não desejam trabalhar nas terras senhoriais ou nos momentos em que o trabalho em culturas comerciais é pouco. [...] O trabalho assalariado é mais vantajoso do que o serviço servil porque é muito mais flexível, consideração importante tendo em vista as enormes variações sazonais em termos de demanda de mão de obra de muitas culturas comerciais. Além disso, parece haver pouca dúvida de que o trabalho assalariado é mais barato do que o trabalho servil. Cálculos feitos de rendimentos relativos sugerem isso, bem como o indício bastante generalizado de que os servos estavam ou estão em melhor situação do que os trabalhadores sem terra, e que a situação de colono era considerada desejável, e a ameaça de expulsão de um camponês de seu quinhão de terra era feita aos servos rebeldes. Isso não significa, é claro, que as condições de vida dos servos fossem em algum sentido satisfatórias.

[...]

O grande problema do trabalho assalariado era o mesmo de qualquer trabalho: como obtê-lo. Não devemos, no entanto, esquecer uma dificuldade específica durante parte do período colonial. Durante boa parte dele, havia uma escassez absoluta de moeda oficial de valor baixo — e os salários dos trabalhadores eram muito menores do que qualquer coisa pagável em prata ou ouro. Isso estimulou os adiantamentos de crédito, o uso de símbolos monetários particulares, fora do alcance da moeda pública, e o uso de caminhões de pagamento e *tiendas de raya*, estabelecimento de crédito junto às fazendas onde os camponeses eram obrigados a fazer suas compras; todos esses mecanismos ajudavam a vincular o trabalhador à fazenda por meio de relações de dívida. Do mesmo modo, a escassez de moeda incentivava a remuneração não monetária através da concessão de lotes para cultivo de subsistência. No entanto, mesmo sem esse fator especial, parece provável que várias formas de servidão por dívida (peonagem) teriam sido criadas para recrutar e manter a mão de obra. Autoridades eminentes como Chevalier e Macera sustentaram que essa prática constituía o principal método de vincular uma força de trabalho à fazenda, mas recentemente isso foi posto em dúvida por diversos motivos, embora pelo menos um dos argumentos não negue que a dívida estabelece a permanência das relações de trabalho. A verdade é que sabemos pouco sobre a dívida dos camponeses para com os senhores no período colonial e praticamente nada sobre essa questão no século XIX. É provável que seja um erro procurar por um único favor responsável pela vinculação dos camponeses. É possível mostrar que cada um deles era fraco demais para ter esse efeito. Assim, a tese de que a expropriação de terras comunitárias foi "o método principal" de obtenção de mão de obra é tão vulnerável a críticas quanto a tese da servidão por dívida. Numa economia com tão pouca população, tão relativamente pouco desenvolvida no lado do proprietário e tão relativamente autossuficiente no lado do camponês como era a maior parte da América Latina antes do período imperialista, tanto o alcance da exploração dos senhores da terra como o impacto dos incentivos de renda ou da compulsoriedade sobre os camponeses eram bastante limitados. Por outro lado, numa sociedade em que os proprietários da terra eram, sem dúvida, a classe dominante (rural), com poderes extraeconômicos substanciais de comando e dominação, sua esfera de ação para estabelecer algum grau de dependência do camponês por um ou outro método ou uma combinação de vários estava fadada a ser considerável, desde que os camponeses não pudessem escapar do universo dos senhores e dominadores pela migração em massa. E é provável que se possa mostrar que a migração coletiva, distinta da evasão individual, que resultasse talvez no surgimento de pequenos assentamentos livres nas fronteiras não cultivadas, não era muito exequível. De qualquer modo, os camponeses que (com razão) consideravam que a terra em que viviam era deles, mesmo se invadida ou expropriada por conquistadores estrangeiros, não tinham a menor vontade de abandoná-la. A história de suas lutas antigas e tenazes demonstra isso.

Em suma, na medida em que o incentivo econômico para que os proprietários modernizassem sua economia se mantivesse (ou se tornasse intermitentemente) fraco, a típica fazenda "tradicional" não tinha problemas graves de mão de obra. Ela podia normalmente instalar suficientes trabalhadores inquilinos em suas terras — que costumavam ocupar uma área muito maior do que aquela efetivamente explorada por seu dono — para satisfazer suas modestas exigências de sobrevivência. Ela podia recorrer a comunidades vizinhas ou fazer acordos com elas para obter mão de obra adicional, possivelmente por compulsão extraeconômica, provavelmente pela oferta do uso de recursos monopolizados pela fazenda. (Essa é a implicação dos argumentos de Martínez Alier.)[13] Podia contar com a renda extraída de uma forma ou de outra da maioria dos camponeses ao alcance de seu poder. E exigia pouco além disso. As fazendas envolvidas na produção economicamente mais avançada, como aquela voltada para o mercado de exportação, tinham, sem dúvida, problemas de mão de obra, especialmente após a abolição da escravatura. Mas se tratava de casos especiais.

A situação mudou drasticamente com a entrada efetiva do interior da América Latina na economia mundial, de meados do século xix em diante; uma mudança cujo significado é escondido tanto pelas aparentes semelhanças do sistema de fazendas antes e depois, quanto pelas tentativas de provar que esse sistema era "essencialmente capitalista" desde a época da Conquista. As antigas fazendas haviam funcionado, ao menos por longos períodos, para citar John Womack, "mais como símbolos do que como negócios". Agora, o incentivo para se transformar em empresas tornou-se premente, mesmo quando a propriedade não caísse de fato nas mãos de capitalistas estrangeiros.

No entanto, ao examinar os problemas da mão de obra nas fazendas cada vez mais comerciais, devemos ter em mente não só a demanda por ela, mas também a sua oferta, pois o crescimento demográfico (que produz uma pressão crescente sobre a terra) e o impacto do capitalismo na economia e nas comunidades camponesas foram muito significativos. Assim, o método típico de contratação de trabalho migrante para as minas e plantações, o *enganche*, em que os trabalhadores trabalham para pagar adiantamentos feitos por contratantes de mão de obra, era usado principalmente entre pequenos camponeses — pelo menos no Peru — e pressupunha tanto a existência de uma "burguesia" de aldeia da qual eram recrutados os *enganchadores* quanto adiantamentos de dinheiro que fossem incentivo suficiente para fazer as pessoas migrar. E a necessidade de dinheiro surgiu nas aldeias não só da pobreza e da necessidade de grandes gastos com casamentos, mortes ou competição por status em festas e ofícios comunais, mas também de um mercado de terras camponesas mais ativo. Por sua vez, isso foi estimulado — ao menos no centro do Peru, onde a questão foi bem estudada — tanto pelo crescimento do mercado para pequenos produtores quanto pela concentração de empresas agrárias de grande escala na criação extensiva de gado nos altiplanos, levando à venda de pequenas e médias propriedades (de brancos) e terra eclesiástica nos vales agrícolas. A importância dos compradores de terras e de outras commodities enquanto migrantes é indicada pelo grau surpreendente em que estes vinham, nessa área, do campesinato mais rico.

Ainda assim, o elemento de coerção ou (o que equivale à mesma coisa) dependência pessoal manteve sua importância, porque estava ao alcance da mão e devido à relutância dos camponeses em abandonar sua independência. Isso foi particularmente acentuado em áreas sem uma população local densa, ou seja, sem um proletariado rural. O uso mais acentuado do trabalho servil — seja pela concessão de moradia em troca de trabalho ou por outros meios — ocorre nessas áreas. Daí os engenhos de açúcar de Jujuy (Argentina) comprados pelos latifúndios não rentáveis dos planaltos andinos vizinhos a partir da década de 1920, a fim de converter os aluguéis de seus inquilinos indígenas de dinheiro em trabalho, ou seja, obrigá-los a trabalhar como cortadores de cana. As plantações de açúcar da porfiriana Morelos (México), especialmente nas áreas mais remotas, preferiram concentrar grandes populações permanentes de camponeses expropriados na área da propriedade como uma força completamente sem terra e dependente de servos residentes, aliviando os administradores da "dependência perigosa e humilhante dos aldeões locais, que os odiavam e que eram capazes de abandoná-los por um salário mais elevado em outros lugares". Para ter mão de obra extra, podiam contar com imigrantes contratados de Puebla e Guerrero, cujo endividamento também garantia dependência.[14] (Essa política foi bem-sucedida: os trabalhadores residentes de Tenango, intimidados e seguros, não participaram do levante de Zapata.)[15] Onde já havia a troca de residência por trabalho ou produção agrícola, o incentivo para aumentar o trabalho servil e, sempre que possível, diminuir as posses camponesas, era óbvio, como fica evidente no Chile. Por outro lado, como Martínez Alier destacou, onde havia o uso de fato dos recursos da fazenda, o campesinato local podia tornar isso difícil para os proprietários, que teriam preferido mudar para o trabalho assalariado comum.

A principal lacuna no sistema de coerção e dependência da mão de obra era, evidentemente, a necessidade de grandes suprimentos temporários de trabalho, mais facilmente fornecido por trabalhadores rurais sem terra ou camponeses donos de minifúndios, aos quais teria sido economicamente inviável oferecer residência permanente. O *enganche* proporcionava um meio de adquirir uma força de trabalho de pessoas de fora onde não havia exército de reserva local suficiente. O fato de serem "de fora" e as restrições dos contratos de dívida impediam-nos de explorar com eficácia sua posição de negociação em épocas de pico. É provável que o resultado mais duradouro da vinculação e coerção foi manter os salários do trabalho contratado abaixo dos níveis de mercado.

O "neofeudalismo" foi, portanto, uma resposta à mudança da situação econômica. Pode-se sugerir que tinha mais probabilidade de ocorrer (a) onde o sistema de fazendas estava bem estabelecido, (b) onde terras alternativas para os camponeses não estavam prontamente disponíveis ou não eram desejadas, (c) onde os proprietários sofriam de escassez de mão de obra e (d) onde a expansão da produção comercial foi extraordinariamente rápida. Onde uma escolha existia e as vantagens econômicas de métodos alternativos de exploração da propriedade fossem claras para o senhor da terra (o que talvez nem sempre fosse o caso), estas podiam ser compensadas pela exploração do monopólio do senhor de recursos ou poder, ou mesmo pelas vantagens mais tradicionais e não quantificáveis do status social e da influência que vêm da posse de propriedades rurais. Porém, está claro que o neofeudalismo foi (ou é) uma resposta marginal e transitória ao desenvolvimento de uma economia mundial capitalista, pelo menos na América Latina.

Foi marginal porque, ao contrário da plantação com mão de obra escrava em suas áreas características e para os produtos associados a ela, a propriedade cultivada por arrendatários-trabalhadores nunca se tornou a unidade universal da produção agrícola para o mercado mais amplo. Não existem razões a priori convincentes para que isso não tivesse acontecido, e, evidentemente, as tendências para desenvolver esse modo de exploração da terra a partir do século XVIII e sua utilização sistemática na produção chilena de trigo no século XIX sugere que, sob certas circunstâncias, poderia ter acontecido isso. Foi transitório, em parte, porque as vantagens econômicas de uma grande força de trabalho permanente vinculada à propriedade diminuíram com o aumento do cultivo intensivo em capital, a disponibilidade de um grande proletariado rural ou corpo de migrantes sazonais e a crescente utilização das terras da propriedade, e em parte porque o sistema de haciendas, sempre impopular entre todos, exceto os fazendeiros, tornou-se cada vez mais vulnerável às pressões de seus concorrentes, de suas vítimas (sobretudo, o campesinato) e daqueles que o consideravam um obstáculo para o desenvolvimento econômico geral do país.

Na verdade, o desenvolvimento de uma agricultura de mercado em larga escala em meados do século XX já não pode ser considerado neofeudal em nenhum sentido, se é que alguma vez pôde. Assim, na Colômbia, essas trocas de moradia por trabalho e produção pareciam ter uma importância muito pequena no momento da pesquisa do Cida [Comité Interamericano de Desarrollo Agrícola]; na Guatemala, as grandes propriedades (*fincas*) pesquisadas "dependem totalmente do trabalho assalariado"; no Brasil, onde a prestação de trabalho servil parece ser mais amplamente distribuída — em parte como adjunto do arrendamento por meeiros, em parte em conexão com outros arrendamentos —, ela é, em grande medida, uma relíquia histórica.[16] Esses três países são mencionados porque nenhuma reforma agrária ocorrera na época dessas pesquisas. Exceto em circunstâncias bastante incomuns, tais como aquelas que prevaleceram nos vales amazônicos do Peru entre a década de 1930 e início da de 1960 (por exemplo, em La Convención), não precisamos levar seriamente em conta o neofeudalismo em nenhuma discussão sobre o desenvolvimento agrícola de meados do século xx na América Latina.

Uma consideração mais séria talvez possa ser feita para o período em que a América Latina tornou-se parte de uma economia imperialista mundial em expansão, ou seja, do final do século xix até a crise mundial dos anos 1930. Durante esse período, o incentivo para prosseguir a expansão da produção agrária utilizando os recursos disponíveis para uma economia de hacienda tradicional — expansão das propriedades, expropriação de terras camponesas e comunitárias, coerção não econômica, trabalho servil, dívida-peonagem etc. — estava em seu máximo, o apoio dos governos a plantadores e fazendeiros, locais ou estrangeiros, era quase ilimitado, a resistência da população rural estava em baixa e as tensões que se fariam sentir posteriormente em movimentos revolucionários e outros ainda estavam se acumulando. Métodos neofeudais também podiam ser utilizados, em certa medida (como no Brasil), para preencher as lacunas deixadas pela abolição da escravatura. No entanto, esse momento da América Latina ainda é muito pouco conhecido, especialmente na medida em que cai naquele período mais escuro de toda a história pós-colombiana do continente, o século xix. Somente o aprofundamento das pesquisas será capaz de mostrar a verdadeira importância das adaptações neofeudais durante esse período, e em que áreas ou tipos de produção.

1976

9. Um caso de neofeudalismo: La Convención, Peru

A província de La Convención, departamento de Cusco, ficou conhecida pelo resto do mundo no início da década de 1960, quando foi palco do movimento camponês mais importante desse período no Peru e, provavelmente, em toda a América do Sul. Trata-se de um evento que pode legitimamente atrair a atenção do historiador social. Ao mesmo tempo, La Convención é uma versão especial de um fenômeno mais geral, que também deveria interessar ao historiador econômico. É um "território de fronteira" no sentido americano do termo, isto é, pertence à grande zona de terras não desenvolvidas na borda oriental dos Andes (a borda ocidental da Bacia Amazônica), que tem sido objeto de colonização e cultivo nas últimas décadas, principalmente de culturas comerciais para o mercado mundial, mas também para outros fins econômicos. Ao longo das encostas andinas há uma série de regiões desse tipo, nas quais, de diferentes maneiras, proprietários e empresários penetram com propriedades rurais e comércio, enquanto camponeses chegam em busca de terra e liberdade. Em sua maioria, são camponeses indígenas das terras altas, e o passado socioeconômico da *sierra* e do altiplano determina, em certa medida, as formas da nova economia que são desenvolvidas nas encostas orientais tropicais e semitropicais.

Em termos gerais, essas zonas nos fornecem exemplos de colonização que abrangem uma vasta gama de possibilidades: a penetração em território totalmente desocupado (isto é, legalmente sem dono), em território parcialmente sob propriedade privada ou que proporciona a possibilidade legal para a existência de um pequeno povoado, e em território totalmente ocupado por haciendas; fazendas do tipo feudal tradicional ou do tipo capitalista moderno ou intermediário; a povoação por comunidades indígenas ou por colonos individuais; assentamentos com a finalidade de ampliar ou recriar a economia de subsistência do campesinato tradicional ou uma economia de mercado; a operação dessa economia de mercado por meio de servidão, pequena agricultura camponesa, meeiros e/ou arrendamentos pioneiros de curta duração, por migrações de mão de obra sazonal ou trabalho contratado, e até mesmo pelo desenvolvimento moderno mecanizado, capital intensivo e econômico em trabalho. A área de La Convención combina dois extremos: a penetração de colonizadores camponeses voltados para o mercado — futuros cúlaques, já foi dito — numa área totalmente dominada por grandes fazendas cuja política era desenvolver a produção através da troca de terra e moradia por trabalho, ou seja, servidão. Provavelmente é o conflito de extremos que é responsável pela agudeza incomum das colisões sociais nessa área. Tratarei principalmente dessa região muito interessante, observando apenas de forma pontual variações em outras áreas.[1]

O estudo de uma região desse tipo é esclarecedor por várias razões. Uma delas pode ser mencionada de imediato: a falta de confiabilidade total de todas as estatísticas que lhe dizem respeito, um fato de que o historiador precisa ser lembrado e que o economista jamais deve esquecer. Os dados mais elementares, tais como censos, ou mesmo as estimativas da dimensão da área, são bastante incertos. […] Os censos oscilavam brutalmente e costumavam ser feitos, quando o eram, a intervalos irregulares, e as estimativas intercensitárias diferem de forma ainda mais ampla. O censo de 1940 simplesmente acrescentou um terço para levar em conta a *población selvática* fora do alcance dos recenseadores; por tudo que sabemos, poderiam muito bem ter acrescentado 10% ou 40%. Os números relativos à produção total da província são dados confiáveis, mas, se os compararmos com as estatísticas sobre as quantidades de vários produtos transportados pela ferrovia Cusco-Santa Ana, única ligação da província com o resto do mundo, encontraremos divergências consideráveis. E assim por diante. Por isso, *todos* os números só podem ser usados como ordens aproximadas de magnitude, e talvez não sejam confiáveis sequer para essa finalidade.

II

A província de La Convención, que já existia como uma unidade administrativa independente desde 1857, é uma vasta região ao norte de Cusco e junto ao sistema fluvial que deságua no Amazonas. (Ela começa logo adiante das famosas ruínas incas de Machu Picchu.) É uma região de montanhas e florestas subtropicais que mergulha rapidamente para os trópicos, de talvez 2 mil metros no topo para talvez setecentos metros no limite do cultivo. Assim, funde-se aos poucos com a selva tropical e, com efeito, durante o boom da borracha do início do século xx, foi uma das entradas para a parte peruana da área dos seringais. Está isolada do resto do Peru por altas montanhas, através das quais passam uma trilha de mulas (construída pelo governo peruano sob pressão das fazendas) desde 1890[2] e a estrada de ferro de Cusco a Huadquiña desde a década de 1930. No entanto, no início dos anos 1960, o terminal ferroviário ainda ficava a três ou quatro horas de caminhão da capital provincial Quillabamba (também fundada na década de 1890), o único verdadeiro município da região. Em 1959, todo o sistema rodoviário tinha apenas 298 quilômetros. Não surpreende que apenas uma minúscula fração da terra — cerca de 11 mil hectares — era então conhecida por ser cultivada.

A população tem flutuado consideravelmente, embora todas as estimativas sejam pouco melhores do que conjeturas. Os censos (feitos de forma irregular) apontam para um aumento de cerca de 12 mil habitantes, em 1862, para entre 27 mil e 40 mil, em 1940, e dizia-se que havia cerca de 60 mil habitantes sem terra no início dos anos 1960. O único fato inquestionável é que a população foi dizimada por uma epidemia descrita como sendo de "malária", que entrou nos vales em 1932-3.[3] Essa catástrofe, que reduziu grandes áreas da província a um deserto humano, é de crucial importância em sua história recente. Desse modo, a situação fundamental da província sempre foi uma combinação de terras abundantes, comunicações ruins e escassez aguda de mão de obra.

Para fins práticos, podemos considerar que La Convención permaneceu fora da economia mundial até o século xx e fora de qualquer economia até boa parte do século xix, a não ser na medida em que partes de seu território se envolveram no mercado regional das montanhas de Cusco. A área ficava perto o bastante dessa cidade para que suas potencialidades fossem conhecidas e exploradas da maneira que ocorreu de forma natural aos espanhóis em climas quentes: plantações de cana-de-açúcar, das quais temos registros já no início do século XVII, mas que, por motivos econômicos óbvios, se concentraram totalmente na produção de aguardente para venda nas terras altas. O segundo produto mais comum era a coca, também para os índios das terras altas. Na verdade, essas duas drogas constituíam praticamente os únicos bens de consumo adquiridos por eles.

Até que ponto essa economia do açúcar e da coca desenvolveu-se nos tempos coloniais é irrelevante. Estava sob constante ameaça dos índios da floresta e parece que, talvez em conexão com o surgimento de Túpac Amaru, talvez relacionada com as perturbações do período da independência, houve um recuo dos assentamentos na *montaña* no final do século XVIII e início do XIX. Quando eles começaram lentamente a expandir-se de novo, foi sobre a velha base do açúcar e da coca, junto com um pouco de cacau, produzido para a fabricação do chocolate de Cusco, um artigo de luxo bem conhecido, e, talvez, certa quantidade de gado. Os viajantes do início do século XX não se preocupam em mencionar nenhum outro produto agrícola e, com efeito, os custos de transporte impediam quaisquer outros. Demorava-se cinco dias para percorrer os 190 quilômetros de onde é hoje Quillabamba até Cusco, mesmo após a construção da trilha de mulas, e os custos de transporte para coca variavam de um sexto a um terço do custo da produção por arroba, dependendo da distância da viagem, ou 25% do preço de venda da aguardente, 10% do de coca, segundo outra fonte do mesmo período. Por outro lado, o mercado manteve-se estável ou em expansão. É bastante evidente [...] que esse tipo arcaico de economia ainda prevalecia na época da Primeira Guerra Mundial.

Embora a produção para o mercado mundial tenha evidentemente começado antes da Primeira Guerra Mundial, ela manteve-se em pequena escala e havia pouca monocultura, a não ser em uma ou duas fazendas que começaram a especializar-se em chá a partir de 1913. Parece que essa cultura ficou, em grande parte, nas mãos de arrendatários camponeses, enquanto os donos das propriedades se dedicavam a alimentos básicos mais antigos.

É evidente que não houve nenhum progresso surpreendente na década de 1920 (embora as estatísticas sejam escassas) e quase certamente sofreu um revés sob o duplo impacto da crise e de catástrofe demográfica da década de 1930. É possível que o cultivo de cana já estivesse em declínio entre as guerras, mas isso não pode ser estabelecido com certeza.

Por outro lado, nas décadas de 1940 e 1950, a produção aumentou com muita rapidez, exceto para produtos florestais, com os quais não precisamos nos preocupar. O principal crescimento ocorreu na produção de café, cacau e chá. Desses, o café era produzido na maior parte dos casos nas *fincas* mistas, embora fosse nítida uma tendência para a monocultura (e produção pelas próprias propriedades); o chá sempre foi produzido por algumas fazendas de monocultura de visão relativamente moderna (que, aliás, pagavam salários um pouco melhores do que o resto); o cacau era cultivado principalmente em centenas de posses camponesas dedicadas à monocultura, mas também em algumas propriedades mistas. Até mesmo a coca, o velho produto básico, continuou a crescer de forma satisfatória, embora sua área plantada não pareça ter aumentado e possa ter começado a declinar. [...] O açúcar, no entanto, declinou muito rapidamente nos últimos anos da década de 1950.

[...]

O desenvolvimento surpreendentemente rápido de La Convención a partir de 1940 deve-se a uma combinação de circunstâncias. A primeira é a construção de uma ferrovia (contratada em 1921, não inaugurada antes de 1933), cuja ausência impedia um desenvolvimento comercial muito grande. (Parece que Quillabamba cresceu quase nada entre 1917 e 1940.) A segunda é a catástrofe demográfica da década de 1930, que atrasou o desenvolvimento, mas acabou por dar origem a um crescimento desproporcionalmente grande e rápido. Em terceiro lugar, e mais importante, essa recuperação coincidiu com o longo boom de commodities primárias do período da Segunda Guerra Mundial e da Guerra da Coreia, que deflagrou um desenvolvimento similar e igualmente impressionante em outras partes do Peru e também da América Latina. Vale a pena observar que essa expansão repentina pegou muitos dos donos de terras de La Convención, por assim dizer, de surpresa. Durante décadas — na verdade, por gerações —, eles se adaptaram à economia tradicional da coca e do álcool. Agora, ganhavam a oportunidade de explorar a economia lucrativa, mas também potencialmente muito mais arriscada, do café-cacau-chá e outras exportações tropicais para o mercado mundial.

III

Por volta de 1960, havia mais de cem dessas haciendas em La Convención (e no vale de Lares, que, embora esteja administrativamente em outra província, pertence economicamente à sua vizinha); 46 delas já existiam um século antes, 87 foram registradas em meados dos anos 1950. Elas variaram em tamanho desde a imensa Huadquiña, de prováveis 150 mil hectares e certamente não menos de 80 mil hectares — remanescente de uma propriedade gigantesca de cerca de 500 mil hectares adquiridos por um certo Mariano Vargas em 1865 e posteriormente dividida em várias porções para a família Romainville —, e propriedades quase igualmente impressionantes de 45 mil, 35 mil ou 30 mil hectares, até propriedades relativamente modestas de 2 mil hectares.[4] (Mesmo assim, apenas 15% da área total da província era composta por propriedades legalmente privadas, sendo o restante ainda propriedade do Estado.) Somente uma pequena proporção dessas terras era cultivada — talvez de 8% a 10%, de acordo com *Cida: Peru* (1966).* Uma proporção ainda menor era cultivada pelos proprietários. Isso se devia principalmente ao eterno problema das propriedades de La Convención — a escassez de mão de obra, necessária tanto para a produção como para o transporte.

Parece que, de início, os donos da terra tentaram resolver o problema da mão de obra recrutando pela força os índios da floresta das tribos machiguenga (machiganga). Eles tinham de pagar por sua conversão ao cristianismo, sendo forçados a trabalhar sempre que iam às únicas igrejas existentes, que ficavam dentro das fazendas. Não havia muitos deles — por volta de 1914, de mil a 1500. Há sinais de que os proprietários também tentaram o trabalho assalariado na forma do *enganche* — importações temporárias de trabalhadores por intermédio de empreiteiros de mão de obra, como parece ser composta a principal força de trabalho das propriedades em áreas comparáveis do centro do Peru. Evidentemente, tiveram pouco sucesso, talvez porque La Convención fosse menos acessível do que o centro do Peru para quem estivesse nas áreas de excedentes de mão de obra, ou porque as fazendas das terras altas resistissem à concorrência dos vales pela sua própria força de trabalho; talvez também devido à ineficiência e alta taxa de desperdício de trabalho no ambiente semitropical das montanhas, para não mencionar a relutância dos proprietários de La Convención em pagar os salários determinados pelo mercado. Com efeito, como veremos, a essência desse sistema não é obter

---

* Essa porcentagem parece ser um exagero considerável, mesmo que a área cultivada tenha aumentado substancialmente desde 1954; ou então, os valores para os anos 1950 subestimam grosseiramente a área sob cultivo. Como tantas vezes, parece haver um elemento de fantasia nas estatísticas relativas à La Convención.

mão de obra gratuita, mas obtê-la a uma taxa fixa abaixo da vigente no mercado aberto.

Diante dessas circunstâncias, isto é, na ausência de suficiente trabalho assalariado livre ou de trabalho forçado e escravo, as fazendas tinham de apelar aos colonos camponeses que entrassem nos vales ou que pudessem ser atraídos para eles. Havia, na verdade, apenas duas opções: aceitar meeiros ou alguma combinação de colonização camponesa e trabalho servil na própria terra das propriedades. Por razões que não estão muito claras, a plantação a meias quase não foi desenvolvida. Talvez se possa dizer que de início os proprietários tinham em mente a economia do cultivo de cana, o que determinou essa escolha, pois essas plantações apresentam exigências periódicas pesadas de mão de obra que não podem ser atendidas por um sistema de cultivo por meeiros. (É provável que a produção de açúcar tenha sido sempre um privilégio senhorial, uma vez que os contratos de arrendamento no século xx, quando perderam importância, ainda costumavam proibi-la especificamente para camponeses.) Nem a coca, o cacau ou o café impõem automaticamente um sistema de agricultura em que o próprio dono da terra se responsabiliza pelo cultivo. Em todo caso, o sistema que os senhores de La Convención adotaram foi uma forma de arrendamento surpreendentemente similar à condição da vassalagem europeia medieval. Arrendamentos pagos em serviços prestados são bastante comuns no Peru sob o nome geral de *pongaje*, mas esse termo não é usado em La Convención, onde os rendeiros são conhecidos como *arrendires* e seu arrendamento como *arriendo*, uma palavra neutra que pode sugerir que a servidão na província é menos herdeira de uma tradição feudal do que a resposta por parte dos poderosos senhores a uma situação econômica.

O *arriendo* clássico foi descrito por vários observadores e de forma mais completa por Cuadros (1949) e *Cida: Peru* (1966). A descrição a seguir baseia-se principalmente em Cuadros, que descreveu o sistema antes da intervenção dos sindicatos camponeses.

A duração do arrendamento variava, mas parece ter sido, em geral, de nove a dez anos, tempo necessário se o rendeiro fosse cultivar plantas como café ou cacau, cuja primeira colheita demora quatro ou cinco anos. Os pagamentos (o *canon*) costumavam ser dispensados no primeiro ano e, com efeito, os colonos pioneiros, pelo menos durante o período do *rozo* (limpeza de solo virgem e sua preparação para o cultivo), podem ter gozado de condições um pouco mais favoráveis do que aqueles que arrendavam terras já cultivadas. Porém, depois de estabelecido o cultivo, o *canon* podia ser aumentado à medida que a exploração do rendeiro se tornasse mais produtiva. Como alternativa, os proprietários podiam dispensar os arrendatários para cultivarem eles mesmos a terra. Parece que não havia um limite convencionado ou oficial para esses aumentos de pagamento.

O *canon* do *arrendire* consistia de aluguel em dinheiro, que variava de oito/dez soles a oitenta/cem soles por ano, com uma média de talvez vinte/trinta soles, além de um conjunto mais importante de serviços de mão de obra, além de várias outras obrigações. Os serviços (*condiciones*) universais ou quase universais eram:

1. Um certo número de dias de trabalho por ano (não necessariamente consecutivos) a um salário fixo, que parece ter sido de 0,40 sol por dia a partir de pelo menos 1914 até meados dos anos 1950. (A partir da revolta agrária de 1961-2, foi de 1-1,5 sol, o que demonstra a divergência entre o salário servil e o do mercado livre.) Em 1942, a quantidade de dias desse *turno* era de oito a dez por mês, em média, e poderia ser maior — de até doze dias.

2. A *palla*, obrigação de fornecer pelo menos uma mulher colhedora de folhas de coca para cada colheita de coca, por 0,2 sol por dia (pelo menos de 1900 a meados da década de 1950). Em 1918, uma fazenda obrigava os arrendatários a enviar de uma a cinco *palladoras* quatro vezes por ano. [...]

3. A *huata faena* (trabalho anual), obrigação de trabalhar de dez a quinze dias sem pagamento, exceto por comida, bebida e, possivelmente, uma gratificação convencional de um sol. Essa obrigação poderia incluir o trabalho de todos os dependentes e peões do *arrendire*, aos quais ele estava obrigado a pagar 0,5-1,2 sol por dia, mais comida e chicha — bebida fermentada local —, como acontecia na Hacienda San Lorenzo na década de 1940. Podia significar também uma obrigação separada de trabalhar nas terras do proprietário da fazenda com todos os seus empregados quando necessário por três a seis dias, por um salário fixo de 0,7 sol.

4. O dever de incumbir-se de *comisiones* de vários tipos para o senhor, quando requerido, por um salário de 0,5 sol.

As seguintes obrigações não eram tão universais e são citadas por ordem de frequência, tal como registradas por Cuadros (1949).

5. *Fletas cosechas* (deveres de transporte), uma obrigação de transportar uma carga de seis arrobas (88 quilos) por cada animal de carga do arrendatário até três vezes por ano, a uma taxa fixa inferior aos custos de transporte no mercado aberto.

6. O dever de fornecer criadas domésticas para trabalhar sem remuneração por um período fixo.

7. Trabalho em estradas e manutenção, inclusive na casa do senhor, por não mais do que duas semanas por ano.

8. *Herbaje*, isto é, um pagamento em dinheiro (normalmente dois soles) por cabeça de gado possuída pelo arrendatário acima de certo limite mínimo.

9. Pagamento por madeira e outras matérias-primas retiradas da fazenda pelo arrendatário a um preço fixo estabelecido pelo proprietário.

10. Proibição de determinados cultivos nas terras do arrendatário; ou então, a obrigação de plantar determinados produtos.

11. Obrigação de consumir bens produzidos na fazenda e/ou vender a safra do arrendatário exclusivamente para a fazenda ou por intermédio dela.

Tratava-se claramente de obrigações muito pesadas, e a escassez de mão de obra dos senhores tendia a torná-las ainda mais pesadas, especialmente no período posterior à década de 1930, quando a província foi muito despovoada e o boom do mercado de produtos primários, muito grande. Com efeito, as raízes imediatas da revolta camponesa de 1958-63 encontram-se na tentativa sistemática dos senhores provinciais de restabelecer o sistema de trabalho servil após as epidemias de malária (ou seja, numa situação teoricamente muito favorável ao trabalhador) e, mais tarde, de retomar as terras postas a produzir pelos colonizadores camponeses pioneiros. Cabe aos historiadores da Idade Média europeia pensar em paralelos. Afora a revolta, o arrendatário só tinha a opção de deixar parte de suas terras incultas devido ao seu dever de trabalhar nas terras do senhor ou empregar mão de obra para cumprir suas próprias obrigações, bem como as exigências de trabalho de seu lote. A característica peculiar de La Convención é o surgimento desse tipo de subcontratação. O *arrendire* deixava parte de seu lote para um ou mais *allegados* que, em troca, poderiam (como na Hacienda Echarate) realizar um terço ou mais de seus serviços, e ele também atraía um número crescente de trabalhadores livres sem terra (*habilitados, peones, maquipuras* etc.). Esse desdobramento é recente. Em 1917, Rosell mencionou apenas *arrendires, gente de rancho* (ou seja, criados diretos da fazenda) e pequenos posseiros camponeses independentes ou colonos como os três tipos de trabalhadores em La Convención, e subarrendar ainda é tecnicamente proibido na maioria dos contratos, embora o sistema de *allegados* seja aceito na prática, porque ao menos aumentou o número de "seus" trabalhadores que o rendeiro era obrigado a colocar à disposição do senhorio nas ocasiões requeridas. Por outro lado, os serviços servis oficiais dos *arrendires* e de seus dependentes tornaram-se cada vez mais inadequados para a crescente economia das fazendas e, em consequência, arranjos intermediários entre servidão e trabalho assalariado parecem ter se desenvolvido. É o caso do *maquipura* ou *extra*, a obrigação de trabalhar certo número de dias (até vinte) com todos os dependentes do rendeiro, não por um salário habitual ou fixo, mas por um salário acordado antes de cada período de trabalho. (Hoje, pode ser de dois soles por dia.) Da mesma forma, o *arrendire* próspero pode atualmente contratar trabalhadores para fazer seus serviços obrigatórios, pagando-lhes um salário em dinheiro.

Desse modo, a estrutura de trabalho de La Convención consiste de três níveis: *arrendires, allegados* e *habilitados*. Não temos ideia de quantos de cada um deles existem, uma vez que os números são ausentes ou pouco confiáveis, mas parece que o número de rendeiros trabalhadores (*arrendires, allegados* e outras pessoas com arrendamentos semelhantes) é provavelmente muito menor do que o número de trabalhadores sem terra contratados.

IV

Está claro que essa situação era extraordinariamente favorável aos proprietários de fazendas e, com efeito, tornou-se cada vez mais favorável com a ampliação da produção para o mercado e a crescente escassez de mão de obra — desde que os proprietários conseguissem manter seu poder tradicional. Assim, em 1918, o salário de 0,40 sol por dia estava supostamente cerca de 20% abaixo do mercado, mas, no início dos anos 1940, não era mais do que um terço ou um quarto, e, alguns anos mais tarde, um quarto ou um quinto, do salário de mercado. Isso é confirmado pelo salto repentino para 1-1,50 sol por dia e, no caso do *maquipura*, para dois soles após a revolta agrária de 1961-2. Quanto ao 0,20 sol pago às mulheres trabalhadoras, que se manteve inalterado durante cinquenta anos, podemos imaginar o ganho para o empregador a partir desse congelamento secular de salários. Podemos acrescentar que os proprietários tinham havia muito tempo o hábito de extrair pagamentos em dinheiro, bem como em serviços dos arrendatários, em parte sob a forma de um aluguel em dinheiro modesto, em parte sob a forma de pagamentos, tais como a *herbaje*, ou seja, o imposto sobre cabeça dos animais dos rendeiros.

[...]

Kuczynski Godard (1946) estimou a taxa de retorno sobre o capital na Hacienda San Lorenzo em 12%-16%, sem contar o lucro de seus produtos. [...] Se a Hacienda Chancamayo fosse vendida por 150 mil soles, ele estimou que o novo proprietário teria desde o primeiro dia um retorno de 7% sobre seu investimento na diferença entre os gastos reais com mão de obra (ou seja, neste caso, nada) e o que ele teria de pagar pelo trabalho no mercado aberto. Na realidade, qualquer fazendeiro experiente esperava um retorno de duas ou três vezes o seu investimento. Essa situação pode explicar a lentidão notável dos proprietários em realizar melhorias. Para qualquer pessoa com dinheiro suficiente para comprar uma fazenda, sem falar da sorte de herdar uma delas, era quase certa uma alta taxa de lucro sem risco, ou mesmo sem grandes despesas correntes. Mesmo que algum mercado despencasse temporariamente, ele não arriscava ter nenhuma perda real, mas apenas privar-se de seu ganho de costume. Poucos jogadores tiveram a sorte de jogar moedas de duas caras de forma tão consistente.

Os únicos limites para a prosperidade dos fazendeiros eram aqueles tradicionais do senhor feudal: incompetência administrativa e financeira e uma tendência a jogar dinheiro pela janela para fins de competição por luxo ou status. Esses eram limites verdadeiros. Nas condições de La Convención, eles levariam os fazendeiros a explorar inevitavelmente seus direitos feudais com mais intensidade sempre que estivessem sob pressão econômica.

V

Por que os rendeiros aceitaram condições tão desfavoráveis até o movimento agrário de 1958-63? A posição de negociação deles era muito forte. Afinal, a mão de obra era o fator de produção escasso e as terras eram abundantes. Mesmo que os senhores da terra (como é provável) pudessem se recusar a competir uns com os outros pela mão de obra escassa, os rendeiros poderiam, em teoria, simplesmente ter ido adiante e se estabelecer em terras desocupadas; ou poderiam (como no centro do Peru) invadir e ocupar as áreas não cultivadas de grandes latifúndios, desafiando os senhores a expulsá-los.

A principal razão de não poderem ou não fazerem alguma dessas coisas era que o sistema vigente trazia consideráveis vantagens potenciais para o camponês. Se é verdade que, do ponto de vista do proprietário, o latifúndio tradicional de La Convención é uma mera adaptação da fazenda do planalto para as condições da selva, os colonos-camponeses já não são camponeses tradicionais das terras altas. Eles foram e são, em sua esmagadora maioria, pioneiros individuais, modernizadores, com um profundo apreço pelas possibilidades da agricultura de mercado, índios que aprenderam rapidamente a entender e até mesmo falar espanhol, que adotaram os trajes do homem branco, abandonaram suas comunidades nativas e estavam preparados para explorar as oportunidades de lucro da nova situação. No mínimo, eram homens que apreciaram que, na servidão ou no trabalho assalariado de La Convención, poderiam imediata ou eventualmente obter *terras*. La Convención difere de algumas regiões mais ao norte da alta selva pelo fato de que seu interior não é a costa economicamente desenvolvida, mas a serra atrasada de Cusco; mas parece diferir de outras regiões adjacentes à serra porque sua colonização camponesa é individualista, em vez de comunal, e está voltada para a agricultura de mercado, em vez de uma simples transferência da agricultura de subsistência para uma nova área.

Nos estágios iniciais, parece ter havido alguma infiltração de colonos tradicionais que trouxeram a organização indígena comunal do planalto para uma área marginal (Vilcabamba), mas isso logo deixou de ser comum. Ao contrário do centro do Peru, não encontramos exemplos de comunidades do planalto que enviem um grupo de colonos em bloco para o território de fronteira. (Isso afetou a situação agrária de duas maneiras: os *comuneros* das terras altas, não acostumados a trabalhar em fazendas e desprezando os colonos que foram forçados a fazê-lo, tendem a recusar a troca de moradia e terra por trabalho servil, obrigando assim os proprietários a fazer outros arranjos para obter mão de obra, e um grande bloco de índios que "invade" uma fazenda — isto é, descobertos cultivando um canto desocupado dela — é muito mais difícil de amedrontar pelas forças à disposição de uma propriedade do que posseiros individuais.) Os colonos de La Convención não são necessariamente apenas homens em busca de melhores oportunidades econômicas, embora seja evidente que entre os *arrendires* há melhores cúlaques e capitalistas agrários em potencial do que entre os fazendeiros, e os indícios sugerem que (com exceção de chá) as culturas pioneiras originais para o mercado mundial — café e cacau — eram tão plantadas por camponeses quanto nas terras cultivadas pelos fazendeiros, e provavelmente mais. A área também atraiu, por sua combinação de proximidade e inacessibilidade, uma série de elementos recalcitrantes ou rebeldes, não dispostos a aceitar as limitações da vida camponesa nas fazendas ou nas comunidades do planalto e que se mudaram para o interior, em vez de para a costa remota e inacessível.

A busca por melhoria econômica punha inevitavelmente o camponês à mercê da fazenda, porque o único meio de comunicação com o mundo exterior passava pelas fazendas ou perto delas. Ir para o interior significava trocar a perspectiva de uma posse próspera de alguns hectares de culturas de exportação pela liberdade e a pobreza de um agricultor de subsistência. Isso não era necessariamente muito atraente, tanto mais que a agricultura de subsistência poderia ser difícil para o imigrante das terras altas, já que talvez não pudesse cultivar de imediato o tipo de alimento possível de ser plantado sem problemas no clima subtropical e tropical. A preferência por sua dieta habitual do planalto, que os observadores notaram, também talvez ajudasse a fixá-lo na vizinhança das grandes fazendas, a qual poderia fornecer-lhe alimentos com mais facilidade. De qualquer modo, até mesmo os potenciais cúlaques indígenas do altiplano do Peru estavam acostumados demais à exploração, à submissão e à incapacidade de fazer valer seus direitos. Talvez se ressentissem do uso excessivo do poder dos senhores sobre a vida, a morte e as mulheres, e o poder de seus *gamonales*,* mas, quanto a isso, La Convención não era diferente das terras altas e certamente não era pior. Talvez fosse até melhor. Se ficasse dentro do raio da fazenda, o camponês sabia que seria explorado e que teria que cumprir as ordens do senhor. Mas em La Convención ele também sabia que poderia ter uma boa chance de conseguir terra e — por seus padrões — ficar rico.

A evasão, portanto, não era solução, e, desde que ficasse onde suas chances de lucro fossem maiores, o camponês só poderia usar seu valor teórico de escassez em pequena escala. A única alternativa real era a organização coletiva, que só poderia vir de fora. E ela efetivamente veio, a partir da década de 1930, sob a forma de propaganda comunista e organizadores de Cusco, e também, mais tarde, possivelmente sob a forma de agitação protestante.[5] No final dos anos 1950, a exploração pelos senhores, temporariamente encoberta pela bonança da década de 1940 e início da de 1950, quando os *arrendires* se deram muito bem, tornou-se cada vez mais insuportável. Os contratos de arrendamento das novas posses do pós-guerra começariam a expirar. O fosso cada vez maior entre as taxas forçadas e os salários livres se tornaria cada vez mais incômodo. Com o fim da ditadura sustentada pelo boom econômico, aumentou a possibilidade política de organizar sindicatos camponeses. As condições para as agitações campone-

---

* *Gamonales*: caciques, chefões rurais.

sas de massa da década de 1960 passaram a existir. A era do neofeudalismo em La Convención estava prestes a terminar. Não é o objetivo deste artigo abordar a própria rebelião dos camponeses.

VI

É possível analisar as vantagens e desvantagens econômicas da forma de desenvolvimento agrícola exemplificada por La Convención? Não com algum grau de realismo, pois, além da falta de estatísticas adequadas, o principal fato a respeito dos latifúndios da região é que eles *não* são projetados para a maximização da produção agrícola, ou mesmo do excedente comercializável dessa produção. Como já observamos, eles são, em sua maioria esmagadora, de caráter "tradicional", raramente "transicional", quase nenhum "moderno", e as fazendas comerciais de tamanho médio, de cerca de cinquenta hectares que, de acordo com *Cida: Peru* (1966), parecem ser as unidades de produção mais eficientes na região da selva, não têm nenhuma importância numérica. De acordo com *Cida: Peru* (1966), a posse familiar não é menos produtiva do que o latifúndio na produção de coca por hectare e muito mais eficiente do que o latifúndio (ou do que a média nacional) no cultivo do café. A posse do *arrendire* analisada no mesmo documento vende 90% da sua produção no mercado; o latifúndio retém até 25% para seu próprio consumo. E isso apesar do fato de as grandes propriedades praticamente monopolizarem a terra de alta qualidade para si mesmas. É evidente que as grandes propriedades de La Convención nem mesmo têm a intenção de obter seus lucros por meio do desenvolvimento mais eficiente de seus recursos. Elas são essencialmente parasitas de seus servos. Em consequência, há pouco sentido em comparar as possíveis eficiências da produção em grande escala dos latifúndios com a produção camponesa nessa região. Enquanto mantinham seus poderes de coerção não econômica, as fazendas não eram obrigadas a se tornar mais eficientes. Por exemplo, enquanto um fazendeiro pudesse forçar os camponeses a vender seu café para ele por sete soles o quilo e impedi-los com guardas armados de atravessar o rio para vendê-lo por onze soles aos comerciantes, ele tirava quatro soles por quilo de lucro sem nem sequer levantar um dedo. Com efeito, tudo que se pode dizer, em geral, é que, nessas regiões, a principal forma de produção é a pequena posse do camponês, produzindo a sua própria subsistência e um excedente comercializável das culturas de exportação, pois grande parte dos latifúndios é, na verdade, deixada para o cultivo desses camponeses.

Essas considerações não nos permitem comparar com facilidade o desenvolvimento de La Convención, com a sua forma específica de neofeudalismo, com outras regiões da alta selva que preferiram métodos diferentes. A comparação é difícil e seus resultados são incertos. Parece que a taxa de crescimento da produção de café em La Convención (1950-62) foi um pouco mais lenta do que a média nacional do Peru, embora, possivelmente, tenha sido bem mais rápida na década de 1940. O aumento da produção de cacau, que só pode ser estimado para um período muito mais curto (1956-60 até 1962), foi muito mais lento, e o do chá, mais rápido do que a média nacional, mas todos esses números não são confiáveis. A produtividade do cultivo do café era aparentemente maior do que no centro do Peru (817 quilos por hectare, em comparação com 460 quilos), e a de cacau, muito inferior (205 quilos contra 660 quilos). O centro do Peru parece ter expandido a área cultivada com mais sucesso, pois ali as áreas climáticas equivalentes eram cerca de seis vezes maiores do que em La Convención, mas as áreas de café, cacau e chá eram cerca de dez vezes maiores. A única coisa que parece razoavelmente clara é que o método de La Convención significava desperdício de mão de obra. Em seis áreas centrais equivalentes do Peru há em torno de um habitante rural por hectare de terra cultivada; em La Convención, nas estimativas mais conservadoras, pelo menos, 2,5 habitantes. Talvez possamos concluir que, sob diferentes condições de propriedade da terra, se poderia esperar que uma entrada de mão de obra dessa ordem significasse uma quantidade consideravelmente maior de terra cultivada e houvesse um aumento de produção muito maior, ou uma melhoria muito mais marcante da infraestrutura social, como transportes e habitação; ou ambos.

Podemos, portanto, concluir — sem nenhuma surpresa — que o neofeudalismo parece ser uma forma bastante ineficiente de aumentar a produção agrícola em áreas de fronteira, além de suas desvantagens sociais. Mas também devemos observar que nenhuma das áreas de fronteira da *ceja de la montaña*, ou selva alta, tem um histórico muito impressionante de desenvolvimento econômico. Não porque os colonos pioneiros tenham mostrado alguma relutância em se envolver em empreendimentos econômicos. Muito pelo contrário. O que surpreende nessas áreas é a disposição dos colonos de um tipo mais tradicional de campesinato para transformarem-se em produtores comerciais. (Isso deve nos fazer suspeitar daqueles que veem as "disposições empreendedoras" como algo que tem de ser injetado de fora numa economia tradicional.) O verdadeiro gargalo dessas áreas está na infraestrutura econômica e social, o que é mais óbvio no transporte, mas também no saneamento, na educação etc. Sem investimento e planejamento social, eles não existem. E mesmo que fossem, em certa medida, proporcionados pelos lucros das grandes fazendas, ainda teriam de ser complementados pelo planejamento e empreendimento público.

Podemos concluir que a experiência de La Convención não nos diz muita coisa sobre o problema do desenvolvimento agrário sob o capitalismo que já não soubéssemos. Não obstante, atípica como é, essa província remota do Peru sugere algumas lições que os estudiosos do desenvolvimento econômico não devem esquecer. Em primeiro lugar, ela demonstra o perigo de isolar a análise econômica de seu contexto social e histórico. Se La Convención não tivesse sido dividida em grandes propriedades privadas, se os senhores espanhóis nos trópicos não tivessem automaticamente pensado em termos de uma economia de plantation, se os imigrantes que foram para os vales tivessem trazido consigo suas instituições comuns, a estrutura agrária de La Convención teria sido bastante diferente, embora viesse provavelmente a se transformar também em uma produtora das culturas características de exportação tropical do século xx. Em segundo lugar, no entanto, é igualmente imprudente confiar demais em explicações históricas ou sociológicas. Embora possa ser tentador explicar o neofeudalismo peculiar de La Convención pelos fatos históricos da Conquista espanhola (a transferência de instituições, práticas e valores medievais europeus), pela sobrevivência do trabalho forçado pré--colombiano, pelo caráter das relações sociais entre senhores e camponeses dependentes, ou em termos semelhantes, não há necessidade dessas explicações. É perfeitamente possível supor que (dentro de determinada estrutura da sociedade) o desenvolvimento dessa forma específica de agricultura neofeudal seja uma consequência necessária da decisão de realizar o cultivo da propriedade em condições de escassez de trabalho e comunicações inadequadas. Na medida em que La Convención nos permite observar o surgimento de um sistema agrário surpreendentemente semelhante a alguns do feudalismo europeu, ela provavelmente interessará mais ao historiador da Idade Média europeia do que ao historiador econômico típico do nosso século. Por outro lado, na medida em que é o resultado de um casamento peculiar entre o século xx e (em termos da Europa Ocidental) o xiii, ela contém uma lição final para o estudioso do desenvolvimento capitalista, embora talvez uma lição familiar, pois demonstra mais uma vez que o próprio crescimento do mercado mundial capitalista, em certas fases, produz ou reproduz formas arcaicas de dominação de classe na fronteira do desenvolvimento. As sociedades escravistas da América nos séculos XVIII e XIX foram produtos do desenvolvimento capitalista, e o mesmo acontece, numa escala mais modesta e localizada, com o neofeudalismo que prevaleceu em La Convención, até que entrou em colapso, esperemos que para sempre, graças à revolta dos camponeses.

Abril de 1969

Algumas notas e um apêndice sobre a Produção em La Convención 1862-1962 do ensaio original foram omitidos nesta versão.

10. Camponeses como bandidos sociais

Os bandidos sociais são camponeses fora da lei que o senhor e o Estado consideram criminosos, mas que permanecem dentro da sociedade camponesa e são vistos por seu povo como heróis, defensores, vingadores, lutadores pela justiça, talvez até líderes da libertação, e, de qualquer modo, homens para serem admirados, ajudados e apoiados. Nos casos em que uma sociedade tradicional resiste às invasões e ao avanço histórico dos governos centrais e Estados, nacionais ou estrangeiros, eles podem ser ajudados e apoiados até mesmo pelos senhores locais. Essa relação entre o camponês comum e o rebelde, fora da lei e ladrão é o que torna interessante e significativo o banditismo social. [...]

O banditismo social parece ocorrer em todos os tipos de sociedade humana que se encontram entre a fase evolutiva da organização tribal e de parentesco e a sociedade capitalista e industrial moderna, mas que inclui as fases de desintegração da sociedade de parentesco e transição para o capitalismo agrário. [...] Os sistemas agrários modernos, tanto capitalista quanto pós-capitalista, não são mais aqueles da sociedade camponesa tradicional e deixam de produzir bandidos sociais, exceto em países daquilo que foi chamado de "capitalismo colonizador" — Estados Unidos, Austrália, Argentina. [...] O banditismo social é universalmente encontrado sempre que as sociedades se baseiam na agricultura (inclusive economias pastoris) e consiste basicamente de camponeses e trabalhadores sem terra dirigidos, oprimidos e explorados por outra pessoa — senhores, cidades, governos, advogados ou mesmo bancos. É encontrado em uma ou outra de três formas principais: o *ladrão nobre* ou Robin Hood, o resistente primitivo ou a unidade de guerrilha e, possivelmente, o *vingador* que provoca terror.

[...]

O banditismo pode ser o precursor ou companheiro dos principais movimentos sociais, como as revoluções camponesas. Ou então, pode mudar, adaptando-se à nova situação social e política, embora, ao fazê-lo, seja quase certo que deixará de ser banditismo social. No caso típico dos últimos dois séculos, a transição de uma economia pré-capitalista para o capitalismo, a transformação social pode destruir completamente o tipo de sociedade agrária que dá origem aos bandidos, o tipo de campesinato que os alimenta, e, ao fazê-lo, concluir sua história. Os séculos xix e xx foram a grande era do banditismo social em muitas partes do mundo, assim como os séculos xvi a xviii o foram provavelmente na maior parte da Europa. Contudo, está agora, em grande medida, extinto, exceto em algumas áreas.

[...]

Na medida em que bandidos têm um "programa", é a defesa ou restauração da ordem tradicional das coisas "como deveriam ser" (o que, nas sociedades tradicionais, significa aquilo que se acredita que tenham sido em algum passado real ou mítico). Eles endireitam erros, corrigem e vingam casos de injustiça e, ao fazê-lo, aplicam um critério mais geral de relações justas e corretas entre os homens em geral, e especialmente entre os ricos e os pobres, os fortes e os fracos. Trata-se de um objetivo modesto, que deixa os ricos explorarem os pobres (mas não mais do que é tradicionalmente aceito como "justo"), o forte oprimir os fracos (mas dentro dos limites do que é equitativo, e conscientes de seus deveres sociais e morais). [...] Nesse sentido, os bandidos sociais são reformadores, não revolucionários.

No entanto, reformista ou revolucionário, o banditismo em si mesmo não constitui um *movimento* social. Pode ser um substituto dele, como quando os camponeses admiram Robin Hoods como seus defensores, por falta de qualquer atividade mais positiva deles mesmos. Pode até ser um substituto de um movimento, como quando o banditismo se torna institucionalizado entre alguma parte dura e combativa do campesinato e, na realidade, inibe o desenvolvimento de outros meios de luta. Não está claramente estabelecido que tais casos ocorram, mas indícios de que podem assumir esse caráter. Assim, no Peru, a pressão dos camponeses pela reforma agrária era (e continuava a ser em 1971) muito mais fraca nos departamentos de Huánuco e Apurímac, onde os problemas agrários não eram de forma alguma menos agudos, mas onde havia (e há) uma tradição muito enraizada de contrabando de gado e bandoleirismo. A questão, porém, aguarda uma pesquisa séria, como tantos outros aspectos do banditismo.

Duas coisas podem, no entanto, transformar esse objetivo social modesto, ainda que violento, dos bandidos — e do campesinato a que pertencem — em movimentos revolucionários genuínos. A primeira é quando ele se torna o símbolo, até mesmo a ponta de lança, da resistência de toda ordem tradicional contra as forças que a perturbam e a destroem. Uma revolução social não é menos revolucionária porque acontece em nome do que o mundo exterior considera "reação" contra o que considera "progresso". [...] A segunda razão pela qual os bandidos se tornam revolucionários é inerente à sociedade camponesa. Mesmo aqueles que aceitam a exploração, a opressão e a submissão como norma da vida humana sonham com um mundo livre delas: um mundo de igualdade, fraternidade e liberdade, um mundo totalmente *novo*, sem o mal. Isso raramente é mais do que um sonho. Raramente é mais do que uma expectativa apocalíptica. [...] No entanto, há momentos em que o apocalipse parece iminente; quando toda a estrutura do Estado e da sociedade existente, cujo fim total o apocalipse simboliza e prevê, parece de fato prestes a cair em ruínas, e a pequenina luz da esperança se transforma na luz de uma possível aurora.

Nesses momentos, os bandidos também são arrastados, como todo mundo. [...] Com efeito, nada é mais impressionante do que essa coexistência subordinada do banditismo com uma grande revolução camponesa, da qual ele muitas vezes serve de precursor. [...] O sertão do Nordeste do Brasil, que foi o lar clássico dos cangaceiros, também o foi de *santos*, de líderes religiosos do meio rural. Ambos floresceram juntos, mas os santos foram maiores. O grande bandido Lampião, em um dos inúmeros cordéis que celebram suas façanhas,

> *Jurou vingar-se de todos*
> *Dizendo que neste mundo respeitarei*
> *Padre Cícero e ninguém mais.*[1]

E como veremos, foi do padre Cícero, o Messias de Juazeiro, que a opinião pública derivou as credenciais "oficiais" de Lampião. O banditismo social e o milenarismo — as formas mais primitivas de reforma e revolução — andam juntos historicamente. E quando chegam os grandes momentos apocalípticos, os bandos de salteadores, com seus números de participantes inchados pelos tempos de tribulações e expectativas, podem insensivelmente se transformar em algo mais. [...]

Quando o banditismo se funde assim num grande movimento, torna-se parte de uma força que pode e efetivamente muda a sociedade. Uma vez que os horizontes dos bandidos sociais são estreitos e circunscritos, como os do próprio campesinato, o resultado de suas intervenções na história pode não ser o esperado. Pode ser o oposto do que esperavam. Mas isso não diminui a força histórica do banditismo.

Entre os cangaceiros do Nordeste brasileiro há aqueles que, como o grande Antônio Silvino (1875-1944, ativo como chefe dos bandidos em 1896-1914), são lembrados principalmente por suas boas ações, e outros, como Rio Preto, principalmente por sua crueldade. Porém, num sentido amplo, a "imagem" do cangaceiro combina os dois tipos. Ilustremos isso seguindo a narrativa de um dos poetas do sertão que cantou o cangaceiro mais famoso, Virgulino Ferreira da Silva (1898?-1938), universalmente conhecido como "O Capitão" ou "Lampião".

Ele nasceu, assim reza a lenda (e o que nos interessa no momento é mais a imagem do que a realidade), numa família de respeitáveis agricultores e criadores de gado do sopé da serra do agreste do estado de Pernambuco, "naquela época do passado em que o sertão era bastante próspero", um menino intelectual — e, portanto, segundo a lenda, não particularmente forte. Os fracos devem ser capazes de identificar-se com o grande bandido. Como escreveu o poeta Zabelê:

Por onde Lampião anda,
Minhoca fica valente,
Macaco briga com onça
E o carneiro não amansa.

Seu tio, Manoel Lopes, disse que o menino seria doutor, o que fez as pessoas rirem,

Pois não se via doutor
Naquele imenso sertão;
Só se via era vaqueiro,
Batalhão de cangaceiro
Ou cantador de baião.

De qualquer forma, o jovem Virgulino não queria ser doutor, mas vaqueiro, embora tenha aprendido o abecedário e o "algarismo romano" depois de apenas três meses na escola e fosse um hábil poeta. Quando ele estava com dezessete anos, os Nogueira expulsaram os Ferreira de sua fazenda, sob a falsa acusação de roubo. Assim começou a rixa que faria dele um fora da lei. "Virgulino", disse alguém, "confia no juiz divino", mas ele respondeu: "A Bíblia manda honrar pai e mãe, e se eu não defendesse nosso nome, perderia minha masculinidade". Então

Comprou um rifle e punhal
Na vila de São Francisco

e formou um bando com seus irmãos e 27 outros combatentes (conhecidos pelo poeta e por seus vizinhos por apelidos, muitas vezes tradicionais para aqueles que assumiam a carreira de bandido) para atacar os Nogueira na serra Vermelha. Ir da rixa de sangue ao banditismo era um passo lógico — e necessário, tendo em vista a força superior dos Nogueira. Lampião tornou-se um bandido errante, ainda mais famoso do que Antônio Silvino, cuja captura em 1914 deixara um vazio no panteão do sertão:

Porém não poupava a pele
De militar nem civil,
Seu carinho era o punhal
E o presente era o fuzil [...]
Deixou ricos na esmola
Valente caiu na sola
Outro fugiu do Brasil.

Porém, diz o poeta, durante todos os anos (na verdade, c.1920-38) em que foi o terror do Nordeste, ele nunca deixou de lamentar o destino que fizera dele ladrão em vez de trabalhador honesto e que o marcara para a morte certa, tolerável somente se tivesse a sorte de morrer num combate justo. Ele foi e é um herói para o povo, embora ambíguo. A precaução normal talvez explique por que o poeta faz uma mesura à moral formal e registre a "alegria do Norte" diante da morte do grande bandido, em 1938. (Nem todos os cordéis assumem esse ponto de vista.) A reação de um sertanejo do município de Mosquito talvez seja mais típica. Quando os soldados chegaram com a cabeça de suas vítimas em latas de querosene, de modo a convencer a todos de que Lampião estava realmente morto, ele disse: "Mataram o capitão, porque reza forte não adianta na água".[2] Com efeito, seu último refúgio fora no leito seco de um riacho, e de que outro modo, exceto pelo fracasso de sua magia, sua derrota poderia ser explicada? Não obstante, apesar de herói, ele não era um herói *bom*.

É verdade que fizera uma romaria ao famoso Messias de Juazeiro, o padre Cícero, verdadeiro chefe político do estado do Ceará, pedindo sua bênção antes de virar cangaceiro, e que o santo, embora o tenha exortado em vão a deixar a vida de fora da lei, dera-lhe um documento em que o nomeava capitão e seus dois irmãos, tenentes. No entanto, o cordel de onde tirei a maior parte desse relato não menciona nenhuma reparação de ofensas (exceto aquelas feitas ao próprio bando), nenhum ato de tirar dos ricos para dar aos pobres, nenhuma dispensação de justiça. Ele registra batalhas, ferimentos, ataques a cidades (ou o que passava por cidade no sertão brasileiro), sequestros, assaltos a ricos, aventuras com soldados, com mulheres, com a fome e a sede, mas nada que lembre Robin Hood. Ao contrário, narra "horrores": como Lampião assassinou um prisioneiro, embora sua esposa tivesse pagado o resgate pedido; como massacrou trabalhadores; torturou uma velha que o amaldiçoou (sem que ela soubesse com quem falava), fazendo-a dançar nua com um cacto até morrer; como matou sadicamente um de seus homens que o ofendera, obrigando-o a comer um litro de sal; e incidentes semelhantes. Causar terror e ser impiedoso é um atributo mais importante desse bandido do que ser amigo dos pobres.

[...]

Por outro lado, os exemplos de crueldade indiscriminada não são, em geral, aqueles dos bandidos típicos. Talvez seja um erro classificar como banditismo a epidemia de derramamento de sangue que varreu o departamento peruano de Huánuco de mais ou menos 1917 até o final da década de 1920, pois, embora o roubo fizesse parte dela, sua motivação foi descrita como "não exatamente esse, mas sim ódio e a vendeta familiar". Com efeito, de acordo com os indícios, foi uma situação de rixa familiar que saiu do controle e produziu uma "febre de morte entre os homens", o que os levou a "incendiar, estuprar, matar, saquear e destruir friamente" em toda parte, exceto em sua comunidade ou aldeia nativa. De forma ainda mais óbvia, o fenômeno medonho da *Violencia* colombiana depois de 1948 vai muito além do banditismo social comum. Em nenhum lugar, o elemento de violência patológica por si mesma é mais surpreendente do que nessa revolução camponesa que depois de abortada se transformou em anarquia, embora algumas das práticas mais terríveis, como a de cortar os presos em fragmentos minúsculos "para o divertimento de combatentes enlouquecidos pela barbárie" (o que veio a ser conhecido como *picar a tamal*), tivessem alegadamente ocorrido em campanhas de guerrilha anteriores naquele país sanguinário. O que deve ser observado em relação a essas epidemias de crueldade e massacres é que são imorais mesmo para os padrões daqueles que delas participam. Se o massacre de inofensivos passageiros de um ônibus lotado ou moradores de uma aldeia é compreensível no contexto de uma guerra civil selvagem, incidentes (bem documentados) como arrancar o feto do ventre de uma mulher grávida e substituí-lo por um galo só podem ser "pecados" conscientes. No entanto, alguns dos homens que cometem essas monstruosidades são e continuam a ser "heróis" para a população local.

Sem dúvida, a consciência política pode fazer muito para mudar o caráter de bandidos. As guerrilhas camponesas comunistas da Colômbia contam com alguns combatentes (certamente não mais do que uma modesta minoria) que vieram das antigas guerrilhas de salteadores da *Violencia*. *"Cuando bandoleaba"* (Quando eu era bandoleiro) é uma frase que pode ser ouvida nas conversas e reminiscências que preenchem boa parte do tempo de um guerrilheiro. A própria frase indica a consciência da diferença entre o passado de um homem e seu presente. Porém, enquanto bandidos podem individualmente ser integrados com facilidade a unidades políticas, coletivamente, pelo menos na Colômbia, eles se mostraram bastante inassimiláveis aos grupos de guerrilha de esquerda.

De qualquer modo, enquanto bandidos, seu potencial militar era limitado e seu potencial político, mais ainda, como demonstram as guerras dos salteadores no sul da Itália. Sua unidade ideal tinha menos de vinte homens. [...] Na *Violencia* colombiana após 1948, as grandes unidades insurgentes eram quase sempre comunistas, em vez de rebeldes populares. [...] As grandes forças eram, como no bando de Lampião, divididas em subunidades ou coligações temporárias de formações separadas. Taticamente, isso fazia sentido, mas indicava uma incapacidade básica da maioria dos chefes populares de equipar e suprir grandes unidades ou para lidar com corporações de homens fora do controle direto de uma personalidade poderosa. Ademais, cada líder protegia ciosamente sua soberania. Até mesmo o lugar-tenente mais leal de Lampião, o "diabo loiro" Corisco, embora permanecendo sentimentalmente ligado ao seu velho chefe, brigou com ele e foi embora com seus amigos e seguidores para formar um bando separado. [...]

Politicamente, os bandidos eram incapazes de oferecer uma alternativa real aos camponeses. Além disso, sua posição tradicionalmente ambígua entre os homens de poder e os pobres, de homens do povo, mas desdenhosos dos fracos e passivos, de uma força que em tempos normais agia dentro da estrutura social e política existente ou em suas margens, e não contra essa estrutura, limita seu potencial revolucionário. Podem sonhar com uma sociedade livre composta de irmãos, mas a perspectiva mais óbvia de um revolucionário bandido de sucesso era tornar-se proprietário de terras, como a pequena nobreza. Pancho Villa acabou como *hacendado* (fazendeiro), a recompensa natural de um aspirante a caudilho* latino-americano, embora, sem dúvida, seu passado e seus modos o tenham tornado mais popular do que os crioulos aristocratas de pele fina. E, de qualquer modo, a vida heroica e indisciplinada de ladrão não se coadunava com o mun-

---

* Líder militar com poder político, figura tristemente familiar na história da América Latina.

do duro e pardacento da organização dos combatentes revolucionários ou da legalidade da vida pós-revolucionária.

[...]

A contribuição dos bandidos para as revoluções modernas foi, portanto, ambígua, duvidosa e curta. Essa foi sua tragédia. Como bandidos, o melhor que poderiam fazer, tal qual Moisés, seria discernir a terra prometida. Não poderiam alcançá-la. [...] Mais do que isso. A Revolução Mexicana continha dois componentes camponeses principais: o típico movimento baseado em bandidos de Pancho Villa, no norte, e a agitação agrária de Zapata, quase sem bandidos, em Morelos. Em termos militares, Villa desempenhou um papel infinitamente mais importante no cenário nacional, embora não tenha promovido mudanças nem no México nem no próprio noroeste de Villa. O movimento de Zapata foi totalmente regional, seu líder foi morto em 1919, suas forças militares não tinham grande importância. No entanto, foi seu movimento que injetou o elemento de reforma agrária na Revolução Mexicana. Os bandoleiros produziram um caudilho potencial e uma lenda — a importantíssima lenda do único líder mexicano que tentou invadir a terra dos *gringos* no século XX.[3] O movimento camponês de Morelos produziu uma revolução social, uma das três que merecem esse nome na história da América Latina.

[Vamos] concluir com algumas reflexões sobre três [países] em que os itinerários muito diferentes da tradição nacional de bandido podem ser comparados: México, Brasil e Colômbia. Todos os três são países que se familiarizaram com o banditismo em grande escala no decorrer de sua história.

Todos os viajantes que percorriam suas estradas concordavam que, se havia um Estado latino-americano que era o suprassumo do país de bandidos, era o México do século XIX. Além disso, nos primeiros sessenta anos de independência, o colapso do governo e da economia, a guerra e a guerra civil deram a qualquer grupo de homens armados que viviam pelas armas uma vantagem considerável ou, ao menos, a escolha de entrar para o exército ou para uma força policial a soldo do governo (o que não excluía a extorsão) ou permanecer no simples banditismo. Os liberais de Benito Juárez, em suas guerras civis, sem contar com patrocínio mais tradicional, utilizaram esse recurso amplamente. No entanto, os bandidos em torno dos quais se criaram os mitos populares foram os da era estável da ditadura de Porfirio Díaz (1884-1911), que precedeu a Revolução Mexicana. Esses bandidos podiam ser vistos, mesmo naquela época, como desafiadores das autoridades e da ordem estabelecida. Mais tarde, numa visão retrospectiva empática, eles puderam ser considerados precursores da Revolução Mexicana. Graças principalmente a Pancho Villa, o mais eminente de todos os bandoleiros que viraram revolucionários, isso deu ao banditismo um grau ímpar de legitimidade no México, embora não nos Estados Unidos, onde naqueles mesmos anos bandidos mexicanos violentos, cruéis e gananciosos se tornaram os vilões preferidos de Hollywood, pelo menos até 1922, quando o governo mexicano ameaçou proibir todos os filmes feitos por empresas de cinema que ofendiam o país.[4] Dos outros bandidos que ganharam fama nacional em vida — Jesús Arriaga (Chucho el Roto) no centro do México, Heraclio Bernal em Sinaloa, e Santana Rodríguez Palafox (Santanón) em Veracruz — pelo menos os dois primeiros ainda gozam de popularidade. Bernal, morto em 1889, que entrou e saiu da política, é provavelmente o mais famoso na era dos meios de comunicação, celebrado em treze canções, quatro poemas e quatro filmes, alguns adaptados para a televisão, mas desconfio que o impudente vigarista católico mas anticlerical Chucho (falecido em 1885), que também chegou às telas da TV, continua a estar mais perto do coração do povo.

Ao contrário do México, o Brasil passou de colônia a império independente sem maiores rupturas. Foi a Primeira República (1889-1930) que produziu, ao menos no sertão árido do Nordeste, as condições sociais e políticas para o banditismo epidêmico, ou seja, transformou os grupos de servidores armados vinculados a determinados territórios e famílias da elite em agentes independentes que vagavam por uma área de talvez 100 mil quilômetros quadrados, abrangendo quatro ou cinco estados. Os grandes cangaceiros do período 1890-1940 logo se tornaram famosos em sua região, e sua reputação se espalhou oralmente e por cordéis de repentistas e poetas locais.[5] A migração em massa para as cidades do Sul e o crescimento da alfabetização levaram mais tarde essa literatura a lojas e mercados de cidades enormes como São Paulo. Os meios de comunicação modernos levaram os cangaceiros, um equivalente óbvio do Velho Oeste americano, para as telas de cinema e da televisão, com tanto mais facilidade porque o mais famoso deles, Lampião, foi, de fato, o primeiro grande bandido a ser filmado ao vivo em campo. Dos dois bandidos mais famosos, Silvino ganhou o mito de "ladrão nobre" em vida, reputação que foi reforçada por jornalistas e outros, para contrastar com a grande, mas longe de ser benevolente, reputação de Lampião, seu sucessor como "rei do sertão".

Contudo, é a cooptação política e intelectual dos cangaceiros pela tradição nacional brasileira que é interessante. Eles logo foram romantizados por escritores nordestinos e, de qualquer modo, era fácil transformá-los em demonstrações da corrupção e da injustiça da autoridade política. Na medida em que Lampião era um fator potencial na política nacional, eles atraíram uma atenção mais ampla. A Internacional Comunista chegou a pensar nele como um possível líder guerrilheiro revolucionário, talvez por sugestão do líder do PCB, Luís Carlos Prestes, que no início de sua carreira como líder da "Longa Marcha" de militares rebeldes entrou em contato com Lampião [no Ceará em 1926]. Porém, não parece que os bandidos tenham desempenhado um papel significativo na importante tentativa dos intelectuais brasileiros da década de 1930 de construir um conceito de Brasil com tijolos populares e sociais, em vez de elitistas e políticos. Foi nas décadas de 1960 e 1970 que uma nova geração de intelectuais transformou o cangaceiro num símbolo da brasilidade, da luta pela liberdade e pelo poder dos oprimidos, em suma, como "um símbolo nacional de resistência e até de revolução".[6] Isso, por sua vez, influi na maneira como ele é apresentado nos meios de comunicação, embora a tradição popular oral e da literatura de cordel ainda estivesse viva entre os nordestinos, pelo menos na década de 1970.

A tradição colombiana teve uma trajetória muito diferente. Ela foi, por razões óbvias, completamente ofuscada pela experiência sanguinária do período posterior a 1948 (ou, como alguns historiadores preferem, 1946) conhecido como *La Violencia* e suas consequências. Tratou-se essencialmente de um conflito que combinava luta de classes, regionalismo e partidarismo político das populações rurais que se identificavam, como nas repúblicas do rio da Prata, com um ou outro dos partidos tradicionais do país, neste caso, o Liberal e o Conservador, que se transformou em guerra de guerrilhas em várias regiões após 1948 e, por fim (com exceção das regiões onde o agora poderoso movimento guerrilheiro comunista se desenvolveu na década de 1960), num amontoado de bandos armados anteriormente políticos e derrotados, que contavam com alianças locais com homens poderosos e com a simpatia camponesa, mas que acabaram por perder. Eles foram aniquilados na década de 1960. A lembrança que deixaram foi bem descrita pelos melhores especialistas no assunto:

É possível que, com exceção da memória idealizada que os camponeses ainda retêm em suas antigas zonas de apoio, o "bandido social" tenha sido derrotado também como personagem mítico. [...] O que aconteceu na Colômbia foi o processo oposto ao do cangaço brasileiro. Ao longo do tempo, o cangaço perdeu muito de sua ambiguidade característica e se aproximou da imagem do bandido social ideal. O cangaceiro acabou como um símbolo nacional de virtudes nativas e como a personificação da independência nacional. [...] Na Colômbia, ao contrário, o bandido personifica um monstro cruel e desumano ou, no melhor dos casos, "o filho da *Violencia*", frustrado, desorientado e manipulado por líderes locais. Essa foi a imagem aceita pela opinião pública.[7]

Quaisquer que sejam as imagens das Farc, a principal força de guerrilha na Colômbia desde 1964 — de guerrilheiros, paramilitares ou pistoleiros do cartel das drogas —, que venham a sobreviver no século XXI, elas não terão mais nada em comum com o velho mito do bandido.

1969

11. Insurreições camponesas

Meu título precisa de definição. Por "camponeses" entendo homens do campo de riqueza não mais do que moderada (para os padrões sociais dominantes) que cultivam suas terras principalmente com seu próprio trabalho e o de suas famílias, ou que querem terras para esse fim; e para os quais essa atividade não é apenas um negócio, mas um modo de vida. Isso quer dizer que o termo exclui, além de "homens da cidade", (a) os proprietários que possuem terras cultivadas para eles, principalmente pelo trabalho de outras pessoas; (b) proletários rurais que não desejam se tornar camponeses; (c) os empresários rurais para os quais a agricultura é principalmente um negócio.

Há um número considerável de casos limítrofes, mas essa definição servirá de diretriz. A expressão "sociedade camponesa" significa a organização social de uma economia agrícola em que os camponeses desempenham o papel predominante; ou a organização social daquele setor dessa economia em que eles desempenham esse papel, por exemplo, a aldeia russa do século XIX, menos a superestrutura da pequena nobreza rural.

Com "insurreições camponesas" refiro-me aos movimentos sociais em que camponeses procuram atingir os objetivos que são determinados por sua posição coletiva de camponeses. Assim, a participação de camponeses nas guerras civis dos séculos XIX e XX na Colômbia não constitui automaticamente um movimento camponês, ao contrário das agitações agrárias da década de 1930. Qualquer movimento em que terra, direitos, arrendamentos ou questões semelhantes estão em pauta é automaticamente um movimento camponês, se realizado por camponeses ou numa sociedade camponesa, mas nem todas as insurreições ou movimentos camponeses precisam ser socioeconômicos nesse sentido estrito. Além de que ponto as insurreições sem esse conteúdo socioeconômico específico e concreto deixam de ser movimentos camponeses é uma pergunta interessante que não precisamos levar muito longe neste artigo. Os movimentos milenares rurais são movimentos camponeses? Certamente, pelo menos em muitos casos — por exemplo, quando apenas camponeses ou pessoas de origens camponesas estão envolvidos, como em Palma Sola (República Dominicana, 1963). E os movimentos nativistas, como a Guerra das Castas de Yucatán [que começou em 1847 e continuou até o início do século XX]? Provavelmente. E os movimentos nacionalistas ou xenófobos com forte apoio camponês, mas nenhum conteúdo programático camponês específico, como a Guarda de Ferro na Romênia? Poderiam ser. O teste talvez seja a parcela de participação camponesa existente e até onde seu programa é de fato traduzido em termos de interesses dos camponeses por seus partidários camponeses.

[...]

"Insurreição" significa qualquer movimento em que um número significativo de camponeses participa de forma simultânea e no qual eles usam coerção física — ou de modo mais geral, no qual eles se recusam a desempenhar o papel socialmente subalterno a que costumam ser relegados. Desse modo, excluem-se da definição (a) pequenos bandos marginais de foras da lei, como os que podem existir nos momentos mais pacíficos e passivos, e (b) movimentos camponeses, tais como a formação de cooperativas rurais ou outros, que não implicam um desafio às convenções sociais dominantes. As insurreições podem ser mais modestas e mais transitórias do que as revoluções, bem-sucedidas ou não.

Comecemos com uma questão importante. Por que as insurreições camponesas são muito mais comuns em alguns países do que em outros? Na China mais do que na Índia, no Peru mais do que no Brasil? Podemos dizer que essa divergência existe mesmo? Penso que podemos. Embora a história dos camponeses seja tão desconhecida em muitos países que quase tudo ainda está por ser descoberto a esse respeito, o menor arranhão em sua superfície num país como o Peru revela uma tendência persistente para esse tipo de insurreição durante os últimos duzentos anos, ao passo que, digamos, na Colômbia, isso não parece acontecer antes do século xx.

Não posso responder a essa pergunta e encaminho o leitor para Barrington Moore Jr. [*As origens sociais da ditadura e da democracia: Senhores e camponeses na construção do mundo moderno*, 1967]. Desejo apenas propô-la, uma vez que todas as outras com as quais este artigo lida estão subordinadas a ela. Aliás, é preciso distingui-la da pergunta sobre a *eficácia* das insurreições camponesas, que não tem conexão lógica com ela. Ao longo da história, as insurreições camponesas chinesas foram extremamente eficazes e os camponeses peruanos extremamente ineficazes em termos nacionais; mas, a partir dessa constatação, não temos o direito de concluir que os camponeses chineses eram mais propensos a se rebelar do que os camponeses peruanos, embora, ao que tudo indica, isso possa ser verdade. Palermo detém o recorde de tumultos entre as cidades europeias; São Petersburgo não se prestava a tumultos nem parece ter uma história de distúrbios antes das revoluções: os efeitos dos poucos levantes de Petersburgo foram muito maiores do que os das muitas insurreições de Palermo, por razões bem diferentes.

Talvez valha a pena fazer uma observação de passagem. A resposta não se encontra na escolha de certos fatores ou "variáveis", econômicas ou de outro tipo, por mais conveniente que isso possa ser para aqueles que sonham em transformar a história numa "ciência comportamental". Os homens sempre vivem em situações que são, por definição, diferentes daquelas de um laboratório, e enquanto alguns fatores podem ser eliminados por análise comparativa e outros, postos em destaque, eles *sempre* agirão em comum. A pobreza em si não é causa para rebelião nas sociedades em que todos os camponeses — ou, na verdade, todo mundo — são mais ou menos pobres, como no sertão nordestino do Brasil, e onde nenhum camponês espera ser outra coisa. E onde (como em muitas fronteiras latino-americanas no século xix) há muita terra para ser colonizada, a fome de terra dificilmente será um fator importante para o descontentamento dos camponeses. Mas suponha que posseiros colonizem essa terra com famílias nucleares isoladas, como eu os vi fazer no Chaco. A menos que essa unidade tenha a força de trabalho de dois ou três homens adultos, ela quase certamente não terá o suficiente para se estabelecer por muito tempo. Nesses casos, a estrutura familiar insere um mecanismo para gerar descontentamento agrário numa situação de colonização totalmente livre com terra ilimitada. Suponha ainda que descobríssemos que a fronteira aberta atrai homens que precisam, ou querem, fugir do mundo estabelecido de senhorio e subordinação. Então, o estímulo que pode levá-los a agir pode ser muito mais leve do que em outros lugares. Nesse caso, a estrutura sociopolítica, em geral, neutraliza os efeitos de "laboratório" da terra livre. Há uma abundância de casos desse tipo, não só na América Latina, mas na fronteira da estepe da Rússia czarista, onde todos os grandes levantes camponeses começaram nos séculos xvii/xviii. Mas suponha ainda que os colonos sejam uma comunidade religiosa milenarista que se considera separada dos não regenerados e é — como tantas vezes acontece — extraordinariamente bem-sucedida na agricultura pioneira. Eles podem, então, ser inteiramente tranquilos, a menos que o Estado tente interferir em suas vidas; e podem até, em caso de insurreições camponesas locais, tomar o lado do status quo. Nesses casos, tanto a estrutura política como elementos culturais e religiosos entram em cena. Tudo que podemos fazer a priori é construir um modelo mais ou menos abstrato, com baixa capacidade de predição. Alguns dos sectários alemães têm uma história de insurreição no Brasil. Acontece o mesmo com os menonitas e outros no Paraguai? Não sei, mas não ouvi falar disso.

Tendo mencionado a *importante* questão, deixem-me ser um pouco mais concreto sobre uma simples, ainda que bastante ambiciosa. Como a Revolução Mexicana sugere, existem dois tipos muito diferentes de insurreição camponesa, que chamarei de tipo Villa e tipo Zapata. O tipo Zapata envolve todo o campesinato local. É uma mobilização de comunidades, até mesmo de sociedades regionais, através da estrutura, dos costumes das comunidades etc. Compare-se a maneira como Zapata viu-se à frente de sua comunidade e, depois por um processo de osmose — ou melhor, de consentimento tacitamente mobilizado —, de seu povo inteiro: ele era líder *"por cariño"*. O tipo Villa é uma mobilização de marginais, de foras da lei, homens que têm pouco a perder e muito a ganhar: bandidos, vaqueiros, homens sem amarras, desertores, bandos armados.

Essa divisão é muito geral. Contaram-me, por exemplo, que o movimento camponês chinês clássico é do tipo Villa, em vez de Zapata: uma versão expandida dos bandos fora da lei, engrossados pelos sem-terra, os famintos, os marginais. Por outro lado, os movimentos camponeses com que estou mais familiarizado — por exemplo, o Fasci siciliano da década de 1890, os anarquistas na Espanha — me parecem pertencer ao tipo Zapata. Devemos esperar que seus líderes locais sejam homens de prestígio do lugar, estabelecidos, casados com famílias e parentes (sempre levando em conta as divisões sociais e a estrutura política de sua área). Penso que movimentos que começam pela formação de uma liga camponesa são desse tipo. Espera-se que movimentos de comunidades sejam, quase por definição, desse tipo. Isso não significa que marginais não estejam envolvidos — com efeito, eles são essenciais do ponto de vista militar. Mas, como no caso do movimento de Zapata, tudo que é necessário é que os líderes do movimento mais amplo tenham o respeito dos valentões — como Zapata tinha, porque ele não era apenas um agricultor, mas um domador de cavalos, um dândi, um homem bom com as mulheres etc.

É evidente que os motivos serão diferentes em cada caso. Mas como? Aqui há espaço para pesquisa e pensamento. Por que um movimento assumirá uma forma Zapata, outro uma forma Villa? Obviamente, em áreas pastorais, nas montanhas etc., o tipo Villa é mais provável, mas apenas lá? Como muitas outras questões, devo deixar esta em aberto.

O que eu disse tem relação com certas teorias da revolta camponesa, especialmente a de Eric Wolf [*Sociedades camponesas*, 1966, e *Guerras camponesas do século XX*, 1969], que me parece ser ligeiramente incompleta, na medida em que deixa de lado a distinção Zapata-Villa. A tese principal de Wolf, com a qual concordo em termos gerais, é de que a principal força das revoluções camponesas reside culturalmente nos setores mais tradicionalistas da sociedade camponesa, e econômica ou socialmente nos "camponeses médios", ou seja, nem nos trabalhadores rurais pobres e sem terra, nem nos mais ricos, os cúlaques que plantam para o mercado. Com efeito, trata-se para ele de um movimento para defender ou restaurar a economia e a sociedade tradicional contra a ruptura — mas um movimento cuja força encontra-se naturalmente entre aqueles que ainda não foram definitivamente afetados, ou, por outro lado, que descobriram que a nova economia e sociedade proporcionam-lhes uma alternativa convidativa. É evidente que, se aceitarmos esse ponto de vista geral, isso não significa que negamos a participação, e até mesmo a iniciativa, da parte inferior ou dos estratos mais altos da aldeia. As pessoas na base ou marginalizadas podem proporcionar pronta mobilização [...] as pessoas do topo podem fornecer iniciativa e liderança, ou seus próprios descontentes específicos em torno dos quais pode cristalizar-se um movimento mais amplo, como em torno dos *arrendires* em La Convención, Peru.

Uma questão em que acho que não pode haver nenhuma contestação séria diz respeito aos proletários rurais. Se a agricultura comercial moderna em grande escala — a "empresa agroindustrial" ou "agronegócio" — se estabelece na forma de latifúndios monocultores ou afins, o proletariado rural permanente deixa de ser campesinato. Eles agirão como proletários num cenário rural específico, através de sindicatos, partidos políticos etc. (Isto não se aplica aos migrantes temporários ou sazonais que estão, por assim dizer, de licença de sua existência como camponeses.) [...]

Eliminemos então o proletariado rural (no sentido estrito da palavra) desta discussão, mesmo porque há poucos latifúndios que não colidem com outros setores ou são prejudicados por eles: (a) trabalhadores não diretamente empregados, mas através de empreiteiros (*patrones*), tornando a força de trabalho permanente muito mais fraca do que, por exemplo, nas haciendas do Peru; (b) camponeses — muitas vezes posseiros — que fornecem alimentos ao latifúndio monocultor; (c) índios. Não é sempre que as empresas agroindustriais podem ser isoladas de seu contexto camponês.

Mas deixemos os proletários de lado para os nossos propósitos e consideremos a probabilidade de determinados tipos de complexos de camponeses revoltarem-se na América Latina de hoje. Houve poucas insurreições camponesas *gerais* — com exceção do Peru em 1960-4 —, e por isso não devemos nos surpreender ao descobrir que o esquema geral de Wolf não nos fornece orientações mais concretas. Ao olhar para o que sei da área, eu diria que os seguintes grupos foram mais "explosivos" em diferentes situações. Cito-os sem nenhuma ordem em particular e eles às vezes se sobrepõem: (a) posseiros e colonizadores camponeses; (b) cúlaques potenciais em conflitos agrários decorrentes da ampliação das culturas comerciais; (c) comunidades (aqui, a fome de terras desempenha um papel importante); (d) pioneiros; (e) camponeses em regiões de agitação tradicional (principalmente comunista). O papel do posseiro é particularmente explosivo, uma vez que os seus conflitos surgem em essência da contestação pela lei do Estado e pelos terratenentes à sua ocupação de fato de terras que ele sabe que não são utilizadas e, portanto, se sente "moralmente" seu lavrador. Também porque tendem a ocorrer em zonas muito distantes da autoridade. Disso decorre a atividade invulgarmente elevada desse grupo que em número é muito pequeno.

Há a presença de posseiros em quase todas as agitações agrárias: em áreas de fronteira, como La Convención ou o centro do Peru; na famosa greve dos produtores independentes de banana em conflito com a United Fruit Company, em Santa Marta, Colômbia, em 1928; em Goiás (Brasil) no início da década de 1950; na maioria das agitações da Colômbia; e na Cuba pré-revolucionária. Mas tenho certeza de que também pode ser identificada nas atividades dos colonos das haciendas peruanas que constituem, de acordo com o antropólogo peruano Hugo Neira [*Los Andes: tierra o muerte*, de 1968], o núcleo do sindicalismo do planalto; ou nas disputas de terras nas comunidades pobres e sem terra cada vez mais populosas.

O papel do camponês nas culturas comerciais é igualmente evidente nas áreas de plantação de café da Colômbia e de La Convención, Peru, onde há um conflito entre um tipo de agricultura essencialmente adequada à pequena e média produção e um padrão de propriedade da terra essencialmente favorável a grandes propriedades.

A agitação das comunidades parece surgir basicamente do aperto produzido pelo crescimento da população, por um lado, e do esgotamento das terras comunais, por outro — politicamente aguçado pelo longo processo de apropriação, muitas vezes ilegal, das haciendas em expansão.

A situação de fronteira é apropriada para a agitação devido à relativa liberdade econômica dos pioneiros que trabalham na agricultura de subsistência — e os fatores políticos e sociais que levam os homens para a fronteira e os tornam mais combativos.

Uma história de agitação e de organização no passado é importante porque proporciona tanto o catalisador como as forças de liderança, organização, simpatia das pessoas alfabetizadas do lugar etc., as quais podem transformar o descontentamento em ação — e podem ligá-lo a movimentos mais amplos.

NOTA DO ORGANIZADOR

Uma seção final deste ensaio inédito sobre como o pensamento camponês influencia as insurreições camponesas ficou inacabada. Mas veja a seguir "Ideologia e movimentos camponeses".

12. Ideologia e movimentos camponeses

O termo "ideologia" será usado neste artigo em dois sentidos: (a) um sistema formulado e geralmente reconhecido de crenças a respeito da sociedade (muitas vezes com um nome de marca reconhecido, como liberalismo, nacionalismo, comunismo etc.), a partir do qual derivam ou podem derivar programas de ação social e política; e (b) um sistema semelhante de crenças, que não é formulado como tal ou conscientemente sustentado, mas que, não obstante, constitui a base da ação social e política de determinado grupo de homens. Em outras palavras, "ideologia", do modo como é usada neste artigo, inclui não apenas as ideologias comumente reconhecidas e rotuladas como tal, cujo significado pode se restringir a um setor minoritário da sociedade (os alfabetizados ou instruídos), mas também *todos* os sistemas de ideias a respeito da sociedade que determinam a ação social e política. A distinção tem importância operacional num continente como a América do Sul, onde as ideologias do tipo (a), pelo menos em sua forma secular pós-1789, podem ser politicamente eficazes junto a um estrato restrito (por exemplo, os positivistas comtistas no Brasil ou no México), mas totalmente desconhecidas ou incompreensíveis para a maior parte da população. O tipo (a) será chamado de teorias sociopolíticas e o tipo (b), de sistemas de ação. As teorias, na medida em que estão confinadas às elites ou outras minorias politicamente influentes, tornam-se efetivas porque impõem certo padrão de ação sobre as massas, sistemas de ação mediante a mobilização delas.

[...]

As principais mudanças políticas ("revoluções") da história da Colômbia, por exemplo, sempre deveram muito a grupos de elite mobilizados — ao menos num estágio crucial de suas carreiras — por ideologias específicas [conservadorismo e liberalismo]. [...] O comunismo desempenhou um papel análogo na formação das antielites da década de 1920, que posteriormente se tornaram a força transformadora do Partido Liberal nas décadas de 1930 e 1940. Orlando Fals Borda sustenta em *La subversión en Colombia* (1967) que, na década de 1960, chegara de novo o momento de outra "subversão" desse tipo e discerne os contornos da nova antielite em Camilo Torres e nos jovens revolucionários castristas.

Em que medida as ideologias não somente mobilizaram potenciais agentes de mudança social, mas também determinaram a forma das mudanças, eis uma questão mais complexa. É evidente que as ideologias revolucionárias, independentemente de seu conteúdo programático específico, predisporiam seus adeptos a exigir mudanças sociais e políticas mais radicais do que as previstas — ou mesmo imaginadas como possíveis — por aqueles que atuam dentro do status quo, sejam conservadores ou reformadores cautelosos. [...] Mas até que ponto a ascensão de antielites ideológicas simplesmente reflete a consciência disseminada de novos problemas que exigem soluções novas e radicais? Até que ponto as mudanças devidas a esses grupos ideológicos são resultado de suas teorias e programas e em que medida se devem a movimentos de revolta de massa que forçam a entrada de certos tipos de ação política na agenda nacional? A questão é complexa. Sem dúvida, [...] de 1928 a 1948, a força que transformou a política colombiana veio de movimentos populares. Sem dúvida, as mudanças institucionais que vieram em seguida encontraram um veículo mais adequado no Partido Liberal, por razões em parte ideológicas — porque esse partido acreditava em "progresso", "crescimento econômico" e no "povo", e não em "ordem", "tradição" e "hierarquia". Sem dúvida, os pequenos grupos de ideólogos radicais que forneceram o ímpeto da mudança (em termos de política e ideias) contribuíram com algo específico para as mudanças institucionais. Mas o que e quanto?

A questão se torna ainda mais complexa se levarmos em conta dois fatos geralmente característicos da ideologia latino-americana: (a) a sua dívida evidente para com modelos estrangeiros e (b) a divergência marcante entre o que esses modelos estrangeiros significam em seus países de origem e no contexto real da política latino-americana. A influência de — e às vezes a tendência para copiar — ideologias europeias como o utilitarismo, o positivismo, o socialismo utópico, o marxismo, o fascismo etc. é bem conhecida. É igualmente bem conhecido que, na situação da América Latina, o significado de tais rótulos ideológicos e as consequências práticas da adesão a uma ideologia podem surpreender o europeu ou norte-americano, como testemunham as atividades políticas de grupos latino-americanos e homens que se inspiram ou alegam ser influenciados pelo fascismo europeu da década de 1930. Em geral, todas as ideologias tiveram, no contexto latino-americano, um ou mais de três grandes objetivos: (a) transformar países atrasados em mais avançados; (b) transformar (formal ou informalmente) países dependentes em genuinamente independentes; e (c) construir uma ponte entre as pequenas elites e a massa da população pobre e atrasada. [...]. A forma normal [das ideologias latino-americanas] foi alguma tirada dentre as mais adequadas, mais na moda ou mais prestigiadas ideologias dos mundos "avançados", desde que não fossem evidentemente incompatíveis com os objetivos (a), (b) ou (c). As relativamente poucas ideologias que se desenvolveram de forma independente na América Latina tiveram os mesmos objetivos fundamentais e se caracterizam por combinações de "socialismo" e "indigenismo" (embora na Colômbia essas ideologias autóctones tenham desempenhado até agora um papel muito menor).

Em suma, a maioria das ideologias prontas disponíveis foi concebida para propósitos diferentes daqueles que preocupavam os latino-americanos instruídos e, portanto, quando adaptada às finalidades deles, tendeu a se tornar irreconhecível ou inconsistente. [...] Assim, no caso de Jorge Eliécer Gaitán nas décadas de 1930 e 1940, era difícil estabelecer, como Raúl Andrade observou, "onde terminava sua simpatia por Mussolini, onde começava o chefe liberal e onde tinha suas raízes o líder de esquerda". É possível que ideologias que sejam ao mesmo tempo variantes de modelos globais e talhadas em particular para as circunstâncias da América Latina podem ter começado a surgir a partir da década de 1950, mas é provavelmente muito cedo para um julgamento definitivo.

[...]

A partir da década de 1920, os movimentos sociais na Colômbia estiveram associados a movimentos e grupos ideológicos que, às vezes, forneceram às massas organização, liderança, programas e aspirações formuladas. Porém, é provável que esses movimentos tenham ocorrido em áreas não afetadas pela agitação e organização de esquerda, bem como em áreas onde havia essa influência. Não obstante, na medida em que a liderança ou a inspiração de fora do ambiente tradicional da ação camponesa proporcionou aos movimentos locais uma política e uma estrutura mais eficaz e duradoura do que se poderia esperar, o papel da ideologia é significativo — [como, notadamente, em] Cundinamarca, Tolima, entre os índios de Cauca e na zona da banana de Magdalena. [No entanto], não está claro de que maneira exata os movimentos ideológicos de fora penetraram no campesinato e em que medida eles foram mobilizadores eficazes da ação.

[...]

Os movimentos do final dos anos 1920 e 1930 estiveram, sem dúvida — ou cada vez mais —, sob a liderança da esquerda ideológica, em parte comunista, em parte populista-liberal, em parte (como talvez em Sumapaz) organizadores camponeses de base influenciados por ideologias socialistas ou comunistas. Um fato curioso é que o Partido Comunista Colombiano, fundado oficialmente em 1930, queixou-se à Internacional em 1935 que sua filiação não era proletária o bastante, sendo composta sobretudo por camponeses e índios, em vez de operários. Não pode haver dúvidas de que a instituição de reformas agrárias *locais* — isto é, a venda forçada de propriedades aos camponeses que as cultivavam — no início dos anos 1930, como em partes de Cundinamarca e Valle [del Cauca], foi, em grande medida, consequência desses movimentos organizados. [...] Um olhar para o mapa também demonstra que as áreas em que a "autodefesa armada" comunista ou de esquerda foi organizada com sucesso na década de 1950 são, em sua maioria, aquelas em que o movimento do início dos anos 1930 havia sido mais forte e mais bem organizado (por exemplo, Viotá, Sumapaz, Mariquita-Marquetalia), de modo que temos aqui uma história de mais de trinta anos de organização camponesa.

Até que ponto isso indica a aceitação por parte dos camponeses das ideologias do tipo moderno? O tema pode ser discutido sob dois títulos: (a) liberalismo e (b) comunismo.

Não há dúvida de que a partir de meados do século XIX o liberalismo teve raízes de massa, de tal modo que dizer que um camponês era liberal significa que ele reconhecia uma lealdade política pessoal, bem como o fato de ser cliente de um patrão que apoiava o Partido Liberal. Ao mesmo tempo, não há nenhuma prova de que essa lealdade tivesse qualquer implicação ideológica direta. Antes, parece ser, como diz Fals Borda, "um mecanismo de defesa coletiva" "ditado por um desejo de defesa mútua durante períodos de ataque por gente de fora", de modo que é irrelevante — exceto para o historiador — se uma *vereda* era liberal ou conservadora, desde que fosse uma coisa ou outra coletivamente. E, com efeito, são raros os bairros divididos politicamente por igual. Parece que as principais aspirações políticas do liberalismo do século XIX eram irrelevantes.

No segundo quartel do século XX, entrou em cena um novo elemento, quando uma verdadeira consciência política começou a surgir entre os camponeses. Nesse momento, fez-se sentir uma tendência a escolher o liberalismo como o partido "do povo", estimulada pelo desenvolvimento das forças socialmente conscientes, ou do New Deal, dentro do Partido Liberal. Embora o gaitanismo atraísse mais a população pobre urbana do que os moradores do campo, há indícios de que o grande demagogo populista causou um impacto significativo entre os camponeses. [...]

Estamos numa posição melhor para dizer o que o comunismo significava para os camponeses que o apoiavam. Ele *não* significava (significa?) primariamente coletivismo econômico. Em Viotá, controlada há muito tempo pelo PC, nem mesmo cooperativas parecem ter sido instituídas; em Sumapaz, a única atividade econômica organizada em comum foi a distribuição de água, tradicionalmente uma questão planejada pela coletividade. A definição mais simples de seu significado *real* é que ele representa:

a) Um movimento de homens que exigem seus direitos — não tanto direitos "naturais" ou novos quanto velhos direitos legais.

b) A legitimação de uma economia de camponeses independentes que operam da forma a que o campesinato local está acostumado, mas, se necessário, com sanções formais.

c) O estabelecimento de uma autonomia camponesa no nível subordinado que os camponeses consideram adequado para eles. Assim, tanto em Viotá como em Sumapaz, pequenos crimes e conflitos eram resolvidos na comunidade, os graves eram deixados de lado — ou entregues à justiça oficial, exceto nos períodos de independência imposta (como quando estavam em guerra contra as forças do governo) [...]. As transações comerciais e operações de crédito estavam sob o sistema estatal e, com efeito, os centros comerciais aos quais os camponeses levavam seus produtos não faziam parte no sistema comunista de base.

d) Uma estrutura formal da organização social através da filiação ao partido, ao qual a maioria dos homens adultos de Sumapaz pertencia na década de 1950. Parece que o partido encarregava-se da manutenção dos bons costumes e da moral, fosse diretamente ou através de conselhos locais (*cabildos*) [...]. Sumapaz desestimulava festas, mesmo para angariação de fundos, porque poderiam levar à bebida e a brigas, embora Viotá fosse menos puritana.

e) Um sistema educacional — sempre uma questão de grande importância para os camponeses politicamente conscientes. A educação política para adultos era praticada tanto em Viotá quanto em Sumapaz, criaram-se escolas independentes e exigiu-se tenazmente o direito de nomear professores adequados para as escolas públicas, e, com efeito, isso foi aceito de modo informal nas vizinhanças camponesas autônomas há muito tempo.

Podemos concluir que, na medida em que é um movimento popular dos camponeses, o comunismo colombiano procura estabelecer ou restabelecer as normas e os valores tradicionais da sociedade camponesa. É um movimento de modernização, principalmente porque estabelece a possibilidade de uma ação camponesa eficaz e organizada, une isso a uma ideologia de modernização, proporciona um poderoso impulso e um mecanismo para a educação, e provavelmente também um método pelo qual dirigentes e quadros em potencial podem ser recrutados, desenvolvidos e formados entre os camponeses. Podemos concluir ainda que, quando deixados por si mesmos, os camponeses escolhem do comunismo que lhes chega de fora aqueles elementos — e, provavelmente, apenas aqueles elementos — que fazem sentido para eles em termos das aspirações que já tinham antes. Fazem isso de modo quase independente das posições oficiais do PC. Assim, de acordo com Juan Friede (*Problemas sociales de los arhuacos*, 1963), a análise geral da situação dos índios arhuacos feita na literatura comunista ou influenciada pelo comunismo que circulava na Sierra Nevada é extremamente distante da realidade deles. Não obstante, as organizações de trabalhadores do lugar e a Liga de Indígenas mantiveram uma presença permanente e influência ocasional na medida em que eram as únicas organizações através das quais os índios conseguiram que seu protesto fosse ouvido. Onde, como em Viotá, esse protesto alcança em algum momento seu objetivo sob liderança comunista desenvolve-se uma relação mais permanente entre o campesinato e o movimento. Os camponeses "tornam-se comunistas" e assim permanecem. No entanto, embora interessantes do ponto de vista sociológico e político, as comunidades camponesas comunistas da Colômbia têm importância quantitativa muito limitada.

[...]

1977

13. Ocupações de terra pelos camponeses: o caso do Peru

Quem estuda movimentos camponeses está familiarizado com o fenômeno da invasão ou ocupação em massa de terras. Este artigo tenta analisar essa forma de militância camponesa coletiva, principalmente à luz de dados do Peru, embora também com alguma referência a outros países.[1] Seu objetivo, no entanto, não é estudar um fenômeno especificamente peruano, mas examinar os pressupostos sociais e políticos e o pensamento estratégico que estão por trás das ações dos camponeses. O objetivo deste texto é lançar luz sobre a questão da atividade revolucionária camponesa. Em segundo plano, levaremos em conta o grau em que a situação histórica específica do Peru e de países comparáveis a ele determina a natureza e a forma de suas invasões de terra.

I

Tal como em outros lugares, existem três tipos possíveis de ocupação de terra no Peru, dependendo da situação legal da terra a ser ocupada, tanto em termos do sistema jurídico oficial vigente como das normas legais de fato aceitas pelo campesinato. Os dois não necessariamente coincidem.

A terra a ser ocupada pode pertencer aos camponeses, mas eles foram alienados, legalmente ou não, de uma forma que não reconhecem como válida. Portanto, a invasão da terra equivale à recuperação de sua própria terra. Desse modo, os camponeses de Oyón (nos Andes, a nordeste de Lima) negaram que tivessem invadido a terra da Sociedad Agrícola y Ganadera Algolan em agosto de 1963, uma vez que a terra em disputa — algumas pastagens a cerca de 5 mil metros de altitude — era e sempre tinha sido deles.

Em segundo lugar, a terra ocupada pode não pertencer a ninguém ou, em termos legais, pertencer ao governo como terra pública. Nesse caso, o processo de colonização ou ocupação camponesa se transforma numa "invasão" apenas quando há alguma controvérsia sobre o título legal. O caso mais comum é aquele em que a terra é reivindicada simultaneamente por camponeses e terratenentes, nenhum dos quais pode ter, ou mesmo, na maioria dos casos, tem um direito válido à propriedade segundo a lei oficial. Essa situação é comum nas regiões fronteiriças não colonizadas de vários países da América do Sul, embora não em particular no Peru, a não ser nas encostas amazônicas subtropicais dos Andes e, às vezes, em cantos desocupados das vastas extensões não cultivadas de terras pertencentes a alguma grande hacienda que tendem a ser consideradas, compreensivelmente, como terra de ninguém pelos camponeses.

O argumento legal aqui é diferente, uma vez que não pode haver recurso ao título, ou mesmo ao costume e à prescrição. Ele alega que a terra pertence a quem a cultiva por meio de seu trabalho. Esse argumento era aceito no direito colonial espanhol, que adjudicava as terras vazias (*tierras baldías*) àqueles que as limpavam, semeavam ou cultivavam dentro de determinado limite de tempo, fixando o tamanho da posse de acordo com a capacidade do titular para cultivá-la. Por exemplo, o Código Civil da Colômbia reconhecia esse modo de possessão entre outros, e a Lei 200, de 1936, aprovada em consequência da agitação agrária em grande escala, fez desse o principal critério de propriedade de terras baldias. O recurso aqui não é a um documento legal ou seu equivalente (por exemplo, direito prescritivo), mas a um princípio geral. Assim, em 1963, 350 posseiros, organizados na Asociación de Nuevos Colonos, ocuparam duas fazendas na zona subtropical de Tingo María, alegando que "são improdutivas, por isso temos direito a elas".

Em terceiro lugar, a terra pode pertencer inquestionavelmente a outra pessoa que não os invasores, mesmo de acordo com doutrinas legais e documentos que eles mesmos aceitam, como quando camponeses expropriam terras que os próprios proprietários exploram. Essa situação deve ser claramente distinguida daquela em que os rendeiros camponeses, pagando arrendamento, seja com trabalho, dinheiro ou em espécie, exercem direitos de propriedade como donos da terra que na prática ocupam e cultivam, pois isso, em si mesmo, não desafia o direito do senhorio à terra que cultiva diretamente ou com mão de obra contratada. Tampouco constitui uma "invasão", uma vez que os camponeses já estão nas propriedades cujo título legal desejam mudar. A expropriação é sem dúvida a forma mais conscientemente revolucionária de ocupação da terra. No Peru e, em geral, na América Latina, é também a mais rara (exceto, é claro, sob a forma historicamente comum da expropriação do fraco pelo forte). Para ser mais preciso, ela parece ocorrer raramente, se tanto, entre os movimentos camponeses que não são influenciados de forma direta por ideologias políticas modernas.

Este artigo abordará principalmente as invasões de terras do primeiro tipo, que representam a maioria esmagadora das invasões registradas no Peru no século xx.* O movimento característico desse tipo é a recuperação de terras comuns perdidas por comunidades camponesas. [...] Como afirma o dr. Saturnino Paredes, argumentando contra alguns membros desviacionistas do pequeno Partido Comunista Peruano (maoista) do qual era então secretário-geral:

> No Peru, o fato é que o campesinato que vive em comunidades [...] está convencido de que as terras agora na posse dos latifundiários pertencem aos camponeses, porque eles a trabalharam, porque em alguns casos detêm título que lhes dão direito a ela e, em outros, devido ao direito de posse imemorial.[2]

O direito pelo trabalho está nitidamente implícito em todas as outras reivindicações de posse, embora (exceto no caso de terras recém-colonizadas) não seja distinto do direito à posse imemorial, uma vez que isso significa apenas que incontáveis gerações de camponeses lavraram determinado pedaço de terra ou seus animais pastaram nele. Daí, talvez, o fato de eu não ter encontrado alguma invasão de terras justificada apenas pelo slogan "a terra para quem a trabalha", exceto onde as modernas ideologias políticas entram no caso. Isso não quer dizer que seja insignificante. [...] Para os camponeses, a posse sem trabalho é impensável, pois as terras que possuem devem ser utilizadas.

Mas se posse imemorial é título suficiente, essa posse validada por documentos concretos é ainda melhor. Tendo em vista a natureza do sistema colonial espanhol, há uma abundância de

---

* A imprensa de Lima noticiou 103 invasões de 1959 a 1966, sendo 77 no período de máxima agitação agrária, de agosto a dezembro de 1963, cuja esmagadora maioria foi de recuperação de terras. Os relatos, no entanto, são extremamente falhos.

comunidades indígenas com esses documentos, os quais costumam ser invocados para legitimar invasões de terra. [...] Os jovens sectários do Partido Comunista Maoista consideravam isso uma aberração pequeno-burguesa, argumentando que a única coisa a fazer com os títulos de terra do período feudal ou burguês, independentemente de quem favoreciam, era queimá-los; mas, como o dr. Paredes salientou com razão, e falando do alto de sua ampla experiência: "Tudo isso revela que os liquidatários oportunistas de esquerda não têm nenhuma experiência do movimento camponês e nunca tiveram nada a ver com nenhuma comunidade [camponesa]".[3]

O legalismo arraigado das invasões de terra pelos camponeses é um fato que tanto o estudioso como o agitador negligenciam por sua conta e risco. Possuir *papelitos* ("pequenos pedaços de papel") é muito importante para uma comunidade camponesa latino-americana. Sejam verdadeiros ou forjados, são estimados, preservados, escondidos de possíveis ladrões, porque perdê-los seria, de algum modo, prejudicar seus direitos, embora dificilmente se possa dizer que enfraqueceria sua percepção de que existem. John Womack fez um relato comovente da preservação dos títulos de terras de Anenecuilco, o pueblo do grande Emiliano Zapata.[4] Contaram-me que existem casos de aldeias bolivianas que, ao ganhar terras graças à reforma agrária, foram ao antigo proprietário pedir um documento de transferência para fazer tudo dentro da lei. Como veremos, esse legalismo não impede que os camponeses façam revoluções, pois estão inclinados a considerar moralmente inválidas e "não naturais", ainda que constitucionalmente corretas, as leis que lhes tiram as terras comuns.

A essa altura, as peculiaridades da situação latino-americana devem ser mencionadas, uma vez que elas transformam o legalismo no sentido mais estrito em uma força social potente, embora também limitada, para os camponeses. A Conquista espanhola garantiu o reconhecimento legal e terras comunais para as comunidades indígenas, sob o controle da burocracia real, ao mesmo tempo que tentava estabelecer um controle rigoroso dos colonizadores, embora com pouco sucesso. As haciendas, grandes propriedades cujos donos se tornaram os detentores de fato do poder, desenvolveram-se lado a lado com as comunidades camponesas, com sua expansão territorial legalmente limitada pelos direitos tanto da Coroa como dos índios — limites legais que não foram totalmente abolidos no período da independência, embora tornados inoperantes para fins práticos. Em consequência, sua expansão ocorreu em grande parte pela pura apropriação, especialmente no final do século XIX e durante o XX, quando grandes extensões de terra outrora sem muito valor econômico tornaram-se tanto potencialmente lucrativas quanto acessíveis aos mercados. Portanto, a grande fazenda típica da América Latina não se baseia na propriedade legal (em virtude de uma "nova lei" contra uma "lei antiga"), mas simplesmente no fato de que o poder do grande latifundiário era maior que o do Estado, quando os dois, na verdade, não coincidiam em sua pessoa. Um velho advogado e ex-político do planalto central do Peru chegou a argumentar que a reforma agrária fora desnecessária, uma vez que para garantir uma efetiva redistribuição da terra bastava pedir aos proprietários de terras — *qualquer um* deles — que mostrassem o título de suas propriedades e devolvessem a terra possuída sem um bom título aos camponeses dos quais havia sido originalmente tirada.[5]

Na Colômbia, após uma agitação agrária, os títulos de propriedade de três latifúndios pertencentes a J. Otero Torres, que ocupavam algo como 300 mil hectares, foram oficialmente investigados. O título original de 1823 referia-se a 426 hectares. No planalto central do Peru, a Hacienda Tucle detinha em 1887 o título de propriedade de cerca de 12 mil hectares, embora nem mesmo isso deixasse de ser contestado. Em 1915, já tinha de algum modo adquirido 103 mil hectares. [...] Uma vez que os proprietários que assim adquiriram bens roubados o fizeram de forma jurídica adequada, eles esperavam, e normalmente obtinham, a proteção dos tribunais; e se não tivessem nenhum título, sua capacidade de intimidar os índios e sua influência política junto aos juízes e policiais locais costumava ser suficiente para afastar contestações.

É evidente que estamos simplificando uma situação complexa. As fazendas poderiam ter títulos legais de territórios enormes, mas usavam apenas uma pequena parte deles, deixando o resto para ninguém, ou para a ocupação de fato dos camponeses, que naturalmente supõriam que trabalhar a terra dava-lhes o direito de posse ou propriedade, de qualquer modo, mais direito do que aos proprietários inativos. As comunidades poderiam fortalecer sua reivindicação moral à terra forjando ou ampliando títulos antigos. Além disso, como veremos, reivindicações legais conflitantes opunham não só camponeses às fazendas, mas também comunidades a outras comunidades, especialmente quando — como aconteceu no decorrer do tempo — grupos de camponeses deixavam o assentamento original para estabelecer-se em outro lugar do território comunal (normalmente, no Peru, mudando-se para outro nicho ecológico mais alto ou mais baixo nas encostas andinas que se estendem da tundra, no topo, às regiões subtropicais e tropicais na parte inferior). Tentavam, então, formar comunidades separadas lavrando suas próprias terras comunais, cujos limites estavam em disputa com o assentamento inicial.

Não obstante, a América Latina em geral e as áreas de sólido assentamento indígena em particular apresentam um número invulgarmente elevado de comunidades camponesas com documentos legais de propriedade comunal da terra alienados por roubo descarado ou mal disfarçado. Nesse sentido, o problema de legitimar os direitos dos camponeses é extraordinariamente simples na teoria. Por outro lado, com muita frequência, a demanda por terra, embora objetivamente revolucionária, não requer nenhum desafio ideológico à legalidade existente.

II

Examinemos agora algumas invasões reais de terra. Uma invasão é normalmente algo bastante padronizado, decidido e levado a cabo por toda a comunidade como uma entidade coletiva. Isso significa que costuma ser discutida com antecedência. [...] A intenção de invadir é, portanto, normalmente conhecida pelos proprietários e pelas autoridades, que estão em posição de tomar contramedidas, se policiais, soldados ou seus próprios homens armados puderem ser levados para a fronteira em disputa, a qual pode, naturalmente, ser bastante remota e inacessível. [...] A invasão em si é uma grande ocasião cerimonial. Esses eventos "acontecem em meio a grande clamor. Os líderes aparecem a cavalo soprando berrantes" (Cusco, 1964), "ao som de cornetas e tambores" (Cusco), "ao acompanhamento de hurras e berrantes" (Anta, Cusco), "cantando e dançando ao som de música regional" (Paruro, Cusco), "tocando berrantes e soltando foguetes" (Potaca, Junín). Em anos recentes, parece que são acompanhados por um grande número de bandeiras. [...] As bandeiras peruanas eram universais na década de 1960, mas no departamento politicamente radicalizado de Cusco eram acompanhadas por slogans castristas — "*Tierra o Muerte*", "*Venceremos*" e assim por diante. [...] Como em todos os grandes cerimoniais coletivos, não é nada improvável que os participantes estejam muitas vezes bastante bêbados, embora os testemunhos — que vêm predominantemente de proprietários ou autoridades públicas — se inclinem a exagerar esse ponto.

A mobilização para uma invasão costuma ocorrer à noite, e a operação real, baseada em princípios militares sensatos, ao amanhecer, embora isso não seja invariável. Uma massa mais ou menos grande de homens, mulheres e crianças — de centenas ou mesmo milhares —, acompanhada de gado, equipamentos e materiais de construção, ocupa o território disputado, derrubando cercas, muros e outros marcos de limites, e imediatamente passa a construir barracas simples ou outras estruturas, em geral ao longo da linha de limite reivindicada como legítima. As famílias estabelecem-se imediatamente, começam a pastorear seus rebanhos (quando necessário, expulsam os animais dos senhorios) e arar e semear a terra. Em alguns casos, seguem uma linha mais cautelosa, infiltrando um grupo de reconhecimento que, se não houver nenhum sinal de oposição maciça, é seguido pela ocupação em massa. [...]

É preciso, porém, destacar uma distinção importante entre a invasão clássica de terras comunais e as ocupações organizadas por movimentos políticos mais modernos. A estratégia e as táticas das ocupações modernas, seja de terras ou de local de trabalho ("sit-ins" ou "work-ins"), consideram-nas manifestações ou formas de exercer pressão sobre as autoridades, ou seja, como um meio para um fim. Foi dessa maneira limitada — para tomar um exemplo de um movimento camponês organizado — que o movimento liderado por Jacinto Lopez no estado de Sinaloa (México) na década de 1950 usava as invasões de terra. Em 1957, o congresso camponês de Los Mochis, Sinaloa, ameaçou promover invasões se as promessas de uma solução jurídica para os problemas dos peticionários não fossem cumpridas logo. Como nada aconteceu, as ocupações de terra ocorreram no início de 1958, mas a invasão de 20 mil hectares de terra irrigada por 3 mil camponeses era simbólica. "Nas partes cultivadas, consistiu na plantação da bandeira nacional no meio daquelas terras, enquanto o grosso do campesinato ficou de pé ou se sentou nas estradas ao longo daqueles campos [...]. Quando unidades do exército chegaram para dissolver a manifestação, os camponeses intencionalmente desarmados foram embora em paz."[6] As ocupações de terra em massa organizadas na primavera de 1971 pela Asociación de Usuarios na Colômbia também foram deliberadamente de curta duração.

Em suma, a menos que faça parte de uma verdadeira revolução ou insurreição agrária, a ocupação de terras pelos modernos movimentos camponeses politicamente organizados é um incidente numa campanha de longo prazo.

Porém para o movimento comunal clássico é campanha, batalha e, com sorte, vitória final. Não se trata de um meio, mas de um fim em si mesmo. No que diz respeito aos invasores, tudo estaria bem se os proprietários, o Estado ou outras forças externas se retirassem e deixassem a comunidade viver e trabalhar na terra que acabaram de recuperar. Como realistas, os camponeses podem saber que isso é pouco provável, embora (como veremos) as invasões tendam a se concretizar somente quando a situação parece favorável. Porém, mesmo que sejam expulsos de novo pelo latifundiário ou pelo governo, eles pelo menos reafirmaram tanto o seu direito à posse pelo trabalho como sua capacidade de trabalhar a terra que alegam ser deles — um ponto importante, uma vez que a sua capacidade de fazê-lo pode ser contestada. Mas o objetivo da operação não é tático. É tomar a terra de volta e lá ficar.

Já deve ter sido observado que a invasão de terras clássica não é especificamente peruana, ou mesmo indígena. Efetivamente, há uma abundância de equivalentes exatos em outros lugares da América Latina. No Chile, *todas* as invasões de terra (*tomas de fundos*) por pequenos agricultores até 1968 foram recuperações de terras comuns alienadas por índios mapuches, embora em outros lugares tenham sido realizadas por camponeses não indígenas, como na Venezuela, onde havia cerca de quinhentos casos de invasões de terras expropriáveis no início do processo de reforma agrária, no final da década de 1950 e início da de 1960. As terras invadidas eram muitas vezes aquelas tomadas antes dos camponeses. Mas se encontram também paralelos europeus. [...] Algo muito parecido com a invasão de terras comunais clássica pode ser encontrado em circunstâncias muito diferentes das do planalto peruano. Elas pertencem à história, não dos índios peruanos ou da América Latina, mas das comunidades camponesas.

III

Para compreender a natureza dessas invasões e o papel que desempenham na ação camponesa, talvez seja conveniente seguir um desses movimentos em particular através de pelo menos algumas de suas ramificações: o da comunidade de Huasicancha, um pequeno assentamento pastoril indígena situado no planalto central peruano, mais ou menos próximo do ponto em que os departamentos de Junín, Lima e Huancavelica se encontram. Temos a sorte de poder rastrear a luta dessa comunidade por determinada área de pastagens comuns que remonta ao século XVI, um exemplo bastante raro de documentação contínua.

[...]

Vários pontos de interesse emergem da história de quatro séculos de luta por pastagens de Huasicancha. Como é possível que uma comunidade de analfabetos conserve a memória exata das terras que reivindicava, de forma tão precisa que a "inspeção ocular" de 1963 confirmou em todos os detalhes os títulos de propriedade de 1607? Pois, apesar de terem documentos, durante a maior parte de sua história eles obviamente não conseguiam lê--los; com efeito, até mesmo os advogados brancos envolvidos na questão tiveram, às vezes, que empregar paleógrafos para essa finalidade. Na década de 1960, uma testemunha analfabeta da comunidade, um certo Julian Paucarchuco Samaniego, de 59 anos, respondeu a essa pergunta contando que conhecia as fronteiras desde 1922, porque "quando era menino, seu pai o levou para cima e mostrou-lhe os limites, e é por isso que ele os conhece".[7] Presume-se que desde o século XVI, em cada geração os pais levavam filhos até as pastagens altas para manter viva a memória das terras perdidas.

Em segundo lugar, e talvez mais importante, a história de Huasicancha mostra como é enganoso o estereótipo do indígena passivo e submetido. Durante quatro séculos, Huasicancha, pequena, remota, isolada e teimosa, nunca deixou de lutar por seus direitos. Não sendo liberais ocidentais nem estudantes insurrectos, os camponeses não conseguiram fazer uma escolha, em princípio, entre métodos pacíficos e violentos, legais e ilegais, força "física" e "moral", usando cada um deles ou ambos, conforme a ocasião parecia exigir. Mas nunca abandonaram suas reivindicações.

Em terceiro lugar, está claro que a crença de que o horizonte camponês é totalmente circunscrito por fatores locais é equivocada. Huasicancha podia saber pouco sobre Lima e nada sobre Madri, Roma ou o Egito, mas era sensível o bastante às mudanças no mundo mais amplo que pareciam abalar os alicerces da estrutura do poder local. Não obstante, o horizonte era local, na medida em que a unidade de sua ação era a comunidade, seu cenário, os sistemas entrelaçados de propriedades rurais e comunidades em sua parte das terras altas. Eles foram [...] politicamente mobilizados em termos nacionais e produziram quadros para os movimentos nacionais. E, no entanto, parece que para a comunidade isso era suplementar às suas próprias lutas ou um subproduto de seu desenvolvimento num contexto histórico particular. [...] Sua ambição não era mudar o sistema, mas aproveitá-lo da melhor maneira quando ele era forte e pressioná-lo quando parecia ceder.

IV

Não obstante, a ação camponesa e a mudança política interagiam de maneiras complexas. Quem organizava e liderava as invasões de terra? Uma vez que eram assuntos da comunidade como um todo, devemos supor que, na forma clássica, eram conduzidas por seus líderes e suas autoridades, cuja liderança requeria muitas vezes (como na *óbchtchina* russa) a capacidade de identificar e expressar o consenso do "povo"; por outro lado, a disponibilidade das pessoas para ouvir homens de sabedoria e juízo, talvez provenientes de famílias com um histórico de liderança na comunidade, era um poderoso elemento na formulação desse consenso. Devemos lembrar que a democracia comunal procede conforme "o consenso da reunião", em vez de seguir o voto da maioria. Mas, no período para o qual nossa documentação é melhor, a decisão comunitária era uma questão mais complexa do que no exemplo descrito no prólogo do brilhante livro de John Womack sobre Zapata.

Em primeiro lugar, a "Comunidade" não pode ser sempre considerada antiga e tradicional. Quase sempre era nova em dois sentidos: porque tinha se separado de uma comunidade mais velha por razões demográficas ou outras, e porque utilizava um mecanismo jurídico específico que podia ser ele mesmo uma novidade, e que acontecia de ser vantajosa, como a partir da década de

1920, o procedimento de "reconhecimento".* Sem dúvida, o modo como os novos colonos se organizavam e tomavam decisões coletivas eram as formas tradicionais de camponeses com a velha experiência de ação comunitária, mas o elemento de novidade não deve ser negligenciado.

Em segundo lugar, as próprias comunidades peruanas estavam transformando-se por um processo interno de diferenciação de classes e cada vez mais também pelo que pode ser chamado de diferenciação externa, ou seja, a formação de um grupo de emigrantes (relativamente mais prósperos) na cidade ou cidades, um grupo do qual os homens cujas opiniões têm peso — sobretudo em virtude de seu suposto know-how político — são muitas vezes escolhidos. Paradoxalmente, a emigração dos notáveis cujas famílias costumavam monopolizar cargos na aldeia pode muito bem abrir caminho para a liderança política de outros, até mesmo para recém-chegados. O progresso desigual da educação também introduziu um novo elemento na política da aldeia. Em suma, a modernização trouxe consigo contatos mais amplos com o mundo exterior, inicialmente, para alguns, cada vez mais para muitos.

[...]

Sua forma mais óbvia foi a ajuda prestada pela união e a organização política nas cidades da região (como Cusco) ou por intelectuais do lugar politicamente comprometidos — estudantes

---

* Uma vez que, para os camponeses, esses mecanismos não tinham ligação orgânica com a "verdadeira" comunidade, mas pertenciam ao mundo do Estado, da justiça estatal e da política, eles podiam ser tratados de forma bastante pragmática. Assim, no auge da agitação social do início dos anos 1960, muitas comunidades se organizaram como sindicatos porque isso parecia ser útil em suas lutas. Fiquei sabendo que, neste momento (1973), no centro do Peru, algumas comunidades estão pedindo o estatuto de *pueblos jóvenes* ("assentamentos jovens"), que foi criado pelo governo militar para favelas urbanas, porque isso promete vantagens na obtenção de acesso à eletricidade, estradas etc.

e advogados —, seja por iniciativa própria ou dos camponeses, cientes de que essa ajuda estava disponível. Muito pouco se sabe sobre a micro-história política das comunidades para generalizar, e até mesmo a propagação mais facilmente documentada de sindicatos camponeses e federações de comunidades, como as que eram poderosas por um tempo no planalto central, é conhecida apenas de uma forma bastante fragmentada. No entanto, o papel dos movimentos políticos — a Apra até sua transformação, e mais tarde os variados movimentos marxistas — é claramente importante, como mobilizadores de quadros locais, como catalisadores da atividade camponesa e, talvez, acima de tudo, como forças que transformaram as agitações locais isoladas num movimento mais amplo. Menos óbvio, mas igualmente importante, é o colapso da crença na permanência da estrutura de poder vigente, que liberou os camponeses ativistas que antes haviam escolhido servir aos senhores para novas posições de líderes populares. [...]

A invasão de terras típica dos últimos anos foi, portanto, um assunto bastante complexo. Os representantes oficiais da comunidade estavam quase sempre presentes, como deveriam; mas ao lado deles estavam quase sempre os "instigadores" ou "agitadores". As velhas e novas estruturas sociais e de poder na aldeia se misturam, os papéis se transformam. Esse caráter misto da liderança pode ser ilustrado com um dos raros estudos detalhados do ativismo das aldeias. Em Marcantuna (vale do Mantaro), entre os catorze homens apontados como líderes comunitários em meados da década de 1960 havia dois de vinte e poucos anos (um estudante e um guarda-livros), um em seus trinta anos (um agricultor e comerciante), quatro de mais de quarenta (colarinho-branco, motorista de caminhão e agricultor, agricultor/trabalhador, agricultor), cinco na casa dos cinquenta (três agricultores e artesãos, dois agricultores), e dois de mais de sessenta anos (ambos agricultores). Sete desses homens tinham o ensino primário incompleto ou concluído, cinco tinham o ensino secundário parcial, um tinha ensino superior, enquanto a situação educacional de um deles é desconhecida. Infelizmente, não podemos confiar no que é dito sobre suas posições políticas, uma vez que as notícias da imprensa tendem a apresentar todos os ativistas uniformemente como bolcheviques.

v

Por fim, que luz as invasões lançam sobre a questão do potencial revolucionário camponês? Parece evidente que *objetivamente* um processo em massa de invasão de terras pode ter consequências revolucionárias independentemente das intenções subjetivas dos invasores, se a proporção de terras usurpadas por fazendas é grande o suficiente e a população das comunidades que recuperam suas terras ancestrais é numerosa o bastante. Algo assim ocorreu em grande parte do Peru no início dos anos 1960. A natureza das estatísticas do Peru faz com que os números sejam pouco mais do que figuras de linguagem, indicando ordens gerais de magnitude. Mas não parece improvável que houvesse em 1961 (de acordo com o censo) algo como 4500 "*comunidades parcializadas o ayllus*", ou seja, comunidades camponesas, das quais 2337 já haviam sido oficialmente "reconhecidas" em 1969. O número total de seus membros em 1961 somava, digamos, 400 mil chefes de família ou, digamos, 2 milhões de indivíduos de uma população rural total do planalto peruano de cerca de 4 milhões.[8] [...]

Dessas comunidades, pelo menos metade tem disputas de limites — dado baseado numa série de amostras e levantamentos regionais — e com certeza esse número é um mínimo absoluto. [...] É óbvio que, quando a totalidade ou a maior parte dessas comunidades reivindicou seus direitos de forma simultânea, a estrutura latifundiária local entrou automaticamente em colapso (a menos que restaurada pela força militar). Foi o que aconteceu, em termos gerais, no planalto central na segunda metade de 1963. Humpty Dumpty caiu do muro: a partir de 1963 ninguém pôde juntá-lo de novo, e as administrações das grandes propriedades — a Ganadera del Centro, a División Ganadera do Cerro de Pasco Corporation, Algolan, Corpacancha e as outras — estavam perfeitamente conscientes disso. Da mesma forma, um ano antes, a estrutura latifundiária dos vales de La Convención e Lares entrara em colapso devido à recusa de massa — que acabou por ser permanente — dos rendeiros-servos de executar seus trabalhos servis. Dessa vez, por motivos que nos levariam para além do escopo deste artigo, a força militar não foi utilizada para restaurar a velha ordem.

Ao mesmo tempo, devemos nos perguntar se *subjetivamente* esse processo equivale a uma revolução camponesa. Isso é muito menos certo. Em termos gerais, nas rebeliões primitivas, os movimentos "revolucionários" e "reformistas" podem ser em geral distinguidos uns dos outros, embora não necessariamente pela quantidade de violência envolvida neles. Os primeiros têm subjetivamente ambições muito maiores, expressas em termos milenares, ou talvez na tentativa de restaurar alguma idade de ouro perdida do passado, no caso do Peru, o Império Inca.[9] Henri Favre distingue — a propósito dos maias do planalto de Chiapas no México — entre os dois tipos do que ele chama de "rebelião" e "insurreição": a primeira, localizada e limitada em seus objetivos à restauração do equilíbrio costumeiro temporariamente perturbado; a segunda, uma tentativa de reestruturação total da situação colonial.[10] [...]

Há movimentos camponeses que sem dúvida contestam não só o abuso do senhorio, mas o fato de haver senhorio. [...] Há poucos indícios (com exceção dos casos de liderança comunista ou trotskista conhecida) de camponeses peruanos contestando o senhorio como tal — por exemplo, a propriedade das terras que ele mesmo cultiva —, embora tenha havido uma reação crescente e eficaz contra o trabalho servil. A tradicional relação patrão--cliente entre senhores que "se consideram protetores dos índios a quem chamam de seus filhinhos (*hijitos*)" ainda permanecia vigente em muitos lugares, com os senhores mais conscientes de mudanças iminentes do que os camponeses. A clássica queima de casas-grandes, o assassinato de senhorios e assim por diante estão praticamente ausentes das agitações de 1958-64, que são notavelmente pacíficas. O que temos aqui não é a tradicional *sublevación indígena* em larga escala, mas uma afirmação espontânea das massas de direitos legais, estimuladas por uma ideologia revolucionária moderna (aliás, antiga), porém aparentemente não imbuídas dela, exceto em algumas áreas. Não há sinais de conversão em massa a alguma forma de comunismo, mesmo em Cusco. O marxismo continuou a ser a ideologia dos quadros, embora cada vez mais de quadros de camponeses, tal como a Apra o era fora do "sólido Norte", onde o partido se estabeleceu como um movimento de massas.*

Como foi dito anteriormente, isso não é incompatível com fazer o que equivale a uma revolução social, ou mesmo com um sentimento vago, ainda que crescente, de que a velha era está chegando e deve chegar ao fim. Tampouco é, em teoria, incompatível com a evolução desses movimentos camponeses para uma revo-

---

* A natureza e a extensão do apoio de massa da Apra fora da classe trabalhadora permanecem obscuras. Atualmente, há um consenso de que, nos últimos vinte anos ou mais, seu apoio entre os camponeses indígenas e seu interesse por eles foram muito menores do que alegou a mitologia do partido. [...] Mas a história da Apra nas bases durante o período em que foi ou era vista como um movimento revolucionário ainda carece ser seriamente investigada.

lução camponesa consciente numa situação nacional revolucionária. Por outro lado, deve-se salientar que, em várias regiões da América Latina, o próprio sistema de propriedade é uma entidade flutuante. No decorrer da história pós-colonial, as fazendas formaram-se, expandiram-se, dividiram-se e reformaram-se conforme as mudanças políticas e a conjuntura econômica. É provável que as comunidades nunca tenham se beneficiado de forma permanente dessas flutuações, mas sua pressão constante, tornando-se relativamente mais eficaz em períodos de recessão para as grandes propriedades, não implica a priori a crença de que uma recessão qualquer dessas marque a extinção final de todas as fazendas. Em suma, devemos ter em mente tanto a força quanto as limitações dos movimentos camponeses tradicionais.

Esses movimentos transformam-se em revoluções camponesas quando o agregado dos "pequenos mundos" é simultaneamente posto em movimento, quase sempre por algum evento ou desenvolvimento no "mundo grande" sobre o qual os camponeses não têm controle, mas que os leva a agir. (Os fatores responsáveis por essa mobilização no Peru de 1958-64 não podem ser discutidos aqui.) Eles se tornam revoluções camponesas *efetivas* quando unificados e mobilizados em número grande o bastante de áreas politicamente cruciais por organizações e lideranças modernas, provavelmente revolucionárias, ou quando a estrutura e a crise nacional são de tal ordem que movimentos camponeses regionais situados em posição estratégica podem desempenhar um papel decisivo nos assuntos nacionais. Isso aconteceu no México em 1910-20 com os nortistas de Pancho Villa, graças a sua mobilidade armada, e com os seguidores de Zapata, o "galo do Sul", em Morelos, porque esse estado fica ao lado da capital. Nada disso aconteceu no Peru, exceto levemente na década de 1880, quando Cáceres, que procurou o apoio dos índios que havia organizado em guerrilhas contra os chilenos durante a Guerra do Pacífico, entrou com os homens do planalto central na capital, mas não como líder revolucionário e, com certeza, sem consequências sociais revolucionárias. No início da década de 1960, as invasões de terra eram, com efeito, suficientemente avassaladoras no planalto central e em Cusco, suficientemente graves em outras partes do planalto para fazer com que o sistema de fazendas dali entrasse em colapso. Porém, ao contrário do proletariado de Marx, a força espontânea do campesinato, embora capaz de matar o latifúndio, foi incapaz de cavar a sua sepultura. Ele tornou inevitável a reforma agrária. Mas foi preciso um golpe militar, após vários anos de hesitação, para enterrar o cadáver dos latifúndios do planalto.

1974

Algumas notas do ensaio original foram omitidas nesta versão.

14. Um movimento camponês no Peru

Este artigo procura descrever e analisar a agitação camponesa que ocorreu na província de La Convención, no departamento de Cusco, Peru [no final da década de 1950 e início da de 1960].* Até hoje [1965], fala-se muito sobre esse movimento camponês generalizado persistente, mas ele ainda não foi objeto de um es-

* Para uma descrição detalhada da geografia, do desenvolvimento agrícola, do regime de propriedade e das relações de trabalho em La Convención, veja o capítulo 9. Em 1960, a população total de La Convención foi estimada em 60 mil habitantes. A província contava com 174 fazendas (de um total de cerca de setecentas no departamento de Cusco). Havia cerca de 4 mil *arrendires*, colonos do altiplano que receberam terras (*arriendos*) em troca de trabalho e serviços pessoais (*condiciones, palla, maquipura, huata faena, semanero* etc.) prestados ao fazendeiro, e em torno de 12 mil *allegados* a quem os *arrendires* sublocavam lotes de terra e que eram geralmente responsáveis pela execução das funções dos *arrendires* na terra do proprietário. Abaixo dos *allegados* estavam os trabalhadores rurais sem terra (*agregados, habilitados, peones*). Havia apenas quatro comunidades indígenas em La Convención (de um total de mais de duzentas no departamento de Cusco).

tudo sério. Minha própria pesquisa foi superficial, embora eu tenha acrescentado a depoimentos e observações locais um estudo da imprensa peruana, em nível nacional e local, durante 1961 e 1962. Isso está longe de ser suficiente para torná-lo sério, mas a Europa é tão mal informada sobre os movimentos agrários na América Latina que mesmo um relatório preliminar e incompleto pode ter algum valor.

[...]

Apesar dos claros sinais de um potencial conflito de classes no interior do campesinato de La Convención — consta que alguns *arrendires* eram mais ricos do que os fazendeiros menores —, parece que a maior parte dos *arrendires* considerava que seus interesses estavam em oposição aos dos fazendeiros. O interesse deles na conversão da relação neofeudal com os fazendeiros em capitalista e na criação de simples arrendamentos ou propriedades camponesas independentes era o mesmo dos *allegados*.*
Uma campanha local [em 1957-8] feita por um pequeno grupo de camponeses que eram praticamente cúlaques transformou-se num sólido movimento camponês que abrangeu a maioria da população rural da província. Perto do final de 1962, a Federación Campesina provincial tinha 110 sindicatos filiados que variavam de cerca de vinte a seiscentos membros.
[...]
Como isso foi possível? A primeira razão é que simplesmente as divisões no seio do campesinato foram em grande parte neu-

---

* As principais reivindicações da greve geral dos *arrendires* de 1961-2 foram as seguintes: a abolição das obrigações de trabalho devidas ao proprietário do terreno; o pagamento do arrendamento em dinheiro; novos contratos de arrendamento de no mínimo seis anos; o direito de plantar 10% das terras com culturas de subsistência; o direito para os *arrendires* e os *allegados* de comprar terras; a abolição completa de qualquer obrigação de vender suas colheitas para a fazenda e de comprar provisões da fazenda. *Crónica*, 30 de abril de 1962. (N. O.)

tralizadas pelos fatores que fortaleciam os laços de solidariedade. Além da pobreza geral, os camponeses de La Convención são gente do campo, e não moradores de cidades, índios de origem, e não crioulos. Ao mesmo tempo, a roupa dos homens (embora não a das mulheres) tende a ser mais moderna do que no planalto e, embora o quéchua seja a língua usada nas reuniões dos sindicatos, o espanhol é compreendido e até mesmo falado. Ademais, a maioria dos sindicatos parece ter um núcleo de militantes que são alfabetizados. Uma grande parte dessa modernização deve-se claramente à influência dos comunistas, como veremos.

O mais importante é que todos os camponeses compartilham uma condição comum, como súditos ou dependentes feudais, em situações de incerteza e sem garantias. Até mesmo os *arrendires* não eram proprietários de terras como tal e, além disso, tinham bons motivos para acreditar que depois que melhorassem a condição das terras virgens da fazenda que pudessem ser cultivadas e fossem acessíveis, estabelecendo culturas, o fazendeiro os expulsaria e assumiria o controle dessas terras melhoradas. A obrigação comum de realizar trabalho e serviços pessoais para o proprietário da terra (independente da forma de contrato ou costume), a ausência comum de direitos econômicos e a sujeição comum ao poder arbitrário do fazendeiro conectaram o cúlaque mais rico ao peão mais pobre, unindo-os em oposição à injustiça. Alguns aspectos dessa injustiça chocavam alguns camponeses mais do que a outros, enquanto alguns — não necessariamente os aspectos econômicos — atingiam a todos de modo igual.* Por sua vez, para os *jornaleros* e *braceros* que não

---

* A queixa mais comum com que me deparei contra um fazendeiro importante foi a de que ele rompera a tradição ao não assumir a responsabilidade de fornecer educação para os filhos ilegítimos que tinha com mulheres indígenas. Isso pesava contra ele tanto quanto seus "assassinatos e torturas".

tinham interesse direto nas principais demandas dos *arrendires* e *allegados*, o fato de os camponeses terem seu movimento de resistência contra os latifundiários ofereceu-lhes a possibilidade de exigir os seus próprios direitos de forma eficaz, até mesmo o reconhecimento de que simplesmente tinham direitos. Havia agora um exemplo a ser seguido, um movimento ao qual se unir. A situação deles iria melhorar, assim como a de todos os outros tipos de camponeses.

E como foi possível que uma organização tão ampla e poderosa, especialmente por ser liderada por comunistas e por outros tipos de revolucionários marxistas, conseguiu estabelecer-se numa área tão remota? Isso se deveu evidentemente à força incomum e tradicional do PC na região de Cusco, seu principal reduto, e na própria cidade de Cusco. Nessa região do Peru, a Apra não estendeu a sua influência tanto quanto conseguiu fazer no norte, ainda que tenha se dirigido aos índios, em particular. O líder da Apra em La Convención, R. Sernaqué, originalmente um *odriísta* [partidário do presidente-ditador Manuel Odría, 1948-56], era um notório oponente dos sindicatos camponeses. (Foi morto em 1962.) Os comunistas chegaram a La Convención em 1934, no momento em que um sindicato de trabalhadores estava sendo organizado em Maranura, que ainda hoje [1965] é um reduto do PC ortodoxo, embora depois o sindicato tenha sido suprimido e parece ter desaparecido temporariamente durante o período de Odría. O PC, com seus quadros e intelectuais, forneceu assistência e organização à Federação de Trabalhadores de Cusco (em cujo prédio a Federación Campesina teria mais tarde sua sede); os intelectuais de Quillabamba (ao que parece, principalmente advogados, bancários e professores) deram assistência jurídica, entre outras coisas. Se uma organização de camponeses quisesse se estabelecer em La Convención, só poderia fazê-lo por meio do trem de Cusco, ou seja, com o apoio organizacional fornecido pelo PC local.

Quando chegaram, os comunistas encontraram terreno especialmente favorável junto aos pioneiros que se estabeleceram na borda da floresta, em terras de pouca população — independente, indisciplinada, pouco inclinada a tolerar a servidão que havia nas terras altas. Um bom exemplo é Andrés González, um dos líderes do movimento encabeçado por Hugo Blanco em Chaupimayo [em 1961-2]. González nasceu em 1928 em Izcuchaca, na província de Anta, entre Cusco e La Convención. Quando criança, trabalhou na hacienda Sullupuchyo, que pertencia à família Luna; é interessante notar que essa fazenda estava em estado de permanente conflito com uma comunidade indígena vizinha a respeito da posse de determinadas terras. Conta-se que ele foi açoitado por ter negligenciado o gado e permitido que algumas ovelhas fossem roubadas — e, em consequência disso, ficara confinado à cama por oito dias, uma indicação da extrema brutalidade do tratamento que recebera. Para vingar-se — e esse incidente também é por si só significativo —, entrou na fazenda armado e "roubou os títulos de propriedade legais", que queimou. Fugiu então para a *tierra de nadie* de La Convención, onde se instalou em Chaupimayo, em 1946, criou uma família de quatro, antes de "estabelecer contatos com alguns políticos". Homens como esse — e há vários deles nas regiões de fronteira da Bacia Amazônica, pois estão longe de senhores e do governo — se tornariam comunistas e líderes naturais dos movimentos camponeses.

O movimento em La Convención, cujas origens — como vimos — remontam à década de 1930, foi revigorado depois da queda da ditadura de Odría, em 1956. Ao que parece, esse processo começou com uma rebelião contra os Romainville de Huadquiña,* onde se fundou, ou melhor, se refundou um sindicato, em 1957. Parece que a causa imediata foi a indignação com o açoitamento de Matías Villavicencio, irmão de Leónidas Carpio, um líder de Chaupimayo. Além de outros crimes, os Romainville foram acusados de usurpar terras do outro lado do rio Yanacmayo que não lhes pertenciam legalmente, acusação que poderia ser feita a muitos outros fazendeiros. A partir daquele momento, instalou-se um estado quase de guerra entre os camponeses e os Romainville, que abandonaram o vale, deixando suas propriedades nas mãos de seus administradores. Desde então, foi-lhes impossível voltar. Também não é de forma alguma impossível que uma queda dos preços no mercado mundial estivesse ligada à crescente militância na província. Por volta de 1958 havia vários sindicatos (o número é estimado em 20% dos que existiam em 1962), incluindo Maranura, Huyro, Santa Rosa, Quelloúno, e foi criada uma federação camponesa provincial, com onze sindicatos filiados.

Não se sabe muito sobre o desenvolvimento do movimento, entre 1958 e 1962 [...]. Em 1961, os *arrendires* organizaram uma greve que parece ter sido eficaz, uma vez que há relatos de problemas com a colheita de café, cacau e frutas. Algumas fontes afirmam que permaneceram em greve por mais de um ano. No final de 1961, havia notícias de 42 sindicatos com 30 mil membros em greve em La Convención.

Nessa época, foi fundada uma Federación de Campesinos y

---

* O principal e mais impopular fazendeiro de La Convención foi Alfredo de Romainville, chefe de uma família cuja fazenda original, adquirida por Mariano Vargas em 1865 e estimada em 500 mil hectares, foi mais tarde dividida entre os membros da família em unidades menores (embora ainda de mais de 100 mil hectares cada), por exemplo, Carmen Vargas de Romainville (Hacienda Huadquiña), Maria Romainville de la Torre (Hacienda Huyro).

Comunidades del Cusco que abrangia todo o departamento, com 214 organizações afiliadas, e no início de 1962, a federação organizou uma grande reunião de camponeses em Quillabamba. O governo reagiu ao que era então um movimento de massas ao abolir oficialmente, por um decreto datado de 24 de abril de 1962, "os serviços prestados gratuitamente ou em troca do usufruto da terra" nos vales de La Convención, Urubamba e Calca. É evidente que essa vitória deu ao movimento uma boa dose de incentivo, e suas demandas tornaram-se cada vez mais ambiciosas. Fez-se uma petição em que se afirmava que os camponeses já haviam "pagado por" suas terras com o trabalho nela realizado. Na sequência, ocorreram mais ocupações de terra. [...] Em Ipal, na província de Calca, trezentos *comuneros* expulsaram o fazendeiro Adriel Núñez del Prado e sua família de uma propriedade que, segundo eles, fora usurpada de uma comunidade por uma decisão legal que não se justificava. Mas essa ação coletiva não era típica da província de La Convención, uma vez que ali não havia muitas comunidades (embora duas das quatro que existiam fossem filiadas à Federação de Cusco). Em maio, um grupo que veio de Chaupimayo impedira que os trabalhadores da hacienda Alcuzama cortassem a madeira destinada a fazer os dormentes para a linha ferroviária que estava sendo prolongada e, em agosto, camponeses armados de Quellomayo e Huacaypampa expulsaram os lenhadores da hacienda Santa Rosa, alegando que ela não pertencia mais aos Romainville. [...] Por volta de meados de outubro, anunciou-se que as disputas estavam sendo resolvidas em 36 fazendas [...], mas as ocupações logo recomeçaram. Huadquiña, Pavayoc, Paltaybamba, San Lorenzo, Versalles, Echarate e Granja Misión estavam entre as fazendas ocupadas. Dizia-se que a maioria das fazendas de Lares e Calca tinha caído para os camponeses e que todos ou quase todos os fazendeiros tinham deixado os vales ou estavam se preparando para ir embora. A ocupação de, pelo menos, setenta fazendas parece ser confirmada. Em 20 de outubro, a imprensa publicou o texto de uma lei de reforma agrária recentemente promulgada.

A intensificação do movimento camponês na primavera de 1962 coincidiu com as primeiras rachaduras dentro de suas fileiras, principalmente entre os comunistas ortodoxos e os outros grupos de revolucionários que consideraram os comunistas moderados demais e que supostamente eram a favor de sublevações do tipo de Fidel Castro. Quando a agitação estava no auge, Luis de la Puente, líder do Movimento de Esquerda Revolucionária (MIR), uma dissidência da Apra, apareceu em Quillabamba numa reunião de 36 sindicatos. Ele exigiu o direito de falar como delegado das federações das províncias de Quillabamba e Lares, mas, dada a fraqueza da Apra nessa área, não é óbvio, nem mesmo provável, que alguma liderança do MIR tivesse estado presente em reuniões anteriores.

Os principais dissidentes eram os trotskistas liderados por Hugo Blanco, um jovem intelectual que viera para os vales de Cusco, sua cidade natal, após o surgimento do movimento camponês, em 1958. O movimento atraíra vários intelectuais, alguns deles estrangeiros. Blanco passara, em grande medida, despercebido até a primavera de 1962, quando os jornais em Lima começaram a transformá-lo numa espécie de Fidel Castro peruano, chamando a atenção para suas conexões com grupos guerrilheiros e revolucionários profissionais que estavam sendo formados em outros lugares (embora naquela época Blanco, cujo principal esconderijo era em Chaupimayo, negasse ser um líder guerrilheiro).

A tensão no centro do movimento ficou bastante evidente: em abril, 32 dos 72 sindicatos existentes exigiram a expulsão de Blanco de La Convención [...]. Surgiu uma divisão nos vales e em Cusco entre grupos a favor e grupos contra Blanco (estes últimos identificaram-se posteriormente com a liderança do PC oficial)

[...]. É claro que os que estavam a favor de Blanco defendiam também políticas mais radicais do que os outros líderes da Federação, contudo, ainda não é possível afirmar que tinham a intenção de estabelecer uma "zona de libertação" em La Convención, com o apoio da guerrilha. Mas, com certeza, organizaram-se grupos armados, embora ainda no final de 1962 ninguém nos vales tivesse alguma vez afirmado que eram mais do que unidades defensivas. Blanco talvez tivesse em mente promover uma revolução de guerrilhas, embora, ao que tudo indica, tenha afirmado, depois de sua prisão [em 30 de maio de 1963, a cerca de vinte quilômetros de Quillabamba], que o Peru ainda não estava pronto para uma guerra desse tipo. As objeções dos moderados [...] eram de que essa política corria o risco de provocar as autoridades a reagir com repressão.

É difícil medir a extensão da influência de Blanco sobre o movimento camponês. É óbvio que o sucesso da greve dos *arren-dires* de 1961-2 (que não tinha objetivos revolucionários aparentes) foi, por si mesmo, suficiente para ampliar e radicalizar o movimento. A direção que ele tomou, ou seja, a ocupação de propriedades rurais pela força e a expulsão de seus proprietários, embora nem de todos os seus administradores, deve muito à iniciativa trotskista, embora as ocupações de terra estivessem de acordo com as táticas comunistas ortodoxas e também acontecessem em outros lugares sem qualquer influência do trotskismo ou do MIR. A organização de unidades armadas [...] foi, sem dúvida, resultado da iniciativa de Blanco. No entanto, essas unidades não desempenharam um papel importante em La Convención, ainda que houvesse grande admiração pelos "rebeldes" [...]. E, tanto quanto é possível dizer, eles restringiram suas atividades a operações defensivas, atos de sabotagem, tentativas de libertar prisioneiros, mas não é impossível que tenham realizado alguns ataques a patrulhas policiais, por exemplo. De qualquer modo, a população local não estava convencida. A prisão de Blanco não provocou nenhuma reação imediata.

A repressão sistemática do governo poderia ter provocado um movimento guerrilheiro de verdade, mas o governo tomou grande cuidado para não usar essas medidas, particularmente depois que a junta militar tomou o poder, em julho de 1962. [...] O novo governo parece ter aceitado a inevitabilidade da reforma agrária em La Convención e esperava poder acalmar o povo fazendo concessões, ao mesmo tempo que mantinha a ordem mediante uma exibição criteriosa de força. Com efeito, considerando-se a grave agitação, as condições locais, a natureza dos soldados e da polícia peruana, houve pouquíssimas mortes a lamentar nos vales: houve muito mais no planalto de Cusco e na própria Cusco.

O movimento camponês atingiu seu auge nos últimos meses de 1962, com a ocupação generalizada das propriedades em La Convención. Sua vitória foi tacitamente reconhecida pelas autoridades, que concentraram seus esforços na perseguição dos grupos armados de Blanco, que não contavam com o apoio unânime do movimento camponês organizado, bem como na tentativa de evitar que o movimento ganhasse terreno no restante da região, em áreas mais densamente povoadas, com problemas sociais mais "explosivos". Em dezembro e janeiro, aconteceu a prisão sistemática de militantes e dirigentes locais (entre eles, oitenta líderes de 96 sindicatos dos vales), a declaração de estado de sítio etc. No entanto, a promessa de reforma agrária foi mantida; o general Oscar Arteta até especificou que ela iria incluir as fazendas de Huadquiña, Echarate, Paltaybamba, Maranura e Chaullay, e chegou a lançar dúvidas sobre a legalidade dos direitos de propriedade de seus donos. Os fazendeiros locais consideraram então a batalha totalmente perdida. Romainville anunciou uma mudança em suas táticas com um pedido ao governo para que desapropriasse sua propriedade, o que era, na verdade, um pedido de compensação pelas terras que já perdera. O ministro da Agricultura encontrou-se com representantes de 45 sindicatos em Quillabamba e, em 5 de abril, foi publicado um plano para expropriar 23 propriedades em La Convención, tendo 14 mil camponeses como seus beneficiários.

[...] La Convención permaneceu instável; mas a partir de então o objetivo foi menos ocupar terras do que acelerar a implementação das reformas prometidas, estudar os termos conforme os quais elas se realizariam e garantir a libertação dos líderes e militantes que haviam sido presos. O governo do presidente Fernando Belaúnde Terry [eleito em junho de 1963] via com bons olhos os dois primeiros objetivos, [...] mas enfrentou a resistência no Congresso da oposição da Apra e dos *odriístas*. Em julho, quatrocentos camponeses foram assentados em 1545 hectares de terra na hacienda El Potrero, de Luis González Willys — fazenda e proprietário que não desempenharam papel de liderança durante a luta —, e houve críticas imediatas e provavelmente legítimas de que camponeses não sindicalizados ganharam tratamento prioritário na distribuição das terras. Até o final de 1963, quase nenhuma outra alocação de terras tinha sido realizada. Além disso, o governo não tinha aparentemente intenção de libertar os líderes e militantes camponeses presos antes da data prevista. [...] Em dezembro de 1963, o descontentamento renovado, tanto político quanto econômico, levou a uma greve geral em Cusco em La Convención [...]. Porém, não se tratava mais de um problema local de La Convención, mas nacional, com repercussões nessa província particularmente beligerante.

Para concluir, vale a pena acrescentar algumas reflexões sobre o movimento camponês de La Convención no seu auge e sobre seu profundo significado.

Em seu cerne, como vimos, havia cerca de cem sindicatos de tamanho variável. Esperava-se que elegessem juntas diretivas de catorze ou quinze membros, incluindo assentos alocados para a representação feminina, apesar de a maioria das mulheres participar apenas através dos maridos que agiam como seus intermediários. Os sindicalistas definiam o quanto pagariam ao sindicato: uma vez que a maioria era muito pobre, era impossível exigir uma quantia obrigatória. Eles se reuniriam uma vez por quinzena ou uma vez por mês, atas seriam escritas por quem fosse alfabetizado, em geral um jovem, e cada sindicato enviaria periodicamente um delegado a uma assembleia de delegados realizada nas noites de sábado em Quillabamba. Às vezes, ocorriam manifestações de massa (10 mil pessoas ou mais) na capital, um número notável quando se pensa como o transporte podia ser difícil. Em Chaupimayo, e talvez também em outros lugares, o sindicato começou a construir uma escola primária para oitenta alunos de várias aldeias, com um professor pago, e planejava instalar energia elétrica, cujos custos seriam cobertos por uma taxa paga pelas famílias de duzentos dos *arrendires*. Fica claro que o objetivo dos sindicatos não era somente obter melhorias econômicas e modernização, mas também a oferta de educação. É evidente que a consciência política estava cada vez mais forte, embora para alguns camponeses Fidel Castro fosse um homem que lutava contra os *gamonales* em outra região do Peru, enquanto outros nunca tinham ouvido falar dele. O que eles sentiam com mais força era, sem dúvida, um ódio contra os fazendeiros e uma determinação de nunca mais tolerar seus abusos.

O debate sobre Hugo Blanco e o papel do castrismo, entre outros, obscureceram a exata natureza do movimento camponês. Para um camponês comum de La Convención, a questão de saber se os métodos do sindicato eram ou não revolucionários não tinha quase nenhuma importância. O objetivo da revolução deles era a expulsão dos fazendeiros e a ocupação das terras, e isso foi de fato realizado, embora a ameaça dos ricos e a presença da polícia e do exército mostrassem claramente que a vitória talvez não durasse muito tempo. Por enquanto, o que acontecia no resto da América Latina, em Lima ou até mesmo em Cusco era menos importante. Em certos lugares (como Chaupimayo, o baluarte de Blanco), há indicações claras de uma exaltação revolucionária [...]. Conversei com um militante "evangélico", que me explicou a revolução social em termos bíblicos ("Cristo estava do lado dos camponeses, como a leitura da Bíblia deixa claro") e afirmou que muitos outros pensavam da mesma maneira. Por outro lado — e só posso basear isso em observações casuais, que são provavelmente enganadoras —, a atmosfera em dezembro de 1962 parece ter sido mais de emoção do que de exaltação.

Nessa situação, qual foi o papel da violência? Surpreendentemente pequeno. A ocupação das fazendas foi um gesto simbólico, logo seguido pela retirada dos ocupantes [...]. Aparentemente, um fazendeiro foi morto, antes do período principal de ocupações das fazendas, e houve dois ou três atos de vingança, mas nenhum ataque coordenado aos proprietários, nem aos *gamonales* ou à polícia, mesmo na excitação da vitória. Na verdade, levando-se em conta a situação nas áreas de fronteira praticamente sem lei, o tratamento que os camponeses tinham sofrido e suas condições de vida miseráveis, é notável que tenham acontecido tão poucos atos de violência.

Qual foi, em última análise, o significado do movimento de La Convención? Ele foi independente dos movimentos camponeses no planalto de Cusco e nas outras regiões do Peru, os quais eram geralmente movimentos de comunidades indígenas que ocupavam o que consideravam terras comuns monopolizadas (durante a maior parte da memória viva) por donos feudais, mas que eram cada vez mais indispensáveis para as populações indígenas em rápida expansão nas áreas comuns de tamanho limitado e exaustas. Esses movimentos eram também um protesto contra as exigências habituais dos fazendeiros e, em última análise, uma afirmação dos direitos humanos básicos por homens que até então sentiam que todos os seus direitos lhes eram negados. [...] O movimento de La Convención foi essencialmente um movimento de uma nova região de fronteira. Colonizadores camponeses do altiplano, que tinham mentalidade individualista e comercial e transformaram a economia local no sentido de uma agricultura para exportação, viram-se às voltas com uma superestrutura parasitária de propriedade da terra neofeudal que os despojava do que consideravam frutos de seu trabalho.

Há outras áreas desse tipo nas fronteiras da Bacia Amazônica, no Peru e em outros lugares, mas elas representam apenas uma parte infinitamente pequena da população rural da América do Sul, e por essa razão não se deve tratar seus problemas como típicos. Não obstante, não deixam de ser interessantes por dois motivos. Em primeiro lugar, mostram o potencial político desses elementos de modernização, não tradicionais entre os camponeses, entre eles os camponeses puramente indígenas dos Andes, e mostram também a relativa ausência de iniciativas por parte dos mais pobres e oprimidos: a classe dos trabalhadores agrícolas que possuem pouca ou nenhuma terra, uma classe que também pode ser encontrada em outros lugares. O fato de esse movimento camponês encontrar sua expressão através da organização comunista deve-se, nesse caso, a fatores locais. No entanto, não por acaso foi receptivo à doutrina comunista, como aconteceu com movimentos similares em outras regiões fronteiriças. Em sociedades como as da América do Sul, onde são negados todos os direitos ao camponês, oprimido e tratado quase como um animal, qualquer movimento que lhe assegure que é realmente um ser humano e que tem direitos está fadado a ter sucesso; isso é o que o comunismo oferece e, para a maioria deles, é o único tipo de movimento que o faz. E se alguém perguntar a camponeses que praticamente nunca ouviram falar desses comunistas, eles tendem a responder que são "homens que exigem os direitos que são deles".

A posição geográfica de La Convención, ligada por poucas horas de ferrovia a uma área do Peru que é importante e que experimenta uma crescente agitação social, no coração do antigo Império Inca e da população indígena dos Andes, gerou naturalmente mais publicidade para o movimento do que é habitual para os focos de agitação social em regiões fronteiriças tropicais remotas. Sem dúvida, contribuiu para a explosão de agitação entre os camponeses, na classe média e entre os estudantes no Peru no final de 1962. Mas esse movimento local serve apenas de modo imperfeito para lançar luz sobre os movimentos camponeses que são mais típicos do continente sul-americano.

1967

Traduzido do francês por Daniel Hahn; tradução revista do espanhol para o inglês pelo organizador.

NOTA DO ORGANIZADOR

Na discussão que se seguiu à apresentação deste trabalho numa conferência internacional em Paris, Eric destacou os seguintes pontos:

Quando digo que La Convención não é um caso típico, não quero dizer que não tenha nenhuma influência sobre a agitação camponesa em outras partes do Peru. Ao contrário, essa influência é crucial, e é evidente que, num dado momento, digamos 1962, e talvez desde então, La Convención foi uma espécie de inspiração, não só para os movimentos camponeses, mas também para a politização geral do Peru, que é tão marcante para quem visita o país. O fato de La Convención ter testemunhado a organização de um movimento agrário poderoso que obteve sucessos significativos teve uma grande influência em outras regiões. Mas, no altiplano, por exemplo, a agitação, os sindicatos e as demandas não foram os mesmos. Trata-se de comunidades indígenas, camponeses com diferentes problemas e, no fim das contas, é possível dizer que a maioria do campesinato peruano não tem os mesmos problemas que os de La Convención. [...]

O comunismo, acima de tudo, representa uma demanda por direitos humanos. Isso é importante. E não só por direitos humanos, mas por direitos legais, pura e simplesmente. Em segundo lugar, representa lições práticas de organização. Na minha opinião, sem a ajuda da classe trabalhadora de Cusco e dos grupos — até dos intelectuais — mobilizados pelo comunismo (como bancários, professores primários e secundários etc.), é quase certo que um movimento com o alcance, a força, a direção tática e estratégica de La Convención não teria surgido. Em terceiro lugar, gostaria de dizer que o comunismo representa uma visão do mundo, que é essencialmente uma visão do mundo moderno, um caminho para o homem encaixar-se no mundo, e não apenas para o pequeno pedaço de terra, no pequeno vale, que é o horizonte tradicional do camponês. [...]

[...] Os diferentes tipos de movimentos camponeses, os movimentos estudantis, os movimentos dos sindicatos operários e os movimentos de pessoas das *barriadas* fertilizam uns aos outros

[...] [e] tendem a reforçar uns aos outros [...]. Cada um desses setores [dá] uma contribuição e, no caso de La Convención [...], uma contribuição crucial [...]. O tempo dirá se as forças populares [no Peru] serão capazes de conquistar aqueles direitos a que têm todo o direito. Só podemos ter esperança.

As notas do ensaio original foram omitidas nesta versão.

15. Movimentos camponeses na Colômbia

A historiografia dos movimentos sociais na Colômbia é talvez ainda mais insatisfatória do que na maioria dos outros países latino-americanos, e o estudioso só pode lamentar tanto a ausência de obras secundárias como a falta de confiabilidade das fontes primárias estatísticas e quantitativas. Por esse motivo, um levantamento dos movimentos camponeses colombianos, no mínimo até o final da década de 1920, precisa depender de impressões, em vez de fatos verificados, e é bem possível que a pesquisa histórica séria possa invalidá-las. Não obstante, uma vez que temos de começar de algum ponto, que seja com o seguinte paradoxo aparente. A Colômbia tem relativamente poucos registros de movimentos econômicos e sociais fortes do campesinato *enquanto classe* antes da metade do século xx. Ao mesmo tempo, o país tem um histórico de ações armadas e violência por parte dos camponeses (por exemplo, guerrilhas) talvez menor somente do que o do México. Isso é particularmente evidente desde a Segunda Guerra

Mundial, mas também pode aplicar-se a períodos anteriores de guerra civil, como o último terço do século XIX. Nosso problema é explicar essa curiosa combinação de fatos.

A história de agitação camponesa é tão mal conhecida que é muito possível que a pesquisa descubra exemplos de movimentos importantes no período colonial ou no século XIX que ignoramos hoje. No entanto, enquanto o conhecimento mais superficial da história de, digamos, Peru, Bolívia e Brasil sugere a existência de descontentamento agrário endêmico e insurreições camponesas periódicas nos dois primeiros países e de movimentos característicos da agitação rural primitiva, como banditismo social e milenarismo no terceiro, a história da Colômbia sugere que não há essa tradição de agitação. Fals Borda (*La subversión en Colombia*, 1967) chega a ponto de construir toda uma teoria do desenvolvimento colombiano em cima do pressuposto de que a um breve período inicial de conflito agudo (1537-41) se sucedeu uma aceitação invulgarmente completa de subordinação social do índio, ou seja, da população rural, uma invulgarmente bem-sucedida Pax Hispanica, uma "paz social quase sem precedentes na história universal". É verdade que o movimento *comunero* de 1781 parece ter tido algum eco entre os camponeses de Chocontá, o *único* rompimento da tranquilidade política desde 1540, mas uma comparação com o movimento da mesma época de Túpac Amaru [no Peru] demonstra seu caráter relativamente modesto e seu fracasso para tornar-se um grande movimento de restauração da sociedade pré-colonial.

As mudanças político-econômicas do século XIX [...] e, de modo mais geral, a desintegração da sociedade indígena tradicional [...] produziram tensões sociais. [...] Não obstante, a ação do campesinato permaneceu limitada. Mesmo no período revolucionário de 1847-53, os bandos ativos em partes do campo, na *sabana* de Bogotá, Cauca e Valle del Cauca, parecem ter vindo principalmente das cidades (onde a organização de massa entre os pobres urbanos era muito mais desenvolvida). [...]

Por outro lado, a mobilização armada de camponeses sem base na classe parece ter sido sempre substancial. Um número considerável de camponeses seguiu seus fazendeiros e *gamonales* locais nas numerosas e mortíferas guerras civis do século xix e, em casos particulares — por exemplo, na guerra de guerrilhas em Tolima de 1898-1901 —, eles foram os principais, se não os únicos, combatentes. Talvez seja significativo que os guerrilheiros de Tolima e seus líderes — com algumas exceções de homens do povo — vinham das mesmas áreas que mais tarde forneceriam tanto os guerrilheiros liberais da *Violencia* de 1948 como as forças de autodefesa comunistas de, por exemplo, Ibagué, Sumapaz e Viotá. Quanto à mobilização armada durante a *Violencia*, que se restringiu quase inteiramente aos camponeses, os números são impressionantes por todos os padrões. [...]

II

Do ponto de vista histórico e agrícola, a Colômbia divide-se em três zonas principais: a faixa costeira do Pacífico e do Caribe, a faixa central das montanhas e das bacias dos rios Cauca e Magdalena, e o complexo de planície oriental e selva que desemboca nos vales do Orinoco e do Amazonas. Dessas, a zona central sempre foi a mais importante. O rio Magdalena foi, do ponto de vista histórico, o eixo principal da Colômbia na colônia e na república.

A faixa costeira não nos interessa muito aqui. A maior parte dela ainda é praticamente subdesenvolvida, pouco povoada e está fora das principais correntes da política e dos movimentos sociais colombianos. Uma área limitada, em torno da foz do Magdalena e perto dos portos de Cartagena e Barranquilla, foi mais intensamente desenvolvida, conforme os sistemas de plantação caribenhos clássicos. Mas, ainda que essa região tenha desempenhado um papel importante na história dos movimentos agrários colombianos, tão somente como cenário da grande greve da banana de Santa Marta de 1928 contra a United Fruit, ela tem pouco em comum com o resto do país.

As planícies do leste e as selvas também não nos preocupam muito. As selvas eram até pouco tempo uma terra praticamente de ninguém, habitadas apenas por índios e alguns posseiros camponeses que se infiltravam nessa região de fronteira ou fugiam do oeste para ela, sem contar as incursões periódicas de aventureiros e trabalhadores em busca de algum produto de explosão temporária, como índigo, casca de quinino ou borracha. Os Llanos Orientales (Planícies Orientais) mais ao norte, adjacentes à região semelhante do que é hoje a Venezuela, foram e ainda são, em certa medida, uma região de economia pastoril, de vaqueiros *llaneros* semi-independentes e seminômades e camponeses-pastores que cultivavam roças de subsistência temporárias em lugares adequados. Durante a maior parte de sua história, esse "Velho Oeste" foi escassamente povoado por um formidável corpo de cavaleiros e invasores armados que forneceram a Bolívar seu grande trunfo militar nas guerras de independência, mas, desde então, tenderam a ser deixados à sua própria sorte. A leste de Villavicencio, a porta de entrada para as planícies, nenhum governo colombiano ou qualquer outro teve muito a dizer, e o uso econômico dessa área para nada, exceto uma economia pastoril primitiva, teve de esperar pela metade do século xx. O leste da Colômbia propiciou refúgio para os camponeses que desejavam fugir das guerras e dos senhores do centro, homens lutadores, com seu próprio padrão de luta social, que vai do banditismo à guerra de guerrilha contra os estrangeiros e grandes fazendeiros. Sua conexão com o resto do país tem sido marginal.

A zona central principal é mais importante e mais complexa. Consiste essencialmente de faixas alternadas de cordilheira, planalto e vales que correm de sul a norte: cordilheira ocidental, vale do Cauca, cordilheira central, vale do Magdalena, cordilheira oriental. (A região da Colômbia ao sul do ponto em que se origina o sistema do rios Magdalena-Cauca e a divisória dos Andes constitui o departamento de Nariño, que sempre ocupou uma posição marginal, mais próxima do Equador do que do Estado ao qual pertence de fato.) O coração da região central está no que agora faz parte dos departamentos de Cundinamarca, Boyacá e Santander. Essas eram as altas savanas e planaltos situados entre o rio Magdalena e a cordilheira oriental, onde os índios chibchas estabeleceram sua sociedade e os conquistadores espanhóis, sua capital e importantes assentamentos. Tratava-se de uma área de população indígena bastante densa que praticava a agricultura de subsistência. Era a parte mais povoada e densamente colonizada da Colômbia até o século xx.

A oeste desse centro fica a região de Antioquia, muito mais atrasada e pouco colonizada pelos índios, a maioria dos quais foi rapidamente exterminada pelas exigências da mineração, a atividade que atraiu colonos brancos da classe baixa para essa área em quantidade relativamente grande. Desse modo, Antioquia tornou--se uma região pouco povoada por agricultores de subsistência brancos e pobres, garimpeiros e mineiros, até que, com o esgotamento das minas, os *antioqueños* entraram em sua carreira proverbialmente bem-sucedida de empreendimentos econômicos e migração interna no século xix. Deixando para trás uma agricultura de subsistência muito atrasada na maior parte da sua terra natal, um florescente centro urbano de negócios e a base para a economia cafeeira moderna, seus colonos foram em direção ao sul. Em relação ao velho centro chibcha do país, Antioquia tendeu a ganhar em população e riqueza.

Ao sul de Antioquia e Cundinamarca (isto é, nos vales superiores de Magdalena e Cauca e montanhas vizinhas), a colonização espanhola significou pouco mais do que a divisão da terra em vastas fazendas de senhores leigos ou eclesiásticos, o reconhecimento de comunidades nativas e a fundação de modestas cidades como Popayán para servirem de centros sociais e administrativos de uma região enorme e quase totalmente ociosa. Do ponto de vista econômico, "Cauca" [...] não era nada; ainda em 1877, 90% de seu território consistia de *baldíos*, terras sem dono e não cultivadas. Do ponto de vista demográfico, era em grande parte indígena. A partir de meados do século XIX, a colonização desse espaço começou, como vimos, principalmente a partir de Antioquia. Com o crescimento da economia cafeeira do vale do Cauca (nos atuais departamentos de Caldas e Valle [del Cauca]), tornou-se uma área de povoação relativamente densa e, nos últimos anos, a parte de maior crescimento de todo o país.

Em termos agrícolas, praticamente toda a Colômbia colonial era dominada por uma economia de subsistência, produzindo pouco mais do que era necessário para alimentar as poucas e modestas cidades — a própria Bogotá, em 1851, tinha apenas cerca de 30 mil habitantes — e as exigências da casta dos orgulhosos senhores brancos, mas que por padrões europeus, ou mesmo latino-americanos, não eram exatamente ricos e luxuosos. Era uma sociedade de exploração e senhorio. [...] Por outro lado, não havia forte incentivo econômico para intensificar a exploração, uma vez que as dificuldades de transporte praticamente excluíam a exportação de produtos agrícolas para o exterior (exceto nas imediações de alguns trechos da costa do Caribe), e havia pouca urbanização. Ainda hoje [1969] o centro provincial tradicional da Colômbia supre suas necessidades alimentares dentro do raio de algumas dezenas de quilômetros. As principais culturas de subsistência eram milho e trigo nos planaltos temperados, e banana, mandioca etc. nas planícies tropicais. Os camponeses indígenas, embora dispostos a adotar novas culturas e outras inovações tecnológicas, continuavam tecnicamente atrasados. Ainda em 1960, 65% de todas as propriedades (91,5% na região do Caribe) eram cultivadas apenas com a força dos músculos humanos, o restante principalmente com arados de madeira.

As mudanças agrárias que começaram a tomar forma a partir de meados do século XIX podem ser agrupadas em cinco categorias: (a) a adoção de produtos para o mercado produzidos por métodos extensivos, especialmente *gado*; (b) a difusão do cultivo intensivo em menor escala para os mercados de exportação — de início *tabaco*, depois cada vez mais *café*; (c) o desenvolvimento de monoculturas de exportação (principalmente *bananas*); (d) o desenvolvimento da produção de alimentos para o crescente mercado urbano; (e) a expansão da colonização camponesa de subsistência para áreas até então não povoadas e sem cultivo.

Com a exceção de (a), a maioria dessas mudanças ocorreu a partir de 1890. Em termos territoriais, todas, exceto (a), afetaram apenas áreas relativamente pequenas. Assim, em 1961-2 a principal área com culturas [de milho, café, arroz, trigo, algodão, batata, feijão, mandioca, bananas e tabaco] chegava a 2,25 milhões de hectares, de um total de 114 milhões de hectares, ou seja, menos de 2%; ou cerca de 9% da área com qualquer tipo de utilização agrícola ou pastoril. A cultura econômica mais importante, do café, utilizava apenas 0,5% da área total do país, embora fosse responsável por 80% do valor das exportações colombianas e tivesse uma produção maior do que qualquer outra região produtora de café do mundo, exceto o Brasil. É importante, ao discutir o problema dos camponeses colombianos, lembrar-se do vazio geral e da subutilização desse enorme país [e] da participação relativa da agricultura e da economia pastoril até hoje. Assim, em 1962-3, 13% da área total do país, ou mais de 50% da área sob qualquer forma de utilização agrícola e pastoril, consistia de pastagens, e antes essa proporção era substancialmente maior. Esse é o pano de fundo econômico de um estudo dos movimentos camponeses colombianos. No entanto, antes de abordar o assunto mais de perto, é essencial observar uma série de fatores não econômicos. O primeiro deles é o grau notável em que a população indígena foi assimilada ao padrão *"mestizo"*; o segundo, o grau incomum em que os camponeses colombianos se envolveram ativamente na vida política do país. Os dois fenômenos não podem ser desconectados.

A composição "racial" da população colombiana na década de 1950 era a seguinte: 20% de brancos, 58% de mestiços (branco--índio), 14% de mulatos (branco-negro), 4% de negros, 3% de zambos (negro-índio) e 1% de índios; a população negra, mulata e zamba está inteiramente restrita às zonas costeiras e às zonas interiores vazias dos departamentos do norte. Contudo, no centro e no sul, os índios predominam tanto quanto nos principais países andinos e no México, embora talvez com povoação menos densa, e no assentamento rural branco do centro sempre foi pequena. Em Saucio (algumas dezenas de quilômetros a nordeste de Bogotá pela estrada principal), a população considerava-se indígena até o final do século XVIII. Ainda no final do século XIX, 30% dos habitantes de Boyacá, 15% de Cundinamarca, 15% de Cauca ainda eram considerados índios, e até 8% de Antioquia. Com efeito, e ao contrário de Equador, Peru e Bolívia, a maior parte dos índios da Colômbia, após a dissolução dos *resguardos* e comunidades no século XIX, simplesmente se tornou mestiços sociais, se não biológicos. O problema do índio (inclusive o problema da terra dos territórios indígenas) continua sendo um problema marginal daquelas comunidades indígenas que, em áreas até hoje não desenvolvidas ou inacessíveis, mantêm sua estrutura comunitária e se recusam a ser absorvidas pela economia branca ou mestiça. Vamos examinar esse problema mais adiante, mas esse processo rápido e em larga escala do que no altiplano andino seria chamado de *cholificación* distingue a Colômbia das outras áreas de assentamento indígena denso.

A estrutura política da Colômbia também tem uma história peculiar, em especial a partir de meados do século xix. Desde o início, o país foi extraordinariamente imune ao caudilhismo e foi governado por um eficiente sistema bipartidário (Liberal e Conservador), peculiar na medida em que suas raízes chegam até a aldeia e ao campesinato. Quaisquer que sejam as origens desse sistema, liberalismo e conservadorismo tornaram-se, desde meados do século xix, lealdades hereditárias não só de famílias, mas de comunidades, aceitas como tal por todos os membros da *vereda* (vizinhança). "A maioria das *veredas* na Colômbia pode ser classificada de acordo com essa dicotomia política", escreve Fals Borda em *Peasant Society in the Colombian Andes* [Sociedade camponesa nos Andes colombianos] (1955). "Vizinhanças com um número equilibrado de conservadores e liberais são difíceis de encontrar. Quando as famílias rurais migram, elas tendem a mudar-se para *veredas* da mesma filiação política, onde não serão perseguidas e onde podem contar com a solidariedade de todo o grupo em caso de emergência."

A frequência e a selvageria das guerras civis colombianas, e o grau em que os camponeses e outras pessoas comuns podiam ser mobilizados não só pelos exércitos liderados pelos senhores da terra, mas em formações guerrilheiras independentes, são em grande parte um reflexo dessa divisão bipartidária. É de notar-se que os conflitos políticos propiciavam uma alternativa para os conflitos sociais: eles tendiam a substituir o confronto vertical da classe baixa contra a dominante pelo confronto horizontal de comunidades liberais contra comunidades conservadoras, e a ocupação das terras do senhorio pela ocupação das terras de vizinhos assassinados ou expulsos de uma filiação política diferente.

III

Tratemos agora dos problemas sociais decorrentes das mudanças agrárias esboçadas acima.

Monocultura de exportação

Uma vez que essa atividade está confinada, em grande medida, à costa, isolada do resto do país, é conveniente tratar dela em primeiro lugar. A produção de bananas para exportação começou em 1877 em Riofrío, a cerca de quarenta quilômetros da cidade portuária de Santa Marta, entre a Sierra Nevada de Santa Marta (em grande parte indígena) e o estuário do Magdalena. A ferrovia de Santa Marta, de propriedade inglesa, abriu esse território da planície tropical e chegou a Riofrío em 1891, quando começou a exportação sistemática. Em 1899, as plantações de banana (de propriedade americana) passaram a fazer parte da gigantesca United Fruit, o que aumentou a área plantada de bananas de 13 mil hectares (1900) para 82 mil hectares (1913). Em 1932, já havia 55 mil hectares de cultivo totalmente irrigados, dominados pela United Fruit, mas com fazendas e propriedades colombianas responsáveis por 45% da produção. Esta cresceu de menos de 300 mil cachos, em 1900, para 6,3 milhões em 1913 e 10,3 milhões no ano de pico de 1929 (quando a Colômbia foi o terceiro maior produtor de bananas do mundo, depois de Honduras, com 28 milhões de cachos, e a Jamaica, com 22 milhões).

A zona bananeira colombiana diferia de três maneiras das

outras zonas da área do Caribe: (a) constituía apenas uma parte minúscula de um país muito grande, o que salvou a Colômbia de se tornar uma "república das bananas", limitando o poder político da United Fruit; (b) uma parte substancial da produção vinha de produtores locais, que tiveram seus próprios conflitos com a United Fruit, que dominava a zona; e (c) estando numa área ao alcance de uma população local bastante densa, a força de trabalho das plantações consistia de colombianos, em vez de, por exemplo, negros caribenhos importados. Desse modo, enquanto as greves na Costa Rica e no Panamá de 1918-9 foram às vezes influenciadas pela ideologia do movimento nacionalista negro de "volta para a África" do jamaicano Marcus Garvey, as primeiras disputas colombianas foram apolíticas ou anarquistas, estas últimas lideradas por marxistas.

O atrito entre os produtores locais e a United Fruit desenvolveu-se na década de 1920 [...] e entre trabalhadores das plantações e a empresa, sobre algumas questões de mão de obra, mas especialmente sobre subcontratos, pois a maior parte dos trabalhadores não era empregada diretamente pela empresa, mas por empreiteiros (*patrones*), e pelos quais a empresa negava ser responsável. [...] A agitação aumentou, incentivada tanto pelo pequeno Partido Socialista Revolucionário (do qual faziam parte os comunistas colombianos antes da fundação de seu próprio partido em 1930), quanto por deputados de esquerda, como Jorge Eliécer Gaitán. A grande greve de novembro de 1928 decorreu menos da agitação deles — os comunistas ficaram do lado cauteloso, se é que assumiram alguma posição — do que da militância espontânea dos trabalhadores e das táticas protelatórias da empresa. As demandas eram puramente sindicalistas, mas a União Sindical de Trabalhadores de Magdalena, que liderou a greve, teve o apoio de toda a opinião local, incluindo não só os produtores colombianos descontentes, mas as Câmaras de Comércio de Santa Marta e

Barranquilla, e até mesmo dos soldados, muitos dos quais se recusaram a disparar contra os grevistas.

No entanto, um número suficiente deles obedeceu às ordens que resultaram num massacre, o que levou a levantes em massa, que foram reprimidos pela força militar. O número estimado de mortos variou de quarenta (estimativa dos militares) a 1500 (cálculo feito pelo líder da greve), mas quase certamente chegou a várias centenas. Não obstante, a greve foi um sucesso, embora se tenha dito que a empresa concordou com termos um pouco menos generosos do que estava preparada para conceder antes das operações militares. A grande greve da banana de 1928 teve dois tipos de consequências. Em primeiro lugar, e em termos de política colombiana, foi sistematicamente explorada pela oposição liberal contra o governo conservador e desempenhou um papel significativo na derrota dos conservadores em 1930, que acabou com quarenta anos de sua dominação política e abriu a era do liberalismo populista que determinou o destino da Colômbia nos vinte anos seguintes. Em segundo lugar, transformou a zona da banana e as áreas adjacentes em centros de forte atividade trabalhista (e comunista), que transbordou das plantações para as cidades ao norte e a oeste, e para as montanhas indígenas do leste, em parte devido aos líderes da greve que fugiram para as montanhas e se instalaram lá, em parte devido aos índios que visitavam a zona da banana. O movimento grevista não amainou [...], e se desenvolveu um movimento camponês sob a proteção dos trabalhadores. Em 1938, no Congresso Nacional do Trabalho, várias ligas camponesas e uma Liga de Indígenas da Serra Nevada representaram a região. Essa tradição permaneceu viva. Porém, os movimentos da região de Santa Marta não são comparáveis aos de outras partes da Colômbia em que a agitação agrária se torna importante e, neste momento, nada mais precisa ser dito sobre eles por esse motivo.

Produção extensiva para o mercado

De longe, a maior proporção de terras em uso agrícola ainda é, como vimos, dedicada à criação extensiva de gado; de acordo com a estimativa da Comissão Econômica da onu para a América Latina para a década de 1950, essa atividade ocupa algo como 90% de todas as terras exploradas. Uma proporção muito substancial da terra ainda está nas mãos de relativamente poucos proprietários. De acordo com o censo agropecuário de 1960 (o primeiro desse tipo), cerca de 15 500 propriedades classificadas como "multifamiliares grandes" ou 1,2% de todas as propriedades, com média de 727 hectares de tamanho, cobrem 45% da superfície total explorada, e 636 propriedades de mais de 2 mil hectares, com média de cerca de 11 mil hectares cada, cobrem não menos do que 20,1% da superfície total explorada. Esses latifúndios são também as principais unidades de criação de gado. [...] Pode-se acrescentar que são também as unidades em que a pecuária colombiana, extremamente ineficiente e tradicional, é a menos intensiva. Assim, no departamento de Cundinamarca, onde se poderia pensar que a presença da grande cidade de Bogotá e de alguma industrialização poderia incentivar o desenvolvimento de uma agricultura eficiente, algo em torno de 45% da área agrícola consiste de "pastagens naturais". [...]

Uma vez que pouco trabalho histórico foi feito nesse campo, não podemos traçar com precisão a mudança de sorte do latifúndio colombiano. [...] Sabemos que no período republicano as terras da Igreja e os *resguardos* foram divididos ou usurpados por proprietários ou colonos vizinhos. [...] É claro que as fazendas cresceram imensamente ocupando *tierras baldías* sem título legal de propriedade. Podemos presumir, por conseguinte, que o setor latifundiário aumentou e pode ter se tornado mais concentrado. [...] Também podemos supor que o surgimento de uma economia de mercado a partir de meados do século XIX levou a maioria das haciendas a se desenvolver principalmente como fazendas de gado, uma vez que essa era a maneira mais simples e barata de explorá-las, pois, apesar de sua ineficiência e baixa produtividade, produzia substanciais rendas brutas para aqueles que possuíam vastas propriedades. Há alguns indícios dessa mudança sistemática para a criação de gado.

No entanto, tenha ou não havido concentração da propriedade da terra ou uma ampliação da área de pecuária extensiva, o efeito social de manter uma extensão tão vasta do território fora da agricultura estava destinado a ser considerável. Na hipótese mais conservadora, o aumento da população levaria à escassez de terra para os camponeses, forçando assim os homens a migrar para território virgem ou, com maior probabilidade, aumentar ainda mais a população das terras desniveladas das encostas das montanhas, que não podiam ser utilizadas para a pecuária. Se supormos uma transformação das antigas terras dos camponeses em campos de criação — o que certamente aconteceu em algumas regiões —, devemos supor também que os camponeses foram expulsos de suas posses para se tornarem peões nas fazendas e se instalarem nas encostas da montanha ou migrarem. O desenvolvimento de culturas comerciais para o mercado mundial dificilmente influiu nessa situação, uma vez que a mais importante delas (café) florescia melhor em terras não adequadas para a criação de gado, e de qualquer modo, como vimos, a área coberta por essas culturas ainda hoje é relativamente modesta. [...]

O principal efeito da predominância da pecuária foi, portanto, intensificar os problemas sociais e econômicos do campesinato nos setores restantes da agricultura colombiana. Em seu conjunto, ela não deu origem a muitos conflitos sociais dentro da própria área de pecuária, exceto nos últimos vinte anos nos Llanos Orientales, que constituem um caso especial.

Colonização camponesa

A migração camponesa foi uma resposta óbvia à escassez de terra em um país em que a terra vazia é abundante. Ela ocorreu em todos os tempos, embora de forma mais intensa em alguns momentos mais do que em outros, como durante e depois das guerras civis que sempre produziram suas *levée en masse* de refugiados. Hoje, a maior parte dessa migração vai para as cidades e, portanto, está fora do tema deste artigo. Parte dela constitui simples deslocamento geográfico de arrendamentos ou títulos de propriedade. No entanto, outra parte é constituída por simples ocupação de terrenos vazios sem título legal, ou onde a propriedade legal está em disputa, e isso deu origem a consideráveis lutas sociais, como se poderia esperar.

É óbvio que a ocupação de terras não é feita somente por camponeses. A maior parte das *terras baldías* de domínio público foi ocupada por homens mais poderosos, influentes ou ricos e, portanto, não nos diz respeito, exceto na medida em que pode incluir cúlaques em potencial ou empresários rurais dinâmicos e empreendedores, que constituem muitas vezes um grupo militante em cenários quase feudais. Infelizmente, as estatísticas não nos permitem separar esses dois (ou três) tipos de invasores com clareza. [...] Tampouco, é evidente, os números do censo de 1960 nos dão qualquer orientação a respeito da história passada. Limitam-se a indicar a extensão do fenômeno.

Não obstante, é possível distinguir as diferentes situações de colonização e fontes de conflitos decorrentes das ocupações camponesas, conforme vemos a seguir.

A. Posseiros puros: camponeses cuja posição não é contestada, talvez devido à grande distância de suas posses; camponeses cujos direitos são contestados por latifundiários vizinhos, capitalistas ou políticos que cobiçam a terra que transformaram em produtiva; camponeses que ocupam terras que têm donos nominais, mas não são utilizadas ou estão abandonadas por seus proprietários legais, que reafirmam seus direitos assim que notam que elas têm algum valor. B. Semiposseiros, isto é, camponeses que têm permissão (em geral, por contrato verbal) para cultivar a terra vazia em troca de algum tipo de serviço prestado ao proprietário do terreno na parte utilizada dessa propriedade. Isso pode incluir formas especiais de arrendamento, como a *roza* dos departamentos do Caribe, em que camponeses que vivem nas margens das grandes fazendas de gado limpam a floresta ou outras terras para a hacienda, ficando com o direito de cultivá-las por sua própria conta durante certo período (por exemplo, dois anos); outras formas desse tipo de arrendamento pioneiro; camponeses que cultivam terras em litígio, por exemplo, terrenos sujeitos a inundações ocasionais em vales de rios, que consideram "terras de ninguém", enquanto as fazendas reivindicam direitos sobre elas.

Ainda não é possível escrever a história dos movimentos agrários decorrentes desse tipo de colonização camponesa. Sabemos muito pouco sobre isso e sobre todos os outros aspectos da sociedade rural colombiana. Ainda assim, duas coisas estão claras. Em primeiro lugar, e apesar da proporção relativamente pequena do campesinato representado por esses posseiros, suas agitações desempenharam um papel importante — talvez, com uma exceção, o papel principal — nos movimentos sociais do campesinato não indígena. Em segundo lugar, não devemos esperar que esses movimentos ocorram com frequência, exceto (a) em um período de extensa colonização camponesa e (b) em lugares onde a terra colonizada por camponeses teve valor econômico significativo para os proprietários ou aqueles que alegavam ser os proprietários.

Ao que parece, houve dois períodos de colonização camponesa importante: no terceiro quartel do século XVIII e no último quartel do século XIX e início do século XX. É improvável que tenha havido alguma grande competição por terras na segunda metade do século XVIII. Por outro lado, à medida que a produção para o mercado se desenvolveu — fosse de gado, produtos alimentícios ou cultivos comerciais — no século XIX e, em especial, no XX, os motivos do conflito começaram a multiplicar-se, tanto mais porque, no decorrer do século XIX, os fazendeiros ocuparam vastas áreas do que eram legalmente terras do Estado (as quais os camponeses, quase com certeza, sabiam que não tinham dono nem eram utilizadas) e passaram a reivindicá-las como propriedade privada. Um exemplo: quando, depois de uma disputa entre colonos e proprietários de terras na área onde os departamentos de Cundinamarca e Tolima são contíguos, fizeram-se investigações oficiais sobre os latifúndios de El Pilar, Paquilo e La Cascada, pertencentes a Jenaro Otero Torres, descobriu-se que em 1932 o título original da propriedade abrangia 426 hectares; mas em 1932 o latifúndio estendia-se por mais de 300 mil hectares.

A natureza dessas disputas podia variar. Assim, nas terras reivindicadas pela United Fruit no departamento de Magdalena, das quais apenas uma parte relativamente pequena era utilizada para a produção de bananas, vários colonos haviam invadido e ocupado — ou assim foi alegado — mais de 9 mil de 55 mil hectares, que não usaram para a produção de bananas, mas para a subsistência e, cada vez mais, para produzir alimentos para vender ao crescente setor não agrícola de Santa Marta e da região da banana.

O principal problema desses camponeses era a falta de acesso à irrigação, que estava sob o controle da United Fruit e, de qualquer modo, limitada aos bananais. No início da década de 1920 o problema já era grave, ou seja, dentro de uma geração do início efetivo da cultura da banana na região, e de uma dúzia de anos de grande expansão da área da United Fruit. Uma comissão do governo para organizar a alocação de *baldías* funcionou na região a partir de 1924, e o descontentamento dos colonos fundiu-se com as grandes agitações grevistas de que já tratamos. Mais uma vez, como vimos anteriormente, grandes fazendas de gado incentivaram colonos camponeses a limpar as terras que esperavam incorporar à fazenda. Assim, em Tolima, sabemos que a criação de gado seguiu a colonização camponesa nas encostas da montanha no século xx. Inevitavelmente, surgiram conflitos, em especial quando os camponeses podiam plantar café, uma forma de agricultura que, como veremos, é muito adequada para pequenos produtores. Os intensos conflitos na região de Sumapaz e, em particular, nos municípios de Cunday e Icononzo, derivaram em grande parte disso. Boa parte da região tinha sido colonizada havia pouco tempo — Icononzo só foi fundada por volta de 1900 — e, em Cunday, a área de pecuária ainda estava se expandindo na década de 1940, enquanto o município tinha na época a quarta maior área cultivada de café no departamento, uma produção substancial de mandioca, para não mencionar uma das mais altas taxas de crescimento populacional no departamento.

Por acaso, temos algumas informações sobre a pré-história das agitações na região de Sumapaz. Em 1932, quando o conflito estourou, os camponeses afirmaram que estavam naquelas terras havia trinta anos, ou seja, praticamente desde a povoação original da área. As disputas vinham aumentando, em especial no grande período de expansão da década de 1920, que viu o enorme crescimento da produção de café na região. Em 1928, em consequência desses conflitos, o governo foi obrigado a reafirmar formalmente seu direito sobre uma grande área em disputa como uma "reserva territorial", e os latifundiários passaram a exercer a coerção e a perseguição sistemática dos colonos que levariam à revolta e mortes.

Parece, portanto, que o problema dos colonos se tornou agudo na década de 1920. Se ele teria levado a grandes movimentos agrários sem a mudança política de 1930, que acabou com quarenta anos de governo conservador e começou vinte anos de governo liberal populista, não podemos dizer. Talvez não, pois, numa situação de relações políticas estáveis e tradicionais, a força do Estado era praticamente idêntica à dos latifundiários; o posto de polícia e o que passava por cadeia localizavam-se, na verdade, no prédio principal da fazenda de Sumapaz, e — como a comissão de inquérito deixa claro — os alcaides, policiais do lugar e os representantes de autoridade superior, quando iam à região, identificavam-se por completo com os homens que mandavam no lugar. Em todo caso, a partir de 1930, os camponeses se tornaram mais militantes, organizados e, em grau considerável, foram vitoriosos.

Como veremos, os colonos de Sumapaz e de outros lugares (como na Hacienda El Soche, mais perto de Bogotá, e El Chocho e Fusagasugá, centros antigos de luta), não foram o único fator para essa mudança. No entanto, foram importantes, especialmente se lembrarmos que a região de Sumapaz viria mais tarde, sob o seu líder Juan de la Cruz Varela, a formar uma grande parte daquela área quase "libertada" conhecida como República do Tequendama, que manteve a paz e a independência durante a *Violencia*, sob liderança comunista ou quase comunista, protegida por sua autodefesa armada. É particularmente interessante, na medida em que a sua organização e sua liderança parecem ter se tornado autóctones e, pelo menos no início, sem influência dos comunistas.

Agricultura camponesa para exportação

Se deixarmos de lado o boom temporário da produção de tabaco, que teve uma sobrevida relativamente modesta, sobretudo em Santander, a cultura de exportação característica da agricultura colombiana é o *café*. Ela começou sua expansão vertiginosa depois de 1870, mas fez seu progresso mais rápido após a Primeira Guerra Mundial. Em 1915, parece que havia menos de 50 mil hectares ocupados por cafezais; em 1929, 300 mil; em 1950, cerca de 650 mil; em 1960, 900 mil hectares. Esse cultivo concentrava-se e está concentrado quase que inteiramente no Quindío, isto é, em Antioquia, no sul do antigo centro (Cundinamarca) e nas antigas terras não desenvolvidas do sul: Caldas, Valle del Cauca, Tolima, Cauca. As áreas de café do centro do norte, jamais de importância comparável, tenderam a diminuir tanto relativa quanto absolutamente.

O café é uma cultura tradicional camponesa. Em 1960, mais de 75% de sua área cultivada estava em unidades de menos de cinquenta hectares (que constituíam mais de 90% do número de todas as *explotaciones*). Minifúndios de até cinco hectares compunham 56% de todas as propriedades e cultivavam cerca de 20% da área plantada com café. Se os números são comparáveis, isso indica um declínio substancial desses minifúndios, que se supunha que respondiam por 87% de todas as *explotaciones* de café e cultivavam 49% da área em 1932. A concentração econômica assumiu a forma do crescimento de fazendas comerciais de médio porte, e não de grandes plantações que não têm nenhuma vantagem econômica significativa. Em 1960, havia apenas 205 cafezais de mais de cem hectares e provavelmente nenhum maior do que trezentos. Fica claro que a unidade ideal de produção continua a ser pequena o suficiente para o cultivo familiar, complementado por trabalho contratado (em grande parte, de minifundiários) durante as colheitas.

No entanto, a estrutura da propriedade da terra difere da do cultivo. De modo geral, em Caldas e Antioquia, dois terços dos minifúndios (até cinco hectares) são ocupados pelos donos, 30%

são ocupados por rendeiros — principalmente meeiros —, 1% ocupado sem título legal e 2% de outras maneiras. Entre 70% e 75% das fazendas de tamanho médio (cinco-cinquenta hectares) são ocupadas pelos donos, 2% ocupadas de maneiras diversas, enquanto a proporção de rendeiros e posseiros varia de forma considerável, de 14% a 28% e de 1% a 10%, respectivamente. Quanto maior a propriedade, menos provável que seja ocupada sem título legal; essa correlação é válida até cem hectares. Esses números são interessantes porque sugerem que os camponeses médios e agricultores substanciais constituem uma proporção muito maior de colonos do que camponeses pobres.

Fica claro que os problemas substanciais da economia cafeeira surgem, em primeiro lugar, da relação entre proprietários e rendeiros ou meeiros agricultores e, em segundo, da relação entre os agricultores e os trabalhadores contratados para a colheita. Os dois não podem ser claramente separados, uma vez que o agricultor minifundiário típico, com uma produção média de talvez 250 quilos por terrenos de um hectare ou menos, depende de outras fontes de renda. Nem precisamos acrescentar que a economia cafeeira também dá origem a problemas que afetam todos os produtores (por exemplo, o movimento dos preços) e a outros que afetam todos os camponeses pobres (por exemplo, a dependência econômica e política de intermediários, dos moradores das cidades e dos ricos em geral, ou dificuldades de transporte, de crédito etc.).

Como de costume, estamos mal informados sobre a história passada desses problemas. Não obstante, parece que em várias regiões o desenvolvimento original da produção cafeeira, tal como a de tabaco durante o boom de 1850-70, assumiu a forma de plantações de grande escala, talvez financiadas pela nova burguesia. É significativo que, quando isso aconteceu, como em Viotá, Fusagasugá, El Colegio (na zona fronteiriça de Cundinamarca e Tolima, que já tivemos ocasião de observar), encontramos um confronto geralmente agudo entre os latifúndios cada vez mais parasitários e os agricultores camponeses que cada vez mais se estabeleceram como unidades eficientes e dominantes de produção, ou outros rendeiros que queriam se envolver na produção de café.

O caso de Viotá, onde o café foi plantado dessa forma a partir de 1870, é particularmente relevante, pois esse município produziu a mais avançada de todas as agitações camponesas. Parece que a tensão entre camponeses e latifundiários cresceu (como de costume) durante a década de 1920 e atingiu o ponto de ruptura depois de 1930, quando os preços do café despencaram. Sob a liderança inicial dos socialistas revolucionários e depois do PC, os rendeiros se recusaram a pagar o aluguel — mantiveram sua greve por vários anos —, enquanto tentativas de resolver os preços mais baixos com cortes de salários levaram a uma série de grandes greves dos peões. Organizaram-se unidades de autodefesa armadas. Em consequência, em meados da década de 1930, as fazendas começaram a vender suas terras para os rendeiros em apuros e Viotá tornou-se (e ainda é) uma república comunista independente de agricultores de café camponeses.

É difícil julgar a importância dos movimentos agrários na economia cafeeira. Na zona de fronteira entre Cundinamarca, Tolima e Caldas, onde eles obtiveram seus maiores êxitos, não são fáceis de distinguir de outros fenômenos, como as queixas dos colonos. Tomado em seu conjunto, o movimento camponês da década de 1930 foi nitidamente fraco nos principais departamentos cafeeiros — Caldas, Antioquia, Valle —, e aquele que houve parece em grande parte ter sido promovido pelos colonos.

O problema dos índios

Embora a população indígena da Colômbia estivesse em processo de rápida absorção pelos não índios ou de dispersão, com a distribuição dos *resguardos*, ela permanecia suficientemente autônoma em algumas partes do país para apresentar um problema agrário específico. Este surgiu, como em outras partes da América indígena, da luta para manter as comunidades nativas e suas terras contra a usurpação e partição e da crescente inadequação das terras comunais, erodidas, subdivididas etc. pelo crescimento da população. A ação dos índios foi dificultada pela necessidade de lutar em duas frentes: contra as invasões de colonos camponeses brancos ou mestiços, bem como das grandes fazendas ou da nova burguesia rural. Felizmente, as lutas indígenas do passado foram um pouco menos esquecidas do que as dos outros camponeses colombianos, graças aos trabalhos de historiadores devotados como Juan Friede, e sua resistência desesperada está, pelo menos em parte, documentada. Quanto a isso, precisamos apenas observar que, na época do surgimento dos movimentos camponeses modernos no país, os índios ainda compunham segmentos significativos da população no extremo norte do país (Guajira) e no pouco povoado sudoeste da região andina (Cauca, Huila). Como veremos, eles participaram do movimento geral.

IV

No atual estágio da pesquisa, não é possível escrever a história dos movimentos camponeses colombianos antes da década de 1920, exceto, como já observado, no que se refere às lutas dos índios para preservar suas terras comunais. Já sugerimos que isso pode indicar que houve poucos movimentos camponeses de importância, o que não é, de fato, improvável, mas a questão deve ser deixada em aberto. A partir da década de 1920, os indícios de agitação agrária multiplicam-se e, de 1928 em diante, ou talvez mais precisamente na década de 1930, surge um movimento camponês significativo que pode ser pelo menos documentado de forma parcial, mesmo no atual estado defeituoso do nosso conhecimento. Nossas principais fontes são os dados sobre a organização sindical e os relatos que emanam do próprio movimento operário. A *Reseña del movimiento sindical* de 1909-37 menciona todos os [noventa] sindicatos existentes em 1937 (no auge da agitação social dos anos 1930) e registrados desde 1909. [...] Ela confirma que o movimento camponês teve a sua maior força em Cundinamarca [31 sindicatos] e Tolima [dezesseis], com um movimento indígena considerável em Cauca e, é claro, na zona bananeira de Magdalena. No entanto, também sugere que o movimento sob liderança da esquerda era fraco em Antioquia, Valle, Santander e Norte de Santander, Huila, Bolívar, Atlántico e Caldas, e praticamente insignificante em Nariño e Boyacá. Isso sugere que o movimento camponês real não pode ser medido simplesmente pela força dos sindicatos ou ligas de camponeses formais, muito menos por aquela de organizações de esquerda, que tinham, como vimos, influência em determinadas zonas. [...] Na verdade isso é assim. O movimento camponês colombiano do período entre a década de 1920 e a *Violencia* foi invulgarmente descentralizado e desestruturado. Não obstante, foi muitíssimo poderoso.

Como vimos, a tensão entre colonos e fazendeiros em relação aos direitos à terra aumentara gradualmente ao longo do grande boom imperialista do início do século xx. Por volta de meados da década de 1920, embora haja poucos sinais de organização camponesa formal, é evidente que havia litígio generalizado entre camponeses e latifundiários a respeito de reivindicações das terras públicas que ambos haviam ocupado sem título de propriedade. A decisão da Corte Suprema de 1926 de que a terra deveria reverter para o Estado se o proprietário não conseguisse apresentar os documentos originais de propriedade foi, na prática, uma vitória para os camponeses. O simples fato de essa decisão ter sido tomada dá uma medida da pressão silenciosa existente no campo. É nesse contexto que devem ser vistas as agitações do final dos anos 1920. Ademais, foi nesse momento que apareceram na cena agrária os grupos de jovens socialistas revolucionários e políticos populistas como Jorge Eliécer Gaitán.

A depressão econômica e o triunfo político do Partido Liberal em 1930 intensificaram a agitação [camponesa], [e não apenas] nas áreas de maior atividade política que já foram mencionadas (Cundinamarca, Tolima etc.). [...] Nos casos mais avançados, a ação direta — às vezes armada — conquistou algo parecido com uma reforma agrária. [...] Várias fazendas foram vendidas para os camponeses, outras para o departamento. [...] Em 1934, a situação tornou-se tão grave que a Corte Suprema retornou novamente à sua decisão de 1926, mas dessa vez num clima de agitação camponesa organizada. Naquela altura, a situação política também havia mudado. O governo estilo New Deal de López Pumarejo (1934-8) iniciou um período de reforma social sistemática baseada no apoio popular.

O principal resultado disso foi a famosa Lei 200, de 1936, que reconheceu os direitos dos colonos. Essa lei estabeleceu que terras que não fossem exploradas para fins econômicos durante dez anos deveriam reverter para o Estado. O significado dessa medida foi muito debatido. De um lado, foi considerada praticamente ineficaz, de outro, "uma das maiores realizações que é muitas vezes ignorada" (Albert O. Hirschman), na medida em que equivalia a uma distribuição parcial e não planejada de terras para, ao menos, uma parte dos camponeses, e um forte incentivo para que os proprietários de terras explorassem suas propriedades. É provável que ambos os julgamentos estejam corretos. Onde não havia movimento camponês, ela permaneceu letra morta; onde havia, incentivou tanto camponeses quanto proprietários. O certo é que a ocupação de terras por colonos continuou a crescer nas décadas de 1930 e 1940, embora encorajasse, ao mesmo tempo, os proprietários a desalojar os camponeses que poderiam se tornar colonos. Não existem estatísticas confiáveis sobre seus efeitos reais.

Depois de 1938, o movimento agrário perdeu o apoio do governo. López, reeleito em 1942, viu-se sob crescente pressão de uma coalizão de latifundiários e empresários e, de qualquer modo, estava agora disposto a incentivar o aumento imediato da produção por todos os meios, a fim de tirar proveito da guerra. A Lei 100, de 1944, reverteu a política da Lei 200, de 1936, cuja aplicação fora adiada por mais cinco anos. Ela proibiu o plantio de árvores e outras plantas de longa vida por rendeiros ou meeiros sem a permissão explícita do proprietário, a fim de incentivar os proprietários a aceitar arrendatários e parceiros sem o medo de que pudessem estabelecer direitos de colonos. Seguiu-se uma radicalização considerável da política. Gaitán, que se tornara o político com apelo mais eficaz para os pobres, dividiu o Partido Liberal e ganhou 45% de seus votos na eleição presidencial de 1946, mas ao custo de deixar o candidato conservador ganhar pela primeira vez desde 1930. Pouco depois ele se tornou o líder oficial do partido, com a quase certa perspectiva de vencer a eleição seguinte para a presidência e, portanto, implantar um governo que voltaria para uma política populista. Seu assassinato em 1948 impediu esse desenlace e encerrou uma fase da história colombiana. Em vez de revolução social, ou de um regime populista, houve anarquia e guerra civil. As esperanças da esquerda foram enterradas na *Violencia*.

Desse modo, desde 1948, os movimentos camponeses foram ofuscados por essa guerra civil anárquica e sanguinária que afetou a região de café no centro da Colômbia (Antioquia, Caldas, Cundinamarca, Huila, Tolima), o norte de Cauca, partes de Boyacá, os dois Santander e algumas regiões dos Llanos Orientales. Mesmo dois anos depois do término oficial da guerra civil [em 1953], ela ainda afetava 40% do país. Apesar de não ser um movimento social, a *Violencia* proporcionou um substituto para o descontentamento agrário, na medida em que permitiu que camponeses expulsassem uns aos outros de suas propriedades; assim, em Tolima (1958), 35 mil *fincas* — metade de todas as propriedades enumeradas no censo de 1960 — foram abandonadas. Sobre isso, é digna de nota também a liquidação da pecuária — extirpada por completo no sul e leste de Tolima, parcialmente em Huila, no norte de Cauca e em grandes regiões de Antioquia. Em algumas áreas de Tolima, a relação com os movimentos agrários é ainda mais clara. Ali, a mobilização camponesa da *Violencia* teve por alvo a ocupação da *"tierra de nadie"*, isto é, de título legal incerto, ou tomou a forma de vingança camponesa armada contra proprietários de terras que haviam despejado arrendatários. De qualquer modo, a *Violencia* está fortemente correlacionada com a migração e a colonização de camponeses. Ocorreu de forma muito acentuada nas zonas de colonização e foi mais endêmica nos departamentos em que a porcentagem de imigrantes na população rural ativa é de longe a mais elevada: Valle (54,4%), Caldas (31,9%) e Tolima (24,2%).

Os centros mais fortemente organizados do movimento camponês mais antigo ficaram fora da *Violencia* e resistiram a ela, a partir de 1950, quando a autodefesa armada começou em Chaparral (Tolima), por ação militar onde necessário. As guerrilhas lideradas por comunistas foram estimadas em 10%-15% do total. Monsenhor Germán Guzmán, nossa principal fonte, lista três dessas unidades em Cauca (antigo centro de agitação indígena), três em Cundinamarca, cinco em Tolima e três nos territórios fronteiriços desabitados de Huila e Meta. Em algumas áreas, essa tentativa de manter a *Violencia* à distância teve sucesso, e criaram-se zonas praticamente autônomas de administração camponesa que foram mantidas, por exemplo, em Sumapaz e Viotá. Pode-se deduzir o grau de organização local por um documento mimeografado que convoca a XVIII Conferência Regional dos Comunistas no Tequendama (dezembro de 1962), a qual prevê reuniões preparatórias em, pelo menos, 33 municípios e localidades diferentes. É significativo que contenha os nomes dos lugares e fazendas expropriadas à força conhecidos do estudioso da agitação agrária de 1929-34 nessa parte da Colômbia. Talvez seja interessante que o primeiro projeto da inexpressiva Reforma Agrária de 1961 se destinasse para uma área igualmente familiar ao estudioso desse período já remoto: Cunday.

Neste ponto, podemos concluir nossa pesquisa das agitações camponesas colombianas, deixando os movimentos da década de 1960 para a atenção de estudiosos dos assuntos colombianos contemporâneos. Que conclusões — provisórias e até mesmo especulativas — podemos tirar disso?

Primeiro, a grande onda de movimentos camponeses da história da República parece ter sido a de *c.* 1925-48. Foi um "tipo descentralizado de iniciativa [...] uma violência descentralizada" (Hirschman), mas muito significativa nas regiões limitadas, embora substanciais, em que atuava. Em alguns lugares, foi e se manteve organizada por quadros camponeses politicamente conscientes e comunistas, embora esses centros não sejam de grande importância numérica. Em 1960, o movimento camponês não tinha se expandido de forma significativa para além dos limites que alcançara na década de 1930.

Em segundo lugar, as duas principais situações das quais decorreu a agitação camponesa foram: (a) o conflito de colonos e latifundiários por terras a que nenhum deles tinha uma reivindicação clara legal, ou seja, principalmente nas áreas de assentamento e cultivo novos, e (b) o conflito entre produtores-camponeses e propriedades pelo direito de cultivar novas culturas comerciais rentáveis, em especial café. Essas duas situações se sobrepõem em várias áreas, tais como Tequendama e Sumapaz. Em terceiro lugar, a *Violencia* a partir de 1948 pode ou não ter proporcionado uma alternativa aos descontentes agrários, mas, sem dúvida, levou a uma recessão dos movimentos camponeses que, desde 1970, não reviveram numa proporção parecida com a antiga.

1969

16. Camponeses e política

Vamos examinar a seguinte questão: pode haver um movimento camponês nacional ou uma revolta ou sublevação camponesa nacional? Duvido muito. A ação local e regional, que é a norma, se transforma em ação de maior envergadura apenas por força externa — natural, econômica, política ou ideológica — e somente quando um número muito grande de comunidades ou aldeias se move de forma simultânea na mesma direção. Mas, mesmo quando essa ação geral disseminada ocorre, ela raramente coincide com a área do Estado (tal como visto de cima), mesmo em Estados muito pequenos, e será menos um único movimento geral do que um conglomerado de movimentos locais e regionais cuja unidade é momentânea e frágil. Os homens da costa e os homens da montanha podem ser demasiado diferentes uns dos outros para se encontrarem mais do que brevemente no mesmo terreno.

Todos os maiores movimentos camponeses parecem ser regionais ou coalizões de movimentos regionais. Ou então, se os movimentos camponeses se desenvolvem em todo o território de um Estado, a não ser que sejam patrocinados ou organizados por autoridades estatais, é improvável que sejam simultâneos ou tenham as mesmas características ou exigências políticas. No pior dos casos, essa composição de grandes movimentos camponeses feitos de um mosaico de pequenos pode criar apenas uma série de enclaves espalhados que não afetam o resto do país. Assim, na Colômbia, poderosos movimentos agrários, a maioria organizada pelo PC, desenvolveram-se nas décadas de 1920 e 1930, em certos tipos de zonas — nas regiões cafeicultoras; em áreas indígenas, que tinham seus problemas específicos; em áreas de fronteira ou de novos assentamentos, entre posseiros e colonos; e assim por diante. Até mesmo a coordenação nacional do PC não produziu um único movimento camponês, mas um punhado de áreas camponesas "vermelhas", com frequência muito distantes umas das outras; tampouco se desenvolveu um movimento nacional a partir dessas áreas dispersas, embora algumas tenham se mostrado capazes de espalhar sua influência em âmbito regional. Evidentemente, quadros políticos nacionais ou guerrilheiros podem surgir desses núcleos pequenos isolados e muitas vezes duradouros, mas isso é outra questão.

No melhor dos casos, esses movimentos camponeses podem ocorrer em uma ou duas regiões estrategicamente situadas onde seu efeito sobre a política nacional é crucial ou em áreas capazes de produzir poderosas forças militares móveis. Foi o que aconteceu no caso da Revolução Mexicana. A maior parte do campesinato desse país não se envolveu muito na revolução de 1910-20, mas se organizou em diversas áreas graças à vitória da revolução. Contudo, é quase seguro dizer que a maior mobilização de camponeses mexicanos relacionada com a revolução deu-se, por assim dizer, do lado errado — o movimento dos Cristeros da década de 1920, que se levantou em defesa de Cristo Rei *contra* os agraristas seculares. Subjetivamente, a deles foi, sem dúvida, uma revolução camponesa, embora tanto o momento como sua ideologia os tenham tornado objetivamente contrarrevolucionários. No entanto, entre 1910 e 1920, aconteceu de duas regiões exercerem uma enorme influência política. Uma delas foi a região fronteiriça do norte, onde homens independentes armados — vaqueiros, garimpeiros, bandidos e assim por diante — formaram o exército de Pancho Villa, com sua mobilidade e capacidade de vaguear por grandes extensões: o equivalente mexicano dos cossacos. A outra foi a revolução comunal de base muito mais sólida de Emiliano Zapata em Morelos, que tinha horizontes puramente locais, mas a enorme vantagem de estar situada ao lado da capital do país. A influência política do programa agrário de Zapata decorre do fato de que seus recrutas camponeses estavam perto o suficiente para ocupar a capital. Os governos de grandes áreas vagamente administradas, como as repúblicas latino-americanas no início do século xx, resignam-se a perder de vez em quando o controle de províncias distantes para dissidentes ou insurrectos do lugar. O que realmente os preocupa é a insurreição na capital ou em suas proximidades.

Onde os revolucionários camponeses não têm essa vantagem, suas limitações ficam muito mais óbvias. O grande movimento camponês do Peru no início da década de 1960 é um bom exemplo, sendo provavelmente a maior mobilização espontânea desse tipo na América Latina durante essa década. Nesse período, houve agitação em todo o país, inclusive entre trabalhadores e estudantes. O movimento agrário aconteceu tanto nas fazendas costeiras — que não podem ser classificadas como pertencentes à economia camponesa, mas são mais conhecidas pelo nome local de "complexos agroindustriais" — quanto nas terras altas camponesas, onde houve movimentos muito extensos nos planaltos do sul e do centro do país, bem como surtos dispersos de ocupações de terrenos, greves, organização de sindicatos camponeses e assim por diante. É possível perceber duas características. Em primeiro lugar, embora mais ou menos simultâneos — o movimento teve seu auge em 1962-4 e atingiu seu pico no final de 1963, no centro e, um pouco mais tarde, no sul —, os movimentos regionais não estavam, de fato, ligados uns aos outros, ou efetivamente com os movimentos não camponeses. Em segundo lugar, houve lacunas curiosas. Assim, a área tradicional de "sublevações indígenas" do sul, o departamento de Puno, ficou notavelmente inativa. O tipo tradicional de movimento não era mais central ou relevante, embora ainda em 1910-21 tivesse sido muito ativo. Em Puno, o movimento camponês tomou a forma da criação de uma máquina política pelos cúlaques e comerciantes locais, que logo depois mostrou força política notável. Enquanto isso, imediatamente ao norte, no departamento de Cusco, a ação direta dos camponeses — que organizaram sindicatos e ocuparam terras, inspirados pelo sucesso do campesinato de La Convención — avançava em grande escala, embora os próprios homens de La Convención, já tendo alcançado seus principais objetivos, estivessem militando principalmente na defesa de suas conquistas. O movimento camponês peruano generalizado de 1962-4 produziu agitação em vez de revolução.

Por isso, inclino-me a pensar que a ideia de um movimento camponês *geral*, a não ser inspirado de fora ou, melhor ainda, de cima, é bastante irrealista. [...]

Não se trata de subestimar a força desses movimentos conglomerados. Se unificados por alguma força externa — uma crise e colapso nacional, um governo reformista simpático ou revolucionário, ou um partido ou organização nacional único, estruturado e eficaz —, eles podem fazer a diferença entre o sucesso e o fracasso de grandes revoluções. Mesmo por si só, podem tornar um sistema agrário ou a estrutura de poder no campo inviáveis, como o "Grande Medo" de 1789 fez na França e a onda peruana de ocupação de terras fez em 1962-4. Há bons indícios de que, em algum momento entre junho de 1963 e fevereiro ou março de 1964, a maior parte dos fazendeiros e senhores de terras do planalto central e do sul decidiu cortar suas perdas, diante da mobilização geral camponesa, e começou a liquidar seus ativos e pensar em termos de compensação pela expropriação, dentro de algum tipo de reforma agrária. Isso não tornou automática a reforma agrária. Demorou mais de cinco anos e um golpe militar para que fosse imposta; mas ela apenas enterrou o cadáver de uma economia latifundiária que já havia sido efetivamente morta pelo movimento camponês.

O poder potencial de um campesinato tradicional é enorme, mas seu poder e sua influência reais são muito mais limitados. A primeira grande razão para isso é seu constante e, em geral, bastante realista senso de sua fraqueza e inferioridade. A inferioridade é social e cultural, como analfabetos contra "instruídos", por exemplo — daí a importância para os movimentos camponeses de intelectuais amistosos que morem no lugar, especialmente o mais formidável dos intelectuais de aldeia, o professor primário. A fraqueza dos camponeses está baseada não somente na inferioridade social, na falta de uma força armada efetiva, mas também na natureza da economia camponesa. Por exemplo, as agitações camponesas devem parar durante a colheita. Por mais militantes que sejam os camponeses, o ciclo de suas tarefas amarra-os ao seu destino. [...] Mas, no fundo, eles são e se sentem subalternos. Com raras exceções, almejam um ajuste da pirâmide social, não sua destruição, embora a destruição seja fácil de conceber. O anarquismo, ou seja, o desmantelamento da superestrutura do poder e da exploração, mantém a aldeia tradicional como uma economia e uma sociedade viáveis. Mas são poucos os momentos em que essa utopia pode ser concebida, para não falar de realizada.

Na prática, é claro, pode não fazer uma grande diferença se os camponeses estão lutando por uma sociedade totalmente diferente e nova ou por um ajuste na velha, o que em geral significa a defesa da sociedade tradicional contra alguma ameaça ou a restauração das velhas formas que, se forem antigas o bastante, podem apenas equivaler a uma formulação tradicionalista das aspirações revolucionárias. Revoluções podem ser feitas de fato por camponeses que não negam a legitimidade da estrutura existente de poder, de justiça, do Estado e até mesmo dos senhores da terra. [...] Um movimento que só pretenda "recuperar" terras comunais ilegalmente alienadas pode ser tão revolucionário na prática quanto legalista na teoria. Tampouco é fácil traçar a linha entre o legalista e o revolucionário. O movimento zapatista em Morelos começou por não se opor a *todas* as fazendas, mas apenas às novas que tinham sido criadas na época de Porfirio Díaz. [...]

A principal diferença não está nas aspirações teóricas do campesinato, mas na conjuntura política prática em que agem. É a diferença entre suspeita e esperança, pois a estratégia normal do campesinato tradicional é a passividade. Não se trata de uma estratégia ineficaz, pois explora as principais vantagens do campesinato — sua quantidade e a impossibilidade de obrigá-lo a fazer algumas coisas pela força e por qualquer período de tempo — e também utiliza uma situação tática favorável, que repousa no fato de que não haver nenhuma mudança é o que convém melhor aos camponeses tradicionais. Um campesinato tradicional organizado em comunidade, reforçado por uma lentidão, impermeabilidade e estupidez funcionalmente úteis — aparentes ou reais —, constitui uma força tremenda. A recusa de entender é uma forma de luta de classes, e observadores, tanto russos do século XIX como peruanos do século XX, descreveram-na de forma semelhante. Ser subalterno não é ser impotente. O campesinato mais submisso é capaz não só de "fazer o sistema trabalhar" para sua vantagem — ou melhor, para sua desvantagem mínima — como também de resistir e, se for apropriado, de contra-atacar. O estereótipo do mujique russo que existe na cabeça dos russos instruídos [...] é muito parecido com o estereótipo do "índio" existente na cabeça dos brancos andinos [...]. Com efeito, há um sistema nesse tipo de comportamento.

A passividade não é obviamente universal. Em áreas onde não há senhores nem leis, ou em zonas fronteiriças onde todos os homens andam armados, a atitude do campesinato pode ser muito diferente. Na verdade, pode estar à beira da insubmissão. No entanto, para a maioria dos camponeses presos ao solo, o problema não é ser normalmente passivo ou ativo, mas quando passar de um estado ao outro. Isso depende de uma avaliação da situação política. De modo geral, a passividade é aconselhável quando a estrutura de poder — local ou nacional — é firme, estável e "fechada", e a atividade quando essa estrutura parece estar de algum modo em mudança, em deslocamento ou "aberta".

Os camponeses são perfeitamente capazes de julgar a situação política local, mas sua verdadeira dificuldade está em discernir os movimentos mais amplos da política que podem determiná-la. O que eles sabem desses movimentos? Em geral, têm consciência de pertencer a alguma organização política mais ampla — um reino, um império, uma república. Com efeito, o mito camponês familiar do rei ou imperador remoto que, se soubesse, poria as coisas no lugar e estabeleceria ou restabeleceria a justiça reflete e, em certa medida, cria uma moldura mais ampla de ação política. Ao mesmo tempo, reflete o distanciamento normal do governo nacional da estrutura política local que, qualquer que seja em teoria, na prática consiste em poder e justiça estatal exercidos por e identificado com os poderosos do lugar, seus parentes, dependentes ou aqueles a quem podem subornar e intimidar. O que podem saber além disso varia muito com o sistema político vigente. Assim, se existem tribunais nacionais, o que de forma alguma é sempre o caso, o litígio pode pôr até comunidades remotas em alguma relação com o centro nacional, sem dúvida através de uma cadeia de advogados urbanos intermediários. A comunidade peruana de Huasicancha, a cerca de 4 mil metros de altitude nas montanhas, dificilmente poderia estar mais longínqua do ponto de vista geográfico, mas desde 1607, quando obteve seu primeiro julgamento na corte do vice-rei de Lima contra um espanhol usurpador, nunca deixou de estar ciente de pelo menos algumas dimensões do sistema político mais amplo do qual é uma parte distante.

Quando nos aproximamos do presente [1973], os detalhes da política nacional tornam-se cada vez mais importantes e conhecidos — por exemplo, quando as eleições e os partidos entram em cena, ou quando a intervenção direta do Estado nos assuntos das localidades e dos indivíduos requer algum conhecimento de suas instituições e seu funcionamento. Além disso, com a emigração em massa, é provável que a aldeia possua ligações diretas com o centro em forma de colônias de sua gente instalada na capital ou em outro lugar, que conhecem o funcionamento da cidade. Mas muito antes que isso aconteça, os camponeses estão cientes de mudanças dentro do sistema, mesmo que sejam incapazes de descrevê-las ou entendê-las com precisão. Guerra, guerra civil, derrota e conquista podem envolver os camponeses diretamente e abrir novas possibilidades quando põem os governantes nacionais em risco e mudam os dirigentes locais. Mesmo eventos menores na política da classe dominante, tais como eleições e golpes de Estado, que é raro que os afetem de forma direta, podem ser lidos corretamente como encorajadores ou desencorajadores. Talvez não saibam com exatidão o que está acontecendo na capital, mas se a família A deixa de abastecer o senador local, enquanto a família rival B parece estar por cima, haverá consideráveis reavaliações locais, sem dúvida, primeiro entre os moradores da cidade, mas também, posteriormente, nas aldeias. A Revolução Mexicana — até mesmo no Morelos de Zapata — começou não tanto como uma revolução, mas como um rompimento do velho equilíbrio da política local que, por sua vez, dependia do bom funcionamento e permanência do sistema de governo nacional de Don Porfirio.

Se alguma grande mudança nacional pode gerar novas possibilidades ou findar as antigas, então, uma notícia a fortiori de reforma ou de alteração de alguma maneira favorável mobiliza os camponeses. Assim, quando um governo reformista apoiado pelo partido Apra assumiu o governo nacional em 1945, as comunidades que vinham agindo no pressuposto da estabilidade mudaram imediatamente as suas táticas. [...] É como se as aldeias, sempre conscientes de sua força potencial, mesmo dentro de sua subalternidade, precisassem apenas da garantia de boa vontade ou mesmo da mera tolerância das autoridades mais altas para pôr a cabeça para fora. Por outro lado, é evidente que qualquer indício de que o poder irá mais uma vez pisar neles estimula-os a voltar para sua concha. Assim como o governo reformista de 1945 levou a uma onda de agitação e organização agrária, a imposição do governo militar em 1948 fez com que as invasões de terras e os sindicatos de camponeses dessem uma parada brusca — até que com um novo governo, depois de 1956, os camponeses percebessem gradualmente que a situação estava de novo um pouco mais aberta.

Essa sensação de constante confronto de força potencial ou real talvez decorra da própria exclusão do campesinato tradicional do mecanismo oficial da política ou mesmo da justiça. As relações de força — sejam testes reais ou ritualizados de força — substituem as relações institucionais. [...] Se quisessem chamar a atenção das autoridades, os camponeses não tinham nenhuma maneira eficaz de fazê-lo, a não ser desafiar a autoridade através da ação direta, uma vez que não havia nenhum mecanismo político para que se fizessem ouvir.

Isso era arriscado, já que a punição era normalmente certa — mas, com certeza, os camponeses e provavelmente até os senhores da terra e o governo calculariam a dose de violência oferecida. Nas invasões de 1947, foram as comunidades inexperientes que ficaram e foram massacradas quando os soldados chegaram. Huasicancha, com séculos de experiência da alternância entre litígio e ação direta, evacuou do terreno ocupado assim que as tropas chegaram e, por algum tempo, aproveitou o melhor que a justiça podia oferecer.

Desse modo, o confronto podia ser não revolucionário: é um erro pensar que todos os incidentes de contestação camponesa pela força sejam uma "sublevação" ou uma "insurreição". Mas poderia também prestar-se à revolução, devido à própria nudez da relação política de força que ela implicava. Para quê, se parecia que o fim definitivo do domínio da aristocracia estava à mão? Nesse ponto, estamos na fronteira entre os territórios da pura avaliação política e a esperança apocalíptica. Poucos camponeses esperariam que sua região ou aldeia sozinha pudesse obter a libertação permanente. Eles sabiam demais a esse respeito. Mas e se todo o reino ou o mundo inteiro estivesse mudando? O vasto movimento do *trienio bolchevista* na Espanha (1918-20) deveu-se ao duplo impacto das notícias do colapso sucessivo de impérios — o russo, seguido pelos da Europa Central — e de uma revolução *camponesa* de verdade. E contudo, quanto mais distantes os centros de decisão estavam da estrutura de poder local conhecida e compreendida, mais vaga a linha divisória entre o julgamento real, a esperança e o mito (no sentido tanto coloquial quanto soreliano). Os sinais por meio dos quais os homens prediziam a vinda do milênio eram, em um sentido, empíricos — como aqueles que usavam para prever o tempo; mas, em outro, eram expressões de seu sentimento. Quem poderia dizer se havia realmente "uma nova lei" ou um cavaleiro levando a proclamação do czar em letras de ouro que dava a terra aos lavradores, ou se simplesmente deveria haver a proclamação? Alguém poderia avançar a hipótese um pouco mais e supor que, ao contrário, a decepção da esperança dentro de uma situação concretamente avaliável seria menos duradoura do que aquela de esperanças globais ou apocalípticas. Quando as tropas chegassem e expulsassem a comunidade das terras ocupadas, ela não ficaria desmoralizada, mas esperaria pelo próximo momento adequado para a ação. Mas quando a revolução esperada fracassasse, demoraria muito mais tempo para restaurar o moral dos camponeses.

1973

As notas do ensaio original foram omitidas nesta versão.

17. Camponeses e migrantes rurais na política

Para o historiador econômico e social e o estudioso da política contemporânea, as datas cruciais da história da América Latina não ocorrem no primeiro quarto do século XIX, quando a maior parte do continente conquistou a independência da Espanha ou de Portugal, pois isso não alterou substancialmente sua estrutura econômica e social. Elas ocorrem no final do século XIX, quando esses países entraram na economia mundial em seus papéis, agora familiares, de exportadores em massa de determinados produtos primários, e cujas balanças de pagamento dependiam, em grande parte, das exportações desses produtos. Essa fase durou até 1930, quando as simples monoculturas de exportação, até então em expansão, colapsaram e as sociedades baseadas nelas entraram em crise, embora a orientação básica tenha permanecido. Em meados da década de 1930, em todos os países da América Latina, exceto três (México, Peru e Paraguai), mais de 50% de suas exportações dependiam de um ou no máximo dois dos seguintes produtos: café, banana, açúcar, algodão, carne, cereais, lã, cobre, estanho e petróleo. Oito dependiam de café e banana, dois outros de café e açúcar ou algodão.

[...]

Antes das últimas décadas do século XIX, uma grande parte da área rural da América Latina não estava seriamente orientada para o mercado mundial ou, com frequência, para qualquer outra coisa que não fosse o mercado puramente local. Outra parte dependia de produtos básicos mais antigos e em declínio (como o açúcar no Nordeste do Brasil), ou do "boom" temporário de produtos. Grandes áreas que hoje associamos aos produtos característicos de seus países, tais como as províncias cubanas de Oriente e Camagüey, tinham um aspecto econômico bastante diferente. Pelos padrões modernos, as regiões da América Latina, em sua maioria, não eram nem mesmo economias coloniais ou semicoloniais, mas simplesmente áreas subdesenvolvidas.

A ascensão da economia de exportação estava destinada a causar os efeitos de mais longo alcance na sociedade e na política do continente. No entanto, desde que assumira a forma de uma expansão precipitada, embora flutuante, para mercados aparentemente ilimitados norte-americanos e europeus, a plena extensão desses efeitos não foi muito percebida, pois eles foram, em grande parte, absorvidos e assimilados pelos sistemas políticos e sociais existentes nas repúblicas latino-americanas, dominadas pelos controladores tradicionais de sua política, pelos donos de grandes propriedades e pelos interesses da administração e do comércio de importação e exportação de capitais e portos. Nos setores urbanos não agrícolas as mudanças eram, de fato, visíveis, especialmente na parte meridional da América do Sul (Argentina, Chile, Uruguai e sul do Brasil), onde o desenvolvimento econômico foi mais rápido. No centro e no sul do México, os efeitos sobre a nova economia agrária já eram fortes o suficiente para criar uma situação revolucionária, pois nessas regiões a nova fazenda orientada para o mercado não constituía uma mera adaptação de uma velha economia latifundiária preexistente, mas uma expansão diretamente às custas de uma densa população indígena que vivia em comunidades aldeãs autônomas.* Mas, de modo geral, a mudança se manteve abaixo da superfície social e política. O que a precipitou foi a Grande Depressão de 1929, ou seja, o colapso repentino e quase total dos mercados mundiais em que a América Latina confiara.

O efeito imediato foi o de produzir uma crise continental nas finanças dos governos e consequentes crises políticas. Em 1930-1, regimes foram derrubados, pacificamente ou por golpe militar, na Argentina, Brasil, Chile, Equador, Peru, Bolívia, Colômbia, República Dominicana e, pouco depois, em Cuba. Porém, essa crise de curto prazo teria sido de pouco interesse, apenas local, se não tivesse indicado uma mudança mais profunda e de longo prazo nos negócios do continente. É verdade que não houve uma alteração fundamental na base de muitas economias latino-americanas — a monocultura de exportação — nem na estrutura social e política latino-americana — as oligarquias baseadas em latifúndios, comércio de importação e exportação e governo, mas tampouco elas voltaram à antiga distribuição. A economia de exportação maciça de produtos primários e importação livre de capital e mercadorias não funcionava mais automaticamente; uma teve que ser reforçada manipulando a outra, e, por trás dos muros temporários de restrição e controle, cresceram novos interesses econômicos e políticos, em especial dos industriais latino-americanos que supriam essencialmente o mercado local. [...]

---

* As regiões andinas, nas quais propriedades e comunidades coexistiam de forma semelhante, entraram de maneira muito mais lenta na economia do mercado mundial, exceto através dos produtos bastante especializados da mineração.

Mas, acima de tudo, as massas dos latino-americanos comuns começaram a adentrar — e, no devido tempo, dominar — a política de seus países. [...]

II

A grande maioria desses novos concorrentes era gente do campo, pois, em 1930, a população urbana equivalia a uma minoria modesta em todos os países, exceto na Argentina, Chile, Uruguai e Cuba. Aqueles que tomaram a parte mais óbvia na política foram doravante os milhões que invadiram as cidades e, em particular, um punhado de cidades gigantescas. Vinham predominantemente do campo e continuaram a ser, ao menos por um tempo, camponeses deslocados. As mudanças políticas nas áreas rurais foram e, em geral, mantiveram-se menos impressionantes do que aquelas ocorridas nas cidades. No entanto, elas são o foco principal deste artigo.

A estrutura econômica da zona rural da América Latina era a de uma agricultura de exportação ou de subsistência, embora a fantástica expansão das cidades a partir da década de 1930 tenha acrescentado um setor cada vez mais importante que abastecia o crescente mercado urbano nacional. Em termos gerais, podemos dizer que ela era dominada pelos dois fenômenos da transferência de terras de subsistência ou de uso extensivo leve para a produção direcionada ao mercado e a fuga cada vez mais vertiginosa de mão de obra da lavoura. A estrutura social ou legal era esmagadoramente latifundiária, às vezes com o concomitante campesinato "minifundista", ou mostrava uma coexistência de grandes propriedades com comunidades rurais independentes, como em áreas de sólido assentamento indígena. As regiões fronteiriças pouco povoadas (em especial nas margens da Bacia Amazônica) nas quais uma população crescente começou a se infiltrar não eram exceção a isso, pois, na medida em que não estavam fora do alcance de toda a administração ou mesmo do conhecimento, também eram normalmente possuídas ou reclamadas por algum latifundiário.

A mudança para uma economia de produção comercial trouxe uma pressão inevitável sobre essa estrutura latifundiária, sob diversas formas. Houve a transformação do antigo latifúndio extensivo numa *hacienda capitalista* (para usar a conveniente distinção feita pelos reformadores agrários da Colômbia) ou em monocultura de exportação, ocorreu o desenvolvimento mediante várias formas de arrendatários ou meeiros, houve a substituição de antigos fazendeiros por empresários urbanos ou estrangeiros, ou algum outro padrão. A mudança de um produto básico antigo por um mais recente, ou a diversificação da produção, também teve efeitos perturbadores. O setor de subsistência foi menos afetado por essas mudanças, mas sofreu, por sua vez, a pressão crescente de uma população em rápido crescimento em terrenos fixos — e em processo de exaustão — ou muitas vezes em terrenos diminuídos pelas invasões dos latifúndios.

A estrutura política do campo latino-americano era (com exceção do México revolucionário) a de um poder formal ou informal exercido por famílias de proprietários rurais — às vezes, em rivalidade com outros da mesma espécie —, cada uma delas ocupando o ápice de uma pirâmide de poder e clientelismo, mantendo ou buscando o controle, contra seus rivais, do governo local e da influência local no governo nacional. Não havia [...] poder do governo no campo, exceto com a concordância desses senhores da terra. Na medida em que existiam "partidos" políticos, eles eram [...] apenas rótulos amarrados às famílias poderosas e suas clientelas, cujos votos (se tinham algum) iam, como seu apoio armado e sua lealdade em geral, para o seu *patrón* ou senhor.* No que dizia respeito à massa do campesinato, não havia algo que se pudesse chamar de política "nacional", mas apenas política local que podia ou não ter nomes de partidos nacionais ligados aos poderosos do lugar. Essa estrutura perdurou numa medida considerável, em parte devido à persistência da sua base social, em parte devido à separação entre cidade e campo tão característica de regiões subdesenvolvidas e que, ao mesmo tempo, exclui muitos homens do campo do processo político tal como concebido na cidade e faz a política que vem da cidade parecer incompreensível, irrelevante ou inaceitável. Para dar um exemplo, no Brasil (e em vários outros países), os analfabetos não têm direito ao voto, o que significa, numa região como o Nordeste brasileiro, que no mínimo 75% dos adultos não votavam em 1950.**

Os partidos tradicionais hesitavam em interferir entre os fazendeiros politicamente influentes e "sua" gente, de modo que, para efeitos práticos, ninguém, exceto a extrema esquerda, perguntava aos camponeses por suas opiniões, e a Constituição proporcionava pouca margem para ouvir suas respostas. Isso não implica que as massas rurais não se interessassem pela política, ou estivessem despreparadas, sob certas circunstâncias, para se opor ao status quo político. No entanto, seus movimentos tradicionais

---

* Para simplificar, podemos esquecer por um momento as exceções a essa generalização que já surgiam na década de 1950, em especial no extremo sul do continente, mas também na Colômbia, onde "conservadorismo" e "liberalismo" tinham raízes genuínas, ainda que "não modernas", entre as massas no Peru, onde a Apra começara a ganhar apoio das massas independentes, e em outros lugares.
** No Brasil, os analfabetos recuperaram o direito ao voto em 1985. (N. E.)

assumiam com frequência formas incompreensíveis para o político urbano, como nos movimentos messiânicos que encontraram solo fértil no Nordeste brasileiro e em partes do sul do país entre 1890 e os anos 1930, tanto mais que esses movimentos às vezes se declaravam monarquistas. Eram políticos, evidentemente, mesmo no sentido mais estrito da palavra. O famoso profeta padre Cícero de Juazeiro foi praticamente o chefe do estado do Ceará de 1914 até sua morte em 1934 e, como homem de influência, recebeu a mesma consideração dispensada pelo governo federal a qualquer outro prócer político. Contudo, os movimentos que estavam por trás de homens desse tipo, e que eram capazes de dar-lhes o equivalente a uma clientela e influência, foram incapazes de entrar na política oficial ou alterar seu caráter.

Os movimentos de base urbana que por vezes tentaram chegar ao camponês normalmente fracassaram — ou só tiveram sucesso localizado —, como os movimentos trabalhistas e socialistas de padrão europeu. A razão disso não está totalmente clara. Os anarquistas, cuja capacidade de mobilizar massas rurais está provada na Europa, parecem ter tido um êxito insignificante em suas atividades de propaganda, exceto entre o equivalente a trabalhadores urbanos e industriais (como os mineiros bolivianos). Os comunistas, que carecem de força significativa na América Latina, exceto no Chile, em Cuba e no Brasil, estabeleceram bolsões de resistência agrária aqui e ali — como em partes de Cuba ou em um ou dois lugares da Colômbia —, mas continuam a ser um movimento sobretudo de trabalhadores urbanos ou industriais com alguns intelectuais ligados a eles. Os socialistas, insignificantes exceto entre as comunidades de imigrantes europeus, parecem nem sequer ter tentado ir ao campo. É possível que a diferença cultural entre a cidade e o campo fosse muito grande, ou que a esquerda não tenha conseguido encontrar as palavras de ordem que fariam os camponeses agir, ou formulá-las de maneira aceitável. O certo é que a esquerda apenas lentamente aprendeu a procurar a linguagem específica acessível aos camponeses, e as formas específicas de demanda suscetíveis de mobilizá-los, e é provável que o tenha feito sistematicamente apenas a partir da década de 1950. Há, evidentemente, exceções a essa generalização. As revoluções de base camponesa na Bolívia (1952) e em Cuba (1959) são as mais óbvias. A primeira é menos uma exceção do que parece, pois a Revolução Boliviana foi feita em sua maioria por uma combinação de oficiais dissidentes, intelectuais urbanos e um dos raros movimentos poderosos de operários industriais (o Sindicato dos Mineiros), e o movimento camponês como um todo surgiu após a sua vitória. (Houve, no entanto, um movimento local significativo no vale de Cochabamba de um campesinato um pouco menos tradicional e isolado, sob influência marxista e liderado por José Rojas, um camponês do lugar que conhecia alguma coisa do mundo.) O passo decisivo da mobilização dos camponeses foi dado antes por revolucionários não camponeses que (corretamente) decidiram que a reforma agrária e a concessão de direitos aos índios eram as condições indispensáveis para a manutenção de um novo regime.* A Revolução Cubana teve uma base camponesa muito mais óbvia, pelo menos na sua fase de guerrilha, embora seja curioso que o movimento tenha encontrado seu centro não tanto nas áreas já parcialmente mobilizadas em agitações comunistas anteriores, mas na Sierra Maestra, para onde foi levada por guerrilheiros urbanos.

Dois exemplos menos bem-sucedidos de mobilização camponesa também podem ser mencionados: o Peru e a Colômbia. Há poucas dúvidas de que a base de massa da Apra, em especial

---

* Eles tinham razão. Depois de 1952, a Bolívia, que antes contava seus golpes militares às centenas, conseguiu uma dúzia de anos de estabilidade política sem precedentes, antes que o regime fosse derrubado em novembro de 1964.

nos departamentos do norte do Peru, que são seu baluarte, reflete algum sucesso de seus apelos aos estratos rurais, principalmente na zona de agricultura proletarizada da produção de açúcar e algodão. Até que ponto isso acontece não se pode dizer com certeza, pois os êxitos anteriores da Apra em eleições são irrelevantes: a exigência de alfabetização exclui do voto a maior parte dos camponeses indígenas, cujo porta-voz a Apra alegava ser. Não obstante, ainda que a estrutura e o éthos da Apra em seus dias de glória fossem muito mais os de um movimento urbano ou operário do que de um movimento camponês, podemos aceitar que houve um modesto grau de mobilização política camponesa em sua época. O caso da Colômbia é mais interessante, porque não há nada modesto em relação às mobilizações camponesas que, entre 1948 e 1963, podem ter posto em campo um total de cerca de 30 mil guerrilheiros e bandoleiros armados — quase exclusivamente camponeses — e que custou a vida de centenas de milhares de colombianos, segundo as estimativas mais conservadoras. [Foi] o maior de todos os movimentos agrários latino-americanos fora da Revolução Mexicana.

[...]

Em termos gerais, podemos dizer, portanto, que até hoje [1967] a crescente insatisfação e inquietação dos camponeses da América Latina não encontrou uma expressão proporcional à sua importância, exceto, talvez, na avalanche de migrantes rurais que votaram contra o status quo mudando-se para as favelas urbanas. Não obstante, e especialmente desde meados da década de 1950, multiplicaram-se os sinais de agitação agrária e de mobilização política no campo, e talvez seja útil examiná-los de forma breve. Com a possível exceção da Colômbia, nenhum deles foi organizado pelos partidos tradicionais do continente (o que não surpreende), ou em qualquer grau pelos movimentos populistas que se tornaram tão característicos da região no início dos anos 1950.* A liderança e a inspiração vieram, em grande parte, da esquerda marxista (comunista, socialista, maoísta, trotskista, castrista, ou qualquer que seja o rótulo), e isso pode responder por sua localização comparativa.

Quatro tipos de camponeses mostraram-se mais suscetíveis a essa agitação. O primeiro, e menos típico, consiste de pioneiros camponeses independentes que procuravam fugir dos avanços da economia de mercado e das crescentes invasões de senhores de terras e do Estado, empurrando-os para as regiões fronteiriças não povoadas e desconhecidas em torno da Bacia Amazônica. Sabe-se que existem núcleos comunistas desse tipo no interior do Brasil (Goiás e Mato Grosso) e nas regiões amazônicas da Colômbia (Meta, Caquetá). A terra não é normalmente um problema para esses homens, pois é abundante. É a liberdade que os leva para o interior, uma liberdade que associam à única ideologia que chega a eles com a mensagem de que os camponeses são homens com direitos. Em termos numéricos esse comunismo de fronteira é insignificante.

O segundo tipo, numericamente muito mais importante, consiste de comunidades camponesas (isto é, em geral indígenas) que reivindicam, ou melhor, reclamam a devolução de suas terras comunais desde o final da década de 1950 e, muitas vezes, o fazem pela ocupação direta. Essas ocupações de terra comum são importantes nas partes indígenas do Chile, na região andina em geral e, em particular, no Peru, onde atingiram proporções grandes e nacionais em 1961-3. Aqui também o objetivo do campesinato é voltar, tanto quanto possível, à agricultura tradicional de subsistência da comunidade, embora seja provável que o crescimen-

* A parte da Apra na ampla agitação camponesa peruana de 1961-3 foi pequena e restrita aos seus feudos tradicionais do norte.

to da população e a deterioração das terras tornem isso impossível, mesmo após a recuperação das terras comuns. No entanto, seria um erro considerar esses movimentos simples tradicionalismo navegando sob a bandeira vermelha por falta de outra. O mero fato da ação camponesa coletiva e positiva é prova da autodescoberta política e do desejo de mudança. Trata-se de um ato revolucionário dos camponeses, especialmente dos índios, o fato de se comportarem como se termos como direito, liberdade e justiça se aplicassem a eles da mesma forma como se aplicam a outros homens, mesmo quando se trata de algo tão óbvio quanto o direito legal a pedaços de terra específicos alienados por truques ou pela força. Além disso, há evidências de que essa autodescoberta política é também um desejo ardente de participação na *modernidade*, que se exprime na busca apaixonada e universal por educação e conhecimento. Praticamente a primeira coisa que qualquer comunidade camponesa faz quando pode é construir uma escola. (Isso foi muito marcante na Bolívia a partir da revolução de 1952.)*

O terceiro tipo de campesinato inquieto é ainda mais interessante. É constituído pelos elementos mais dinâmicos, modernizadores e voltados para o mercado — quase se poderia dizer que são os futuros cúlaques da América Latina. Os movimentos camponeses das encostas orientais dos Andes peruanos (que incluem a mais militante e bem-sucedida das agitações comunistas, a de

---

* Um organizador comunista de camponeses diz o seguinte: "Há três coisas que você tem de fazer para chegar a algum lugar com os camponeses. A primeira é que deve viver exatamente como eles vivem. Se você não suporta a comida, não pode organizar camponeses. Em segundo lugar, precisa falar com eles não só sobre a terra, mas sobre esta terra, que pertencia a eles na época do avô, mas foi tirada pela Hacienda X. Em terceiro lugar, precisa sempre ensinar-lhes algo. Não sou intelectual, então lhes ensino futebol. Mas devem aprender alguma coisa — eles insistem nisso".

La Convención) são muito bons exemplos disso. Eles consistem de agricultores indígenas que migraram individualmente para territórios até então inexplorados que se abrem rapidamente para a agricultura de exportação (café, chá etc.). O movimento de La Convención baseou-se sobretudo na agitação de um número limitado de colonos prósperos (*arrendires*) que defendia os direitos dos rendeiros contra os latifundiários e que, no auge da agitação, passaram naturalmente a exigir a expropriação dos fazendeiros. Esses *arrendires* são homens que recebiam arrendamentos inseguros em vastas propriedades em troca de alugar sua mão de obra — determinado número de dias de trabalho na fazenda do dono das terras —, os quais, por sua vez, subcontratavam *allegados* que, de fato, realizavam a maior parte do serviço. Fica bastante evidente, comparando-se com áreas em que essa colonização não ocorre em terras já divididas entre latifundiários, que ela é suscetível de produzir uma sociedade camponesa estratificada sem uma tendência especial para o radicalismo político coletivo, pelo menos no momento atual. O que dá origem a um movimento agrário revolucionário é a rigidez opressiva da camisa de força latifundiária em que os novos agricultores se veem enfiados.

Resta uma massa de ocupantes e rendeiros camponeses menos fácil de ser classificada em conflito com o sistema latifundiário que a domina e os riscos imprevisíveis da nova ou cambiante economia de mercado.

Não é possível nem necessário analisar aqui todas as complexidades dos problemas agrários latino-americanos, mas podemos fazer algumas observações gerais. A primeira é que o grupo que é de fato sem-terra, o proletariado rural, está em geral entre os grupos agrários menos politicamente dinâmicos ou mais fácil de serem organizados, exceto, talvez, em regiões de trabalhadores avançados de monoculturas de exportação, pelos métodos quase urbanos do sindicalismo. É o camponês — e não necessariamente o camponês com terra insuficiente — que fornece o elemento mais imediatamente explosivo. Em segundo lugar, o mero minifúndio ou a pobreza não basta para produzir agitação agrária. Em geral, é a justaposição do camponês e da *hacienda* (especialmente as fazendas com funções e estruturas econômicas em mudança — por exemplo, mudança de exploração extensiva para intensiva, ou de plantio direto para a exploração por rendeiros ou meeiros) que produz a mistura politicamente inflamável. Assim, na Colômbia, o departamento de Boyacá, onde predominam as pequenas e médias propriedades, manteve-se conservador, ao passo que o departamento de Valle del Cauca, onde coexistem grandes e pequenas propriedades, tem sido notavelmente mais rebelde. Em terceiro lugar, é o crescente envolvimento numa economia monetária e de mercado que, qualquer que seja sua forma, produz tensões particulares não encontradas na economia tradicional de subsistência, nem nas economias de mercado estabelecidas há muito tempo e imutáveis.

Tudo isso proporciona uma base ampla para o despertar político, ou mesmo o revolucionamento do campo latino-americano, e a experiência mexicana mostra que o simples fato de uma reforma agrária no passado não é impedimento para ele, desde que o processo de desenvolvimento econômico no campo continue. Ele é retardado pelo atraso político e cultural do campo em relação à cidade, sua inacessibilidade e a costumeira incapacidade dos camponeses de tomar mais do que iniciativas locais ou tradicionais sem liderança externa. É possível que em áreas de emigração em massa a redução das pressões econômicas e da perda dos quadros camponeses mais dinâmicos possam também manter a temperatura social abaixo do ponto de fervura. Por outro lado, a crescente absorção das zonas rurais pelas políticas nacionais tende a funcionar na direção oposta.

III

Seja qual for o efeito da emigração rural no campo, ele não é nada em comparação com sua influência sobre as cidades, que foram inundadas — na verdade, afogadas — por um afluxo de camponeses sem paralelo na história demográfica do mundo. O crescimento [das principais cidades da América Latina] é inédito e extraordinário [entre 1940 e 1960, São Paulo, por exemplo, cresceu de 1,8 milhão para 4 milhões de habitantes; a Cidade do México de 1,5 milhão para 4,5 milhões; Lima, de 500 mil para 1,7 milhão]. O mesmo acontece com a taxa geral de urbanização. Por volta de 1960, Argentina, Chile, Uruguai, Cuba e Venezuela já tinham uma maioria urbana, bem como, possivelmente, o México. Em 1970, mantida a tendência atual, receberão a companhia de Colômbia, Peru e até mesmo do Brasil.

Inevitavelmente, esse afluxo estava destinado a destruir a antiga estrutura social e política das cidades. [...] O processo de diluição e mudanças estruturais pode ser ilustrado pelo exemplo de São Paulo. [...] Em 25 anos, os operários de origem estrangeira, que eram maioria até a Segunda Guerra Mundial, caíram para cerca de 10% da força de trabalho. Seu lugar foi tomado, em parte, pelos nascidos na cidade (ou seja, em grande parte, seus próprios filhos), mas em sua maioria por migrantes internos, especialmente nas profissões menos qualificadas. [...] É evidente que esse influxo não só poderia romper os limites de qualquer movimento trabalhista já existente, como também destruiria grande parte da unidade de formação e estilo do proletariado menor e mais antigo. E foi isso o que realmente aconteceu. Em São Paulo, como em Buenos Aires, os sindicatos mais antigos foram inundados por novos organismos não só patrocinados pelo governo como, às vezes, controlados por ele, enquanto o socialismo, o anarquismo ou o comunismo tradicionais do primeiro proletariado recuou para os níveis mais altos de especialização ou para as margens da indústria.

É possível — mas não existem estudos sobre esse tema difícil — que o mesmo processo de diluição ou de despolitização tenha afetado também as atividades desorganizadas dos trabalhadores pobres, como revoltas. Em todo caso, é notável como houve poucas revoltas — até mesmo por comida — nas grandes cidades latino-americanas durante um período em que se multiplicou a massa de seus habitantes pobres e economicamente marginalizados e a inflação ficou fora de controle com frequência. Assim, a última grande revolta dos pobres sem ajuda em Bogotá (revoltas iniciadas por estudantes são outra questão) ocorreu em 1948 e, desde então, a população da cidade — e, é justo dizer, a miséria que ela contém — aumentou de menos de 650 mil (1951) para mais de 1 milhão (1964). Ou melhor: há inquietação e violência. O que falta, a menos que a direção venha dos estudantes, de núcleos antigos de liderança de esquerda (como em Niterói, ao lado do Rio de Janeiro), ou de governos, é a "turba" da cidade à moda antiga com um conhecimento nascido da experiência de quais são os pontos estratégicos e politicamente vitais da cidade, onde o motim causará o efeito máximo.

Não é preciso acrescentar que o afluxo rural também (e de forma mais direta) afeta o padrão de partidos políticos e votos. É possível dizer que os líderes e partidos populistas característicos dos anos 1940 e 1950, independentemente de suas alegações de defenderem interesses nacionais e rurais, representavam sobretudo movimentos baseados na população urbana pobre e, portanto, cada vez mais nos novos migrantes internos. Isso fica claro no caso da Argentina, onde Perón se tornou deliberadamente o porta-voz desses novos migrantes, os *cabecitas negras*, contra os europeus e nativos citadinos de Buenos Aires.

As atitudes políticas dos imigrantes são naturalmente ditadas por sua pobreza, insegurança, condições terríveis de vida e pelo ódio aos ricos de um gigantesco proletariado e subproletariado em constante expansão. Contudo, trata-se de uma população sem compromisso prévio — ou mesmo potencial — com qualquer versão de política urbana ou nacional, ou quaisquer crenças que possam compor a base dessas políticas. Diferentemente da maioria dos migrantes transatlânticos do século XIX, eles carecem até mesmo de um nacionalismo potencial, pois não são estrangeiros. Ao contrário dos emigrantes do sul e do leste da Europa do início do século XX, não têm uma tradição nativa de movimentos socialistas/anarquistas ou trabalhistas que poderia mantê-los juntos na terra estranha. O que eles possuem — os hábitos e reações de parentesco rural e vida comunitária — sem dúvida os ajuda a se sentirem um pouco mais confortáveis na cidade grande, onde se estabelecem em grupos da mesma aldeia ou província e transplantam a ajuda mútua camponesa para a construção de barracos de favelas ou casas modestas, bem como outras formas de ajuda; mas isso não chega socialmente a ponto de ser um guia político. Eles só entendem a liderança pessoal e o clientelismo.* Apenas isso propicia uma ligação entre os mundos políticos do interior e da cidade. Intocados por outras tradições,

---

* Na América Latina, argumenta-se com frequência que os novos imigrantes transferiram o tipo de lealdade que tinham aos seus superiores feudais a qualquer pessoa de poder e influência que poderia dar-lhes benefícios em troca de algum apoio. Trata-se de uma considerável simplificação, embora haja alguma verdade nisso. Há razões mais profundas, tanto na tradição rural da política quanto na situação social das massas urbanas, por uma tendência natural ao caudilhismo. Mesmo na Europa, isso se verificou de forma nítida nos primeiros movimentos trabalhistas, com a transformação de determinados indivíduos em heróis e líderes carismáticos; e isso apesar do desestímulo deliberado de líderes com carisma. Foi tendência dos primeiros partidos socialistas e a ferramenta natural extremamente pobre de alguns desses líderes carismáticos.

como as anticaudilhistas do liberalismo ou do socialismo, os novos imigrantes procuram naturalmente o defensor poderoso, o salvador, o pai de seu povo.

Os políticos, com ou sem partidos ou movimentos, que conseguiram ganhar o apoio das massas urbanas variam amplamente de personalidade ou atitudes políticas. Podem ser oligarcas antiquados ou generais que ganharam a reputação de ajudar as pessoas com patrocínio generoso, fornecimento de trabalho ou o tipo certo de construção, ou que apenas tiveram a sorte de coincidir com um período de prosperidade excepcional. Em Lima, o general Odría [...] ganhou o maior contingente de apoio nas *barriadas* (favelas) contra a concorrência da Apra, da Ação Popular e dos vários marxistas. Vargas e Perón eram oficiais políticos antiquados ou patrões oligárquicos que adotaram um programa deliberadamente populista; em Cuba, Batista (cujo populismo inicial tende a ser esquecido devido à sua tirania posterior) foi um fenômeno um pouco mais raro, um verdadeiro homem do povo: em vez de oficial, era sargento. Todos eles, no entanto, foram líderes que se estabeleceram graças às suas ações como governantes, no passado ou no presente, ou seja, por desempenho, e não por promessas. Isso também vale para figuras paternas revolucionárias, como Paz Estenssoro, na Bolívia, ou o muito maior Cárdenas, no México, cujas reputações repousavam sobre suas realizações concretas. Ser chefe de governo é, de longe, a maneira mais fácil de se tornar um líder populista na América Latina.

Os casos de líderes que fizeram o caminho da oposição ao poder pela primeira vez com o apoio das massas urbanas são muito mais raros, e não só devido à raridade comparativa de governantes que chegam ao poder pelos votos das massas ou pelas suas insurreições. Jorge Eliécer Gaitán, da Colômbia, é o exemplo mais claro, embora, na verdade, seu passo crucial para chegar ao poder, que teria alcançado se não tivesse sido assassinado, foi conquistar a liderança do Partido Liberal, o que implicava a presidência. Isso é mais fácil de fazer com um grupo pequeno mas forte de adeptos do que conquistar o governo nacional diretamente.* A ascensão de Jânio Quadros no Brasil parece ser um caso ainda mais claro, pois ele não devia nada a nenhuma máquina preexistente, mas, uma vez que subiu ao poder não apenas como um defensor dos pobres, mas também (pelo menos em São Paulo) como o porta-estandarte do "governo limpo", defensor dos interesses dos ricos e das classes médias, ele não era exatamente o menino descalço político que parecia ser. [...]

Igualmente rara é a forma política mais madura do populismo, a combinação de um líder com um movimento ou organização forte e permanente, mais uma vez anterior ao poder. Os exemplos podem ser procurados — com diferentes graus de falta de sucesso — nos tipos de partido apristas, na Frente de Ação Popular (Frap) chilena, talvez nos novos partidos democratas cristãos, mas não, curiosamente, nos partidos comunistas, cuja relativa falta de sucesso talvez se deva, em parte, à recusa sistemática de aceitar esse padrão de política popular. Seus líderes, em toda a América Latina, têm sido em sua maioria funcionários públicos ou intelectuais; e o único exemplo óbvio do oposto, Luís Carlos Prestes, confirma a regra de forma convincente. Esse homem talentoso, que assumiu espontaneamente o papel de defensor revolucionário do povo através de sua carreira de oficial in-

* Gaitán, um liberal de origem, fundou sua própria União Nacional Esquerdista Revolucionária na década de 1930, mas teve bom senso suficiente para voltar a trabalhar dentro de seu antigo partido, demonstrando em 1946 que poderia fazer seu partido perder qualquer eleição presidencial se sonegasse o considerável voto de seus adeptos.

surrecto e das aventuras produtoras de mitos da "Coluna Prestes", que atravessou o interior do país na década de 1920, esforçou-se ao máximo, assim que se tornou comunista, para conformar-se ao estereótipo de secretário do partido então estabelecido pela Internacional Comunista. Não obstante, manteve um substancial carisma junto à área limitada do movimento operário.

De modo geral, podemos concluir, portanto, que a experiência do populismo reflete a relativa passividade e falta de iniciativa das massas urbanas, mobilizadas com muito mais facilidade por um poder existente e simpático de cima (ou por um ex-detentor do poder que procura recuperá-lo) do que capazes de levar um homem ou um movimento para o topo do poder. O único caso claro em contrário é o da Colômbia, onde o assassinato de Gaitán foi seguido por um formidável e inteiramente espontâneo levante dos pobres de Bogotá. Mas a situação que se desenvolveu na Colômbia entre 1934 e 1948 foi de forma tão clara uma de revolução social potencial — e não meramente urbana — vinda de baixo, que os critérios normais não se aplicam a ela.

A imaturidade das massas também se reflete claramente na instabilidade dos "movimentos" que surgiram em torno de muitos dos líderes populistas, cuja relação essencial com seus seguidores era a de orador voltado para o povo na praça. [...] Exemplos de movimentos populares sólidos e permanentes não são desconhecidos: a Apra é um deles. Contudo, o exemplo mais marcante de um movimento populista que sobreviveu ao desaparecimento do seu líder é o peronismo; e isso porque ele se transformou em um movimento operário típico organizado por e com base nos sindicatos (patrocinados por Perón). No entanto, o desenvolvimento industrial que poderia constituir a base para esse tipo de transformação é raro na América Latina.

Outro fator diminui a capacidade de explosão da imigração

rural na cidade: a superioridade óbvia das condições de vida da cidade, mesmo na favela ou *barriada* mais purulenta, em relação ao campo. Isso não é apenas uma questão de dado estatístico: em nenhum lugar a distância entre a renda média e o consumo dos moradores da cidade e dos homens do campo é maior do que na América Latina. De acordo com a Comissão Econômica das Nações Unidas para a América Latina (Cepal, 1964), a renda média em Caracas, por exemplo, é dez vezes maior do que nas áreas rurais, um número longe de ser incomum. Tampouco se trata de uma vantagem usufruída apenas pelos operários industriais ou regularmente empregados, no sentido estrito da palavra, que tendem a formar uma aristocracia entre os pobres, a qual não deixa de ter sua influência sobre as atitudes políticas de seus movimentos operários, socialistas ou não. Ela atinge a maior parte dos migrantes. Dos imigrantes que vivem em Buenos Aires, um quinto diz que, às vezes, lamenta a decisão de migrar, mas dois terços estão satisfeitos com ela.

[...] Não obstante, a pobreza, a superlotação, a insegurança, a desorganização social e os outros problemas da vida da cidade são de tal ordem que as imensas e incipientes massas que continuam chegando só podem constituir uma força potencialmente explosiva. [...] Os governos que administram dos palácios presidenciais em meio a esses anéis crescentes de miséria e ódio não olham para eles com sensação de conforto. Nos últimos tempos, têm havido poucas insurreições urbanas, mas os eventos na cidade de Santo Domingo em maio de 1965 provam que as massas urbanas podem não ter perdido nada de seu poder potencial.

Podemos agora resumir essa discussão sobre o impacto causado pelas massas rurais e ex-rurais na política da América Latina. À primeira vista, foi relativamente pequeno, embora tenha produzido nas cidades um novo eleitorado e uma nova clientela para os líderes e movimentos políticos — muitas vezes do tipo populista — que transformaram a cena política oficial em muitas repúblicas. Pode-se mesmo sugerir que, enquanto nos estágios iniciais das mudanças sociais pós-1930 — digamos, de 1930 a 1950 — isso pode ter produzido uma radicalização da política latino-americana, que se refletiu em várias revoluções e mudanças de regime bem-sucedidas ou abortadas,* nas fases posteriores, pode muito bem ter conduzido a uma aparente diminuição da temperatura social. Essa diminuição é apenas aparente. O potencial explosivo do campo pode estar diminuindo, devido ao rápido despovoamento relativo, mas não suas possibilidades como base para a ação de guerrilhas. O potencial explosivo das cidades diminuiria somente se a industrialização das repúblicas fosse capaz de prover emprego ao ritmo da migração, ou se surgissem empregos alternativos. Até agora, nenhuma dessas alternativas parece estar ocorrendo.

Os países da América Latina são, do ponto de vista social, uma pirâmide de base ampla que se estreita com muita rapidez, excepcionalmente pobre na base, excepcionalmente rica no topo, e quase nada no meio. [...] É improvável que essa situação propicie alicerces para sistemas sociais e políticos estáveis. É mais do que provável que a relativa calmaria na política de massas da América Latina — um período de calmaria que até a Revolução Cubana fez pouco para perturbar — se revele temporária. Quando ela terminar, o observador pode esperar com fervor que ela venha a produzir algum tipo de solução, e não uma daquelas

---

* Alguns exemplos: a Revolta dos Sargentos cubanos de 1933, o renascimento da Revolução Mexicana em 1930, a Revolução Boliviana (cujas raízes remontam a um período bem anterior a 1952), o notável avanço da Colômbia no sentido da combustão espontânea, a ascensão da AD na Venezuela, de Getúlio Vargas no Brasil e de Perón na Argentina, bem como a "República Socialista" de 1932 e o governo da Frente Popular de 1938, no Chile.

recaídas na anarquia, de modo algum desconhecidas na história da América Latina, e da qual a Colômbia proporciona um exemplo tão trágico desde 1948.

1967

As notas do ensaio original foram omitidas nesta versão.

PARTE IV
REVOLUÇÕES E REVOLUCIONÁRIOS

18. A Revolução Mexicana

A revolução que começou no México em 1910 atraiu pouca atenção estrangeira fora dos Estados Unidos, em parte porque, diplomaticamente, a América Central era quintal exclusivo de Washington ("Pobre México, tão longe de Deus, tão perto dos Estados Unidos", exclamara seu ditador deposto), e também porque, no início, as implicações da revolução não estavam nada claras. Parecia não haver distinção evidente entre ela e as outras 114 mudanças violentas de governo do século XIX na América Latina, que ainda constituem a maior classe de eventos comumente conhecidos como "revoluções".[1] Além disso, embora tenha sido uma importante convulsão social, a primeira de seu tipo em um país de camponeses do Terceiro Mundo, a Revolução Mexicana viria a ser ofuscada pelos acontecimentos na Rússia.

Contudo, a Revolução Mexicana é significativa porque nasceu diretamente das contradições internas do mundo do império e porque foi a primeira das grandes revoluções no mundo colonial e dependente em que as massas trabalhadoras desempenharam um papel importante. Embora houvesse dentro dos velhos e novos impérios coloniais das metrópoles movimentos anti-imperialistas e aqueles que mais tarde seriam chamados de movimentos de libertação colonial, até então eles não pareciam ameaçar seriamente o domínio imperial.

[...]

O imperialismo global era mais vulnerável na zona cinzenta do império, mais informal do que formal, ou no que seria chamado depois da Segunda Guerra Mundial de "neocolonialismo". O México era um país econômica e politicamente dependente do seu grande vizinho, mas, do ponto de vista legal, era um Estado soberano independente, com suas próprias instituições e decisões políticas. Era um país parecido com a Pérsia, em vez de uma colônia como a Índia. Além disso, o imperialismo econômico não era inaceitável para suas classes dominantes nativas, na medida em que era uma força modernizadora potencial. Em toda a América Latina, os latifundiários, comerciantes, empresários e intelectuais que constituíam as classes dominantes e elites locais sonhavam com o progresso que daria a seus países, que sabiam ser atrasados, fracos, desrespeitados e marginalizados da civilização ocidental, da qual se consideravam parte integrante, a chance de cumprir seu destino histórico. Progresso significava Grã-Bretanha, França e, de modo cada vez mais claro, os Estados Unidos. As classes dominantes do México, especialmente no norte, onde a influência da vizinha economia norte-americana era forte, não faziam nenhuma objeção a integrarem-se ao mercado mundial e, portanto, ao mundo do progresso e da ciência, mesmo quando desprezavam a grosseria pouco cavalheiresca dos empresários e políticos gringos. Com efeito, depois da revolução, seria a "gangue de Sonora", composta pelos líderes da classe média agrária economicamente mais avançada dos estados mais setentrionais do México, que emergiria como grupo político decisivo do país. Ao contrário, o grande obstáculo à modernização era a ampla massa da população rural, imóvel e inamovível, total ou parcialmente indígena ou negra, mergulhada na ignorância, na tradição e na superstição. Houve momentos em que os governantes e intelectuais da América Latina, tal como os do Japão, perderam a esperança em seu povo. Sob a influência do racismo universal do mundo burguês, sonharam com uma transformação biológica de suas populações que as tornaria receptíveis ao progresso: pela imigração em massa de gente de descendência europeia no Brasil e no Cone Sul da América do Sul e pela miscigenação em massa com os brancos do Japão.

Os governantes mexicanos não se sentiam atraídos pela imigração em massa dos brancos, que muito provavelmente seriam norte-americanos, e sua luta pela independência contra a Espanha já havia procurado legitimação no apelo a um passado pré-hispânico independente e em grande parte fictício identificado com os astecas. Portanto, a modernização mexicana deixou o sonho biológico para os outros e concentrou-se diretamente no lucro, na ciência e no progresso, mediados pelo investimento estrangeiro e a filosofia de Auguste Comte. O grupo dos assim chamados *científicos* dedicou-se a esses temas. Seu líder incontestável e chefe político desde a década de 1870, ou seja, durante todo o período do grande salto para a frente da economia imperialista mundial, foi o presidente Porfirio Díaz. E, com efeito, o desenvolvimento econômico do México durante sua presidência foi impressionante, para não mencionar a riqueza que alguns mexicanos auferiram dele, em especial aqueles que estavam em posição para jogar grupos rivais de empresários europeus (como o magnata britânico do petróleo e de construção Weetman Pearson) uns contra os outros e contra os cada vez mais dominantes norte-americanos.

Então, como agora, a estabilidade dos regimes entre o rio Grande e o Panamá era ameaçada pela perda da boa vontade de

Washington, cuja militância era imperialista e considerava "que o México não passa de uma dependência da economia americana".[2] As tentativas de Díaz de manter o país independente jogando os europeus contra o capital norte-americano o tornou extremamente impopular do outro lado da fronteira. O país era grande demais para a intervenção militar que os Estados Unidos praticavam com entusiasmo naquele momento em países menores da América Central, mas em 1910 Washington já não estava num estado de espírito apropriado para desencorajar os "bem-intencionados" (como a Standard Oil, por influência britânica naquele que já era um dos principais países produtores de petróleo) que talvez quisessem ajudar a derrubar Díaz. Não há dúvida de que os revolucionários mexicanos se beneficiaram muito da fronteira norte amigável; e Díaz era ainda mais vulnerável porque, após a conquista do poder como líder militar, permitira que o exército se atrofiasse, já que supunha compreensivelmente que golpes militares representavam um perigo maior do que insurreições populares. Teve a má sorte de se ver diante de uma grande revolução popular que o seu exército, ao contrário da maioria das forças armadas da América Latina, foi incapaz de aniquilar.

Ele se viu diante de uma revolução graças ao notável desenvolvimento econômico que comandara com tamanho sucesso. O regime favorecera os fazendeiros de mente empresarial, ainda mais que o boom mundial e o forte desenvolvimento ferroviário transformaram trechos outrora inacessíveis do território em potenciais baús do tesouro. As comunidades aldeãs livres, em especial no centro e no sul do país, que tinham sido preservadas pela lei espanhola e provavelmente reforçadas nas primeiras gerações de independência, foram despojadas de forma sistemática de suas terras durante uma geração. Elas seriam o núcleo da revolução agrária, que encontrou um líder e porta-voz em Emiliano Zapata. Acontece que duas das áreas onde a agitação agrária foi mais intensa e mobilizada com rapidez, os estados de Morelos e Guerrero, ficavam a uma distância curta a cavalo da capital e, portanto, estavam em posição de influenciar os assuntos nacionais.

A segunda área de agitação situava-se no norte, rapidamente transformada (em especial, após a derrota dos índios apaches em 1885) de uma área indígena numa região de fronteira de economia dinâmica, vivendo numa espécie de simbiose dependente com as áreas vizinhas dos Estados Unidos. Nela viviam muitos descontentes em potencial, de antigas comunidades de combatentes indígenas agora privados de suas terras, índios yaquis ressentidos com sua derrota, uma nova e crescente classe média e um número considerável de homens independentes e autoconfiantes, donos, com frequência, de armas e cavalos, que podiam ser encontrados na região vazia de pecuária e mineração. Pancho Villa, bandoleiro, ladrão de gado e, por fim, general revolucionário, era típico dessa gente. Havia também grupos de fazendeiros poderosos e ricos, como os Madero — talvez a família mais rica do México —, que competiam pelo controle de seus estados com o governo central ou com seus aliados entre os fazendeiros locais.

Muitos desses grupos potencialmente dissidentes eram, na verdade, beneficiários da era porfiriana de investimentos estrangeiros maciços e crescimento econômico. O que os transformou em dissidentes, ou melhor, o que transformou uma luta política comum em torno da reeleição ou possível aposentadoria do presidente Díaz numa revolução foi provavelmente a crescente integração da economia mexicana à economia mundial (ou melhor, dos Estados Unidos). Acontece que a crise econômica norte-americana de 1907-8 causou efeitos desastrosos no México: de modo direto, no colapso dos próprios mercados do México e no aperto financeiro das empresas mexicanas, e indireto, no afluxo de trabalhadores mexicanos sem dinheiro que voltaram para casa depois de perder o emprego nos Estados Unidos. As crises moderna e antiga coincidiram: queda cíclica e colheitas arruinadas com os preços dos alimentos disparando para fora do alcance dos pobres. Foi nessas circunstâncias que a campanha eleitoral se transformou num terremoto. Díaz cometeu o erro de permitir que a oposição fizesse uma campanha pública e, embora tenha "ganhado" a eleição contra o principal desafiante, Francisco Madero, a insurreição rotineira do candidato derrotado transformou-se, para surpresa de todos, numa agitação social e política na fronteira norte, enquanto os rebeldes do centro camponês não puderam mais ser controlados. Díaz caiu. Madero assumiu, mas logo foi assassinado. Os Estados Unidos procuraram, mas não conseguiram encontrar entre os generais e políticos rivais alguém que fosse ao mesmo tempo flexível ou corrupto o bastante e capaz de estabelecer um regime estável. Zapata redistribuiu terras para seus seguidores camponeses no sul, e Villa expropriou fazendas no norte quando lhe convinha para pagar o seu exército revolucionário e afirmou, como um homem que viera da pobreza, que estava cuidando de seu povo. Em 1914, ninguém tinha a menor ideia do que iria acontecer no México, mas não havia dúvida de que o país estava convulsionado por uma revolução social. A forma do México pós-revolucionário só ficaria clara no final da década de 1930.*

1987

---

* Em *Era dos extremos* (1994) Eric escreveu: "[...] o México, sob o presidente Lázaro Cárdenas (1934-40), revivia o dinamismo original do início da Revolução Mexicana, sobretudo na questão da reforma agrária. [...] A reforma agrária mais próxima do ideal camponês foi provavelmente a mexicana da década de 1930, que deu inalienavelmente a terra comum a comunidades aldeãs para que as organizassem como quisessem (*ejidos*) e pressupôs que os camponeses estavam envolvidos na agricultura de subsistência" (pp. 109, 349). (N. O.)

19. A Revolução Cubana e suas consequências

Depois de 1945, tanto para os opositores da revolução como para os revolucionários, a principal forma de luta revolucionária no Terceiro Mundo parecia ser a guerrilha. Uma "cronologia das principais guerras de guerrilha" compilada em meados da década de 1970 arrolava 32 desde o fim da Segunda Guerra Mundial. Todas, com exceção de três (a guerra civil grega do final dos anos 1940, a luta de Chipre contra a Grã-Bretanha na década de 1950 e Ulster 1969-), ocorreram fora da Europa e da América do Norte.[1] A lista poderia ser aumentada com facilidade. [...]

No terceiro quarto do século XX, todos os olhos estavam voltados para as guerrilhas. Além disso, suas táticas eram fortemente propagadas pelos ideólogos da esquerda radical, críticos da política soviética. Mao Tse-tung (depois de seu rompimento com a URSS) e, depois de 1959, Fidel Castro, ou antes, seu companheiro, o belo e peripatético Che Guevara (1928-67), inspiraram esses ativistas.

A década de 1950 esteve cheia de lutas guerrilheiras no Terceiro Mundo, quase todas naqueles países coloniais em que, por uma razão ou outra, as antigas potências coloniais ou os colonos locais resistiram à descolonização pacífica — Malásia, Quênia (o movimento Mau Mau) e Chipre, no Império Britânico em dissolução; as guerras muito mais graves na Argélia e no Vietnã, no Império Francês em dissolução. Estranhamente, foi um movimento pequeno, atípico em relação aos outros, mas bem-sucedido, que colocou a estratégia da guerrilha nas primeiras páginas do mundo: a revolução que tomou a ilha caribenha de Cuba em 1º de janeiro de 1959. Fidel Castro não era uma figura incomum na política latino-americana: um jovem forte e carismático de boa família proprietária de terras, cujas ideias políticas eram nebulosas, mas que estava decidido a demonstrar bravura pessoal e ser o herói de qualquer causa da liberdade contra a tirania que se apresentasse num momento adequado. Até mesmo seus slogans ("Pátria ou morte" — originalmente "Vitória ou morte" — e "Seremos vitoriosos") pertencem a uma época mais antiga da libertação: admirável, mas sem precisão. Depois de um período obscuro entre as gangues armadas da política estudantil da Universidade de Havana, ele escolheu a rebelião contra o governo do general Fulgencio Batista (uma figura familiar e tortuosa da política cubana desde sua estreia, em 1933, com um golpe militar quando ainda era o sargento Batista), que havia tomado o poder novamente em 1952 e revogado a Constituição.

A abordagem de Fidel era ativista: um ataque contra um quartel do exército em 1953, prisão, exílio e a invasão de Cuba por uma força guerrilheira que, em sua segunda tentativa, estabeleceu-se nas montanhas da província mais remota. A aposta mal preparada valeu a pena. Em termos puramente militares, o desafio era modesto. Che Guevara, o médico argentino e líder guerrilheiro de grande talento, partiu para conquistar o resto de Cuba com 148 homens, que chegaram a trezentos quando ele já havia praticamente cumprido seu propósito. Os guerrilheiros do próprio

Fidel só capturaram sua primeira cidade de mil habitantes em dezembro de 1958.[2] O máximo que ele havia demonstrado até 1958 — embora isso fosse muito — era que uma força irregular poderia controlar um grande "território libertado" e defendê-lo contra uma ofensiva de um exército já desmoralizado.

Fidel ganhou porque o regime de Batista era frágil, sem nenhum apoio verdadeiro, exceto aquele motivado por conveniência e interesse próprio, e liderado por um homem que se tornara preguiçoso graças a uma longa corrupção. Ele tombou assim que a oposição de todas as classes políticas, da burguesia democrática aos comunistas, se uniu contra ele e quando os próprios agentes, soldados, policiais e torturadores do ditador concluíram que seu tempo acabara. Fidel provou que havia realmente acabado e, naturalmente, suas forças herdaram o governo. Um regime ruim que poucos apoiavam fora derrubado. A vitória do exército rebelde foi sentida pela maioria dos cubanos como um momento de libertação e promessas infinitas, consubstanciado em seu jovem comandante. É provável que nenhum líder no breve século XX, uma época cheia de figuras carismáticas em varandas e diante de microfones, idolatradas pelas massas, tivesse ouvintes menos cépticos ou hostis do que esse homem alto, barbudo, pouco pontual, com seu uniforme de batalha enrugado que falava por horas a fio, compartilhando seus pensamentos pouco sistemáticos com multidões atentas e incondicionais (inclusive eu). Pela primeira vez, a revolução era vivida como uma lua de mel coletiva. Aonde ela levaria? Tinha de ser para um lugar melhor.

Na década de 1950, os rebeldes latino-americanos viam-se inevitavelmente recorrendo não só à retórica de seus libertadores históricos, de Bolívar ao próprio José Martí de Cuba, mas à tradição revolucionária social e anti-imperialista da esquerda pós-1917. [...] Embora radicais, Fidel e seus companheiros não eram comunistas e nem mesmo (com duas exceções) afirmavam ter simpatias marxistas de qualquer tipo. Na verdade, o Partido Comunista de Cuba, o único PC de massas da América Latina, além do chileno, foi notavelmente hostil, até que partes dele se juntaram a Fidel um pouco tarde em sua campanha. As relações entre eles eram nitidamente frias. Os diplomatas e conselheiros políticos norte-americanos debateram muito se o movimento era ou não pró-comunista — se fosse, a CIA, que já havia derrubado um governo reformista na Guatemala em 1954, saberia o que fazer —, mas concluíram que não era.

No entanto, tudo empurrava o movimento castrista na direção do comunismo, da ideologia social-revolucionária geral daqueles com maior probabilidade de empreender insurreições guerrilheiras armadas ao anticomunismo apaixonado dos Estados Unidos na década do senador McCarthy, que inclinava automaticamente os rebeldes latinos anti-imperialistas a olhar com mais benevolência para Marx. A Guerra Fria global fez o resto. Se o novo regime hostilizasse os Estados Unidos, o que era quase certo que faria, mesmo que apenas ameaçando os investimentos americanos, ele poderia contar com a simpatia e o apoio quase garantido da grande antagonista dos americanos. Além disso, a forma de governo de Fidel por monólogos informais diante de milhões de cubanos não era uma maneira de dirigir nem mesmo um pequeno país ou uma revolução durante qualquer período de tempo. Até mesmo o populismo precisa de organização. O PC era o único organismo do lado revolucionário que poderia proporcioná-la. Os dois precisavam um do outro e convergiram. No entanto, em março de 1960, bem antes de Fidel descobrir que Cuba deveria ser socialista e que ele próprio era comunista, embora muito à sua maneira, os Estados Unidos haviam decidido tratá-lo como tal, e a CIA foi autorizada a providenciar sua derrubada. Em 1961, tentaram por meio de uma invasão de exilados na baía dos Porcos e fracassaram. Uma Cuba comunista sobreviveu a pouco mais de cem quilômetros de Key West, isolada pelo bloqueio dos americanos e cada vez mais dependente da URSS.

Nenhuma revolução poderia ter sido mais bem concebida para atrair a esquerda do hemisfério ocidental e dos países desenvolvidos, no final de uma década de conservadorismo global; ou para dar à estratégia da guerrilha melhor publicidade. A Revolução Cubana tinha tudo: romance, heroísmo nas montanhas, ex-líderes estudantis com a generosidade altruísta de sua juventude — os mais velhos mal tinham passado dos trinta —, um povo radiante num paraíso turístico tropical pulsante com o ritmo da rumba. Além do mais, podia ser saudado por todos os revolucionários de esquerda.

Na verdade, era mais provável que fosse saudado pelos que criticavam Moscou, há muito tempo insatisfeitos com prioridade dada pelos soviéticos à coexistência pacífica entre eles e o capitalismo. O exemplo de Fidel inspirou os intelectuais militantes de toda a América Latina, um continente de dedos prontos no gatilho e um gosto pela bravura altruísta, especialmente em posturas heroicas. Depois de um tempo, Cuba passou a incentivar a insurreição continental, instigada por Guevara, o defensor da revolução pan-latino-americana e da criação de "dois, três, muitos Vietnãs". Uma ideologia apropriada foi fornecida por um jovem e brilhante francês de esquerda (Régis Debray) que sistematizou a ideia de que, num continente pronto para a revolução, tudo o que era necessário era levar pequenos grupos de militantes armados para montanhas adequadas à criação de focos para a luta de libertação das massas.[3]

Em toda a América Latina, grupos entusiasmados de jovens lançaram-se em lutas de guerrilhas uniformemente condenadas ao fracasso, sob a bandeira de Fidel, Trótski ou Mao Tse-tung. Com exceção da América Central e da Colômbia, onde havia uma antiga base de apoio camponês para os guerrilheiros armados, a maioria dessas iniciativas entrou em colapso quase imediatamente, deixando para trás os corpos dos famosos — do próprio Che Guevara na Bolívia, do igualmente bonito e carismático padre rebelde Camilo Torres na Colômbia — e dos desconhecidos. Foi uma estratégia espetacularmente errada, ainda mais porque, dadas as condições adequadas, movimentos de guerrilha eficazes e duradouros *eram* possíveis em muitos desses países, como o das Farc (comunista oficial) tem mostrado na Colômbia desde 1964, e o do Sendero Luminoso (maoista) mostrou no Peru na década de 1980.

1994

20. Um homem rigoroso: Che Guevara

Che Guevara tornou-se uma lenda política com mais rapidez do que os outros revolucionários de nossa geração, com a possível exceção de Patrice Lumumba, e quase certamente de forma mais espontânea do que qualquer um deles. Isso ficou evidente poucos dias depois de sua morte. Sem dúvida, essa apoteose de rapidez incomum dará aos historiadores e sociólogos muito para pensar e pesquisar, mas, quaisquer que sejam as razões para isso, uma coisa já está clara: o mito do Che tem poucos pontos de contato com a realidade. Todos concordam que ele foi corajoso, bonito, relativamente jovem, um intelectual e revolucionário que sacrificou sua vida pela libertação dos oprimidos. No entanto, para além desse ponto, as opiniões divergem.

A imagem que parece predominar entre os jovens com consciência política é a de Che como o rebelde exemplar que rejeitava tanto as convenções burguesas como a velha doutrina e burocracia comunista, que abandonou a rotina pela vida de guerrilheiro, o gabinete ministerial pelo bivaque na selva. Os cabelos longos e a barba até permitiram que os hippies o reivindicassem, cercando-o com seus arabescos art nouveau e luzes coloridas. Poderíamos chamar essa imagem de Che de herói dos revolucionários pós-stalinistas e dissidentes, se essa nova esquerda não fosse um conglomerado de tantos elementos ideológicos totalmente distintos. É certo que Che atrai todos os seus componentes, mas talvez com uma força especial aquele setor romântico, libertário, de vanguarda, que parece constituir uma parte tão grande desse movimento da juventude de classe média.

Com efeito, a imagem de Guevara é, em grande parte, romântica, para não dizer byrônica: Camiri é a Mesolongi da década de 1960. É por isso que é errada. Che era de fato um revolucionário, mas seus pontos de referência não eram Byron, os estudantes de Berkeley ou até mesmo Bolívar, mas Lênin.

Ainda não podemos traçar o curso de sua conversão ou convergência com o "bolchevismo": a palavra tem a intenção de rotular uma abordagem política que está no polo oposto do libertário. Apesar das influências marxistas que pode ter absorvido na universidade argentina ou, com mais probabilidade, no meio *trotskisant* de seu primeiro casamento, ele não alegou ter muito de marxista quando se uniu à expedição de Fidel; nem é provável que alguém que estivesse muito envolvido em qualquer organização comunista, ortodoxa ou heterodoxa, teria naquela época se jogado com "vontade espontânea e um tanto lírica" no que parecia ser uma aventura muito mal concebida. No entanto, parece que era um pouco mais marxista do que a maioria de seus companheiros, talvez graças a seus contatos e experiências guatemaltecas, e certamente emergiu da Sierra Maestra convencido e seguro e desenvolveu seu conhecimento da literatura marxista nos círculos de leitura que frequentou com tanta diligência quando foi ministro da Indústria. Sua convergência com o bolchevismo é ainda mais surpreendente, uma vez que não estava de forma alguma impressionado com as várias organizações comunistas com as quais entrara em contato e de cujo potencial revolucionário não tinha boa opinião. Talvez a explicação mais provável é que foi a lógica de ser um revolucionário sistemático que o levou a conclusões semelhantes na América Latina às da Rússia czarista ou da China. A convergência foi tanto uma questão de estratégia — ponto em que estava mais perto de Mao do que de Lênin — quanto do que pode ser mais bem descrito como *estilo*. O estilo clássico do bolchevismo era sistematicamente antirromântico e antirretórico: ou antes, enterrava o "grande sentimento de amor", que Che considerava ser a principal motivação do revolucionário (intelectual), sob o "cérebro frio" e a capacidade de "tomar decisões dolorosas sem mover um músculo" do militante eficaz. Seu ideal era o revolucionário profissional móvel ("que muda de país com mais frequência do que de sapatos", como disse Brecht), para quem a revolução era uma habilidade profissional, a disposição para dar à sua vida parte de suas qualificações, e ver a luta não como a exaltação de heroísmo, mas a eficiência prática no trabalho. Um homem assustado não tinha nada a ver com a guerrilha. Os diários de Che [*Reminiscences of the Cuban Revolutionary War* ou, em português, *Episódios da guerra revolucionária*] não perdem tempo com o problema do medo. Por outro lado, em sua visão, era uma fraqueza do heroico Camilo Cienfuegos o fato de que "não media o perigo; era um jogo para ele, jogava com ele, lidava com ele como um toureiro lida com o touro": "seu caráter o matou". Os diários não dizem nada sobre a sua própria bravura suicida, uma concessão à natureza humana latino-americana não reconstruída: mas ele lamenta nunca ter sido suficientemente meticuloso no cuidado de suas armas.

O bolchevismo tinha um estilo rigoso, e Guevara transformou-se num homem rigoroso. A rebelião era inútil sem disciplina, organização e liderança: os quadros da vanguarda revolucionária eram inúteis, a não ser que fossem eficientes e estivessem preparados para não reconhecer limites ao seu dever, e não havia recompensas materiais por suas ações. Os diários são em essência um conjunto de variações sobre o tema de que o entusiasmo não é suficiente, e que as guerrilhas não podem subsistir sem disciplina (a penalidade pela infração sendo a morte), sem conhecimento prático do trabalho e sem puritanismo voluntário, embora sejam também uma admissão de que essas regras entravam em conflito com os motivos que realmente levavam a maioria dos combatentes para o Exército Rebelde.

A revolução era, portanto, uma vocação de tempo integral, incompatível (exceto em raros momentos de lazer), com as graças da vida. Guevara, o jovem baudelairiano, transformou-se em puritano e reduziu seus interesses intelectuais às exigências da luta. Talvez de forma excessiva e demonstrativa, só porque era um intelectual, com um cérebro de primeira classe e, quando se deixava levar, um estilo de emoção forte e controlada. Poderia escrever a prosa de um poeta clássico. Contudo, suas opiniões raras e lapidares sobre a cultura e as artes não demonstram a menor simpatia por aquela identificação de arte de vanguarda e política de vanguarda que sustenta tantos jovens intelectuais rebeldes, ou pela "liberdade" como uma alternativa ao "realismo socialista", o qual ele naturalmente desprezava. No máximo, estava disposto a admitir que a "recaída no decadentismo do século xx [...] não é um erro excessivamente grave, mas devemos superá-lo, sob pena de escancarar o portão para o revisionismo".

Para resumir brevemente a questão, no eterno debate que divide a esquerda revolucionária em ortodoxa e antinomiana, calvinista e anabatista, jacobina e *sans-culotte*, marxista e bakuniniana, Che estava firmemente no lado da primeira e contra a segunda. Isso tem sido, em certa medida, obscurecido não só pela atmosfera predominante do movimento dos jovens rebeldes e dissidentes que o escolheram como um de seus símbolos e que é, em grande medida, antinomiano e libertário, mas também pela estratégia e tática específica da revolução por uma ação guerrilheira voluntária com a qual seu nome é associado. Contudo, isso também reforça o paralelo com o bolchevismo. Sem dúvida, é verdade que uma forte dose de voluntarismo caracteriza a tradição libertária, ansiosa para liberar o indivíduo dos grilhões da predeterminação histórica ou outra. Mas também é característica dos revolucionários de estilo jacobino, que enfatizam o papel da iniciativa, da organização, da liderança e do senso estratégico contra a ação paralisante das certezas da inevitabilidade histórica; sobretudo quando, como antes de 1914 e hoje, a inevitabilidade histórica não parece prever o colapso iminente do inimigo. Che, tal como Lênin, acreditava firmemente no materialismo histórico, mas Lênin também foi criticado por preferir golpes armados dados por elites de voluntários.

Seria desnecessário enfatizar essa filiação de Che à escola clássica da revolução, em oposição à romântica, se ele não tivesse sido adotado como um símbolo pelos românticos. É enganoso pôr uma peroração retórica sua, incomum e muito pouco característica, na sobrecapa de *Episódios da guerra*. O tom geral de sua escrita — e fala — era de uma clareza pragmática e sistemática, até mesmo pedagógica, que acabava por ser boa prosa devido à economia admirável combinada com uma afortunada ausência de jargão. Os *Episódios* não são infelizmente a melhor introdução às suas obras. Elas não são história, mas um registro pessoal de acontecimentos, projetado para encorajar os outros e pôr no papel suas experiências antes que a memória desbotasse e a matéria-prima disponível para a história se dissipasse. Daí a falta de raciocínio fechado e sistemático que é a força de seus escritos mais elaborados.

Essas memórias modestas e fragmentadas foram complementadas pela editora com vários artigos de um tipo diferente, mais ou menos relacionados com a experiência da luta guerrilheira cubana, todos sem data e nem sempre traduzidos de forma confiável. É improvável que Che viesse a querer publicar um livro que faz um relato tão imperfeito da guerrilha cubana a ponto de ser realmente enganoso, mas isso é o que apareceu agora. É lamentável que os editores dessa coletânea não estabeleçam algum tipo de perspectiva, seja numa introdução ou republicando um dos artigos sintéticos do próprio Che — por exemplo, o admirável "Notas para o estudo da ideologia da Revolução Cubana".

No entanto, embora imperfeito, esse livro fornece algumas pistas para o quebra-cabeça de por que um revolucionário tão capaz, perspicaz, prático e não suicida terminou da maneira como terminou. Os *Episódios* revelam uma situação extraordinariamente fácil para os rebeldes cubanos do final dos anos 1950: um sistema à beira do colapso e pronto para aceitar *qualquer* governo alternativo eficaz. Por razões técnicas, mais bem discutidas em seu livro *A guerra de guerrilhas*, as cidades, com suas organizações mais fortes, não poderiam derrubar governantes que mantivessem o comando do Exército e da Polícia. Por outro lado, é claro que as poucas centenas de guerrilheiros — por exemplo, as duas colunas de oitenta e 140 homens que empreenderam a expedição a Las Villas — não poderiam por si mesmas significar uma ameaça militar decisiva para um regime estável. Elas forneceram uma ameaça *política* decisiva assim que se estabeleceram como o núcleo de um governo alternativo, com o qual todo mundo se apressou a chegar a um acordo antes que fosse tarde demais. Com razão, Fidel recusou-se a negociar termos e não deixou outra opção senão a capitulação; mas o velho Estado estava pronto para cair em seus braços, ainda mais que — erroneamente — ele não era reconhecido como um revolucionário social. Nessas circunstâncias, a escolha estratégica e tática dos revolucionários pôde ser reduzida àquela entre a insurreição urbana e a guerra de guerrilha, negociação e intransigência, e o objetivo dos guerrilheiros foi se estabelecerem como *potenciais* vencedores e demonstrar que nenhuma outra forma de oposição, armada ou pacífica, poderia estabelecer-se dessa maneira.

Não decorre disso que, em condições políticas diferentes e mais complexas (mesmo deixando de lado a determinação dos Estados Unidos de não se deixar apanhar de novo), uma força de guerrilha desse tipo também seria bem-sucedida, embora muitas das lições do movimento de Fidel sejam geralmente aplicáveis. Nem sequer decorre que o padrão de guerrilha cubana seja o único. Ele é, por exemplo (como Régis Debray reconheceu), bem diferente do vietnamita. Para dar um exemplo: é pelo menos defensável que em um país como a Bolívia, onde uma força guerrilheira pode ser essencial para a realização de uma segunda revolução, seu papel seja ainda suscetível de ser subordinado a outros focos de insurreição e, consequentemente, que a insistência em equiparar guerrilha e alto-comando político é errada nesse país. E, como o próprio Guevara observou, "a única coisa que a história não vai admitir é que os analistas e executores da política do proletariado cometam erros".

Felizmente, sua façanha póstuma talvez seja provar que sua própria declaração estava errada. É verdade que a teoria do gambito da revolução (pela qual o sacrifício planejado de um Pearse ou um Connolly é o que torna possível a libertação da Irlanda) é geralmente uma racionalização ex post facto da derrota. Não obstante, nem sempre é totalmente errada, embora não haja nenhum sinal nos escritos de Guevara de que ele alguma vez a tenha subscrito. Guevara morto continua a ser uma força política, embora de um tipo diferente e menor do que Guevara vivo. Ele continua a ser tanto uma imagem e modelo inspirador, quanto um combatente e pensador revolucionário cujas palavras e ações são dignas de estudo sério: o que deveria significar, mesmo para os mais simpáticos à sua causa, estudo crítico. Infelizmente, na esteira da sua morte, há um risco de que a imagem venha a obscurecer a realidade. Seria uma pena se isso acontecesse.

Abril de 1968

21. Guerrilhas na América Latina

A guerra de guerrilhas na América Latina na década de 1960 e as teorias associadas aos nomes de Régis Debray e Che Guevara é uma questão polêmica. O tema é obscuro e confuso, e alguns apontamentos sobre ele podem ser úteis. Eles são formulados de um modo um tanto apodíctico por uma questão de brevidade. Poderíamos chamá-los de: Doze erros comuns a respeito da guerra de guerrilhas na América Latina — ou mais exatamente, do Sul —, pois conheço muito pouco sobre a América Central para discutir o assunto de forma frutífera.

1. O CAMPESINATO LATINO-AMERICANO É "PASSIVO".

Há muitas provas contrárias, embora isso não implique que a população pobre agrícola seja ou tenha sido de modo uniforme e em todos os lugares igualmente ativista. Há uma tradição de rebelião camponesa endêmica em certas áreas do México e em grande parte da região de denso povoamento indígena nos Andes, sobretudo no Peru. Com exceção de episódios excepcionais, como o levante de Túpac Amaru no final do século XVIII, a maioria dessas rebeliões e insurreições é praticamente desconhecida, mas isso se reflete na historiografia das terras andinas, e não em seus camponeses. O exemplo mais recente de ativismo camponês generalizado (mas descentralizado) no Peru data do início da década de 1960. No entanto, é provável que alguns tipos de campesinato sejam extraordinariamente propensos à rebelião, por exemplo (o que Eric Wolf sustenta com razão), o "camponês médio" tradicionalista, nem envolvido o bastante na nova economia de mercado capitalista, como um cúlaque, nem demasiado pobre, fraco, oprimido e socialmente desorganizado. Os trabalhadores sem terra assalariados constituem antes a base dos sindicatos rurais do que da rebelião camponesa. As organizações comunais tradicionais ameaçadas de fora tendem a ser potencialmente ativistas. O mesmo acontece com os colonos fronteiriços e posseiros. Vaqueiros móveis, ativos e, sobretudo, armados e combativos, tipos bandoleiros etc., estão naturalmente longe de ser passivos, embora sejam bastante indeterminados do ponto de vista ideológico. Todos esses casos encontram-se na América Latina em grande número.

2. O MOVIMENTO GUERRILHEIRO DE FIDEL CASTRO FOI UM FENÔMENO EXCEPCIONAL.

Foi excepcional na medida em que (a) obteve êxito e (b) inaugurou uma revolução social. Mas, enquanto movimento guerrilheiro, foi apenas mais um de uma longa linhagem desse tipo de movimento na história da América Latina e, do ponto de vista quantitativo, um dos mais modestos. Mesmo se deixarmos de lado os cavaleiros selvagens, que não raro infundiram um componente demótico nas guerras locais e revoluções, e o banditismo social (os cangaceiros do Nordeste brasileiro foram classificados como guerrilheiros camponeses pela Internacional Comunista), há ainda uma abundância desses movimentos. Muitos deles são obscuros e esquecidos, outros incidiram diretamente sobre a política revolucionária moderna ou mundial, por exemplo, a guerra de guerrilha sistemática dos mexicanos na década de 1860, que derrotou os franceses, os zapatistas da Revolução Mexicana, a Coluna Prestes no Brasil em meados dos anos 1920. [...] A guerra de guerrilhas não começou na Sierra Maestra.

3. O MOVIMENTO GUERRILHEIRO DE FIDEL CASTRO
É UM MODELO GERAL PARA A REVOLUÇÃO
LATINO-AMERICANA EM GERAL OU PARA
A GUERRA DE GUERRILHAS EM PARTICULAR.

Seu sucesso foi e continua sendo uma inspiração para os revolucionários, mas suas condições eram peculiares e não são facilmente repetíveis (a) porque Cuba é, em muitos aspectos, diferente da maioria das outras regiões da América Latina, (b) porque a situação interna e internacional que, no final dos anos 1950, permitiu que uma força guerrilheira muito heroica e inteligente, mas um tanto pequena e mal preparada, derrubasse o regime de Batista tem pouca probabilidade de se repetir, sobretudo porque (c), principalmente como consequência da vitória de Fidel, as forças que agora estão mobilizadas contra os guerrilheiros latino-americanos são incomensuravelmente mais eficazes, determinadas e apoiadas pelos Estados Unidos do que se acreditava necessário antes de 1959.

4. A DÉCADA DE 1960 ASSISTIU A UMA GRANDE EXPLOSÃO DA GUERRA DE GUERRILHAS NA AMÉRICA LATINA.

Em 1960, deixando de lado alguns guerrilheiros peronistas que teriam sobrevivido na Argentina e o caso particular dos camponeses armados e milícias de mineiros na Bolívia, havia um único exemplo importante de ação armada realizada por revolucionários rurais: as "zonas de autodefesa armada" (lideradas em sua maioria pelo PC) em várias partes da Colômbia, com frequência chamadas equivocadamente de "repúblicas independentes". A década de 1960 assistiu ao desenvolvimento de outros dois movimentos, um significativo, mas bastante marginal, na Venezuela, que nunca pareceu ser uma força política decisiva, e outro muito mais forte na Guatemala, que quase certamente teria vencido, se a certeza de uma hostilidade total dos Estados Unidos não tivesse impedido a espécie de salto geral da cerca que tanto ajudou Fidel Castro. Esses três movimentos ainda existem. O colombiano (que agora ganhou a companhia de uma força "fidelista", o Exército de Libertação Nacional (ELN), e de outra maoista, o Exército Popular de Libertação (EPL)) transformou-se numa guerrilha mais clássica. O venezuelano, abandonado primeiro pelo PC local e, mais recentemente (a julgar pelas queixas recentes de seu líder Douglas Bravo), também pelos cubanos, é agora muito mais restrito. O guatemalteco ainda existe, mas suas perspectivas são obscuras.*

Em termos gerais, a situação de hoje é comparável ao que era em 1960. Várias outras tentativas de montar operações de guerri-

---

* Por razões de brevidade e conveniência, não tratei das várias divisões políticas nesses movimentos e usei termos como "fidelista" e "maoista", no sentido coloquial, em vez de entrar nas disputas sectárias amargas sobre o significado deles.

lha, como no Peru e na Bolívia, para não mencionar algumas outras áreas, nunca decolaram.

5. ESSE RELATIVO FRACASSO INDICA UMA FALTA DE POTENCIAL REVOLUCIONÁRIO NA AMÉRICA LATINA.

Essa visão está se tornando mais popular em consequência do evidente fracasso em imitar a Revolução Cubana em outros lugares. Há pouca justificativa para ela. Além dos casos já referidos no tópico anterior, a década de 1960 assistiu, entre outras, à maior mobilização camponesa dos últimos 150 anos no Peru (1960-3); uma insurreição popular urbana clássica e inteiramente bem-sucedida em Santo Domingo, detida somente pela intervenção direta e maciça dos Estados Unidos; um processo de radicalização esquerdista-populista extremamente interessante no Brasil (1960-4), embora, no final, interrompido por um golpe militar; insurreições urbanas na Argentina (1969) e muitos outros fenômenos que em geral não são associados com a estabilidade social e política. O que está em questão não é a existência de forças sociais revolucionárias no continente, mas a forma exata em que encontram expressão prática, seus meios de sucesso ou daquelas políticas alternativas projetadas para dissipá-las ou para satisfazer as necessidades que dão origem a elas.

6. O FRACASSO DAS TENTATIVAS DE GUERRILHA INDICA A IMPRATICABILIDADE DESSAS OPERAÇÕES NA AMÉRICA LATINA DE HOJE.

A sobrevivência na Colômbia de uma ação camponesa armada eficaz durante um período de (até agora) vinte anos demonstra que isso não é verdade. O fato é que a rejeição por motivos políticos dos guerrilheiros colombianos (liderados pelo PC) por Régis Debray (que agora admite que não tinha conhecimento em primeira mão deles)[1] criou uma impressão indevidamente sombria das chances da guerrilha. Por outro lado, várias tentativas de guerrilha que se encaixavam melhor na tese de Debray (sobretudo as peruanas de 1965 e a aventura boliviana do próprio Che Guevara) estavam condenadas antes de começarem por puro amadorismo — por exemplo, a ignorância das línguas indígenas locais ou das condições do lugar, por obsolescência estratégica e tática — e pela incapacidade de perceber as novas possibilidades e forças de "contrainsurgência", devido a uma nobre, mas imprudente impaciência, porém, sobretudo, por um erro político fundamental. Eles presumiram que, estando presentes várias das condições objetivas para a revolução, seria decisivo para deflagrá-la o puro voluntarismo, a decisão de algumas pessoas de fora. Em consequência, grupos pequenos, em alguns casos em número muito insuficiente, ficaram isolados e foram vítimas relativamente fáceis de seus inimigos: quando uma guerrilha carece da base social e política "peixe-na-água" que faz dela uma guerrilha, ela não passa de uma unidade de guarda florestal fraca, mal equipada e com grande probabilidade mal treinada, sem reservas e reforços. Ainda assim, pode ter êxito em casos muito excepcionais, mas é provável que apenas quando as condições sobre as quais não tem nenhum controle sejam extraordinariamente favoráveis. Porém, a teoria do foco de guerrilha supunha (a) que essas condições poderiam ser mais influenciadas do que é provável e (b) que uma chance remota é uma aposta razoável. Não é. A Sierra Maestra não justifica as inúmeras tentativas de reproduzi-la, não mais do que a invasão de Garibaldi da Sicília em 1860, que foi bem-sucedida, legitimou as várias tentativas de aventuras semelhantes, todas fracassadas e desmoralizantes, organizadas por Mazzini na década de 1850. E a crítica feita por mazzinianos leais em 1858 é igualmente válida para Debray e Guevara:

Em nossa opinião, é gravemente errado: alguns imporem ação sobre a vontade inerte e despreparada de muitos, sempre que lhes convier; acreditar que uma rebelião, que é fácil de organizar, pode ser logo transformada numa insurreição em grande escala; importar insurreição de fora, antes de ter sido devidamente preparada de dentro; fazer planos imediatos apenas para entrar em ação, deixando que o sucesso da ação cuide dele mesmo.[2]

7. A "AUTODEFESA ARMADA" É INCOMPATÍVEL COM A GUERRA DE GUERRILHA.

A "autodefesa armada" é uma tática peculiar a situações de guerra civil endêmica (como na Colômbia após 1948), a situações pós-revolucionárias (como na Bolívia após 1952), e a regiões onde o poder do Estado é intermitente ou remoto e não tem o monopólio das armas, como em muitas regiões de fronteira da América do Sul. Com efeito, consiste na montagem de milícias armadas, geralmente combinadas com um bom grau de autonomia local, por comunidades ou movimentos políticos em determinadas áreas, quase sempre para defender-se contra as incursões de fora, mas possivelmente também para intervir em assuntos nacionais. A crítica dessa tática, que é feita com mais vigor em *Revolução na revolução*, de Debray, sustenta que ela era usada para fins puramente defensivos, o que é correto, e que era ineficaz do ponto de vista militar, o que é errado. A "campanha de aniquilação" que o Exército colombiano levou a cabo em 1964-5 contra as principais zonas de "autodefesa armada" — temos agora um esplêndido relato disso feito pelo lado dos guerrilheiros[3] — transformou-a numa guerra de guerrilhas comum, mas não a eliminou.

No momento atual (ou, pelo menos, no final de 1969), guerrilhas armadas sob a mesma liderança estavam ativas nas mesmas regiões, inclusive a própria área em que unidades de "autodefesa" armada de Marquetalia tinham esperado o primeiro contato com tropas do governo em 1964.

A crítica a seu caráter (de início) puramente defensivo confunde várias coisas. Pode ser defensiva (a) porque os movimentos que a organizam não estão interessados em revolução, como muitos esquerdistas pensavam que os PCs heterodoxos não estavam; (b) porque a situação geral no país não é revolucionária, como os próprios PCs ortodoxos alegavam; ou (c) porque os camponeses, a menos que sejam atacados, não estão dispostos a lançar-se numa guerra de guerrilha ou insurreição ou não entendem a necessidade disso. A área de "autodefesa armada" típica é aquela em que o movimento dos camponeses (ou, como na Bolívia, dos mineiros) já alcançou sucessos locais substanciais sem guerra civil, os quais está preocupado em salvaguardar. O problema político é, portanto, real, e todos os que organizaram esses movimentos camponeses bem-sucedidos (locais ou regionais), seja o PC ortodoxo, como na Colômbia, ou trotskista, como Hugo Blanco em La Convención (Peru), concordam que, nessas circunstâncias, a organização armada defensiva — que pode passar à guerra de guerrilha em reação a um ataque externo — é o próximo passo mais viável. Sem ele, a guerra de guerrilha carece de uma base adequada. No Peru, Luis de la Puente [Uceda] descobriu isso ao custo de sua vida, quando escolheu, de forma "puramente mecânica", para citar Héctor Béjar,[4] estabelecer sua principal base guerrilheira em La Convención e foi abandonado para lutar e morrer isolado.

A importante e legítima crítica da "autodefesa armada" é que qualquer movimento camponês de base tende a ter perspectivas puramente locais e deve, portanto, estar subordinado a uma estratégia nacional e incorporado a uma força de guerrilha nacional, com horizontes mais amplos. Uma guerrilha revolucionária deve ser mais do que a soma de seus componentes locais. Mas se não pode contentar-se com as poucas bases locais já prontas de ação armada, também não pode deixá-las de lado. O que as massas estão preparadas para entender e fazer é uma consideração crucial para qualquer revolucionário sério; e, sobretudo, o que elas estão dispostas a fazer nos lugares onde já estão armadas, autoconfiantes e prontas para a ação, e das quais quase certamente virá uma parte substancial dos posteriores combatentes e líderes da guerrilha nacional.

8. A MODERNA "CONTRAINSURGÊNCIA" E A INTERVENÇÃO DOS ESTADOS UNIDOS TORNARAM IMPOSSÍVEL A GUERRA DE GUERRILHAS EFICAZ NA AMÉRICA LATINA.

Com exceção da República Dominicana, não houve até agora nenhuma intervenção direta por parte das Forças Armadas americanas na década de 1960, embora tenha havido uma boa dose de apoio direto e indireto (financiamento, equipamentos, treinamento, "conselheiros" etc.) para as forças dos Estados latino-americanos, ou mais raramente de mercenários, que efetuaram as lutas antiguerrilhas. O que aconteceria se os Estados Unidos interviessem é, portanto, uma questão hipotética, embora o Vietnã forneça, pelo menos, uma resposta possível. Devemos, portanto, deixar isso de lado.

Por outro lado, técnicas modernas de "contrainsurgência" foram experimentadas com efeito considerável. Elas tornaram a tarefa dos guerrilheiros muito mais difícil, mesmo nas condições políticas mais favoráveis, por meio de inovações, tanto de caráter tecnológico quanto tático e estratégico. O helicóptero é um exemplo óbvio do primeiro caso. A estratégia de cerco sistemático e a separação dos guerrilheiros de sua base política e de suprimentos (por exemplo, pela remoção forçada dos camponeses para campos de concentração, "vilas estratégicas" etc.) é um exemplo óbvio do segundo. Através desses meios, as principais vantagens da guerrilha — mobilidade, invisibilidade, fusão na população local etc. — foram em grande medida contrabalançadas. Desse modo, o objetivo da contrainsurgência eficaz tem sido isolar os guerrilheiros dentro de um espaço cercado, de preferência vazio, e, em seguida, inverter o procedimento tradicional, seguindo-os e acossando-os de modo sistemático com os seus contraguerrilheiros especialmente treinados e equipados (guardas-florestais etc.) até que suas unidades sejam derrotadas ou encurraladas, quando a tecnologia moderna pode então trazer com rapidez reforços esmagadores contra eles.

É evidente que algumas das guerrilhas da década de 1960 fizeram exatamente o jogo dessa estratégia, por exemplo, no Peru, onde De la Puente não só concentrou todos os seus homens e suprimentos em um maciço montanhoso remoto e supostamente inexpugnável, como anunciou sua intenção de usá-lo como sua base permanente. Também é provável que a teoria do foco de guerrilha, que prevê unidades de guerrilheiros que são, quase por definição, grupos de forasteiros importados sem uma base inicial firme no campesinato local, sirva muito bem à contrainsurgência. É certo também que até os guerrilheiros latino-americanos mais bem preparados foram inicialmente surpreendidos pelas novas técnicas e cometeram erros graves — como os colombianos admitem.

Não obstante, as guerrilhas colombianas conseguiram manter sua atividade, apesar de seus erros iniciais, apesar da severa desvantagem de ter de providenciar a evacuação, dispersão e reassentamento de uma população civil, apesar da força e longa experiência do Exército colombiano nesse tipo de combate e apesar das profundas divisões políticas no campo, que, depois de uma década e meia de guerra civil, propiciaram muito mais aliados potenciais locais para o exército do que as sólidas massas indígenas antibrancas dos Andes peruanos. Elas tiveram sucesso graças não somente aos ajustes táticos e técnicos, mas devido, sobretudo, a uma profunda compreensão da base política da guerra de guerrilhas. A contrainsurgência torna isso mais crucial ainda. Vamos tomar dois pontos óbvios. Ao tornar a vida do guerrilheiro fisicamente mais desgastante, ela torna essencial a capacidade de recrutar *camponeses* que tenham mais facilidade de suportá-la do que intelectuais importados ou mesmo trabalhadores urbanos. Todas as guerrilhas latino-americanas que se mantiveram eram compostas predominantemente por camponeses — as Farc (PC) colombianas na sua quase totalidade, mais de 90% de uma unidade do ELN colombiano sobre as quais temos informações, 75% de unidades das Forças Armadas de Libertação Nacional (FALN) de Bravo na Venezuela.[5] Mais uma vez, os perigos extremos a que a população camponesa em geral está agora exposta tornam mais crucial do que nunca manter as ligações com ela e, na medida do possível, protegê-la. A visão de Debray que "em sua ação e organização militar [a guerrilha] é independente da população civil e, portanto, não é convocada a fazer a defesa direta da população camponesa"[6] é uma receita para o suicídio. Isso contrasta totalmente com a experiência e a prática colombiana, que insistem não só na importância fundamental de manter uma organização civil, como também nos métodos mais elaborados para a salvaguarda de partidários camponeses. Isso se aplica tanto à inteligência como às operações. Portanto, é crucial (pela experiência colombiana) identificar e triar todos os "estranhos" em uma região, especialmente os recém-chegados — por exemplo, tropeiros, comerciantes e vendedores ambulantes, pequenos lojistas, caixeiros-viajantes, curandeiros e dentistas, mestres-escolas e outros funcionários públicos, mendigos, prostitutas ou outras mulheres "estrangeiras" etc. É essencial ter um aparato de contrapropaganda para contrabalançar as promessas do exército contrainsurgente ou mesmo as táticas imediatas de amizade (viagens gratuitas para crianças de helicópteros e coisas semelhantes). É essencial "educar o povo num espírito de partido", a fim de evitar o comportamento irresponsável ou acidental que possa ajudar o inimigo. Até mesmo partidários conhecidos não devem nunca ser expostos como tais, ou seja, devem sempre ser instruídos a dar ao exército as informações *corretas* sobre o caminho que os guerrilheiros tomaram, mostrar-lhes a quantidade *certa* de dinheiro que eles pagaram por suprimentos.

O teste é na prática. As guerrilhas bolivianas e peruanas foram liquidadas em questão de meses, com pouca dificuldade. A campanha de 1964-5 contra Marquetalia (Colômbia), realizada por 16 mil soldados, durou 533 dias e levou à criação de uma força guerrilheira nacional (Farc) que permanece ativa, como vimos, na mesma região em que se estabeleceu a milícia camponesa antes de 1964.

9. A REVOLUÇÃO LATINO-AMERICANA DEPENDE ESSENCIALMENTE DAS GUERRILHAS RURAIS.

Uma forma um tanto ingênua do maoismo supõe que os países em questão são compostos em sua maioria por camponeses. Na América Latina atual, isso só é verdade em algumas pequenas repúblicas, e a taxa de urbanização fará com que, em breve, até mesmo os últimos grandes países camponeses, como o Brasil, tornem-se predominantemente urbanos. Portanto, é evidente que uma estratégia baseada na aldeia para depois cercar e capturar a cidade é irrealista. Guerrilheiros sérios, como Douglas Bravo, na Venezuela, não têm nenhuma dúvida de que, para ser bem-sucedida, a revolução deve combinar guerrilha rural e insurreição urbana, para não mencionar partes dissidentes das forças armadas. As guerrilhas rurais têm a vantagem de agir em um ambiente social e, às vezes, geográfico que as favorece, mas também a desvantagem de que podem operar entre grupos que são minoritários na população e — o que é talvez mais grave — em áreas distantes dos lugares onde são tomadas as verdadeiras decisões sobre o futuro político do Estado (por exemplo, na capital e outras grandes cidades), ou mesmo em áreas remotas do centro de gravidade da economia. Nenhum revolucionário que não consiga desenvolver um programa ou uma perspectiva de captura das capitais deve ser levado muito a sério, em especial na América Latina, onde os regimes estão acostumados a perder o controle político, ou até militar, de províncias distantes por períodos bastante longos sem ser seriamente afetados. Com efeito, é provável que, não fosse a histeria dos Estados Unidos em relação a Fidel, o governo colombiano não teria tido nenhuma pressa em "aniquilar" as zonas de "autodefesa armada", que não representavam um grande problema político na época.

10. A GUERRILHA URBANA PODE SUBSTITUIR A GUERRILHA RURAL OU A INSURREIÇÃO URBANA.

As ações de guerrilha urbana, ou o que pode ser chamado por esse nome, foram, de certa forma, usadas amplamente na década de 1960 como guerrilhas rurais, por exemplo, na Venezuela, na Guatemala, no Brasil e no Uruguai. Por razões discutidas no livro de Guevara *La guerra de guerrillas* (Havana, 1960), elas não podem ser comparadas às guerrilhas rurais em potencial militar ou político e devem ser consideradas métodos essencialmente preparatórios ou auxiliares da luta revolucionária. Ninguém diz o contrário com seriedade. No Brasil, elas são consideradas por seus defensores uma fase preliminar para o estabelecimento de guerrilhas rurais, embora também como um meio valioso de agitação e propaganda. No Uruguai, cuja população é esmagadoramente urbana, os Tupamaros, os guerrilheiros urbanos mais formidáveis do continente, parecem ver sua função como a de aguçar a atmosfera de tensão social e política, e não como a transferência real de poder, mas é difícil julgar. O equivalente urbano da guerra de guerrilhas rural é a insurreição, uma arma potencialmente decisiva (pelo menos na capital), mas é como se fosse, por assim dizer, um único tiro de cada vez e um período desmesurada e imprevisivelmente longo de recarga. Nas províncias, ela é menos decisiva, como ficou demonstrado na Argentina, no verão de 1969, quando o fracasso de Buenos Aires em seguir Córdoba, Rosario etc. salvou o regime. Na década de 1960, houve uma única insurreição urbana bem-sucedida, em Santo Domingo, em 1965, que foi espontânea, como a maioria dos movimentos de sucesso desse tipo, que não ocorrem quando a questão do poder do Estado já foi praticamente decidida, e uma grande tentativa organizada malsucedida, na Venezuela, no início dos anos 1960, em conjunção com guerrilhas urbanas e rurais. É improvável que hoje em dia muitos latino-americanos subestimem a ação de guerrilha urbana (ou mesmo do setor urbano), mas é útil distinguir entre ações que têm um propósito político direto e aquelas que surgem da necessidade operacional, por exemplo, as "expropriações" de bancos que estão na moda, que fornecem aos guerrilheiros urbanos os meios de se manterem. Embora boas para o moral dos guerrilheiros, elas podem não ganhar apoio público. Também é bom lembrar uma característica política crucial da ação urbana em períodos não insurrecionais. Enquanto a guerrilha rural se baseia na *convivência* de setores da população rural, a guerrilha urbana baseia-se no anonimato da grande cidade, isto é, na possibilidade de agir *sem* a convivência das pessoas.

11. EXISTE UMA RECEITA ÚNICA PARA A REVOLUÇÃO LATINO-AMERICANA.

Talvez em reação contra a suposta passividade dos partidos comunistas da região e, com certeza, contra slogans internacionais mecanicamente aplicados a respeito da "via pacífica para o socialismo", uma boa parte da esquerda latino-americana adotou o ponto de vista oposto de que *somente* a insurreição armada na forma de guerra de guerrilhas era necessária. Essa opinião, que negligenciava todas as complexidades da situação, nunca foi, de fato, totalmente aplicada na prática, apenas em polêmicas ideológicas. (O uso da ação armada é, naturalmente, aceito por todos num continente onde até mudanças ordinárias de governo costumavam ser feitas pelas armas. Poucos PCs, até entre os mais ortodoxos e moderados, a excluíam. Alguns, como na Venezuela, Guatemala e Colômbia, mantiveram, de forma temporária ou permanente, forças de guerrilha.) Como exemplo, a esquerda venezuelana nunca ignorou a possibilidade de um apoio ativo de elementos dissidentes das forças armadas, e até mesmo a esquerda notavelmente irrealista do Peru foi, às vezes, sábia o bastante para não antagonizar o exército a priori, atacando, por exemplo, quartéis.

É provável que a revolução na América Latina seja uma operação combinada, numa situação de crise interna política dentro do regime estabelecido, ou, mais raramente, numa tal instabilidade institucional constante que uma crise como essa possa ser precipitada. É provável que combine forças sociais — camponeses, trabalhadores, os pobres urbanos marginalizados, estudantes, setores das camadas médias —, forças institucionais e políticas, por exemplo, dissidentes nas Forças Armadas e na Igreja, forças geográficas, por exemplo, interesses regionais no que costumam ser repúblicas muito divididas e heterogêneas etc. Infelizmente, o cimento mais eficaz dessas combinações — a luta contra o estrangeiro, ou mais especificamente, o governante estrangeiro — é raramente aplicável, exceto nos pequenos Estados da América Central, onde os Estados Unidos têm o hábito de intervir de forma direta — mas com forças esmagadoras em potencial —, e talvez, infelizmente, por nacionalismos locais direcionados contra vizinhos latino-americanos. A América Latina foi colonial do ponto de vista econômico, mas suas repúblicas são Estados politicamente soberanos há muito tempo.

Infelizmente, também a esquerda marxista, que nunca foi uma grande força política, exceto em poucos países, talvez seja hoje demasiado fraca e dividida na maioria das repúblicas para propiciar uma estrutura nacional eficaz de ação ou uma força política decisiva de liderança. Com efeito, o resultado líquido da década de 1960 foi, por várias razões, seu maior enfraquecimento e fragmentação, que tornou sua unificação ou mesmo uma ação comum extremamente difícil. Isso não exclui grandes mudanças sociais, até mesmo revolucionárias, mas faz com que seja provável que a liderança dessas mudanças seja assumida, pelo menos de início, por outras forças.

12. OS MOVIMENTOS REVOLUCIONÁRIOS PODEM FUNCIONAR SEM ORGANIZAÇÕES POLÍTICAS.

Alguns regimes podem ser derrubados sem organização em determinadas circunstâncias. Lênin previu que o czarismo cairia sob o impacto de algum movimento espontâneo, e isso aconteceu, embora ele não tenha concluído disso que o partido não tinha nenhum papel a desempenhar. Quando se prevê uma luta prolongada (como na teoria clássica das guerrilhas revolucionárias), a organização é mais crucial do que nunca e a análise política é indispensável. Isso se aplica em todos os níveis. Manuel Marulanda, escrevendo como comandante da guerrilha camponesa colombiana, não tem dúvidas de que organização, discussão e educação são essenciais para o moral dos guerrilheiros, pelo menos para mantê--los ocupados entre as ações. ("É por isso que no campo devemos ter um instrutor político a todo custo. Tem de haver formação política, treinamento militar, limpeza de armas e arrumação geral.")[7] O dirigente camponês peruano Hugo Blanco descobriu que o maior obstáculo para transformar um forte movimento sindical camponês em "autodefesa armada" era sua incapacidade de construir uma estrutura partidária organizada adequada a partir de uma série de campanhas ad hoc e mobilizações de massa.[8] No extremo oposto, a escolha meio ocasional da Bolívia como zona de batalha por Guevara — anteriormente, parece ter pensado nas regiões argentinas vizinhas — e a decisão de ir em frente sem o apoio de qualquer força política boliviana significativa demonstram uma subestimação séria da importância de uma análise política das condições de luta. É possível, em certas circunstâncias, presumir que uma população forma uma única massa explosiva, relativamente homogênea, que precisa apenas ser despertada para proporcionar as condições favoráveis à guerra revolucionária. Com efeito, parte da população indígena peruana ofereceu essas condições e correu a apoiar os guerrilheiros de Lobaton e Béjar, em 1965, sendo posteriormente dizimada pelo exército. Os revolucionários expuseram e sacrificaram os índios sem necessidade, sendo incapazes — por fraqueza numérica, simples ignorância e inexperiência, bem como falta de análise política — de tomar as precauções necessárias ou fornecer uma organização adequada, quadros e liderança que poderiam ter criado uma guerrilha camponesa eficaz, reforçada pelo terror subsequente das Forças Armadas. Mas, se essas fraquezas eram evidentes mesmo na mais simples das situações políticas locais, quão mais importante elas devem ser em situações muito mais complexas como as que caracterizam a América Latina, um continente muito complexo?

1970

Algumas notas do ensaio original foram omitidas nesta versão.

22. Guerrilhas latino-americanas: uma visão geral

Os anos posteriores à Revolução Cubana ficarão na história da América Latina como aqueles do sonho da guerrilha. Foi um período estranho, pois a desproporção entre o sonho e a realidade era enorme. Embora o sonho fosse poderoso o suficiente para impor sua imagem ao mundo inteiro através do ícone de Che Guevara (que inspiraria insurreições rurais em lugares tão distantes quanto o Ceilão), pelos padrões mundiais as guerrilhas latino-americanas sem dúvida não eram as mais importantes e foram provavelmente as menos bem-sucedidas. Além disso, mesmo no contexto latino-americano, elas constituíram uma irrealidade meio esquisita. Em um continente que tem uma história mais longa de guerra de guerrilhas do que a maioria das outras partes do mundo, pouca atenção foi dada à verdadeira riqueza da experiência histórica latino-americana. Os exemplos mais bem-sucedidos de guerra de guerrilha na região (aqueles que tanto precederam como sobreviveram à era guevarista) não foram, em geral, admirados nem imitados, como, por exemplo, aqueles do Partido Comunista da Colômbia. Até mesmo as lições de um caso um tanto especial, que foi considerado paradigmático, como o da Sierra Maestra, foram negligenciadas pelas mesmas pessoas que as haviam formulado.

Enquanto o sonho durou, comparativamente pouco de realmente interessante apareceu sobre os movimentos e as tentativas de guerrilhas do período 1960-7, com exceção de algumas reportagens acríticas, algumas publicações governamentais e os numerosos escritos polêmicos e programáticos que pertencem mais à história ideológica do que à história prática da esquerda revolucionária. Trata-se de algo bastante natural, embora seja de lamentar que nenhum movimento guerrilheiro da América Latina tenha encontrado um repórter analítico do calibre de Basil Davidson, cujos livros sobre as guerrilhas de Guiné e Angola, as quais ele acompanhou, equivalem a toda a literatura reunida sobre os movimentos latino-americanos. Claro que Davidson tinha a vantagem de ter lutado em movimentos guerrilheiros verdadeiramente significativos durante a Segunda Guerra Mundial.

Depois do fracasso das guerrilhas na América Latina, começaram tanto os inquéritos quanto os estudos sérios sobre o assunto. Os inquéritos podem ser divididos em duas classes, que nem sempre estão claramente separadas: o tipo "o que deu errado" e o tipo "por que elas nunca poderiam ter funcionado". A primeira questão aplica-se aos poucos exemplos em que a insurreição guerrilheira rural (sozinha ou em conjunto com outras formas de ação) teve uma chance séria ou fez parte de uma opção política racional, como na Guatemala e Venezuela; ou talvez naquela terra de bandos indestrutíveis de camponeses armados, a Colômbia. Na Guatemala, as guerrilhas teriam sido com quase certeza bem--sucedidas em meados dos anos 1960, não fosse a convicção profunda de todos os oficiais superiores e políticos das pequenas repúblicas da América Central de que Deus está muito longe e a intervenção dos Estados Unidos com força esmagadora está próxima demais; uma convicção que os acontecimentos de 1965 na República Dominicana só reforçaram.

Na Venezuela, o chamado às armas foi empreendido como parte de uma estratégia política pensada e foi uma coisa perdida por pequena margem. Na Colômbia, é quase certo que não havia uma situação comparavelmente favorável na década de 1960, e o que precisa ser explicado — e pode ser explicado em termos da situação local — é apenas o sucesso de todas as guerrilhas, exceto as mais amadoras, quer fossem comunistas ortodoxas, castristas ou maoistas, em manter-se em ação durante anos, em vez de meses, e, no caso das comunistas ortodoxas Farc, praticamente por uma geração.

Em nenhum outro lugar as insurreições rurais foram feitas em termos de uma análise política séria ou com alguma perspectiva real de sucesso. Na melhor das hipóteses, foram tão heroicamente inúteis (e, pode-se acrescentar, tão cheias de retórica vaga) quanto as várias invasões da Itália por grupos de jovens mazzinianos devotados e condenados ao fracasso na década de 1850, que tinham muito em comum com os movimentos guevaristas. Assim, não há nenhum mistério em relação aos motivos de seus insucessos. As razões gerais estão expostas no livro um tanto desconexo de Luis Mercier Vega (com David Weissbort), *Guerrillas in Latin America: The Technique of the Counter-State* (1969), um dos muitos tratados antiguevaristas desiludidos escritos após a derrota da insurreição boliviana em 1967. Em resumo, as insurreições rurais fracassaram porque contradiziam tudo o que se sabe sobre a guerra de guerrilhas rural e quase tudo o que se sabe sobre como ocorrem as revoluções. Elas poderiam ter obtido sucesso somente por um mero golpe de sorte. A maioria dos grupos marxistas organizados — e de forma alguma apenas os PCs ortodoxos — opunha-se a elas naquela fase, reconhecendo tanto a superficialidade de seus apelos a Marx e Lênin quanto a sua negligência na política. O guevarismo, como assinala Mercier Vega, atraiu principalmente intelectuais de classe média e (o que ele não ressalta com muita clareza) jovens oficiais. É um fato curioso e não insignificante que alguns dos guerrilheiros mais militantes (Turcios Lima e Yon Sosa, na Guatemala, Carlos Lamarca, no Brasil) passaram da contrainsurgência para a insurgência. Analisar as razões do fracasso é menos difícil do que estabelecer o que realmente aconteceu. A tentativa mais ambiciosa de fazê-lo continua sendo a de Richard Gott em *Guerrilla Movements in Latin America* (Londres, 1969). Esse livro talvez ainda esteja próximo demais de seu tema, porque o autor simpatiza apaixonadamente com os guevaristas e porque foi um esforço pioneiro para recolher o material e pô-lo em forma de livro. Mesmo assim, continua sendo a obra narrativa básica em inglês, embora inferior em análise a *Diez años de insurrección en América Latina*, 2 v. (Santiago de Chile, 1971), uma coletânea de estudos organizada por Vania Bambirra. A obra de Gott não está mais atualizada no que diz respeito à política internacional (isto é, às atitudes de Cuba, urss, China etc. em relação a esses movimentos), no que diz respeito aos países onde as guerrilhas continuam ativas e à literatura publicada recentemente. Ela silencia a respeito do movimento de guerrilha urbana. Talvez pudesse conter alguma referência às curiosas guerrilhas autóctones do anárquico estado mexicano de Guerrero, onde, como diz o ditado, prosperidade econômica significa que os homens compram uma nova arma antes de comprar um rádio. Genaro Vázquez (morto em 1972), um professor primário do lugar, já estava ativo em 1968, e um movimento persiste.[1] Ainda assim, o livro é indispensável.

Mais interessantes do que a história narrativa geralmente sombria dos movimentos rurais são os textos sobre guerrilheiros específicos que surgem cada vez mais de dentro do movimento, pois elas nos contam algo de verdadeiro valor, não apenas sobre os aspectos técnicos da luta guerrilheira, mas também sobre as relações entre a guerrilha e a população rural. O Peru produziu algumas obras valiosas, sobretudo *Perú, 1965: Una experiencia libertadora en América*, de Héctor Béjar (Cidade do México, 1969), que é ao mesmo tempo sensível e realista.[2] O livro de Hugo Blanco *Land or Death: The Peasant Struggle in Peru* (Nova York, 1972) ilustra o fracasso de um movimento camponês de massa em desenvolver-se de forma eficaz para além de uma forma rudimentar de autodefesa armada — a base das guerrilhas colombianas, descartada de forma tão ligeira por Debray — devido, em sua opinião, à fragilidade da organização. Qualquer coisa escrita por Blanco, um homem muito capaz, que tem experiência direta dos movimentos camponeses em áreas remotas da América Latina, deve ser lida com atenção. A literatura mais abundante e interessante vem, no entanto, da Colômbia, cujas publicações mais valiosas são *La Violencia en Colombia* (Cali, 1968), de Germán Guzmán, e *Colombie, guérillas du peuple* (Paris, 1969), de Jacobo Arenas, que contém entrevistas notáveis com Manuel Marulanda, o comandante camponês das Farc (descrito erroneamente por Robert Moss em *Urban Guerrillas*, Londres, 1972, como um "notório bandido rural").

Com o colapso da fase de guerrilha rural, a ação revolucionária armada mudou-se cada vez mais para as cidades. A expressão "guerrilha urbana" para se referir a esses movimentos pode ser enganadora, pois eles não contam com o apoio ou a cumplicidade da população, como qualquer guerrilha rural viável deve ter, mas com seu oposto, o anonimato das grandes cidades. Portanto, do ponto de vista operacional podem ser autossuficientes, uma vez que tudo de que precisam como suprimento é do dinheiro, em geral obtido por "expropriação" ou resgate. Além disso, a clássica progressão maoista ou vietnamita de força guerrilheira para exército, que eventualmente cerca e captura a cidade, é aqui excluída. Deve-se, portanto, fazer uma clara distinção entre guerrilhas urbanas análogas às rurais (por exemplo, os grupos armados nas áreas católicas e protestantes de Ulster) e aquelas que são, quase por definição, apartadas das massas urbanas. Desse modo, suas perspectivas políticas (desde que não degenerem num conflito ideológico entre polícia e ladrões que seja sua própria recompensa ou, com maior probabilidade, seu castigo) colocam graves problemas. As guerrilhas brasileiras — uma reação à derrota do movimento maior em 1964 — previam a eventual criação de uma guerrilha rural, que nunca saiu do papel. As argentinas e uruguaias, menos tentadas pelo sonho rural, parecem prever uma radicalização das massas, no contexto geral de uma crise econômica e política persistente, tanto por meio de golpes politicamente teatrais e populares como pela provocação da contrarrepressão que aliena a população. No Uruguai, é também provável que houvesse (haja?) a perspectiva de provocar a intervenção armada da Argentina ou do Brasil, o que formaria, então, a base de uma guerra popular mais ampla de libertação.

A fragilidade dessas perspectivas encontra-se numa subestimação dos poderes de reserva do governo, depois que decide mobilizar-se totalmente contra os grupos armados, abandonando as restrições parlamentares e legais. Como os acontecimentos no Uruguai demonstraram, até mesmo a guerrilha urbana mais forte, profundamente enraizada e politicamente sensível é mais vulnerável a isso do que parecia provável em algum momento. Sua força reside na instabilidade endêmica e na crise econômica em que os grupos armados das terras platinas atuam. Isso, e não os aspectos técnicos da ação e organização da guerrilha urbana, é a base das esperanças revolucionárias. Deve-se acrescentar que os grupos armados do "Cone Sul", embora às vezes diretamente inspirados pelo sonho guevarista (por exemplo, os Tupamaros), foram realistas o bastante para reconhecer que devem atuar num ambiente de política organizada, e não buscar — pelo menos na prática — ignorar ou substituir os partidos e o movimento operário organizado. Desse modo, é provável que tenham um significado político sério, como, aliás, os Tupamaros já demonstraram. Se eles serão os principais beneficiários das mudanças políticas que possam ter ajudado a precipitar, isso é outra questão.

Robert Moss, em *Urban Guerrillas*, examina todo o fenômeno a partir de um ponto de vista hostil. Muito do que ele diz é sensato, embora suas observações sobre os movimentos de guerrilha rural da década de 1960 não inspirem a menor confiança em suas informações. De qualquer forma, podemos concordar com ele que a mera repressão militar, por mais brutal e eficaz, como na Guatemala ou no Brasil, não remove as bases da agitação revolucionária, onde elas existem, e também que, como nesses dois países, a reação da direita pode ficar fora de controle. Com efeito, não há dúvida de que, no Brasil, o movimento urbano de 1968-71 fracassou e é improvável que reviva de algum modo na mesma forma. *Dictatorship and Armed Struggle in Brazil* (Londres, 1971), de João Quartim, praticamente admite isso, embora sua insistência em que "a luta armada no Brasil não é a aventura de um punhado de radicais" torne confusas as razões do fracasso. A maior parte do livro consiste numa discussão concisa e útil do desenrolar dos acontecimentos no Brasil, entre 1964 e 1969, de um ponto de vista de esquerda, embora as razões para o fracasso crucial do início dos anos 1960 não sejam discutidas de forma adequada.*

Robert Moss admite que os Tupamaros uruguaios são, de longe, o movimento de guerrilha urbana mais bem-sucedido até o momento, e o único com chances políticas sérias. Seu sucesso levou a uma onda de publicações jornalísticas, que têm valor prin-

---

* O capítulo de Ruy Mauro Marini em *Diez años de insurrección*, org. de Vania Bambirra, é excepcionalmente inteligente sobre essa questão.

cipalmente como documentos que ilustram (em geral, de um ponto de vista favorável) o modo técnico do procedimento nas ações dos Tupamaros e a atitude dos uruguaios em relação a eles. Essas publicações também disponibilizam vários documentos e declarações do grupo. Isso é tudo o que se pode esperar, uma vez que o sucesso do movimento se deveu, em grande parte, ao estrito sigilo de sua organização e a uma discrição rara na América Latina. *The Tupamaros* (Londres, 1972) de María Esther Gilio é uma reportagem amistosa, *Nous les Tupamaros* (Paris, 1972), uma coletânea patrocinada pelos Tupamaros de relatos operacionais de interesse técnico considerável.[3]

O livro é apresentado pelo ubíquo Régis Debray, que obviamente sabe muito mais sobre a história do movimento desde o seu início, em 1962, do que Robert Moss, ou do que ele está disposto (muito apropriadamente) a contar. O longo posfácio do sr. Debray não tem o vigor, a autoconfiança e a lucidez (infelizmente, totalmente irrealista) que fez de *Revolução na revolução* uma obra tão eficaz e desastrosa como manifesto do guevarismo. Não precisamos nos deter em sua tentativa de provar que os Tupamaros aplicaram o modelo guevarista; o que há de interessante neles é o que mudaram, não o que mantiveram das ideias de Guevara. Sua tese de que existe um "poder duplo" no Uruguai (*"sans métaphore ni hyperbole ni tromperie"*) está errada. É difícil acreditar que seu relato sobre a democracia política do movimento seja realista em condições de clandestinidade profunda e repressão, embora seja possível que, durante o período de quase invulnerabilidade e repressão, esse movimento de elite relativamente pequeno agindo em uma única cidade (Montevidéu) pudesse ter organizado congressos (mas sem dúvida com algum risco para a segurança?). Muito do que ele descobre nos Tupamaros é conhecido dos comunistas antiquados pelo menos desde 1917, mas é bem-vindo que ele agora esteja disposto a reconhecer o valor da "fusão paradoxal de uma 'linha de massas' e a ação armada clandestina" que é o que torna os Tupamaros tão eficazes. Duvida-se que Lênin teria achado paradoxal essa combinação. De modo geral, a recente onda de escritos sobre as guerrilhas latino-americanas permanece jornalística e provisória. Seu principal valor reside na acumulação de matéria-prima histórica e, sobretudo, nas descrições que participantes fazem em primeira mão das experiências de guerrilha rural, que devem ser distinguidas das entrevistas de propaganda, polêmicas abertas ou disfarçadas entre líderes de guerrilhas etc.[4] É por isso que o livro de Richard Gott e um punhado de breves memórias da Colômbia e do Peru terão provavelmente o maior valor de sobrevivência. Sobre os Tupamaros e movimentos semelhantes, só é possível no momento escrever relatos provisórios, com base em informações inadequadas e seletivas. Quanto aos movimentos do período guevarista, uma história analítica satisfatória ainda está por ser escrita. E provavelmente não será escrita tão logo.

A literatura existente fornece uma abundância de material para discussões políticas e, sem dúvida, para compilações e recomendações com propósitos contrainsurgentes.[5] Se alguém ainda exige prova, ela demonstra que o fator crucial nas revoluções latino-americanas não é a disponibilidade de grupos de homens e mulheres corajosos para iniciar ações armadas, rurais ou urbanas, ou mesmo sua competência técnica, mas a situação socioeconômica e política em que elas são realizadas. Como um ex-guerrilheiro da Colômbia me disse uma vez: "Neste país, qualquer um pode começar um bando armado entre os camponeses. O problema é o que acontece depois". Não obstante, essa demonstração não deve desencorajar os revolucionários. Se os últimos dez anos indicam que, em termos puramente técnicos, as forças governamentais seriam capazes de eliminar, controlar ou desviar praticamente qualquer força armada irregular, eles também sugerem que esses governos quase nunca tiveram sequer a aparência de serem capazes de criar as condições de estabilidade econômica, social, política e institucional de longo prazo. As revoluções não estão, como Debray e Guevara pensavam, do outro lado da esquina. Mas também não estão além do alcance de políticas realistas: até mesmo, como os Tupamaros mostraram, no país que antes costumava ser chamado de "Suíça da América Latina".

1973

23. Imperialismo norte-americano e revolução na América Latina

No século xx, nenhum império foi mais poderoso e aparentemente incontestável do que o dos Estados Unidos na América Latina, e nenhum imperialista foi mais estridente em suas reivindicações, embora, por várias razões, a maioria dos norte-americanos continue a não gostar de ser rotulada como tal. Os britânicos reconheceram há muito tempo a fragilidade e eventual impermanência de seu império indiano; os franceses, a incerteza de seu império africano. Ambos estavam muito conscientes de que, onde a relação com os seus dependentes era informal e econômica, ela exigia um considerável grau de flexibilidade política. Apenas os Estados Unidos tomavam sua supremacia permanente ao sul do rio Grande e de Key West não só por um fato da natureza, como a formulavam em termos que excluíam a menor revogação.

Como Jerome Levinson e Juan de Onís apontam em seu livro lúcido e valioso, *The Alliance That Lost Its Way* (1970), o interesse de segurança dos Estados Unidos pela América Latina, tal como tradicionalmente concebido, consiste de três proposições:

1. (A partir da doutrina Monroe, no início do século xix): os Estados Unidos devem manter potências extracontinentais que podem ser hostis fora do hemisfério, a fim de negar-lhes uma base de ataque conveniente do ponto de vista geográfico.

2. (A partir da época de Elihu Root, no início do século xx): os Estados Unidos, tendo se tornado uma nação de capital excedente, devem procurar saídas para esse excedente, geralmente no exterior e, em particular, na América Latina.

[...]

3. (A partir do início da Guerra Fria, no final da década de 1940): a apostasia política de um país latino-americano faria com que os Estados Unidos perdessem credibilidade, enfraquecessem sua influência em outras partes do mundo e minassem a confiança de importantes países europeus na sua capacidade de liderar a luta do "mundo livre" contra o bloco comunista monolítico.

A datação, a lógica e a formulação dessas proposições estão abertas à contestação, mas não seu conteúdo essencial, o que implica que os Estados Unidos não só podem manter qualquer potência fora do hemisfério, como também evitar qualquer governo latino-americano de fazer qualquer coisa que Washington desaprove. Esses dois pressupostos baseiam-se no esmagador domínio militar e político-econômico do hemisfério. O segundo é anterior ao século. O primeiro tornou-se realidade quando o capital e as empresas americanas substituíram os britânicos na posição de fator dominante nessa parte do mundo e foi constantemente reforçado desde então. Em qualquer outro lugar, os Estados Unidos reconhecem rivais, embora talvez mais fracos. Na América Latina isso não acontece, porque nenhum existe ou nem mesmo é visível.

É provável que somente os latino-americanos estejam plenamente conscientes dos efeitos da suposição de que os Estados Unidos são supremos, e eles, inferiores, embora, às vezes, isso penetre no registro histórico. "Eles não pensam como nós", teria dito Thomas [C.] Mann, o homem do Departamento de Estado de Lyndon B. Johnson para a América Latina. "Seus processos de pensamento são diferentes. É preciso ser firme com eles." Sem dúvida, esse funcionário público achava que estava apenas afirmando "o óbvio", assim como seu bem conhecido apoio aos negócios americanos na América Latina apenas reflete a atitude normal de seus compatriotas. As coisas parecem diferentes ao sul do rio Grande.

Porém, o que é talvez ainda mais significativo e irritante do que o pressuposto persistente de que os Estados Unidos sabem melhor e sua subordinação persistente dos interesses latino-americanos aos seus próprios é a suposição de que nem sequer vale a pena se preocupar com a América Latina, exceto nos momentos ocasionais de pânico que pontuam longos períodos de negligência. O que torna isso ainda mais insultante para os latino-americanos é a percepção de que esses momentos de pânico se devem menos às suas próprias ações do que às possíveis reações dos países mais importantes com os quais o governo americano está realmente preocupado, e o efeito sobre sua situação nas outras partes do mundo, onde os Estados Unidos são mais vulneráveis. O prestígio de Cuba, Fidel Castro e Che Guevara certamente deve muito ao fato de serem latino-americanos, dos quais o grande irmão teve de tomar conhecimento.

A história dos Estados Unidos "ajuda" a ilustrar com clareza essa suposição de que o quintal dos Estados Unidos pode normalmente ser deixado sem vigilância. Dois excelentes livros permitem-nos examinar a política norte-americana nessa área durante os últimos quarenta anos: o estudo de David Green da ascensão e queda da política de "boa vizinhança" de Roosevelt, *The Containment of Latin America* (1971), e a análise de Levinson e de Onís da Aliança para o Progresso (APP, referido anteriormente). Ambos registram a tendência constante de subordinar os assuntos latinos aos interesses mais amplos dos Estados Unidos. Durante a década de 1930 e os anos de guerra, o estímulo para agir foi o fascismo. "No início dos anos 1930", escreveu Laurence Duggan, assessor político do Departamento de Estado, "o governo dos Estados Unidos estava fazendo menos ainda do que organizações privadas; não estava fazendo nada. No final da década, ardiam de entusiasmo, provocado pelo medo dos nazistas. E nisso estava a fraqueza da sua nova política". Em 1941, um complô ligado supostamente aos alemães foi descoberto na Bolívia. Em questão de semanas, uma missão militar foi enviada e anunciou-se um programa de ajuda de 25 milhões de dólares. A guerra também fez com que os Estados Unidos se dispusessem a resolver a disputa em relação à nacionalização mexicana do petróleo, que se arrastava desde 1937. A guerra, afirma Green, resgatou os vacilantes defensores do New Deal, proporcionando-lhes o argumento de que o desenvolvimento econômico na América Latina era essencial para a "defesa do hemisfério" contra os nazistas.

Por outro lado, ficou cada vez mais claro que, onde o desenvolvimento latino deixava de contribuir para a economia de guerra dos Estados Unidos (ou seja, não servia à mobilização direta das matérias-primas que o país tinha de adquirir no hemisfério), ele foi sacrificado, exceto na medida em que os Estados Unidos usaram a oportunidade de congelar as empresas europeias — especialmente as britânicas — para tornar o continente inteiramente dependente do mercado norte-americano. O fato de que a maioria de nós concordaria naquele momento com a escala de prioridades globais de Roosevelt, e provavelmente continuaria a fazê-lo hoje, não deve obscurecer o ressentimento dos latinos, que não se sentiam ameaçados pela Alemanha e pelo Japão, e que, de qualquer modo, não foram consultados. O único país que manteve alguma liberdade de manobra foi a Argentina, que tinha uma visão muito diferente dos seus interesses econômicos e políticos na época.

O perigo alemão teve curta duração, e, de qualquer modo, a pretensão americana a império global, embora antecipada por Henry Luce em 1941, ainda não estava formalmente estabelecida. Disso decorre que o período da "APP" demonstre a subordinação do continente à política mundial de Washington com clareza ainda maior. A Aliança foi uma resposta a Fidel Castro, o primeiro estadista cubano a resistir à habitual chantagem econômica do norte. Em 1961, Guevara, na conferência de Punta del Este, forçou os Estados Unidos a comprometerem-se com números duros. Fidel fez com que os americanos se resignassem a assinar o Acordo Internacional do Café de 1960, para deter a queda do preço desse produto, o que punha em risco os governos do Brasil, da Colômbia e de várias repúblicas centro-americanas.

Em contrapartida, o recuo soviético na crise dos mísseis de 1962 tornou imediatamente menos urgentes a reforma social, o planejamento atrevido e a subordinação dos interesses comerciais individuais aos interesses nacionais. Nas palavras de Levinson e Onís, "os Estados Unidos pararam de sentir que falta um minuto para a meia-noite na América Latina". A partir de 1964, os empresários estavam de volta com força; a partir de 1965, o Vietnã teve prioridade. "Tire da Aliança", disse o administrador da Associação Internacional de Desenvolvimento (AID) quando o Bureau of Budget lhe perguntou onde deviam fazer os cortes. Em 1968, sua opinião era de que a América Latina sempre tivera mais fundos do que poderia usar de forma eficaz. A verdade é que, como um funcionário brincou nos primeiros anos da Aliança: "Nós todos sabemos que existem apenas três categorias de empréstimos na APP: prioridade muito alta, histérica e se-você-não--ceder-este-empréstimo-os-comunistas-tomarão-o-país".

Depois que o choque inicial de Castro foi absorvido, nunca pareceu que os comunistas tomariam algum país.

Esse é, sem dúvida, o motivo pelo qual a enorme quantidade de ajuda dos Estados Unidos para a América Latina manteve-se relativamente modesta em termos monetários e muito pequena em termos reais. Como o diretor do Escritório de Programação e Planejamento da AID ressaltou em 1967, antes de 1960 o fluxo líquido de fundos oficiais era menor do que a metade do nível per capita para outras regiões. A Aliança o elevou quase — mas não completamente — a essa média, mas na opinião de Levinson e Onís trata-se de "um percentual muito menor de gastos com desenvolvimento do que em outras áreas. [...] Uma vez que mais de metade dos empréstimos de longo prazo para o exterior é compensada pela amortização de empréstimos passados, a contribuição de recursos líquidos de capital estrangeiro para a América Latina foi relativamente pequena". Na melhor das hipóteses, a Aliança impediu o desastre econômico, em vez de estimular o desenvolvimento econômico.

Desse modo, a atitude dos Estados Unidos em relação à América Latina baseava-se geralmente na crença de que, sem a intervenção de fatores globais, seu poder é quase absoluto, e as forças latino-americanas sozinhas são fracas a ponto de serem insignificantes. Contudo, uma análise mais cuidadosa das relações hemisféricas e alguma experiência amarga ocasional sugerem o contrário. O poder dos Estados Unidos é limitado, e qualquer tentativa de ultrapassar esses limites leva à derrota ou ao fracasso. Para ser mais exato, enquanto o poder da economia americana é enorme e continua a ser decisivo, seu poder político (e militar) não o é. Além disso, até mesmo a imensa força do capital americano está, em certa medida, à mercê de forças políticas que Washington não pode ignorar.

Os históricos da política de "boa vizinhança" e da APP demonstram essas limitações, essa última de forma mais dramática do que a anterior, porque a megalomania política dos Estados Unidos era muito maior na época de Kennedy do que na de Roosevelt. Com efeito, apesar do argumento de David Green ao contrário, há uma nítida diferença de tom entre os dois períodos, embora haja alguma continuidade de pessoal e ideologia. Podemos admitir que em ambas os Estados Unidos puseram seus interesses em primeiro lugar, viram o desenvolvimento latino-americano à luz da sua própria vantagem econômica e política e se opuseram ao "nacionalismo econômico revolucionário militante". No entanto, há uma diferença substancial entre os executores da política de Nova Fronteira da década de 1960 e os do New Deal da década de 1930.

Essa diferença é ilustrada, sobretudo, pelo México. Trata-se de um caso de teste, uma vez que o renascimento de dinamismo revolucionário e anti-imperialista naquele país sob o governo de Cárdenas coincidiu com o New Deal e, mediante a nacionalização das companhias de petróleo, entrou em conflito direto com o capital norte-americano. Os Estados Unidos poderiam ter jogado duro, como fizeram em 1933 em relação a Cuba, e fariam de novo (com resultados decepcionantes) em relação à Argentina, movidos pelo medo de uma vitória nazista. (O sr. Green sugere que os argumentos antifascistas não eram sérios, mas o seu material sugere o contrário.)

Com efeito, Washington, de modo geral, lidou com a situação mexicana com tato e uma marcante ausência de histeria. É difícil evitar a impressão de que influentes defensores do New Deal, liderados pelo próprio Roosevelt, acharam que, quaisquer que fossem os perigos para a posição dos Estados Unidos, dificilmente poderiam culpar os latinos por exigir para si o que o New Deal exigia para os norte-americanos. As companhias de petróleo, escreveu o embaixador dos Estados Unidos no México para

Roosevelt, "são tão contra salários justos aqui quanto nossos reacionários econômicos são contra a legislação progressista". O próprio presidente viria a dizer, em tons que sem dúvida irritaram os ouvidos latinos, mas que expressavam uma verdadeira boa vontade, ainda que paternalista: "Dê-lhes uma cota. Eles pensam que são tão bons quanto nós, e muitos deles o são".

A política de Kennedy foi uma reação a uma ameaça imediata, um complemento à intervenção militar. A política de "boa vizinhança" (sobre cujas verdadeiras origens o sr. Green permanece calado) não nasceu de uma ameaça política comparável, e seu objetivo era liquidar e substituir a intervenção militar. E, de fato, foi isso que ela fez. Em consequência, a política de Roosevelt foi também menos vulnerável às mudanças políticas da década, às quais, com as exceções já citadas, era relativamente indiferente. (Era evidente que o governo americano não estava muito preocupado com o comunismo, em parte porque, como outro embaixador escreveu do México em 1943, os Estados Unidos tinham, "em muitos aspectos, uma tremenda vantagem em relação à Rússia", e em parte, talvez, porque depois de 1935 os partidos comunistas mexicanos não se distinguiram pelo antiamericanismo.)

O fracasso da "boa vizinhança" foi econômico. O que houve de desenvolvimento latino-americano deveu-se pouco à ação dos Estados Unidos, exceto na medida em que a fome do mercado durante a guerra incentivou a industrialização local a substituir as importações por bens produzidos nos próprios países, enquanto suas balanças comerciais que acumulavam saldos em dólar, que de início pareciam principalmente "um empréstimo de guerra sem juros de 3 bilhões de dólares", se revelaram muito úteis após a guerra. Os numerosos planos para aumentar a capacidade do mercado latino de absorver bens americanos pela industrialização, aumentando as rendas locais etc., não foram muito longe. Do ponto de vista dos Estados Unidos, a principal consequência do período de Roosevelt foi eliminar outros imperialismos do hemisfério.

Graças à clareza admirável e ausência de evasivas de Levinson e Onís, é possível fazer agora o balanço daquela "década de esforço máximo" que Kennedy anunciou em 1961 — isto é, da maior concentração da história de forças de Washington nos assuntos latino-americanos. Durante esse período, os Estados Unidos tentaram dar uma solução para os problemas econômicos e sociais da América Latina e fracassaram. Os resultados da APP variam de modesto e desigual ao fracasso total. Desse modo, houve "uma diminuição do ritmo de criação de vagas de emprego durante o período da Aliança; apenas cerca de 60% dos que procuraram trabalho tiveram êxito na década de 1960, em comparação com 62,5% na década anterior". A industrialização substancial não criou novos postos de trabalho significativos. Mesmo se incluirmos os empregos gerados pela burocracia, aquele bem conhecido sistema de ajuda para os estratos instruídos desempregados em países subdesenvolvidos, a taxa de emprego nesse setor cresceu somente de 23,5% para 24,8% do total. Vale a pena observar que, como "o sistema corporativo americano inclui mais de 1 milhão de empregados locais de empresas de propriedade americana e uma enorme estrutura de subempreiteiros, distribuidores e agentes de serviços", ou 20% de todos os trabalhadores industriais da América Latina, a responsabilidade direta norte-americana nessa área não é desprezível. A retirada anual está entre 12% e 15% dos investimentos, que equivalem a 12% de todas as receitas de exportação latino-americanas. Para resumir numa frase, a América Latina está hoje mais longe de proporcionar um meio de vida para a massa de seus cidadãos do que antes da Aliança.

Os Estados Unidos também tentaram prover um quadro de estabilidade política e institucional para o hemisfério. Os ideólogos do império, ou seja, os liberais Americanos pela Ação Democrática-Nova Fronteira [ADA], apostaram seu dinheiro, socialmente falando, naquelas "classes médias", que estavam, como nos antigos livros de história, sempre em ascensão, e, politicamente falando, numa suposta "esquerda democrática não comunista". Presumia-se que seus pilares mais firmes eram Rómulo Betancourt na Venezuela, a Apra peruana e, em boa medida, José Figueres na pequena Costa Rica; complementados, a partir de 1964, pelos democratas-cristãos de Frei no Chile. Os imperialistas menos ideológicos estavam, em teoria (de acordo com a "doutrina Mann" da era Lyndon B. Johnson), contentes com qualquer pessoa que promovesse o crescimento econômico, protegesse os investimentos privados e se opusesse ao comunismo, independentemente da atitude em relação às reformas sociais. Com efeito, tendiam a pôr seu dinheiro em algo como uma coalizão de tecnocratas inflexíveis, de preferência deflacionários, com militares, o que asseguraria a estabilidade política para suas operações. O Brasil e a Argentina, com seus respectivos regimes dos generais, foram os modelos para essa escola de pensamento. O novo pragmatismo confortava-se com a crença de que a estabilidade econômica e o crescimento resolveriam automaticamente os problemas sociais, enquanto um militar pago, treinado e inspirado pelos Estados Unidos deveria ser, em algum sentido metafísico, "constitucionalista", se não realmente democrático.

Ambos fracassaram. Tudo o que resta hoje como força política eficaz da "esquerda democrática" — ouve-se muito menos a respeito das classes médias liberais ascendentes — é a Venezuela, cujas enormes receitas do petróleo tornam certos tipos de reforma excepcionalmente exequíveis. Não precisamos discutir aqui quão democrático ou de esquerda é esse país. Quanto aos "militares democráticos", os imperialistas pragmáticos talvez tenham sobrevivido à descoberta de que os generais "constitucionalistas" brasileiros introduziram tortura sistemática numa escala que até mesmo o governo Nixon não pôde ignorar inteiramente, e não promoveram uma reforma agrária, nem mesmo simbólica. Eles acharam muito mais difícil sobreviver à demonstração peruana de que até os militares não são mais politicamente "confiáveis". Como resumem Levinson e Onís: "Ao assumir o poder em janeiro de 1969, o governo Nixon encontrou uma pequena pilha de abordagens desacreditadas aos dilemas do desenvolvimento latino-americano". Ele continuou a procurar por uma diretriz política, mas ainda não encontrou nenhuma.

Levinson e Onís parecem tentados a argumentar — embora nunca se comprometam com essa tese — que esses fracassos eram evitáveis. Até que ponto eles se deveram a erros, a cálculos malfeitos, à recusa de concentrar o esforço dos Estados Unidos de forma consistente na tarefa de ajudar a América Latina, à tentação de se agarrar a vantagens de curto prazo, de ceder à pressão das empresas, à mania de poder dos militares etc.? É muito fácil dar exemplos de tudo isso e, às vezes, eles são de fato flagrantes, como no caso do Peru. O que teria acontecido se os Estados Unidos não tivessem praticamente parado a ajuda a esse país entre 1962 e 1968 — ele recebeu apenas 74,5 milhões de dólares, em comparação com 500 milhões para o Chile, 450 milhões para a Colômbia — com o objetivo de forçar os peruanos a resolver a disputa do petróleo de La Brea y Pariñas com a Standard Oil e comprar jatos americanos, em vez de franceses? E se, como os autores não enfatizam, a velha máfia da ADA não tivesse mantido sua predileção pelo beco sem saída político que significava a Apra de Haya de la Torre e apoiado com a mesma força Belaúnde?

Levinson e Onís não têm dúvidas de que a política dos Estados Unidos ajudou assim a levar os generais ao poder com uma plataforma reformista-nacionalista. Talvez. Mas para além do fato de que todos os supostos erros e juízos errôneos dos Estados Unidos são sistemáticos, tendendo em uma única direção, permanece a questão da probabilidade de a política norte-americana alcançar os resultados que desejava, mesmo no melhor dos casos. A experiência sugere uma resposta negativa. O Chile, que recebeu quase dez vezes mais ajuda per capita do que o Peru e (durante o governo de Frei) gozou da boa vontade quase ilimitada de Washington, é hoje governado pela Frente Popular do presidente Allende. O fato é que, como os próprios Levinson e Onís reconhecem, o que acontece na América Latina é algo "que os Estados Unidos podem influenciar um pouco, mas não podem começar a dominar ou dirigir":

> Sem dúvida, o processo de reajuste afetará os Estados Unidos em suas relações políticas e em suas propriedades imobiliárias na América Latina. Esses efeitos são inevitáveis, em parte, porque os Estados Unidos simplesmente têm esses laços com uma região que está passando por mudanças básicas e, em parte, porque as sociedades latino-americanas, profundamente divididas de muitas formas, com frequência encontram um grau de unidade — verdadeira ou espúria — no nacionalismo agressivo. [...] A lição que a Aliança ensinou nessa área crítica é que os Estados Unidos devem aprender a conviver com a mudança e esperá-la, e que sua reação deve ser flexível e comedida, em vez de excessivamente rígida e dura.

É uma lição de fracasso e derrota, e o compromisso visível dos autores desse texto com a primazia dos interesses norte-americanos torna sua admissão particularmente impressionante.

Por outro lado, a influência econômica contínua e crescente dos Estados Unidos na América Latina tira um pouco da amargura dessa admissão, pois a verdade é que, embora a *política* americana tenha fracassado de uma forma bastante espetacular, o domínio econômico americano foi reforçado. Na década de 1960, a América Latina "como mercado para os Estados Unidos perdia apenas para o Canadá", e após o breve pânico pós-Castro o investimento privado retomou seu fluxo para o sul, a ponto de se poder notar uma "mudança de ênfase dos investimentos do Canadá e da Europa Ocidental para a América Latina".

Não é sensato supor que o império não é atraente nem importante para as grandes empresas americanas. Com efeito, os resultados dos investimentos americanos foram mais úteis para os Estados Unidos do que para a América Latina. Entre 1961 e 1968, 3,3 bilhões de dólares foram investidos e reinvestidos ao sul do rio Grande, enquanto 7,1 bilhões de dólares em lucros e ganhos foram para o norte, e durante o mesmo período a porcentagem das exportações latino-americanas no comércio mundial diminuiu de 7,5% para 5,6%. Seja qual for o desenrolar dos fatos políticos, é extremamente improvável que as relações com os Estados Unidos não continuem a ser o fator econômico dominante para a maioria dos países latinos. Contudo, é cada vez mais evidente que o capital americano estará sujeito a rigorosos controles políticos e limitações. Ele será capaz de fazer muito, mas não tudo o que quer.

Está claro agora que os Estados Unidos não podem impor suas próprias ideias sobre o futuro da América Latina, mesmo se soubessem como fazê-lo, mas a direção que o continente tomará não é de nenhuma maneira óbvia. Suas tendências de desenvolvimento foram ainda mais obscurecidas por autores da esquerda radical que se entregaram a suas próprias versões do maximalismo político, uma espécie de imagem espelhada de Washington. Daí o desalento injustificado de uma boa parte de seus textos. Paradoxalmente, tanto a direita como a esquerda olham para a década de 1960 sem prazer.

Essa crítica cabe até mesmo a um livro tão bom como a coletânea de estudos sobre *Politics and Social Structure in Latin America* (1970), de James Petras. Ele fornece levantamentos convenientes, concisos e bem informados sobre uma variedade de tópicos importantes, como classe e política, a classe média, movimentos guerrilheiros e revolucionários, baseados numa ampla familiaridade com a área e a literatura, e pesquisas de primeira mão, especialmente no Chile, que é tratado em maior detalhe em *Politics and Social Forces in Chilean Development* (1969), do mesmo autor. No entanto, o tom, embora não desanimador, parece indevidamente negativo. A leitura desse livro passa a impressão de que se estabeleceu "um novo equilíbrio político" na região e que, a não ser que haja uma possível "nova insurgência urbana e rural", é provável que continuem em vigência os "delicados acordos de negociação que impediram alguns dos maiores países latino-americanos de experimentar uma mudança social e política profunda".

Parece haver duas razões para esse tom de desencanto. A esquerda radical tende a desconsiderar quaisquer mudanças que não sejam aquelas que visivelmente se aproximam de alguma revolução do tipo cubano (pelo menos até a eleição de Allende no Chile), qualquer tática política diferente da insurgência armada. (Isso não implica concordância com nenhuma receita específica de insurgência, como a de Régis Debray, que Petras demole de forma bastante conclusiva.) Mas a Revolução Cubana permanece isolada e está claramente — apesar de suas realizações maravilhosas — lutando com grandes problemas internos. Em geral, a tática da insurgência armada fracassou.

Em *Down There* (1970), José Yglesias, que procurou a esquerda revolucionária no Brasil, no Peru e no Chile (antes de Allende), registra sua bravura, determinação e devoção, mas também — a contragosto — seu isolamento e falta de eficácia na época de sua viagem. O máximo que ele pode alegar, com razão, é que a atividade e os sentimentos revolucionários estão vivos, apesar dos contratempos, e que Cuba continua a ser uma inspiração para a esquerda latino-americana, por razões que seu interessante capítulo intitulado "Cuba com menos de 25" nos ajuda a compreender. Na medida em que a esquerda está comprometida exclusivamente com um programa máximo, nada menos do que isso é um fracasso.

No entanto, a decepção da esquerda também se deve ao que pode ser um erro metodológico. Ela procurou uma força revolucionária garantida, que não pudesse ser corrompida, assimilada ou absorvida por um sistema não revolucionário em andamento, e fez isso examinando a lista das várias classes e outros grupos sociais ou institucionais, eliminando aqueles que não se qualificavam: ou seja, todos. Desse modo, Petras rejeita o campesinato, a classe operária industrial (um estrato minoritário favorecido que facilmente se transforma em reformista) e as classes médias, empresariais e burocráticas. Ele não é o primeiro a apontar que elas não são uma "burguesia nacional", pois não se opõem à oligarquia agrária, à qual buscam pertencer, nem ao imperialismo americano, o qual procuram por proteção contra a revolução social e por empregos nas empresas americanas. Não estão de forma alguma comprometidos com o desenvolvimento econômico e a "modernização". É claro que isso ainda deixa grupos descontentes, mas é de recear que eles também se revelem decepcionantes, uma vez que nenhum deles pode ser considerado consistentemente revolucionário.

Mas na política real (que não é a da macroanálise da mudança social realizada num nível muito elevado de generalidade, como em Marx) nenhuma classe é sempre e sob todas as circunstâncias "revolucionária" nesse sentido. Procurar algo assim é inscrever conclusões pessimistas nas próprias premissas. A questão importante não diz respeito a determinados grupos ou instituições dentro de uma sociedade, mas às situações históricas. São elas, para assumir um ponto de vista amplo, potencialmente revolucionárias como aquelas, digamos, da Europa Oriental no final do século XIX, ou não são, como as da Europa Ocidental no mesmo período? Se não são, então é provável que as forças da revolução, por mais poderosas, autoconscientes e organizadas (a menos que ocasiões fugazes sejam aproveitadas com sucesso) que sejam, venham a ser absorvidas de alguma forma num sistema não revolucionário em andamento, nem que seja como exogrupos institucionalizados, ou desviados de seu curso. Até mesmo revoltas podem então se assemelhar de fato aos "rituais de rebelião" dos antropólogos, embora isso não implique que a situação de estabilidade básica deva continuar permanente. Se são revolucionárias, o oposto tende a ser o caso.

Desde a década de 1840, a maior parte da Europa Ocidental foi não revolucionária nesse sentido. O mecanismo capitalista de crescimento funcionava, embora tivesse de tempos em tempos de ser substancialmente alterado e, portanto, não sofresse apenas as flutuações de curto prazo que lhe são inerentes, mas períodos de grandes ajustes. A certa altura (1929-33), ele deu rapidamente a impressão de que sofreria um colapso. A estrutura social e institucional estava firme e estável o suficiente para sobreviver até mesmo aos enormes choques a que era exposta de tempos em tempos, como as guerras mundiais. Por conseguinte, a história da esquerda revolucionária foi de um desapontamento persistente (à medida que via os partidos de massa de Marx e, mais tarde, de Lênin se transformarem em reformistas ou em movimentos abstencionistas na prática), de ilusão, ou de uma busca desesperada por algum tipo de abertura estratégica realista ou preservação de possibilidades revolucionárias em situações não revolucionárias.

Houve momentos de esperança, como após a Revolução de Outubro e no auge da resistência armada antifascista, que produziu a coisa mais próxima da revolução que a Europa Ocidental conheceu desde 1848. Pode haver esperança de novo, quando o capitalismo entra numa nova fase de mudança estrutural, da qual é difícil prever o resultado. Mas mesmo em 1971 é preciso uma suspensão considerável da descrença para ver o comunismo na agenda imediata da, digamos, Itália.

Em contrapartida, a situação em regiões como a América Latina é revolucionária em potencial porque até mesmo o "subdesenvolvimento" razoavelmente dinâmico não propiciou um mecanismo para resolver os problemas econômicos e sociais do continente. Ao contrário, eles estão se tornando um pouco mais agudos, como uma análise da natureza do "subdesenvolvimento" nos levaria a supor. Suas estruturas sociais, tensas e em mudança não encontraram até agora um molde ou padrão geral comparável ao dos países capitalistas "desenvolvidos". Suas estruturas e instituições políticas são instáveis, sensíveis a estímulos relativamente leves como uma série de anos de expansão ou uma queda de preços nos mercados internacionais de commodities.

Em regiões como essa, tal como em zonas de terremoto, o solo pode entrar em colapso quase que em qualquer lugar. É inútil procurar por forças garantidas de "estabilidade" ou "revolução". Todos estão cientes de que todas as soluções existentes são provisórias. Todos estão convencidos da inevitabilidade de mudanças fundamentais, e a maioria das pessoas, de sua necessidade, embora nem sempre de sua conveniência. Além disso, todas as soluções possíveis implicam o anti-imperialismo, uma vez que a natureza dos problemas do mundo subdesenvolvido deriva de suas relações com o mundo desenvolvido, neste caso, os Estados Unidos, de forma esmagadora. Nenhum deles sugere que a simples "modernização", ou seja, tentar tornar-se parecido com as economias desenvolvidas do Ocidente, com a ajuda delas, é um programa adequado, ou mesmo, na maioria dos casos, viável.

Nessas condições, além das forças decrescentes de conservadorismo genuinamente tradicionalista, a mudança revolucionária pode surgir dos lugares menos prováveis. Os militares peruanos, cujo equipamento ideológico original parece ter sido elaborado a partir de uma mistura de catolicismo pré-conciliar com as políticas de contrainsurreição desenvolvidas pelos oficiais franceses durante as guerras da Indochina e da Argélia, surgiram como reformadores com um programa muito mais aceitável para Fidel Castro e Allende do que para Washington. Uma frente popular eleitoral antiquada, do tipo que decerto não produziu grandes mudanças na França na década de 1930, e que é extremamente rejeitada pelos jovens esquerdistas europeus de hoje como o caminho para a cooptação, parece liderar eventos revolucionários no Chile, como fez outrora na Espanha, outro país com condições insurgentes. A própria Igreja latino-americana, famosa por seu conservadorismo quase medieval, agora gera não só uma boa quantidade de revolucionários ativos, como partes de sua hierarquia e organização intervêm ativamente em favor de uma mudança fundamental em vários países. Aliás, em 1958, ninguém poderia ter previsto ou previu de fato que o próprio Fidel Castro se transformaria num marxista-leninista.

Esses acontecimentos podem não satisfazer os marxistas revolucionários, sobretudo se, como é notável no caso do Peru, os governos reformistas são suspeitos de mobilização de massas e se opõem fortemente ao "comunismo", pelo menos em casa. Mas, independentemente do fato de que o caráter das mudanças sociais e políticas não pode ser julgado pelos emblemas que seus líderes prendem em suas lapelas (muito menos na América Latina), transformações importantes não podem ser descartadas como insignificantes porque não desaguam de imediato nos movimentos e nas políticas que defendemos. Tampouco devem ser rejeitadas apenas porque não há certeza que uma força política, em vez de outra, vai enfim se beneficiar deles. Essa incerteza é o risco ocupacional da política. Se a Revolução de Outubro não tivesse ocorrido — e Lênin sabia perfeitamente bem que ela não era "inevitável" —, os bolcheviques talvez fossem acusados hoje por críticos revolucionários de ter concordado em apoiar seu inimigo Kerenski contra a insurreição do general Kornílov, em setembro de 1917. É certo que o risco de essa aliança beneficiar o cambaleante governo de Kerenski naquela ocasião era pequeno; a perspectiva de que fortalecesse os bolcheviques, que já estavam com a iniciativa, era substancial. Mas a esquerda marxista na América Latina nunca esteve em posição de apostar no favorito. Em todos os países, com exceção de um ou dois, suas forças e seu apoio de massa foram relativamente insignificantes, e raramente, mesmo em situações revolucionárias, ela conseguiu manter a iniciativa, para não falar da hegemonia, de um movimento organizado.

Desse modo, a esquerda marxista, em geral, foi forçada a escolher entre manter-se pura e não muito eficaz ou juntar-se a movimentos políticos maiores dos quais não assumiu a liderança e cuja forma só podia determinar de modo incompleto. É uma questão interessante saber se no último meio século ela aproveitou suas chances, questão que agora já é acadêmica. Que ela raramente esteve e está em posição de dar as ordens, disso não pode haver dúvidas sérias.

Portanto, a esquerda marxista na América Latina é obrigada a tirar proveito de situações desfavoráveis e imprevisíveis. Seu consolo é negativo, mas substancial. Hoje, a América Latina não é, previsivelmente, como a Europa Ocidental após 1848. Ela ainda não encontrou o seu caminho. Continua a ser um continente revolucionário.

Seu futuro não pode ser previsto com confiança. É muitíssimo improvável que venha a assumir a forma de uma série de cópias dos capitalismos ocidentais estáveis. É também improvável que assuma a forma de uma multiplicação de regimes marxistas ou comunistas baseada no modelo russo, chinês, cubano, vietnamita ou qualquer outro; aliás, essa nunca foi uma perspectiva que parecesse muito séria. Ninguém sabe, entre essas duas possibilidades, para onde levará a combinação de descontentamento de massa e militância, anti-imperialismo, movimentos nacionalistas por reforma e desenvolvimento e uma intelligentsia marxista. Supor que não pode levar a nenhuma posição que possa ser satisfatória para a esquerda radical é levar o ceticismo longe demais. Por outro lado, é igualmente ilegítimo supor que pode ou deve levar.

Com efeito, a década de 1960, que trouxe mais reveses aos Estados Unidos do que a de 1950, não autoriza esse ceticismo. Naturalmente, não é sensato julgar os acontecimentos latino-americanos por determinado momento da política flutuante dessa parte do mundo. [...] Mas mesmo se aceitarmos que em 1981 o balanço pode parecer um tanto diferente, não podemos negar que, em 1971, ele indica uma radicalização do hemisfério. A maioria de suas repúblicas não mudou muito do ponto de vista político, afora substituições menores de generais não representativos por civis não representativos, ou o contrário. Um país importante deslocou-se certamente para a direita (Brasil), mas vários (Cuba, Chile, Peru, Bolívia) se inclinaram para a esquerda; na maioria dos casos mais à esquerda do que nunca em sua história. Os observadores de Washington estão cientes disso. A esquerda talvez tenha um sentimento maior de fracasso do que realmente se justifique.

A lição que a década de 1960 proporcionou ao governo dos Estados Unidos na América Latina (como aconteceu de forma mais dramática no Vietnã) é que existem limites severos ao poder, até mesmo do maior, mais rico e mais atômico governante imperial. Isso deveria ser óbvio, mas podemos entender como, na embriaguez do poder mundial, chegou a ser temporariamente esquecido. A lição que esta década deveria ter ensinado à esquerda é ainda mais evidente e nunca deveria ter exigido ensino: em condições de potencial revolucionário, há mais de um caminho a seguir. Felizmente, porque a década também demonstrou que as revoluções não podem ser feitas ao bel-prazer. Mas o preço da instrução foi alto. Ela foi comprada à custa da vida de muitos homens e mulheres corajosos e da fissão e consequente enfraquecimento das forças organizadas da esquerda na maior parte do hemisfério. Infelizmente, não é de modo algum certo que o preço total já foi pago. As perspectivas para a esquerda na década de 1970 são animadoras. Será que ela estará em melhor posição para aproveitar suas oportunidades do que estava há dez anos? Ninguém sabe.

Março de 1971

24. Generais no papel de revolucionários

Em 1965, o Exército peruano arrasou várias aldeias e massacrou um número substancial de camponeses que haviam apoiado os guerrilheiros porque eles prometeram uma reforma agrária. Ninguém sabe quantos, pois as estatísticas do interior do Peru são, para dizer o mínimo, aproximadas; mas o país não é do tipo em que vidas camponesas sejam levadas em muita conta. Ninguém se surpreendeu. Mas então, neste inverno — para ser mais preciso, em 24 de junho [de 1969] —, o governo militar que assumiu o Peru no final de 1968 anunciou de repente aquilo que parecia ser a reforma agrária mais radical da América Latina depois de Fidel Castro.

Como era de se esperar, a notícia surpreendeu a maioria das pessoas preocupadas com as questões da América Latina. Não que programas de reforma agrária sejam raros. É provável que não haja governo latino-americano que não tenha declarado sua devoção teórica a eles. Assim como, em meados do século XIX na Europa, todo mundo, inclusive os senhores de terra, sabia que o que restava da servidão estava condenado, do mesmo modo as oligarquias rurais que ainda dominam uma grande parte das Américas têm poucos defensores em teoria e sabem que seu considerável poder político só pode adiar o fim.

Mas é bastante incomum que governos *militares* iniciem até mesmo reformas agrárias de mentira, ou que qualquer governo latino-americano inicie reformas desse tipo, exceto como parte de uma revolução, ou sob pressão imediata de agitação agrária aguda ou de algum tipo de movimento de massas de esquerda. No Peru não tem havido grande pressão vinda de baixo, uma vez que a rebelião dos camponeses acalmou após o seu pico em 1963 e a esquerda revolucionária na política é insignificante fora dos vários campi universitários.

Contudo, não pode haver dúvida de que a reforma atual é séria. Ela começou com a expropriação de nove fazendas gigantescas nos oásis férteis da costa; em outras palavras, a maior parte da produção de açúcar do Peru. A reforma deve alcançar em seguida as terras altas, onde vive a maior parte dos camponeses peruanos. Em algumas regiões, está prevista para começar somente em 1972 ou 1973, devido à inexistência de mapas adequados ou a problemas particularmente difíceis, como a fragmentação em posses camponesas minúsculas — a pior dor de cabeça de qualquer reforma agrária em qualquer lugar.

No entanto, ela deverá estar completa em todas as partes do país até 1976 (ou cinco anos após o início do programa). A terra será propriedade de pequenos ou médios camponeses, de cooperativas ou, evidentemente, propriedade comunitária das mais de 2 mil "comunidades" (em sua maioria, indígenas).

Trata-se de mudanças de muito longo alcance, sérias o suficiente para terem sido saudadas pelo próprio Fidel Castro. Mas o que acontece de fato nessa situação? Quem leva a cabo a reforma? Como é realizada? O que as pessoas mais diretamente afetadas pensam e fazem a respeito disso? Algumas semanas atrás, estive no Peru e pensei que descobriria as respostas na região de Chiclayo, a cerca de 650 quilômetros ao norte de Lima.

Reforma agrária nessa região significa os quatro latifúndios de produção açucareira de Tumán, Pomalca, Pucalá e Cayaltí, o maior dos quais tem uma superfície bruta de cerca de 65 mil hectares, de propriedade de famílias nativas ou peruanizadas. Essas grandes propriedades não têm quase nada em comum com a agricultura camponesa. São empresas agroindustriais avançadas, mecanizadas e eficientes que empregam cada uma entre 2100 e 3300 trabalhadores assalariados regulares, sem contar até mil trabalhadores sazonais contratados de forma temporária por meio de intermediários. (Ninguém os conta. Seu número tende a ser sempre subestimado pelo pessoal da propriedade, e não foram afetados até agora pela reforma.) O paralelo mais próximo é com as minas isoladas e antigas que dirigem a cidade da própria empresa, embora a atitude dos proprietários em relação a suas fazendas combine as características do industrial do século XIX com as do magnata agrário feudal.

As propriedades variavam do paternalismo total, ainda que benevolente, de Tumán, a mais eficiente e próspera e com as melhores condições, à miséria tropical de Cayaltí, uma espécie de Rhondda rural quente, mantida unida pela velha hostilidade de um sindicato militante e onipresente a uma administração ineficiente e intransigente.

As propriedades oferecem salários, habitação e alimentos subsidiados, lojas, mercados, cinemas e escolas e constituem o universo efetivo da maioria de seus habitantes.

Até agora, do ponto de vista material, muito pouco mudou nesse universo. Tumán teve um aumento salarial. Cayaltí aceitou de volta alguns dos homens cuja demissão provocou a última greve da sua conturbada história de empresa privada. (As autoridades não gostam de pensar sobre o excedente de pessoal produzido pela combinação de mecanização contínua e resistência militante do sindicato.)

Há novos "administradores" tentando cuidadosamente ao mesmo tempo destruir a velha imagem de uma hierarquia feudal e manter felizes seus técnicos e gestores. Cayaltí exigiu — e conseguiu — a demissão de algumas pessoas técnicas "porque sua presença constitui uma lembrança do antigo regime", mas o administrador de Pomalca se felicita pelo fato de que os proprietários costumavam gerir sua própria fazenda, desviando assim a hostilidade das pessoas para longe de seus engenheiros.

Houve gestos democráticos — repintar e renomear as ruas da empresa; repintar as casas da empresa; e muitos discursos, debates, eleições das comissões que vão organizar as propriedades em cooperativas, com a ajuda da única organização de base preocupada com o lado humano da reforma, o Departamento Nacional de Desenvolvimento Cooperativo.

O departamento foi fundado com objetivos muito mais modestos e lotado de intelectuais urbanos dedicados, sobrecarregados de trabalho e subqualificados fazendo o seu melhor. Os administradores sabem a respeito dos sindicatos e se congratulam com cautela porque o partido antigovernamental Apra parece tê-los perdido. Mas ninguém sabe o que fazer com as futuras cooperativas ou com o aparato para organizá-las, muito menos os futuros cooperativados, a cuja reunião longa e inconclusiva compareci em Cayaltí. Eles ainda não estão *lá*, como aquela "comunidade" de posseiros camponeses que reocuparam imediatamente as terras que haviam "invadido" há dez anos em Talambo, na costa do Pacífico, que têm seus delegados na "comissão especial" da fazenda e que são tratados com muita cautela, para não dizer medo, por parte das autoridades. Na verdade, todo mundo está improvisando, que é provavelmente a maneira como as coisas acontecem nos estágios iniciais de todas as revoluções.

Mas se trata de uma revolução? Sim, na medida em que é súbita, praticamente não planejada e potencialmente de muito longo alcance, pelo menos para a sociedade rural. Não, na medida em que foi imposta de cima sobre uma população passiva (até agora) por generais que com certeza não querem uma mobilização de massas descontrolada, ou provavelmente nenhuma. O que chegou até as pessoas das fazendas é que haverá em breve uma tremenda mudança para melhor "quando a cooperativa chegar". Eles têm certeza de que algo realmente grande vai acontecer em breve. Há uma imensa fé no governo. Isso acontece até mesmo em Tumán, onde as pessoas idosas apoiavam, e apoiam, firmemente o antigo senhor. A diferença entre esperança e realidade aguardada é muito grande.

Há uma grande disposição para fazer demandas: vagas e utópicas em Tumán, onde o desaparecimento de paternalismo simplesmente deixou um agregado de homens e mulheres pobres e ignorantes; exatas em Cayaltí e nos outros lugares onde o sindicato deu há muito tempo ao povo uma voz, uma mente e um sentimento de ser uma comunidade. Os sociólogos que visitam com seus questionários abanam a cabeça, porque, quando perguntam aos trabalhadores sua opinião, eles respondem: "pergunte ao sindicato". Mas um homem experiente, que passou catorze anos nas relações industriais das fazendas de açúcar e arroz tem uma opinião diferente. "Em Lima, pensam que Tumán será o modelo a ser exibido de cooperativa. Acho que não. Não se pode dirigir esse tipo de operação sem a participação das pessoas, e em Tumán elas não têm experiência de agir por si mesmas. Sempre foram como crianças."

Onde funcionaria melhor o trabalho cooperativo? "Em Pomalca. Eles têm um sindicato ativo e suficiente bom senso para definir que a maioria da comissão organizadora da cooperativa é composta por trabalhadores — até mesmo uma mulher. Não apenas colarinhos-brancos e funcionários, como nas outras propriedades. Espere seis meses e verá."

Não sei se ele tem razão, e realmente não interessa a ninguém fora do Peru se ele está certo. Mas o ponto fundamental é válido e se aplica em todos os lugares. Grandes mudanças sociais não podem simplesmente ser impostas de cima. As pessoas para quem elas são empreendidas devem apropriar-se delas.

Uma reforma agrária, ou qualquer outro tipo de reforma, para funcionar, tem de ser política, e não somente uma operação técnica e administrativa. Os generais do governo peruano não são os únicos que ainda têm de aprender essa lição fundamental.

Novembro de 1969

25. O que há de novo no Peru

Durante a década de 1960, escrever sobre a América Latina era uma das indústrias florescentes da literatura. O estímulo imediato para esse crescimento era Fidel Castro, que transformou a visão tradicional dos *gringos* do que deveria ser uma revolução latino-americana e, com isso, mudou também a visão europeia convencional de que o que acontecia ao sul do rio Grande era politicamente insignificante para o resto do mundo. A América Latina deixou de ser objeto para tornar-se sujeito da história. Como ela não irrompeu de imediato numa revolução social generalizada e não mais colocou problemas significativos de descolonização constitucional — em sua maioria era independente do ponto de vista político, embora economicamente colonial —, houve há pouco tempo uma tendência a supor que tudo não passava de um alarme falso. John Mander chama seu novo livro de *The Unrevolutionary Society: The Power of Latin American Conservatism in a Changing World* (1969). Carlos A. Astiz conclui seu estudo *Pressure Groups and Power Elites in Peruvian Politics* (1969) com a afirmação de que a atual distribuição do poder no Peru mostra uma notável tendência a permanecer essencialmente como é, e assim tem sido há muito tempo. [...] Nem a revolução a partir de cima nem a revolução vinda de baixo parecem estar ao virar da esquina.

Uma visão que ele não modifica num pós-escrito apressado sobre a junta militar atual.

Assim são as armadilhas de escrever a história na escala de tempo do jornalista (ou do diplomata, do especialista visitante, do oficial de inteligência, ou do ph.d em ciências sociais). As questões que determinam o futuro de um continente não oscilam no mesmo ritmo de nossas esperanças de mudança, temores e avaliações políticas de curto prazo. Independentemente do que possa acontecer na América Latina, vários fatos a respeito dela são inegáveis. A maior parte da região está mudando com grande rapidez. Em especial, suas taxas de crescimento populacional e urbanização são mais altas do que as de qualquer área comparável do mundo. A menos que ocorra algo inesperado, sua taxa de crescimento econômico é menor, ou pelo menos não maior do que a de seu crescimento populacional. Em comparação com os países desenvolvidos, está se tornando, em sua maior parte, mais pobre e mais atrasada, embora provavelmente sob esse aspecto seu atraso seja um pouco menos dramático do que o de outras partes do Terceiro Mundo. Por fim, suas superestruturas políticas continuam a ser notoriamente instáveis. Tudo isso não se parece com a configuração de um cenário de estabilidade conservadora imutável.

[...]

Mas devemos falar de "América Latina" como uma unidade? Do ponto de vista histórico, é claro que faz bastante sentido, desde que se leve em conta os limites óbvios das generalizações amplas; mais sentido do que falar de "Europa". [...] Afinal, o continente foi, com exceção do Brasil, colonizado por uma única potência durante três séculos e, do ponto de vista da língua, da cultura, da religião e de algumas outras instituições, unificado como nenhuma região do mesmo tamanho jamais tinha sido. Depois disso, a América Latina tornou-se (inclusive o Brasil) uma colônia econômica de outra potência — a Grã-Bretanha — por mais um século e desde então tem uma relação semelhante com ainda outra potência, os Estados Unidos. Até hoje, o pan-latino-americanismo, baseado nesse passado comum e reforçado dentro da área de língua espanhola pelo idioma comum, é uma força ideológica mais forte nessa área do que crenças semelhantes em qualquer outro lugar, exceto entre os "árabes". [...]

Por outro lado, pode estar na hora de dar um descanso temporário à América Latina como unidade, exceto para fins de análise econômica global. A América Latina politicamente independente nunca foi uma unidade, nem parece que virá a sê-la. Afora a condição comum de "subdesenvolvimento", que afeta várias partes do continente de maneiras muito diferentes, a unidade que a América Latina tem e teve foi imposta de fora. Hoje em dia é, para os latinos, o medo comum do domínio dos Estados Unidos e a aversão que isso provoca, e, de forma inversa, para os Estados Unidos, o hábito de considerar coletivamente todas essas repúblicas como seu quintal imperial. O resto do mundo é onde até mesmo uma potência mundial negocia, traça linhas de demarcação, faz compromissos ou até mesmo trava guerras locais, porque existem outros interesses a serem considerados. A América Latina é o lugar onde ninguém mais tem qualquer negócio político ou militar e os Estados Unidos apenas "intervêm", quando não assustam os intrusos com a ameaça de uma guerra nuclear. Como todo político entre a Califórnia e a Patagônia sabe, Deus, a Rússia e a China (para não mencionar a Grã-Bretanha, França, Alemanha e Japão) estão longe. Apenas os Estados Unidos estão próximos.

[...]

Não obstante, a vitimização comum não esgota as características de um continente e meio. Felizmente há sinais de que, por uma variedade de razões, as discussões gerais sobre a América Latina estão sendo cada vez mais complementadas por livros sobre determinados países latino-americanos. Por um conveniente acaso, vários dos volumes em resenha tratam do Peru, embora eles tenham sido escritos antes do golpe de 1968, o qual, para surpresa de todos, colocou esse país no centro do interesse político.

Em muitos aspectos, o Peru é um exemplo clássico de império informal (ou, em termos modernos, neocolonialismo), isto é, da simbiose entre exploração local e capital estrangeiro. A exploração local, desde a década de 1920, veio da "oligarquia", uma combinação de operadores costeiros das fazendas, intermediários e outros vigaristas envolvidos em negócios internacionais, enxertados numa estirpe mais antiga de terratenentes quase feudais que ainda se mantêm no poder no altiplano e, portanto, assimilados ao status social e político dos latifundiários. Hoje, o capital estrangeiro é sobretudo de origem americana. Política e economicamente o país divide-se em uma faixa costeira mais ou menos modernizada e o vasto interior indígena das montanhas, com suas haciendas, servos, comunidades, minas, pobreza e atraso.

Única entre as classes dominantes latino-americanas, a oligarquia peruana manteve a sua ligação apaixonada ao livre-comércio e à não interferência do governo em matéria econômica, que expressa não só sua forte relutância em pagar impostos, como também sua convicção de que a dominação do capital estrangeiro era um fato da natureza, como a corrente de Humboldt. (Até mesmo o antigo e revolucionário partido Apra planejava substituir o velho quase feudalismo por um capitalismo de Estado modernizado *mediante*, e não contra o investimento americano.) Em nenhum outro país foi mais inútil procurar uma "burguesia nacional" ou mesmo um setor significativo de manufaturas nativas. Os estrangeiros compravam produtos primários peruanos, construíam e administravam as instalações para o seu funcionamento. Os estrangeiros exploravam cada vez mais o mercado interno de bens manufaturados. Em troca, algumas centenas de famílias crioulas recebiam os grandes rendimentos que gastavam tradicionalmente em Paris e o direito de oprimir seus índios da forma que quisessem ou, se estivessem no litoral, dirigir o país da maneira que preferissem. Um estrato médio um pouco maior na faixa costeira recebia suas fatias mais modestas de fundos estatais.

Os resultados de mais de um século dessa colaboração eram até recentemente inexpressivos, embora conseguissem manter o centro colonial da cidade de Lima em grande parte intacto, até que foi destruído de forma sistemática no boom imobiliário da década de 1960. Ela produziu algumas ferrovias de montanha espetaculares, monumentos à engenharia britânica vitoriana, várias propriedades produtoras de algodão e açúcar muitíssimo eficientes nos oásis costeiros, uma porcentagem relativamente modesta da produção mundial de alguns metais, muita farinha de peixe e, para o seu tamanho e população, o país mais atrasado da América Latina. Com exceção de algumas minas, os estrangeiros não tinham interesse sério nas terras altas indígenas, onde viviam dois terços da população, mas até a população costeira não era uma grande propaganda dos benefícios do desenvolvimento econômico através do investimento estrangeiro. O Peru era um país cuja injustiça social e completa miséria fazia o sangue congelar. Se existe um país que precisava, e precisa, de uma revolução, era esse. Mas isso não parecia provável.

***

A indignação, o desprezo pela classe dominante peruana e o pessimismo moldaram o livro de Carlos Astiz, um inteligente argentino. À semelhança de outros observadores, ele também fica impressionado com as vastas potencialidades do país, a modéstia de suas realizações, sua dependência dos Estados Unidos e a aparente impossibilidade de realizar alguma grande mudança política. De onde ela virá? Das fracas camadas médias, contentes em imitar os estrangeiros e os oligarcas de quem dependem, a começar pelo emprego na inchada burocracia civil e militar que, como em todos os países subdesenvolvidos, existe para dar emprego a elas? Da minoria favorecida da agricultura organizada e dos operários industriais, que pode negociar dentro do sistema? Da Apra, que há muito tempo faz parte da máfia política e se vendeu para os Estados Unidos? Da fraca, isolada e cada vez mais fissípara esquerda revolucionária?

No entanto, seu pessimismo está claramente equivocado, pois desde 1968 têm ocorrido mudanças dramáticas que o livro de Astiz não teria nos permitido prever ou mesmo esperar. São, sem dúvida, até agora, mudanças mais de *estilo* do que de substância. É muito cedo para saudar as conquistas, distintas das intenções, da reforma agrária, embora também muito cedo (os céticos devem ser lembrados) para desconsiderar o anti-imperialismo dos generais. Contudo, houve algumas alterações surpreendentes. Quem poderia esperar que algum governo peruano provocaria um confronto com os Estados Unidos, mesmo que o seu objetivo fosse apenas fazer um negócio melhor? (Carlos Astiz, por exemplo, não conseguiu descobrir uma única questão de política externa no século xx a respeito da qual Lima não concordou com Washington.) Quem poderia esperar que o Exército peruano expropriasse os engenhos de açúcar, não só da Grace e da

Gildemeister, mas também das grandes famílias oligárquicas? Na política peruana, a expropriação da Hacienda Tumán foi um passo tão extraordinário quanto seria a nacionalização das fábricas Schenectady da General Electric na política americana. Quem esperaria que um governo peruano entregasse jornais para cooperativas e consideraria seriamente, como está fazendo, conceder o direito de votar aos analfabetos?

O novo fator na política do Peru não é apenas a conversão dos líderes militares ao nacionalismo anti-imperialista e ao desenvolvimentismo, pois isso já não é incomum entre os oficiais latino--americanos, um grupo de classe média que hoje está muito longe dos velhos estereótipos do aristocrata ou do aspirante casca-grossa a caudilho. É a emergência da maioria dos peruanos esquecidos — os camponeses indígenas, em suas terras ou na emigração — na política. Seu papel na vida nacional sempre foi potencialmente decisivo, embora, na prática, fosse em geral insignificante. O ponto fraco do regime sempre esteve na instabilidade da sua dominação sobre as massas indígenas taciturnas, impotentes, não resignadas, cujas rebeliões frequentes praticamente não foram registradas pelos historiadores. Tal como a Rússia czarista, o Peru oligárquico vivia sobre um vulcão. Apenas a falta de líderes e a localização, brevidade e irrelevância política das revoltas camponesas o mantinham seguro.

Por outro lado, a esquerda sabia da importância dos índios, embora não conseguisse mobilizá-los de forma eficaz. A primeira grande mudança na economia colonial peruana — a vitória do setor costeiro de orientação americana sobre o setor do altiplano, quase feudal de orientação britânica, no governo de Augusto B. Leguía (1919-30) — provocou a primeira aparição das massas como fator sério na política peruana. Isso foi suficiente para estimular dois fenômenos singulares na América Latina: o marxismo local (embora influenciado pelos italianos) de José Carlos Mariátegui, o pensador socialista mais original do continente, e o primeiro verdadeiro partido de massas de esquerda, a Apra de Haya de la Torre. Mas nem a Apra nem o muito menor Partido Comunista de Mariátegui conseguiram penetrar nas massas indígenas do altiplano, embora o PC tenha estabelecido algumas pontes no sul (especialmente no bastião da tradição indígena Cusco), que viriam a ser as bases de um movimento camponês posterior e mais amplo. Os índios permaneciam fora da nação, fora da cidadania — um povo não só esquecido, mas politicamente quase invisível.

Os terremotos sociais das décadas de 1950 e 1960 proporcionaram uma base mais firme para a sua mobilização política. Pela primeira vez na história, a sociedade do altiplano se rompia, como demonstrado de maneira mais vívida pela migração em massa de índios para as cidades costeiras. Em Lima, o número de habitantes que viviam nas favelas aumentou, entre 1956 e 1961, de cerca de 120 mil (10%) para cerca de 400 mil (26%). O fenômeno crucial desse período foi a insurreição em massa dos camponeses do altiplano, principalmente através de "invasões de terra" descentralizadas, que começaram no final da década de 1950 e atingiram o auge em 1963-4. Nessa fase, algo como 300 mil camponeses de todos (exceto um) os departamentos do altiplano envolveram-se no movimento.

Menos dramático, mas não menos significativo do ponto de vista político, foi o surgimento dos cholos, uma pequena burguesia indígena distinta da classe dominante tradicional dos *mestizos* e dos raros brancos, que pela primeira vez forneceu um quadro de líderes políticos (ou chefes políticos) para o campesinato local. O livro de Edward Dew *Politics in the Altiplano: The Dynamics of Change in Rural Peru* (1969) é um estudo extremamente interessante da ascensão desse estrato no departamento muito pesquisado de Puno, e em especial da carreira dos irmãos Cáceres, cuja Frente Sindical Camponesa venceu as eleições municipais na maioria das províncias desse departamento. O livro de Dew não tem grandes ambições, mas ele teve a sorte de observar a política de base de uma importante região de denso povoamento indígena no momento do despertar social, e podemos nos beneficiar de suas observações.

Com a chegada dos índios à visibilidade política na década de 1960, alteraram-se os parâmetros da política peruana. Pela primeira vez, os rumores do vulcão social tiveram de ser levados a sério: ele mostrara que poderia entrar em erupção. Ao mesmo tempo, passava a existir a possibilidade de contornar o sistema político e, com isso, a possibilidade de tirar o Peru de seu estado de dependência atrasada, objetivo com o qual todos, exceto a oligarquia, simpatizavam. O regime de Belaúnde (1962-8) fracassou, em grande medida porque se permitiu ser paralisado por um sistema do qual fazia parte. O Exército, que o havia instalado, acabou por assumir o poder. Não havia mais ninguém para fazê-lo.

Ao contrário do golpe de 1964 dos generais brasileiros, o peruano não foi uma reação a um perigo revolucionário imediato, real ou imaginário. O Exército certamente não tinha medo da Apra, o mais delgado dos tigres de papel, que com tanta frequência ameaçava ganhar as eleições e, invariavelmente, rendia-se ao veto do Exército. Também não estava assustado com a esquerda revolucionária, que demonstrara sua impotência fora das universidades. No período de 1958-64, a esquerda não conseguira mais do que detonar movimentos camponeses, que não tinha recursos para controlar, e, em 1965, fracassara por completo ao tentar lançar um movimento efetivo de guerrilha rural, como demonstra tragicamente o pequeno livro de Héctor Béjar *Peru 1965: Notes on a Guerrilla Experience* (1970). O sr. Béjar, líder de um pequeno movimento guerrilheiro que participou dos levantes abortados de 1965, teve tempo enquanto estava na prisão (onde ainda está) para refletir sobre o fracasso da experiência de 1965 e para fazer um relato inestimável das infelizes experiências de seu grupo numa região dos Andes. Seu livro é uma contribuição preciosa para a literatura ainda exígua sobre as experiências concretas de guerrilha em seu continente na década de 1960, embora seja necessário não esquecer (de preferência através da publicação de uma tradução para o inglês da recente *Colombie, guérrillas du peuple*, Paris, 1969, de Jacobo Arenas) que nem todos esses movimentos foram tão amadores ou malsucedidos como os peruanos.

Os generais peruanos estavam e estão com medo de uma revolução social que poderia um dia ser liderada pela esquerda, pois — como Béjar também mostra — o potencial apoio dos camponeses à insurreição foi substancial. Mas eles tiveram e têm tempo para puxar o tapete de uma revolução fazendo a reforma agrária, que, como todo intelectual peruano desde Mariátegui e Haya de la Torre sabe, também destruirá o poder político da oligarquia.

Os generais chegaram ao poder em um momento de calma política. Eles ainda gozam dessa tranquilidade, felizmente para a sua coesão política, menos felizmente para as suas perspectivas. Até mesmo generais progressistas tendem a se sentir mais felizes se os civis ficarem quietos, mas generais progressistas também podem ser salvos dos mais reacionários pela prontidão dos civis em sair às ruas em sua defesa. Só muito recentemente é que os trabalhadores da grande empresa de mineração americana de Cerro de Pasco começaram a se mobilizar em massa, com consequências que ainda não podem ser previstas.

O que os generais estão tentando fazer? Um deles explicou seus objetivos no *Le Monde* (20 de fevereiro de 1970):

> Nós descobrimos as razões mais profundas da insurreição guerrilheira de 1965: a pobreza, a escandalosa exploração das massas, a injustiça social de estruturas arcaicas. [...] O comunismo não é a solução para o Peru. Então, nosso objetivo é claro: devemos lutar contra a dependência externa, que está na raiz do subdesenvolvimento. Isso implica que temos de enfrentar os interesses estrangeiros, principalmente norte-americanos, que não se preocupam com os interesses do Peru. Isso significa também que devemos lutar contra a oligarquia local, que está intimamente ligada aos estrangeiros.

Em outras palavras, o objetivo negativo deles é evitar uma explosão social com uma reforma oportuna e, da forma mais imediata e superficial, acabar com sua velha antagonista, a Apra; o objetivo positivo é desenvolver os recursos do país por meio de um capitalismo de Estado planejado e obter ajuda externa em condições mais favoráveis e para fins mais diretamente úteis para a economia peruana do que no passado.

Se eles ou alguém mais têm uma ideia clara de como alcançar esses objetivos, isso é outra questão. Politicamente, têm atuado com mão forte dentro Peru, mas com mão fraca e cautelosa nas relações internacionais. Dentro do país, uma vez que não há nenhuma oposição ou alternativa efetiva, seu principal problema é até onde podem ir sem mobilizar seu possível apoio das massas, o que até agora não tentaram fazer, seja mediante o crescimento do carisma de algum líder (o que pode causar problemas entre seus colegas) ou através da organização de algum movimento ou partido de massa (o que poderia criar inimigos ao criar amigos). No campo internacional, são extremamente vulneráveis à pressão dos Estados Unidos, por exemplo, com a retirada da cota de açúcar, tanto mais que relutam em encarar rupturas econômicas. Mas é provável que venham a enfrentá-las, se pressionados demais, e a ameaça de um movimento brusco para a esquerda é seu grande trunfo diplomático. Os Estados Unidos não querem muita confusão num país muito distante da área de intervenções militares rápidas e baratas, especialmente quando muitos latino-americanos já estão olhando para Lima para ver o efeito de demonstração do anti-imperialismo militante, inclusive oficiais influentes em diversos países, cujos pontos de vista políticos não parecem mais incendiários hoje do que os dos peruanos há três anos. Quem pode esquecer para onde Castro e Nasser foram quando pressionados demais? Por conseguinte, Washington e a junta peruana são ambos cautelosos. Eles estão jogando para ganhar tempo. Ambos ficariam felizes ao encontrar uma fórmula que evitasse o conflito.

Essa fórmula é possível? Em teoria, é. Os Estados Unidos estão preparados para descartar a atual oligarquia e o sistema agrário atrasado do altiplano. Os generais peruanos são claramente a favor do investimento e do desenvolvimento técnico americanos, em termos que, como o acordo do cobre de Cuajone mostra, não são inaceitáveis para os investidores americanos. Ninguém vai planejar o envio de fuzileiros navais só porque *alguma* propriedade americana foi expropriada, especialmente porque enviar os fuzileiros navais não é tão fácil. Se a política de Kennedy (que fracassou) era encorajar reformadores democráticos anticomunistas, mas "economicamente realistas", como líderes do tipo Apra e democratas-cristãos, por que a política de Nixon não deveria ser encorajar governos militares reformistas, que é, no fim das contas, melhor para a publicidade do que apoiar os torturadores brasileiros?

A perspectiva pode ser aceitável para Washington. O problema é que não oferece respostas imediatas para os problemas econômicos, sociais e políticos do atraso peruano, que são extraordinariamente agudos. Ela oferece tempo, que é valioso para um regime que ainda (e inevitavelmente) está improvisando e tateando seu caminho. Ela oferece reforma agrária (ou melhor, a divisão das grandes fazendas do altiplano, a transferência de propriedade das empresas agroindustriais do litoral), mas isso por si só, embora bem-vindo, não é uma solução adequada para os problemas do Peru indígena.

A questão agrária não é mais o único problema significativo do país, nem pode ser isolada nos dias de hoje dos outros problemas da sociedade peruana com os quais está entrelaçada. Para esses, a fórmula seria simplesmente oferecer mais uma versão, atualizada, da teoria que de alguma forma o imperialismo pode ser a primeira etapa de um capitalismo nacional num país subdesenvolvido. A história do Peru não estimula confiança nessa teoria. Ao contrário, ela sugere que a combinação de liberalismo econômico e dependência externa deve ser rompida se não quiserem que o relativo subdesenvolvimento seja perpetuamente regenerado.

Os reformadores peruanos, de uniforme ou sem ele, sabem disso perfeitamente. Os interesses americanos e os interesses peruanos não coincidem. Por mais que o confronto seja conduzido com tato de ambos os lados — e se os generais levarem adiante seu programa, é provável que isso gere uma dinâmica interna que se atravessará no caminho da polidez mútua —, terá de ser um confronto. Se não for, o presidente Velasco e seus colegas não conseguirão realizar o que se propuseram a fazer. E o Peru ainda precisará e clamará por aquela revolução social, pacífica ou violenta, tão esperada.

Maio de 1970

26. Peru: uma "revolução" peculiar

I

Enquanto o governo marxista do Chile é cauteloso a respeito do que realizou até agora, ou sobre suas intenções, o governo militar do Peru não tem nenhuma dúvida sobre o que está fazendo. Ele está fazendo a Revolução Peruana. O governo peruano não deixará por menos e se ressente de qualquer sugestão de que é apenas reformista. Numa visita recente, quando perguntei a um grupo de oficiais do Comitê de Oficiais Assessores da Presidência (Coap) — o *think tank* do governo — até que ponto eles esperavam levar o processo de mudança, a resposta foi: até que todos os aspectos da nação tenham sido fundamentalmente transformados.

Na medida em que as revoluções podem ser definidas como transformações na estrutura econômica, social e institucional, é possível defender esse ponto de vista. Os generais já mudaram o Peru de uma forma mais profunda do que, digamos, os nazistas mudaram a Alemanha ou Perón a Argentina. (Esses paralelos não devem sugerir semelhança entre esses regimes; ao contrário, eles lançam dúvidas sobre as previsões fáceis de que os generais peruanos estão "avançando na direção do fascismo", seja lá o que isso possa significar.) Por outro lado, uma vez que as revoluções são movimentos de massas, o processo peruano claramente não se qualifica como tal. Não é sequer uma "revolução de cima", como a coletivização de Stálin ou a Revolução Cultural de Mao. Não envolve mobilização em massa de forças populares por parte do governo, nenhuma luta contra uma resistência em massa ou adversários entrincheirados. As massas estão simplesmente fora da transformação que ocorreu.

Durante boa parte de seus três anos no poder, o regime militar peruano agiu num vácuo político. Representando um consórcio organizado de oficiais cuja exata natureza é obscura, mas que sem dúvida representava as Forças Armadas, o regime tomou o poder em outubro de 1968, sem barulho ou confusão, porque não havia mais ninguém, e para alívio da população. O governo reformista de Fernando Belaúnde Terry, que o Exército havia colocado no poder em 1962-3 e teria preferido apoiar, havia rapidamente caído na impotência e na ineficácia. O principal partido político, a Apra de Haya de la Torre, não era uma alternativa, mesmo que as Forças Armadas não estivessem brigando com ele havia muitos anos. A Apra também estava falida, um fato reconhecido agora até mesmo pelos liberais americanos do tipo Kennedy que a apoiaram durante tanto tempo.[1] A esquerda marxista ou castrista era insignificante como força revolucionária, como a insurreição guerrilheira de 1965 provou, e relativamente sem importância mesmo como um grupo minoritário de pressão da classe operária.

Era preciso fazer mudanças, e, uma vez que não havia literalmente nenhuma outra força disposta ou capaz, os generais assumiram o poder. Aboliram o parlamento, as eleições e a superestrutura da política partidária, embora tenham preservado os próprios partidos. Poucos peruanos lamentaram a morte de um sistema que era considerado pela maioria diferente do governo militar, em especial por ser notoriamente mais corrupto. A oposição política apenas desapareceu e quase não existe como um fator sério. A Apra se retirou para sua costumeira posição de *attentisme* semissubmerso, à espera de tempos melhores, confiante — como o velho Partido Social-Democrata alemão, ao qual se parece um pouco — de que manterá muitos de seus leais partidários, mas, no meio-tempo, sem fazer nada e incapaz de fazer muita coisa.

As seitas de ultraesquerda continuam a ser politicamente insignificantes, embora talvez um pouco menos inclinadas do que antes a se engalfinhar. O Partido Comunista (moscovita) é a única organização política que mantém uma presença independente séria, em grande parte graças à sua influência na Confederação Geral de Trabalhadores do Peru (CGTP), que não deve ser confundida com a Confederação de Trabalhadores do Peru (CTP), possivelmente em declínio, da Apra. Mas o PC apoia os generais e, de qualquer modo, seria incapaz de propiciar uma alternativa realista. Na verdade, enquanto as Forças Armadas permanecerem unidas, não há perspectiva previsível de o regime militar ser substituído.

Isso ajuda a explicar uma das características mais inesperadas de um governo militar que em si mesmo já é muito surpreendente: o grau incomum de liberdades civis que ele mantém. Os generais parecem estar verdadeiramente ligados a elas e sentir orgulho de seu liberalismo. Não só muito menos pessoas foram mortas ou presas até agora do que no Peru civil, como a situação atual se compara de forma favorável com a maioria dos outros governos da América Latina. Seria demais esperar uma folha corrida perfeitamente limpa. Há alguns presos políticos antigos e novos, um ou dois exilados, e, ainda que não haja censura, a imprensa não governamental, embora de língua menos amarrada do que, digamos, no México, sem dúvida escolhe seu caminho com muito cuidado, com exceção da revista ilustrada *Caretas*, que combina mulheres, moda e comentários políticos bastante desinibidos.

Qualquer conversa sobre o Peru em 1971 que diga que se trata de um Estado repressivo é um disparate. Claro que pode vir a sê-lo a qualquer momento. Não há nada para impedi-lo. Com efeito, um ou outro general pode estar dizendo agora mesmo que o país ainda poderia manter sua reputação liberal, se alguns dirigentes sindicais mais problemáticos ou militantes de ultraesquerda fossem postos atrás das grades por um tempo. Mas até agora o histórico é surpreendentemente bom.

Mas se não há oposição, também não há apoio de verdade. Os generais ganharam a companhia de alguns civis dos velhos partidos, de numerosos quadros de grupos menores, como os progressistas sociais, de um punhado de intelectuais de esquerda, entre eles, como é quase inevitável, ex-trotskistas elaborando mais uma posição teórica, e de Héctor Béjar, um dos líderes guerrilheiros de 1965. Porém, em geral, a esquerda marxista permanece na oposição, com a principal exceção do PC, cuja combinação de apoio crítico e independência organizacional faz com que não seja bem-visto pelo governo. Os ativistas estudantis menos sectários que acorreram a algumas organizações de reforma agrária há dois anos tenderam a afastar-se desiludidos. As massas não comprometidas do ponto de vista político, rurais e urbanas, podem considerar esse governo melhor do que seus antecessores e aceitá-lo como o único que possivelmente haverá por um bom tempo, mas é provável que exista hoje uma expectativa menos esperançosa do que nos primeiros meses da reforma agrária, há dois anos. Isso não é muito surpreendente nas grandes cidades, especialmente em Lima, onde vivem 20% dos peruanos. Na véspera do golpe militar, algo em torno de 40% da população de Lima estava subempregada ou desempregada, e uma porcentagem parecida morava em situação precária em abrigos feitos de esteiras ou barracos de adobe.[2] Desde então, como a emigração em massa do campo não cessou, o desemprego continuou a aumentar enquanto os salários reais quase certamente não. Nos últimos tempos alguns problemas no abastecimento de alimentos tampouco tornaram a vida mais fácil. A situação da habitação, que parece ter piorado durante os anos 1960, é estarrecedora e explosiva, como mostram as contínuas invasões em massa de locais de construção urbanos. Em 1971, a coisa mais próxima de confusão política que o governo encarou surgiu de um incidente de invasão urbana, o que levou à breve detenção de um bispo ativista social pelo agressivo ministro do Interior (que não demoraria a perder o emprego) e à imediata e amplamente divulgada provisão de terrenos para construção, estradas, serviços públicos e visitas presidenciais ao novo assentamento urbano de El Salvador.

O fato de o campesinato permanecer passivo — talvez até menos expectante e positivo do que há dois anos, embora com índios peruanos seja difícil determinar — é menos surpreendente do que parece. A reforma agrária é de fato genuína e profunda e avança de forma constante em direção à expropriação de todos os latifúndios até 1975. Embora menos drástica do que no Chile,[3] com certeza não é menos radical e entusiasmada em seu ataque contra a oligarquia latifundiária como uma classe, que já foi varrida como força social e política da maior parte do campo. Trata-se, sem dúvida, de uma grande mudança na vida rural, tal como a substituição das antigas haciendas por vários tipos de cooperativas no altiplano e no litoral.

Três razões podem ser sugeridas para a falta de entusiasmo dos camponeses. Em primeiro lugar, a maioria deles ainda não ganhou terra. As 44 mil famílias que se beneficiaram desde 1969, embora muito mais numerosas do que as 30 mil que ganharam terras nos seis anos da "Revolução em Liberdade" do Chile, são apenas uma pequena fração das cerca de 800 mil que têm, em teoria, o direito de reivindicar terras dentro do programa de reforma. Em segundo lugar, os camponeses entendem que reforma agrária seja essencialmente o loteamento de terras, mas essa não é a concepção das autoridades, cuja política de criação de cooperativas desperta mais suspeitas do que alegria. Os camponeses estão inclinados a ficar o mais longe que puderem de qualquer governo, e as cooperativas são identificadas com o governo.

Por último, para as pessoas que vivem nas propriedades expropriadas, receber ordens de tecnocratas que dependem do governo, ou mesmo, em teoria, de alguma reunião anual de cooperados/acionistas, não parece diferente de receber ordens de tecnocratas que dependem de um latifundiário ausente. O chefe ainda é o Engenheiro Fulano; se não for a pessoa que administrava a fazenda antes, muito provavelmente alguém que administrou outra fazenda antes. Perguntei a um *servidor* de uma grande fazenda de gado sobre a cooperativa da qual ele é agora membro. "Que cooperativa?", ele respondeu. E na mesma Sociedade Agrícola de Interesse Social (Sais),* justamente considerada uma vi-

---

* A Sais é uma forma especial de cooperativa que transfere a terra de grandes fazendas ou de grupos de propriedades não apenas aos seus antigos arrendatários ou funcionários (que podem ser muito poucos, como nas grandes fazendas de

trine da reforma, a atitude dos antigos peões é: "Bem, eles dizem que nós somos os chefes agora. Mas nós somos chefes que recebem ordens e não dão nenhuma".

Mais inesperada é a passividade da classe que é, talvez, a mais beneficiada pelo atual regime, embora tenha se dado bem no governo de Belaúnde: o estrato médio indígena urbanizado e modernizado dos cholos [caboclos].* Os filhos de cúlaques indígenas e empresários da aldeia enchem as grandes universidades, cujo número de alunos aumentou talvez quinze vezes desde 1940, fornecendo a base social para o maoismo ultrarradical, mas de vida curta de estudantes que se transformam rapidamente em cidadãos respeitáveis depois de se formar. Os clubes de campo, que se multiplicaram nos arredores de Lima conforme o modelo das instituições da velha classe média crioula e dos executivos estrangeiros expatriados, estão repletos dessas famílias que chegam em automóveis lotados para passar um domingo num estilo que ainda é, de várias formas, popular, como os restaurantes dos impressionistas junto ao rio Marne: pequenos empresários, profissionais liberais e, talvez, sobretudo, burocratas.

---

pecuária), mas também às comunidades vizinhas de camponeses, compensando, desse modo, "as desigualdades socioeconômicas de uma área e distribuindo os lucros do empreendimento coletivo de acordo com as necessidades de desenvolvimento de cada um dos grupos de camponeses que são seus coproprietários".
* François Bourricaud, que construiu toda uma interpretação sociológica do Peru em cima do conceito de *cholificación*, define cholos como "aqueles cujas origens os situam na classe indígena, mas que possuem alguns atributos sociais e culturais que lhes permitem 'melhorar a si mesmos' e atingir um status mais elevado". *Power and Society in Contemporary Peru* (1970), p. 22. Esse livro inteligente, publicado originalmente em 1967, resume a situação na década de 1960 e, portanto, ilustra as mudanças dramáticas que ocorreram desde então.

Ao contrário das gerações anteriores de sua espécie, os novos cholos não parecem desprezar ou cortar seus laços com as origens indígenas. É provável que a maioria dos adultos continue a falar quéchua, além do espanhol, e eles certamente apreciam a música e a dança "de casa", que continuam a ser a base do show business popular peruano. O "tom de desprezo e condescendência" que François Bourricaud notou no uso da palavra "cholo" na década de 1960 está desaparecendo rápido. O regime militar é agressivamente pró-indígena (embora haja apenas um índio na alta direção da reforma agrária), tão dado a idealizar os incas quanto o México oficial idealiza os astecas, mas com melhor razão, e com a sorte de possuir um herói cultural adequado no grande rebelde Túpac Amaru. O regime está até planejando o ensino bilíngue na escola.

O estrato médio cholo carece de qualquer entusiasmo óbvio pela Revolução Peruana, provavelmente porque o regime não incrementou até agora de forma clara as possibilidades de "melhorar a si mesmos" que os cholos já desfrutavam, exceto para grupos muito restritos de profissionais tecnicamente qualificados. A maior parte deles, em Lima, pelo menos, continua a levar uma vida de luta contra baixos salários, famílias numerosas, preços elevados, más condições de vida, viagens intermináveis para ir e voltar do trabalho e suprimentos por vezes incertos. Assim como a maioria dos peruanos (exceto os estudantes hostis), não são contra o governo, mas tampouco são ativamente a favor dele.

Os generais estão cada vez mais preocupados com o vazio político que os rodeia. O problema não é apenas que um governo que está de fato dedicado a tornar a vida mais humana para todos os peruanos e é, para dizer o mínimo, a melhor administração que o país já teve nas últimas décadas gostaria naturalmente de ser mais bem apreciado. Eles sabem que a falta de compromisso popular torna sua tarefa mais difícil. Pode uma revolução, mesmo "a Revolução Peruana", ser levada adiante simplesmente tomando o veículo do Estado e apontando-o na direção desejada? No Peru, um progresso organizado e pacífico de burocratas, flanqueados por advogados e técnicos, será abençoado por historiadores pela documentação ampla e sistemática que geraram. Mas o observador se pergunta enquanto abre caminho através dos arquivos compactos e em ordem de um Departamento Zonal da Reforma Agrária: é realmente assim que as revoluções são feitas?

Na verdade, o governo militar sabe que não é. A própria falta de qualquer impulso genuíno de baixo, ou de base social óbvia, já empurrou as Forças Armadas para o papel praticamente único de não só dizer aos civis o que fazer, mas de efetivamente ser o governo e a administração. Não só todos os ministros são oficiais superiores, como até as decisões subalternas são tomadas por coronéis, capitães ou tenentes uniformizados. Eles têm que ser, uma vez que não podem confiar nas forças de rotina da administração, que embora leais e eficientes, não conseguem assumir o dinamismo necessário.

Pode-se dizer que, no Peru, o Exército moderno, uma organização cada vez mais burocrática, aceitou seu destino e realmente tornou-se uma burocracia. Mas não queria isso. Os oficiais do Coap enfatizam que os critérios de recrutamento e de promoção e a formação de oficiais não serão modificados a fim de qualificá-los para as tarefas administrativas que terão de realizar até que possam entregá-las novamente aos civis e voltar para os quartéis. Não tenho dúvida de que é isso o que eles querem. Mas não parece que serão capazes de fazê-lo por um longo tempo.

Mesmo assim, eles precisam do povo, e após meses de difíceis discussões nos bastidores anunciaram finalmente, no verão de

1971, um plano de "mobilização social" — os detalhes serão definidos mais tarde. O plano dará espaço aos vários civis de esquerda que aderiram ao governo, embora sua direção fique para um general, Leónidas Rodríguez, um bonito oficial sobre o qual certamente ouviremos falar mais, uma vez que ele combina suas novas funções com o comando da Divisão Blindada. Nenhum golpe militar tem muita chance de ganhar contra essa divisão. Como funcionará exatamente a mobilização do povo ninguém sabe ao certo. Não será um partido ou um "movimento".

Com certeza, não vai agir por intermédio de algum partido existente, de partidos ou organizações independentes, sindicatos operários, sindicatos de camponeses ou algo semelhante. Na falta de qualquer organização civil e quadros próprios, o governo não está disposto a entregar a "mobilização social" a forças fora de seu controle, sobretudo aos inimigos que teme, como a Apra, a coisa mais próxima de um partido de massas no Peru, ou a simpatizantes de que desconfia, como o PC. (Foi notadamente frio em relação aos Comitês de Defesa da Revolução que o PC incentivou em algum momento e que desde então desapareceram de vista.)

As declarações e os comentários oficiais até agora são extremamente vagos ("um processo longo e difícil no decurso do qual surgirão múltiplos e complexos problemas…"; "contribuir para a criação de condições que estimularão o surgimento de organizações populares autônomas" etc.). Presume-se que a "mobilização" vai operar por intermédio dos organismos criados ou incentivados pelo governo, tais como cooperativas, "comunidades industriais", organizações comunitárias das favelas agora chamadas de "cidades jovens" etc. Na verdade, ninguém sabe. Alguma coisa, espera-se, acontecerá.

II

O que acontecerá ou pode acontecer depende da natureza do governo e de sua "Revolução Peruana", uma questão muito discutida pela esquerda, que assumiu, com as exceções de Fidel Castro e dos comunistas de velha guarda, uma visão bastante negativa dos generais. A esquerda considera-os reformadores burgueses que revelaram agora (a data dessa revelação varia de acordo com os comentadores) que não vão evoluir para nacionalistas progressistas de esquerda, mas estão à procura de um novo tipo de nicho dependente, numa nova versão de um imperialismo global. Esses argumentos são apresentados, de uma forma muito ingênua ou em versões mais sofisticadas, mas ainda circulares, por simpatizantes da ultraesquerda peruana.[4] Também são apresentados com lucidez e inteligência admirável por Aníbal Quijano em seu livro *Nationalism and Capitalism in Peru: a Study in Neo-Imperialism* (1972), a melhor exposição dos argumentos da oposição, que analisa a política econômica do regime até a primavera de 1971.

Todos esses argumentos tendem a supor (a) que os militares peruanos devem ser a favor do capitalismo porque se recusam a ser a favor do socialismo, (b) que a situação internacional do Peru a que aspiram só pode ser descrita como "neoimperialismo" e (c) que existe uma possibilidade séria de uma economia peruana baseada numa burguesia nacional (dependente). Essas suposições de algum modo simplificam demais uma situação muito complexa e ambígua.

A complexidade da situação é indicada pela própria existência dos argumentos e das incertezas da esquerda. Os militares peruanos são inegavelmente reformadores genuínos. É também [ao mesmo tempo] quase impossível acreditar em seu programa. Contudo, *eles* acreditam nele e se aferram a ele com notável coerência, abrindo espaço para uma boa dose de flexibilidade tática. Aqueles que alegam ter detectado neles uma virada decisiva para a direita (ou, muito mais raramente, para a esquerda) tendem a confundir zigue-zagues tácticos com mudanças de direção. Mas o caminho está demarcado o bastante para que fique claro aonde o regime militar deseja ir.

O argumento do regime do presidente Juan Velasco Alvarado comporta um resumo simples.* Até 1968, o Peru era capitalista e também dependente, subdesenvolvido, pobre e atrasado porque o capitalismo gera essas coisas. Daí que o regime é anticapitalista e revolucionário, porque não faria sentido simplesmente "modernizar", prolongando assim o sistema que gera todos esses males. O mecanismo que manteve o Peru embaixo foi uma combinação de oligarquia local e imperialismo estrangeiro. ("Não é verdade que o Peru esteve sempre sob o domínio de um pequeno grupo de peruanos que enriqueceram às custas do nosso povo e hipotecaram a riqueza nacional para o estrangeiro?") O regime se opõe à oligarquia com uma paixão obviamente sincera, não porque seja economicamente ineficiente, mas porque é o elo crucial na cadeia da exploração imperialista.

A novidade da sua reforma agrária não foi técnica, mas política. A reforma de Belaúnde, além de permanecer no papel, havia especificamente excetuado os modernos engenhos de açúcar produtivos dos principais oligarcas nacionais e estrangeiros da costa do Pacífico. Os generais começaram a sua reforma expropriando-os *porque* representavam os oligarcas mais eficientes e,

* Praticamente todos os discursos públicos repetem-no com variações, mas segui sobretudo o discurso presidencial no Dia da Independência de 1970 e o do segundo aniversário da Reforma Agrária, em 1971.

portanto, mais perigosos. Por outro lado, o novo Peru não será certamente comunista, pelos motivos antitotalitários habituais. Além disso, nenhum dos dois sistemas é hoje um modelo muito atraente: "Ambos mostram sintomas inequívocos de enfraquecimento e de crise".

A resposta militar é menos fácil de descrever com brevidade, exceto pela expressão sem sentido "nem capitalismo nem comunismo". Ela traz em si muito do que resta do catolicismo social da juventude do entreguerras dos generais. Há o sonho de harmonizar capital e trabalho como partes mutuamente dependentes e funcionalmente necessárias do organismo social e, em consequência, uma profunda desconfiança dos órgãos da luta de classes ou de grupos de pressão seccionais. Há uma busca por formas de organização econômica que eliminem ou modifiquem a relação crua patrão/trabalhador, em especial nas grandes empresas. Daí o entusiasmo pela "organização cooperativa", um slogan que sugere todas essas coisas, mas que é vago e ambíguo o suficiente para cobrir tudo, desde a administração tecnocrática de fato a um kibutz.

No entanto, o tradicionalismo antitecnológico que, no passado, costumava acompanhar esse tipo de ideologia está ausente. O "peruanismo" não se encontra em nenhum apelo à continuidade e à comunidade do passado, em que pouco se pode encontrar que inspire o regime, exceto, talvez, o povo (indígena) peruano, oprimido, explorado, mas também lutador. Suas simpatias populistas, no entanto, não se estendem ao tradicionalismo do campesinato.

Esse programa positivo é demasiado vago ou utópico. Por conseguinte, a questão não é tanto o que o regime quer que aconteça, mas o que é provável que surja a partir de seus esforços, que inevitavelmente será um pouco diferente. Além disso, não há congruência automática, mas uma provável contradição entre os objetivos de um Peru libertado do imperialismo e do subdesenvolvimento e de um organismo social harmonioso. Críticos à esquerda supõem que, uma vez que o regime não é socialista nem comunista — embora repúdios verdadeiros ao socialismo não sejam fáceis de encontrar —, ele só pode desenvolver-se mediante alguma forma de capitalismo e deve perpetuar de algum modo a dependência imperialista. Contra todas as evidências, seus porta-vozes mais ingênuos consideram de fachada os objetivos declarados do governo, projetados para tornar a nova versão do capitalismo dependente mais palatável para as massas.

Os simpatizantes de esquerda, de forma um pouco mais cautelosa, consideram que o anti-imperialismo é genuíno, que as reformas são até agora "progressistas" — ou pelo menos não incompatíveis com o que um governo progressista poderia fazer — e que a lógica da posição dos militares pode empurrar o regime para a esquerda. Claro que é igualmente possível que na bifurcação da estrada os generais tomem o caminho errado, mas essa bifurcação ainda não foi atingida.

Esses argumentos ilustram a dificuldade de classificar um regime que se recusa a se encaixar em qualquer dos escaninhos analíticos familiares, talvez porque esses escaninhos não estejam presentes. A verdade é que o regime tenta preencher um vazio. Ele dificilmente poderia representar ou agir em nome de uma burguesia peruana, mesmo se isso fosse a sua intenção: ele teria que tomar o lugar dela, pois não existe burguesia nacional no Peru. Não há nada parecido com o fenômeno social reconhecível da revolução no Peru, mas há ainda menos uma contrarrevolução ou mesmo uma tentativa de evitar a revolução por meio de uma bem calculada reforma, embora isso estivesse na cabeça de alguns dos generais.

O regime está lá *em vez* da revolução que não ocorreu em 1960-3, mas deixou uma necessidade de ratificar e sistematizar certas mudanças, o que ninguém mais poderia fazer. As revoltas camponesas do início dos anos 1960 equivaleram politicamente a não mais do que um acúmulo de agitação localizada. Do ponto de vista econômico e social, elas mataram o latifúndio tradicional do altiplano, coisa que os proprietários perceberam muito bem. Mas os próprios camponeses foram incapazes de enterrar seu cadáver em decomposição. Os militares tiveram de substituir um sistema político falido, totalmente incapaz de qualquer coisa, exceto responder às pressões das empresas estrangeiras e da oligarquia local. Como vimos, tiveram até mesmo que assumir o lugar da máquina estatal. A única coisa que os oficiais "representam" de fato são pessoas como eles, isto é, homens que, em geral, advêm de famílias de classe média provincial modesta e que fazem carreira no serviço público. Mas isso por si só não nos leva muito longe.

As únicas forças que o Exército não substitui, porque já estão socialmente presentes, são as da classe trabalhadora e do movimento operário, que também são as únicas (além dos estudantes) que mantêm instituições independentes sob o novo regime. Por isso o governo suspeita tanto da Apra quanto do PC, ambos de base essencialmente proletária — os movimentos camponeses organizados da década de 1960 desintegraram-se — e, sobretudo, dos sindicatos. Para a política, a pequena classe trabalhadora peruana não é um problema sério. Ao contrário de sua equivalente no Chile, não proporciona uma base para um governo alternativo. Seus componentes mais fortes, os mineiros e os trabalhadores das fazendas "agroindustriais" da costa, são aristocratas da classe operária, totalizando, talvez, 50 mil e 30 mil homens adultos, respectivamente. Ao contrário dos camponeses, no entanto, eles não constituem apenas uma força da natureza, mas, através dos sindicatos, uma força organizada e estruturada. No mínimo, têm líderes que podem ser responsabilizados.

Os governantes militares do Peru, como a conversa deles deixa muito claro, não entendem os sindicatos e gostariam que eles não existissem. Sua relação com eles ilustra uma grande fraqueza da Revolução Peruana e explica, embora não justifique, uma parte da hostilidade da esquerda a ela. O governo cometeu grandes erros na política trabalhista, onde controlou a situação diretamente, ou seja, nas fazendas cooperativas de açúcar, e é provável que vá cometer erros semelhantes no setor industrial, se sua ansiedade com os rumos dos sindicatos acabar por levá-lo ao controle direto desse setor.

Embora os governantes militares se recusem a acreditar nisso, os líderes sindicais não estão tentando secretamente sabotar a Revolução Peruana ou transformá-la em comunista, se excetuarmos os lugares dispersos onde a influência da ultraesquerda é em geral temporária. ("Eles raramente conseguem mantê-la", contou-me um líder sindical. "O estilo universitário de ação não é o estilo da classe operária.") A federação da Apra, tal como o partido, está politicamente quieta. A CGTP compartilha a atitude do PC em relação ao regime, embora faça campanha por mudanças no Ministério do Trabalho, em grande parte recalcitrante. Ela sem dúvida prefere não constranger o governo que apoia ativamente.

Por outro lado, de olho em seus rivais, ela deve levar em conta a militância dos seus membros. Nas cidades, eles são a favor da ação porque os salários reais estão caindo, enquanto nas minas o próprio anti-imperialismo do governo incentivou a hostilidade permanente dos mineiros aos seus patrões estrangeiros, e a força de negociação deles é maior do que nunca.* Líderes de movimentos operários genuínos não podem coagir seus membros e devem, em certa medida, segui-los, especialmente hoje. Eles são bastante diferentes de oficiais do Exército, embora, para os militares, isso seja difícil de entender.

Nas fazendas produtoras de açúcar, a incapacidade de compreender os sindicatos foi particularmente contraproducente. Essas fortalezas de um sindicalismo militante, porque bastante jovem — muitos só foram reconhecidos no início da década de 1960 —, também eram redutos da Apra em seu bastião principal, o "norte sólido". O governo esperava que as novas cooperativas também substituíssem os sindicatos. Por que os trabalhadores precisariam de sindicatos se são os donos da empresa? Mais que isso. Presumivelmente, a fim de evitar que as cooperativas fossem tomadas por partidários da Apra, não só seu sistema eleitoral foi criado de forma demasiado complexa e manipulável, como funcionários e ex-funcionários de partidos e sindicatos são inelegíveis para delegados ou funcionários da cooperativa. Isso seria mais ou menos como proibir que democratas registrados e ativistas da United Automobile Workers participassem do funcionamento de uma fábrica coletivizada da Chrysler. Houve até mesmo tentativas de impedir que dirigentes sindicais fossem membros da cooperativa, recebidas com greves em defesa de sua reintegração.

---

* De acordo com seu competente secretário-geral, Gustavo Espinosa, a CGTP está preocupada com a tendência de poderosos aristocratas da classe operária, como os mineiros e os petroleiros, de se afastarem cada vez mais da maioria mais fraca; por outro lado, é nisso que está sua força. Os outros dois grandes problemas em relação aos quais ele está preocupado são a fraqueza organizacional e o baixo nível ideológico dos membros (julho de 1971).

Um sindicato forte e reconhecido, não importanto sua filiação política, tem de negociar com a administração, independente de seu caráter; e vice-versa, como os antigos administradores das fazendas aprenderam. Sozinhos, os velhos sindicatos e os novos gerentes teriam feito o mesmo, deixando que o complexo problema dos interesses duplos dos membros, como coproprietários e funcionários, se resolvessem com a prática. Isso é o que parecia estar acontecendo nos primeiros meses após a desapropriação, quando, aliás, a influência da Apra nos sindicatos estava diminuindo rapidamente, pelo menos na região que então visitei. O resultado da política do governo foi exatamente o oposto de sua intenção. A administração (isto é, os técnicos e colarinhos-brancos, que são os funcionários da cooperativa) está tão separada dos trabalhadores como antes; os sindicatos foram forçados a recuar e se tornaram marginais e, consequentemente, militantes; a influência da Apra reavivou-se; e os militantes da ultraesquerda são atraídos de todo o país pelo ímã do atrito industrial endêmico. No ano passado, houve greves, manifestações semiviolentas, resignações de dirigentes e comissões, e até mesmo a condenação de líderes da greve a penas de prisão leves e multas pesadas por "sabotagem da reforma agrária". São desdobramentos embaraçosos naquilo que se destinava a ser a vitrine da Revolução Peruana. Eles foram enfrentados com uma intervenção cada vez mais direta de funcionários militares e policiais na direção das cooperativas.

III

Para onde vão os generais? O mais simples de prever são suas relações internacionais, pois nesse aspecto o conflito entre intenção e resultado é menos agudo. O regime tem por objetivo tornar o Peru independente, mas, uma vez que o país é pobre, fraco e atrasado, é realista o suficiente para saber que precisa de alguma assistência estrangeira. Para ser mais exato, ele acredita que os custos de prosseguir sozinho são proibitivos, como, aliás, provavelmente são. O objetivo principal é romper o monopólio do poder norte-americano, sem cair na dependência de qualquer outro Estado. O que agradaria mais ao governo seria uma rivalidade mundial grande o bastante entre várias potências — Estados Unidos, União Soviética, talvez o Mercado Comum, talvez a China — para que os pequenos países pudessem pulverizar sua dependência e ter o máximo de espaço de manobra.

O Peru também tem esperança, mais do que espera, de que a ação unida de países do Terceiro Mundo dará a cada país fraco um pouco mais de força. No momento, com os Estados Unidos em recessão política e econômica, as perspectivas parecem promissoras, e o Peru está negociando comércio, assistência técnica e investimentos com todo mundo, da China ao Japão e à Alemanha Ocidental, bem como com os Estados Unidos e a URSS. E se o poderio americano se recuperar? Os oficiais, que discutem todas essas questões com franqueza agradável e sem tapeação, encolhem os ombros. Um país fraco e atrasado tem que obter o melhor do mundo tal como ele o encontra.

A fraqueza dessa posição é que um país fraco conhecido por não estar disposto a arriscar tudo tem menos poder de negociação do que poderia ter. Há pessoas, inclusive empresários estrangeiros, que pensam que o Peru está oferecendo condições um pouco melhores do que o necessário para os investidores. Com efeito, pelos padrões internacionais atuais, os recentes contratos de petróleo e cobre com empresas estrangeiras não deixam de ser generosos, enquanto a Lei de Minas de 1971 é bastante aceitável para elas.

Contudo, uma discussão sobre a porcentagem de royalties ou lucros repatriáveis não deve ser confundida com uma sobre fundamentos. Descrever a política peruana como "sem hesitação [...] pró-imperialista", como o faz Ricardo Letts, é desvalorizar o idioma. Na mineração, o Peru optou deliberadamente pela não nacionalização (embora a estatal vá ser muito grande), mas por um monopólio estatal da comercialização e da maior parte do refino, o que é um ponto de vista defensável. No petróleo, optou por algo que equivale a um contrato de prestação de serviços, em vez de uma concessão. As políticas dos generais não são de forma alguma socialistas, mas, uma vez que eles não pretendem ser socialistas, essa observação é tautológica, em vez de crítica. Por outro lado, a intenção deles é claramente anti-imperialista.

O mesmo ocorre, sem dúvida, com seu efeito. As empresas americanas se resignarão, como em outros lugares, a fazer negócios em condições drasticamente menos favoráveis do que no passado e descobrirão que ainda podem ganhar dinheiro dentro das novas regras e, de fato, diante dos problemas da economia americana, precisam ganhá-lo. Em contrapartida, podem consolar-se com o pensamento de que, se até mesmo a URSS chama empresas ocidentais para construir fábricas, o Peru ainda achará que é vantajoso fazer negócios com elas. Assim será enquanto os Estados capitalistas industriais permanecem mais ricos e tecnologicamente mais avançados do que os socialistas e os do Terceiro Mundo, a menos que regimes socialistas retornem ao antigo objetivo de uma austeridade justa, renunciando aos produtos da tecnologia das nações mais ricas, o que poucos deles parecem inclinados a fazer e nenhum pode, exceto ao preço de um rígido isolamento. Mas dizer que as grandes empresas americanas vão sobreviver no Peru não significa que nada tenha mudado. Basta olhar para o vizinho ao norte do Peru, o Equador, a maior de todas as repúblicas das bananas, para notar a diferença.

No entanto, as políticas dos generais não se destinam a ser contra as empresas privadas, apesar de colocarem todas as indústrias de base no setor público. Elas são certamente a favor do desenvolvimento capitalista nativo, ainda que sob o controle de um setor estatal dominante, mas que também se beneficie das atividades desse setor. Essa simbiose é hoje normal e, na América Latina, até os capitalismos locais dinâmicos do Brasil e do México dependem em grande parte dela. Mas o Peru não é o Brasil nem o México. Não há burguesia nacional efetiva, e é improvável que decisões militares criem o que vários séculos de história negaram ao país.

O que é mais provável de acontecer é que a extrema fraqueza das empresas privadas nacionais e as restrições à participação do capital estrangeiro nelas farão com que o setor público cresça muito além das intenções originais do governo. Ele terá de crescer, a menos que o Peru recaia em seu antigo padrão de dependência. Isso levantará questões agudas, análogas às da Europa Oriental, a respeito da pertinência de grandes burocracias estatais como empreendedoras econômicas em países atrasados, a respeito do papel dos incentivos, dos tecnocratas etc. No entanto, a menos que consideremos, por exemplo, a Bulgária ou a Romênia capitalistas, esses problemas não são suficientes para caracterizar um Estado como "reformista burguês". Tampouco, é claro, para caracterizá-lo como socialista.

A estratégia peruana de desenvolvimento é, portanto, discutível, mas não pode até agora ser considerada "pró-imperialista" ou "pró-capitalista". O principal perigo de que o Peru possa um dia voltar a ser o mesmo reside no fato de que sua transformação é tão controlada e ordenada, o medo do regime de perturbação e caos é tão grande e a esperança de arranjar-se sem um confronto crítico com os Estados Unidos é tão atraente que isso vai, sem dúvida, tentar o governo a fazer concessões. A alternativa seria correr o risco de mergulhar numa dessas épocas de crueldade que têm sido uma parte normal da história das revoluções. A verdadeira fraqueza dos generais talvez seja que eles querem combinar mudança revolucionária com paz e tranquilidade, tornando-se assim vulneráveis à chantagem de fora. Mas é absurdo negar que eles sejam sinceros ou que não estejam apaixonadamente decididos a garantir a independência do seu país.

Há dúvidas muito mais sérias sobre o lado social do que sobre o aspecto econômico do regime, no qual existem dois pontos fracos. Em primeiro lugar, os planejadores e administradores tendem a concentrar-se em questões econômicas "duras" que produzem resultados mensuráveis, dando pouco mais do que atenção da boca para fora aos objetivos sociais do governo. Não é possível adivinhar a partir de seus documentos sobre "o setor agrário" que há uma reforma agrária importante, com objetivos e problemas específicos e não econômicos. O desejo natural de manter a produção crescendo, ou pelo menos ininterrupta, faz com que isso ganhe prioridade capital e mantenha a estrutura de administração do jeito que está.

Do ponto de vista social, o maior problema do campo é que a reforma irá deixar — e se estabelecer unidades familiares viáveis, deverá deixar — muita gente sem terra: até 80%, de acordo com uma estimativa.[5] Mas os administradores rurais estão mais preocupados com as ineficiências e os altos custos da mão de obra das unidades com excesso de pessoal e tendem a ter a esperança de que os sem-terra migrem para algum lugar. Tecnicamente, é mais fácil obter resultados bons e rápidos da reforma na costa. E, assim, o trabalho duro, caro mas essencial, de criar a base de uma agricultura camponesa eficiente na Sierra, é adiado.

Em segundo lugar, os próprios planos sociais do governo, por exemplo, de "comunidades" na indústria, mineração, pesca etc., são inadequados. Trata-se essencialmente de esquemas para promover a parceria e a participação nos lucros dos trabalhadores dentro de cada empresa, bem como (através da Comunidade de Compensação da Lei de Minas) tornar iguais as ações em empresas de diferentes graus de rentabilidade. Não precisamos nos deter nos detalhes financeiros. Está prevista também a participação na gestão, mas numa escala mais modesta do que no *Mittbestimmungsrecht* da Alemanha Ocidental, e excluindo os líderes sindicais. Isso é obviamente insuficiente para mudar o caráter da administração. O governo tem grandes esperanças em relação às "comunidades", inclusive, sem dúvida, a esperança de que elas substituirão os sindicatos. Isso é improvável. Uma vez que ainda estão em grande parte no papel, pouco se pode dizer com certeza sobre seu funcionamento. Uma opinião sindical confiável é que elas não farão mais do que dar a alguns trabalhadores uma compreensão útil da administração. A visão predominante das empresas é que elas vão diminuir o incentivo do lucro, o que poderia provavelmente ser contornado.

Não há dúvidas sobre as intenções dos generais. Tornar a vida melhor e mais humana para a maioria dos peruanos e trazer o povo, a quem os regimes anteriores trataram pouco melhor do que o gado, para os assuntos de sua nação são os objetivos a que dão prioridade, pelo menos na teoria.[6] Pensou-se sobre reforma educacional, pois o sistema atual fracassou em grande medida, apesar da expansão aparentemente alta, ainda que desequilibrada, da década de 1960. O período médio de escolaridade para todos os peruanos é de três anos; 88% abandonam a escola, e não houve diminuição do número de analfabetos, que os dados oficiais (e otimistas) dão como sendo 4 milhões ou cerca de 30% da população.[7] Há também algumas ideias sensatas sobre o desenvolvimento dos 610 assentamentos do tipo "faça você mesmo" em que talvez vivam 40% dos peruanos urbanos, mas o que fizeram até o momento é insuficiente para os objetivos econômicos e sociais do regime. Para dar um único exemplo: será preciso mais do que foi feito até agora para transformar a faixa inferior dos 20% da população de Lima, que recebeu em 1967 apenas 1,3% da renda total da cidade — no México, o número correspondente foi de cerca de 6% — em verdadeiros cidadãos, ou mesmo em um mercado para a indústria peruana. Trinta e sete por cento dos limenhos recebem menos de cinquenta dólares por mês na cidade mais cara da América Latina. O governo tomou emprestado de José Carlos Mariátegui, fundador do Partido Comunista Peruano, o esplêndido slogan: "Peruanizemos o Peru". Para pessoas nessa situação, isso ainda está longe de concretizar-se.[8]

IV

"Se você fosse peruano, o que faria?" É provável que essa pergunta seja feita a um visitante por jovens intelectuais que ainda não estão totalmente comprometidos com alguma seita política, e a resposta é quase impossível de saber. Em primeiro lugar, o regime militar peruano é um desses fenômenos em que os pontos de vista da esquerda nativa e estrangeira tendem a ser diferentes, embora o tato e lealdades internacionais possam tentar esconder as divergências. É fácil pensar em regimes peruanos que os socialistas aprovariam com mais entusiasmo, mas nenhum deles parece remotamente provável, mesmo após o fim do atual, o que parece, no momento, uma contingência improvável.

Em segundo lugar, a atitude que parece mais razoável, um apoio crítico ao regime, ao menos por enquanto, não é aquela pela qual os próprios militares têm alguma simpatia, em parte porque de fato não confiam nos civis, principalmente porque não confiam em ninguém que não esteja comprometido por completo com eles. Tal como a maioria dos governos, o que querem é apoio incondicional, mas, ao contrário dos governos dos políticos, não estão acostumados ou conformados com o tipo de partidário que de vez em quando se transforma em crítico.

Por outro lado, por mais que se possa simpatizar com as dificuldades pessoais dos intelectuais peruanos, elas não estão entre os principais problemas do país, que são enormes, mesmo nas melhores circunstâncias. Sua agricultura consiste de alguns retalhos de oásis, algumas tiras de vales na montanha pontilhadas com campos indígenas do tamanho de um lenço, algumas faixas entre as montanhas e a selva amazônica, e intermináveis pastagens agrestes com algumas manchas marginais de batatas na alta puna. Desde os incas, ninguém conseguiu cultivar as terras altas de forma eficaz.

O Peru não tem uma indústria que possa competir nem mesmo com a indústria do Chile ou da Colômbia. Sua vasta e florescente indústria da pesca depende, como sua antecessora, a indústria do guano, de breve sucesso no século xix, da criação de animais do mundo desenvolvido ou, mais exatamente, dos frangos e porcos ocidentais que se alimentam de farinha de peixe até que surja uma comida mais barata. Ela tem uma grande variedade de riquezas minerais, mas trata-se de um recurso natural que requer o tipo de investimentos e de tecnologia que tende a deixar o Peru à mercê de empresas estrangeiras. Praticamente a única vantagem que o país tem em relação a outras economias subdesenvolvidas é que não depende de um único produto de exportação.

O Peru pode não ser, como dizia a expressão do século XIX, "um mendigo sentado num monte de ouro", mas seu povo continua pobre e desesperadamente atrasado. Os incas se foram para sempre, mas seus descendentes estão se reapossando de seu país.

Vindos das ocupações de terras do altiplano, homens e mulheres de peito grande e pele cor de terra invadem a costa e os vales subtropicais, enchendo as favelas com seus nomes cristãos curiosamente barrocos e os sobrenomes quéchuas da serra. Quatrocentos e cinquenta anos de sujeição não ensinaram nada a esse povo de mujiques vestidos com ponchos, exceto a persistir, a sobreviver em suas comunidades camponesas apertadas e agora em desintegração, a desconfiar e não revelar seus pensamentos a seus dominadores. Não são boas qualificações para a vida na década de 1970, apesar da paixão pelo aprendizado e pelo progresso que tem enchido o altiplano de escolas primárias e as cidades de famílias que procuram uma educação melhor para seus filhos.

Quais são as suas perspectivas? Se deixarmos de lado os "fortes e sóbrios" que se tornaram o cholo de classe média baixa (é inevitável que paralelos com a Rússia czarista venham à mente dos estudiosos do Peru), são os distúrbios sociais, o subemprego e a pobreza. A fuga da terra e o crescimento incontrolável de uma zona de favelas megalopolitanas que estão ocorrendo em grande escala no Peru de hoje são versões extremadas de mudanças sociais conhecidas do final do século XIX na Europa, mas naquela época (e para aqueles países) o capitalismo funcionou, pelo menos na medida em que criou empregos suficientes para absorver os novos imigrantes e elevá-los a um padrão modesto de vida melhor. Assim, fora dos períodos de depressão aguda e duradoura, parecia plausível concentrar-se na taxa de crescimento econômico, deixando em grande medida que o emprego (e a distribuição da nova riqueza) cuidasse de si mesmo.

Mas hoje isso não vai funcionar, muito menos em países como o Peru. Irá apenas produzir um problema socioagrário permanentemente sem solução nas montanhas, sem as grandes remessas de dinheiro de emigrantes para Birmingham e Turim que mantêm à tona hoje áreas análogas na Irlanda e na Itália meridional, e uma enxurrada de novos habitantes urbanos que nem a economia nem a gestão social conseguem enfrentar.

O regime militar não deve ser responsabilizado por sua incapacidade de resolver o problema de gerar emprego para as pessoas, o que implica uma reconstrução social fundamental, pois nenhum outro regime num país subdesenvolvido, socialista ou não (com a possível exceção da China), parece ter dado à reorganização social prioridade deliberada sobre o crescimento econômico, e nem sabemos com certeza se os chineses estão obtendo sucesso nisso, como em tantas outras coisas naquele país. Mas seria muito imprudente para os governantes do Peru negligenciar a urgência da situação de seu país. Acontece que os anos de expansão da década de 1960 e o colapso do antigo quase federalismo rural lhes deram espaço de manobra e uma oportunidade.

No momento atual, o Peru não está à beira de uma explosão social, como parecia estar entre 1958 e 1963. Mas não há nenhuma razão para acreditar que a tensão permanecerá frouxa permanentemente. A pressão agrária pode muito bem reavivar-se no altiplano, e o descontentamento social sem dúvida pode aumentar nas gigantescas selvas urbanas, como aconteceu em Bogotá e Caracas, onde fez renascer as fortunas políticas até mesmo de políticos desacreditados como os ex-ditadores Rojas Pinilla e Pérez Jiménez. (Mas é preciso acrescentar, para reflexão dos otimistas da extrema esquerda, que não teve o mesmo efeito sobre os movimentos marxistas colombianos e venezuelanos.) Até agora, os militares peruanos tiveram a sorte de planejar e agir sem restrições, exceto as da fraqueza e do atraso de seu país. O momento para que eles ponderem se suas políticas são adequadas para alcançar seus objetivos é agora.

Seria injusto e improdutivo desconsiderar sumariamente os governantes militares do Peru, como muitos na esquerda estão inclinados a fazer. Injusto porque são homens sérios e dedicados que estão tentando revolucionar o seu país e torná-lo independente, por mais que tenhamos algumas discordâncias. Eles compararam-se com as grandes revoluções sociais da América Latina: não com o México capitalista dos últimos trinta anos, mas com as aspirações da Revolução Mexicana. Eles merecem o elogio de serem levados ao pé da letra.

Improdutivo porque eles são a melhor chance para o futuro politicamente previsível do Peru. Podem ser vítimas de dissensões dentro das Forças Armadas, sob a pressão de dificuldades econômicas ou tensões sociais, mas seu sucessor mais provável seria um regime militar do tipo brasileiro, o que seria sem dúvida pior. Eles podem não alcançar seus objetivos, e é importante salientar de que modo sua ideologia e a natureza e as limitações de suas políticas lhes tornam difícil, se não impossível, fazer o que dizem que querem fazer. Mas não há mais ninguém à vista que atualmente tenha uma chance realista de alcançá-los, e menos ainda os objetivos mais avançados de um Peru socialista. O vácuo no Peru permanece. Ainda não há ninguém para preenchê-lo.

O argumento da esquerda que rejeita os generais não é apenas que eles tomaram ou sejam susceptíveis de tomar o caminho errado (essa última hipótese é perfeitamente defensável), mas que existe uma alternativa: um movimento de massas marxista hegemônico é uma possibilidade imediata ou, pelo menos, iminente. Infelizmente, não há nenhum bom motivo para esperar por isso. A história da América Latina está cheia de substitutos para a esquerda revolucionária social popular que poucas vezes foi forte o suficiente para determinar o desenvolvimento da história de seus países.

A história da esquerda latino-americana (com raras exceções como Cuba e Chile) foi quase sempre a de ter de escolher entre uma pureza sectária ineficaz e a melhor entre vários tipos de soluções ruins: populistas civis ou militares, burguesias nacionais, ou qualquer outra coisa. Com muita frequência é também a história de uma esquerda que lamenta sua incapacidade de chegar a um acordo com esses governos e movimentos antes que eles fossem substituídos por algo pior. Hoje, a maioria da esquerda argentina reconhece que deve trabalhar com e por intermédio dos peronistas, que são o movimento operário. Vinte anos atrás, quase ninguém reconhecia isso. Os generais peruanos, uma variedade um tanto especial desse fenômeno de substituição, podem cair, fracassar ou mudar o caráter de seu regime. Se fizerem alguma dessas coisas, não vai ser uma ocasião para autocongratulação.

Dezembro de 1971

NOTA DO ORGANIZADOR

Em resposta a uma longa carta para os editores da *New York Review of Books* de "Um Antropólogo" (nome não revelado) que argumentou que nenhuma das reformas do assim chamado governo revolucionário do Peru, "o mais recente de uma longa lista de administrações colonialistas", tentou devolver qualquer poder aos índios, os povos nativos americanos dos altiplanos andinos e das planícies do alto Amazonas, falantes principalmente de quéchua e aimará, 60% a 70% da população, Eric respondeu (*New York Review of Books*, 15 de junho de 1972):

O autor dessa carta e eu claramente não falamos a mesma língua. [...] Não consigo entender o seu uso do termo "índio", que muda de um critério possível para outro: no sentido mais amplo (ou seja, o que é utilizado para definir os negros norte-americanos), é provável que mais do que 60% a 70% dos peruanos sejam índios; no sentido das pessoas que vivem em "instituições indígenas", tais como as "comunidades camponesas" [anteriormente "indígenas"], provavelmente menos de 20% o eram mesmo há dez anos. [...] Tentemos estabelecer um universo comum de discurso. Em primeiro lugar, em relação à política do governo peruano, que está propagando as glórias do passado inca, de índios rebeldes como Túpac Amaru e das virtudes indígenas com grande entusiasmo e realmente planejando a escolaridade na língua quéchua. Seja qual for a distância entre retórica e realidade e entre planos e realizações, o que ele claramente *não* está tentando fazer é abolir os índios como índios.

[...] Eu não acredito que a política de tratar os índios como homens e cidadãos como qualquer outra pessoa seja de algum modo uma trama neocolonialista, embora possa ter outras desvantagens; mas a política peruana não pode ser descrita de forma adequada como assimilacionista nesse sentido.

Em segundo lugar, a respeito das perspectivas do modo de vida tradicional dos índios, que é, aliás, para falar do ponto de vista econômico e social, muito mais comparável ao dos camponeses não indígenas organizados em comunidades do que este leitor parece pensar. Ele mantém claramente muito mais força no Peru do que, digamos, no México, e seria lamentável se o desenvolvimento futuro do país e, em especial, do altiplano viesse a ignorá-lo e destruí-lo, em vez de basear-se nele. Ainda mais lamentável na medida em que a simples urbanização não é uma solução satisfatória para os problemas do Terceiro Mundo. Mas o fato é que esse modo de vida está mudando e se rompendo rapidamente, em muitas regiões, talvez de forma irreversível, e que a maioria dos peruanos será em breve ou já é urbana. O modo de vida camponês tradicional do altiplano não é um guia adequado para aquilo que *já* é a realidade peruana, e a simples preservação ou reversão não é um programa adequado. Por mais poderosa que seja a influência cultural dos índios no futuro do Peru, e por mais eficaz que seja a mistura de seu modo de vida característico e tradicional com o novo ambiente social, isso não vai recriar o passado. [...]

No entanto, concordo com esse leitor — e tenho dito isso — que "a louca corrida para desenvolver" não vai resolver o problema indígena, que esse problema continua sem solução e que até que o povo peruano, sejam os índios comunitariamente organizados ou não, tome parte ativa na transformação de seu país, não podemos dizer que tenha ocorrido a Revolução Peruana.

Algumas notas do ensaio original foram omitidas nesta versão.

PARTE VI
O CAMINHO CHILENO PARA
O SOCIALISMO

27. Chile: ano um

I

A possibilidade de uma transferência constitucional do poder e de uma transição pacífica para o socialismo foi admitida em teoria pelos marxistas desde que Marx a registrou em 1872. Mas é uma possibilidade que permanece obscura. Os textos marxistas sobre isso são escassos e abstratos, provavelmente porque seja quase inexistente a experiência prática relevante para essa discussão. Até agora, nenhuma economia socialista surgiu a não ser por transferências violentas ou inconstitucionais de poder.

Isso torna o caso atual do Chile bastante singular. Até novembro de 1970, quando Salvador Allende assumiu o cargo de presidente, os casos que poderiam ser considerados transições legais para o socialismo pertenciam a três tipos, todos igualmente inúteis como precedentes. Primeiro, havia muitos exemplos de transferências de poder, pacíficas ou não, para governos social--democratas ou "trabalhistas". Infelizmente, nenhum deles fez qualquer tentativa de introduzir o socialismo e a maioria nem sequer quis fazer isso.

Em segundo lugar, temos as frentes populares da década de 1930, que são à primeira vista bastante semelhantes à Unidade Popular (UP) chilena, sendo essencialmente frentes unidas de socialistas e comunistas dentro de uma aliança eleitoral mais ampla à esquerda do centro. Essa aliança implicava uma teoria de caminhos não insurrecionais para o socialismo, pelo menos entre os comunistas, mas, na prática, essa perspectiva era acadêmica.

Na verdade, os objetivos políticos imediatos desses governos eram defensivos — fazer recuar a maré do fascismo — e eles raramente tiveram a chance de ir além desse ponto. De qualquer modo, a configuração das forças políticas era de tal ordem que os comunistas e os socialistas sérios não estavam, em geral, em posição de dominar a aliança e, portanto, não poderiam ter ido muito adiante, mesmo que a política da URSS e do Comintern os tivesse encorajado a isso, o que não aconteceu. Foi o caso da Frente Popular Chilena de 1938, na qual os radicais de classe média continuaram a ser a força decisiva.

Em terceiro lugar, tivemos os governos da união antifascista que emergiram da luta contra a Alemanha no final da Segunda Guerra Mundial em vários países europeus. Eles poderiam ser considerados uma extensão lógica da estratégia da frente popular, e não há dúvida de que uma transição gradual e pacífica para o socialismo estava na mente dos comunistas e muitos socialistas da resistência que participaram deles. As discussões sobre a natureza da "democracia popular" em 1943-7 deixam isso bastante evidente.

No entanto, mesmo se ignorarmos a luta armada que originou esses regimes, a rápida ruptura das frentes antifascistas nacionais e internacionais logo pôs fim a essa perspectiva. No Ocidente, as forças políticas dominantes estavam inteiramente despreparadas para permitir essa transição pacífica, enquanto no Oriente "democracia popular" se tornou mero eufemismo para o governo comunista ortodoxo baseado no modelo soviético: no jargão teórico, foi redefinida como apenas outra versão da "ditadura do proletariado". Para fins práticos, o caminho pacífico para o socialismo foi bloqueado em meados de 1947. Esse episódio pós-Segunda Guerra Mundial proporciona pouca orientação para futuras tentativas de abrir esse tipo de caminho.

A situação no Chile de Allende, portanto, não tem precedentes. Não pode haver dúvida de que o objetivo do governo da UP é o socialismo. Allende não é em nenhum sentido alguém como Léon Blum, Clement Attlee ou Harold Wilson. A UP é dominada pelos dois principais partidos da classe trabalhadora, que afirmam ser marxistas revolucionários. O único outro partido da substância na coligação, o Radical, era de qualquer maneira fraco e ficou tão reduzido nas eleições municipais de abril de 1971 que já não é mais um freio sério aos marxistas.

Por outro lado, está igualmente claro que a UP pretende alcançar seu objetivo gradual e constitucionalmente ("a construção progressiva de uma nova estrutura de poder" é a frase usada na primeira Mensagem ao Congresso de Allende, de 21 de maio de 1971).[1] O "Caminho Chileno" é contrastado com a ditadura do proletariado por ser um "caminho pluralista, antecipado pelos clássicos do marxismo, mas até hoje nunca concretizado".

Esse caminho pluralista não deve ser identificado com a democracia burguesa. Sua legalidade não permanecerá necessariamente aquela do presente que "reflete as exigências de um sistema capitalista. No regime de transição para o socialismo, as normas jurídicas refletirão as exigências de um povo que se esforça para construir uma nova sociedade. Mas haverá legalidade". O sistema institucional será modificado pelos meios constitucionais existentes, como, por exemplo, substituindo um Congresso bicameral por um unicameral. Não obstante,

> não se trata de um mero compromisso formal, mas do reconhecimento explícito de que o princípio da legalidade e da ordem institucional são consubstanciais ao regime socialista, apesar das dificuldades que implicam para o período de transição. Aceitamos as liberdades políticas da oposição e continuamos nossas atividades políticas dentro dos limites de nossas instituições. As liberdades políticas são uma conquista da sociedade chilena como um todo, na medida em que ela constitui um Estado.

Há mais do que cálculo político no apego de Allende ao "Caminho Chileno". Ao contrário da oposição de ultraesquerda que está fora da UP e de alguns elementos dentro de seu próprio partido, o presidente não considera a situação existente um mero ínterim, mas potencialmente o cenário para uma transformação de longo prazo. A violência contrarrevolucionária interna ou externa é possível, porém, se não ocorrer, a legalidade e a política pluralista continuarão. Em outras palavras, o Chile é o primeiro país do mundo que tenta a sério um caminho alternativo para o socialismo.

Trata-se de uma perspectiva emocionante e politicamente valiosa. Não há país melhor, especialmente pequeno, do que esse para dar um exemplo ao resto do mundo. Nesse caso, é provável que a alegação seja verdadeira.

> Como a Rússia fez (em 1917), agora o Chile enfrenta a necessidade de iniciar uma nova maneira de construir a sociedade socialista.

[...] Os pensadores sociais supuseram que as nações mais desenvolvidas, provavelmente a Itália e a França, com seus poderosos partidos de classe marxista, seriam as primeiras a fazê-lo. No entanto, mais uma vez a história nos permite romper com o passado e construir um novo modelo de sociedade, não onde em teoria seria mais plausivelmente esperado, mas onde acontecem as condições mais favoráveis para sua realização. O Chile é hoje a primeira nação sobre a Terra chamada a realizar o segundo modelo de transição para a sociedade socialista.

A experiência chilena é, portanto, muito mais do que uma peça de exotismo político para os observadores de países desenvolvidos. O socialismo nunca chegará, digamos, à Europa Ocidental à maneira chinesa ou vietnamita, mas é pelo menos possível reconhecer no Chile os contornos de situações políticas que podem ocorrer nas sociedades industrializadas e as estratégias que podem ser aplicadas nelas, bem como os problemas e as dificuldades do "caminho pluralista". Isso não significa que o caminho deva fracassar e, certamente, que não deva ser tentado.

Até a parte mais séria e rigorosa da esquerda insurrecional chilena, o Movimento de Esquerda Revolucionária (MIR), transformou-se agora num grupo de pressão à esquerda da UP, tentando radicalizar sua política através da ação popular de massa, mas apoiando essencialmente os esforços de Allende, embora mantenha seu bem organizado aparato e preveja um confronto armado no futuro. O MIR não parece compartilhar a tendência suicida da franja lunática da esquerda de "aguçar a luta de classes" de modo a produzir o mais rápido possível esse confronto, após o que haveria uma boa revolução à moda antiga ou (mais provável) uma derrota total e muito martírio heroico.[2] Mas a simpatia natural que sentimos pelo governo de Allende e a esperança apaixonada por seu sucesso não devem nos impedir de ver as complexidades de sua situação. Justamente porque o Chile pode de fato ser um modelo para outros países é que devemos olhar sua experiência com frieza e realismo.

II

O turista conhecedor de revoluções que chega hoje a Santiago sente falta da atmosfera, difícil de definir, mas fácil de reconhecer, das grandes libertações populares. Afora alguns estudantes armados, que não interferem nas cenas de rua, não há sinais visíveis de agitação, exceto nas bancas de jornal. Não há nenhuma daquelas explosões familiares de panfletos, folhetos e pequenas revistas: o conteúdo da livraria de ultraesquerda é austero em comparação com seus equivalentes em Paris ou nos Estados Unidos. As ocupações de terra não oficiais, apesar do barulho feito pela imprensa, são insignificantes, pelo menos nos números envolvidos. Em geral, são manifestações de dez a vinte pessoas. Não há surto visível de cartazes oficiais, retratos e banners, e não mais do que a quantidade usual de pichações políticas não oficiais. Com efeito, à primeira vista, o Chile se parece muito com o que era, digamos, em 1969. A explicação oficial de que os chilenos não são efusivos é pouco convincente. Eles podem não ser caribenhos no entusiasmo, mas, quando o sentem, tampouco ficam quietos.

A coisa mais próxima do estado de ânimo chileno, como pode ser percebido pelo visitante casual, é o espírito dos primeiros meses (mas não das primeiras semanas) após a vitória da Frente Popular Francesa em 1936, ou após a vitória dos Trabalhistas na Grã-Bretanha, em 1945. É uma satisfação sólida da esquerda organizada, uma expectativa silenciosa e não messiânica dos pobres desorganizados, e uma histeria dos ricos e dos porta-vozes da direita. A emoção imediata da vitória cessou, a fase de problemas e perda do moral, embora previsível e prevista, ainda não chegou. As coisas estão melhores para os pobres: até agora, o governo da UP valeu a pena e eles sabem disso.

Por outro lado, exceto talvez em algumas fábricas, minas e assentamentos no campo altamente organizados e com consciência política, a vida permanece quase da mesma forma como estava. A antiga classe dominante sabe que não governa mais e projeta seus medos de aniquilação nas previsões de totalitarismo e escravidão que não passam de trocados retóricos de um país onde as eleições parlamentares e a discussão política são um esporte popular da classe média, como o golfe é em outros lugares. Na faixa extrema da direita — e isso é nítido nas bancas de jornal —, essa retórica atinge alturas paranoicas de escárnio e acusações lunáticas: o terror já assola o país, a polícia está apoiando grupos de assassinos de esquerda e assim por diante.

Mas o que realmente aconteceu?

A primeira coisa a notar é que a UP assumiu o governo com duas graves deficiências políticas. Ela mal ganhou uma pluralidade — com efeito, obteve cerca de 3% menos votos do que na eleição perdida de 1964 — e, portanto, viu-se com apoio popular insuficiente, bem como com um Congresso controlado por seus opositores, para não mencionar as forças armadas contidas somente pela legalidade e constitucionalidade inquestionáveis da posição da UP. Ela tem de agir em caráter exclusivo com os poderes e leis de seus antecessores. Poderia e pode aprovar novas leis apenas com a concordância da oposição, ou quando não podem se opor a ela, como na nacionalização do cobre, contra a qual os políticos chilenos se manifestariam em público tanto quanto declarariam publicamente seu apoio à poligamia.

Na verdade, em alguns aspectos, as mãos do governo estão

mais atadas do que antes, pela Emenda Constitucional de janeiro de 1971, que é o preço que pagou aos democratas-cristãos para poder tomar posse. Esse episódio está claramente descrito no livro mais útil sobre os antecedentes da vitória de Allende, *Chile al rojo*, de Eduardo Labarca Goddard (1971).[3] Os poderes existentes incluem, reconhecidamente, a possibilidade de pedir um plebiscito para passar por cima da oposição do Congresso, mas a magra pluralidade do governo de Allende — embora as eleições municipais de 1971 mostrem que ela se transformou na mais magra das maiorias — faz disso um expediente um tanto imprevisível.

Acontece que essa situação é apropriada aos dons de Salvador Allende, que é, entre outras coisas, um político brilhante e sofisticado do tipo ortodoxo, inteiramente à vontade com todas as estratégias e táticas possíveis em convenções partidárias e no Congresso. Além disso, ele tem a autoconfiança imensa e justificada do homem que venceu contra todas as probabilidades e previsões — ninguém acreditava que ele pudesse ganhar e, a certa altura, até o próprio partido tentou largar sua candidatura. Para um homem desse tipo, não é nada ocupar a presidência com as duas mãos amarradas atrás das costas — uma pela oposição que controla o Congresso e o Judiciário, a outra pelas minuciosas fórmulas de sua própria coalizão, eivada de suspeitas e divergências mútuas. Muito pode ser feito dentro dos limites dos poderes existentes.

Constitucionalidade e legalidade proporcionam aos presidentes chilenos uma amplitude notável de espaço de ação, no qual se incluem cerca de 17 mil leis válidas, entre as quais a engenhosidade jurídica pode descobrir muita coisa útil. Assim, a UP valeu-se de um decreto, nunca revogado, da "República Socialista" de 1932, que durou duas semanas, um breve interlúdio de esquerda durante a pior parte da Grande Depressão, liderado por um coronel de nome incrível: Marmaduke Grove.* Esse estatuto permite ao governo assumir qualquer fábrica ou indústria que "não supra o povo" com seus bens e serviços. O decreto foi utilizado para nacionalizar grandes setores da indústria, onde necessário, depois que os trabalhadores ocuparam as fábricas pertinentes, garantindo assim que elas não pudessem "suprir o povo". Mesmo sem autoridade legal, "os recursos de civilização não estão esgotados" (como teria dito o primeiro-ministro britânico Gladstone ao procurar meios de pôr o líder irlandês Parnell na cadeia).

A maior parte do sistema bancário que ainda não estava sob controle público foi nacionalizada por um estratagema simples, ao que tudo indica inesperado pela oposição: o governo comprou uma maioria de ações a preços de mercado e depois assumiu a direção dos bancos como novo proprietário. (Esse expediente despertou uma fúria inteiramente irracional entre os homens de negócios, que consideraram as táticas que usam injustas quando praticadas por um governo socialista.) De um modo ou de outro, a UP conseguiu avançar seu programa de forma rápida, sem precisar contar com a boa vontade da oposição.

Esses avanços rápidos teriam sido evidentemente impossíveis sem a política dos democratas-cristãos de 1964-70. É um erro supor que a UP se viu diante de um "feudalismo" ou de uma simples

---

* O papel da comunidade relativamente pequena de descendentes de imigrantes na vida pública chilena é bastante desproporcional em relação ao seu tamanho. Daí a frequência de nomes não espanhóis nos assuntos públicos chilenos, a começar pelo libertador O'Higgins: Frei, Tomic, Pérez Zujovic no Partido Democrata-Cristão, Allende Gossens, Toha entre os socialistas, Chonchol no Movimento de Ação Popular Unitária (Mapu), Teitelboim no PC, Schneider e Viaux no Exército. A ausência de xenofobia é uma das muitas características agradáveis do país.

economia de empreendimento privado competitivo, ou que seja provável que um governo progressista de qualquer país, sobretudo de um país subdesenvolvido, se veja diante disso hoje. Em teoria, o Chile já era um país dominado por seu setor público, que era responsável por cerca de 70% de todo o investimento, empregava diretamente uma grande proporção da população e se envolvia em interferências bastante drásticas na propriedade privada nacional e estrangeira.

O caminho para qualquer tipo de desenvolvimento econômico na América Latina passa por reformas sociais radicais, por uma crescente importância do governo na economia e por algum controle sobre o capital estrangeiro, medidas que não implicam por si sós o socialismo. Assim, a UP não precisava aprovar uma lei de reforma agrária, mas podia apenas acelerar a aplicação bastante hesitante da lei existente. A UP possui não apenas um suprimento de poderes gerais, mas tem à sua disposição muitas leis e instituições específicas que podem ser adaptadas aos seus propósitos. Ela pode estabelecer e manter um bom ritmo de ação, evitando — pelo menos durante o primeiro ano crucial — as garras da oposição que controla o Congresso e os tribunais.

A segunda desvantagem política da UP está intimamente ligada à primeira. Além do apoio insuficiente, ela tem reservas inadequadas de lealdade política. Em números, pode contar agora com cerca de metade dos eleitores, uma clara melhoria distinta em relação a setembro de 1970, mas ainda é um apoio magro para as crises da política constitucional revolucionária. Ela tem um núcleo sólido de defensores: o proletariado industrial e urbano, em especial os mineiros, e os sindicatos organizados e agora unificados. Somente nesse setor — apesar da existência de alguns grupos moderados de sindicalistas que levantam problemas antes econômicos do que políticos, como entre os mineiros do cobre — Allende pode recorrer a essas reservas de compromisso de longo prazo que sustentam partidos e governos nos maus momentos de suas carreiras. O proletariado clássico desse tipo é maior e mais bem organizado no Chile do que na maioria dos outros países latino-americanos; com efeito, é grande o bastante para propiciar uma base para o governo, mas é uma minoria da população. O apoio dos outros três setores decisivos da população é condicional, não confiável ou ausente. O *campo* (cerca de 30% da população) continua, em sua maioria, contra Allende, apesar de ganhos substanciais da esquerda nos últimos anos, em especial entre os proletários rurais. O efeito político da rápida reforma agrária será, quase certamente, o de aprofundar as divisões dentro desse setor. No entanto, é provável que o governo possa se dar bem sem ele.

Os *estratos médios*, bastante grandes, constituídos principalmente por colarinhos-brancos, muitos em empregos públicos — talvez 12% dos chilenos trabalhem no governo —, aceitariam um governo socialista tanto quanto qualquer outro. Eles não têm um compromisso total com uma sociedade da iniciativa privada, embora é provável que existam entre eles fortes preconceitos anticomunistas e nenhum senso de identidade com os mais pobres. Por outro lado, têm de ser convencidos de que o poder socialista durará ou que pelo menos se repetirá com tanta frequência quanto os governos não socialistas. Eles ainda não estão convencidos disso.

O principal grupo de apoio desmobilizado da esquerda é constituído pelos diversos *trabalhadores pobres* inclassificáveis que estão sendo gerados em quantidade cada vez maior por um processo de crescimento econômico e mudança social que não consegue prover emprego suficiente. O jargão político-social tende a defini-los como "semiproletários" (às vezes até como "lumpemproletários"), ou em referência às favelas e aos assentamentos em que vivem tantos deles (*pobladores*), ou ainda de forma negativa como "população marginal". Não são marginais, pois ocupam um lugar central na sociedade latino-americana, mesmo no Chile. Esse estrato é um enigma para a esquerda tradicional, uma vez que não é abarcado com exatidão por nenhum processo histórico espontâneo num "proletariado" clássico: não é organizável pelos métodos familiares de, por exemplo, sindicatos, ou mantido unido por alguma ideologia de consciência de classe, como o marxismo.

Os sindicatos são de importância marginal para essas pessoas porque suas condições de trabalho não as tornam fáceis de organizar e, portanto, não pertencem à aristocracia de proletários relativamente bem pagos, sindicalizados e radicais em relação à sua militância, como os mineiros (aqueles 4% ou 5% da população trabalhadora cujo papel na política chilena de esquerda é tão desproporcionalmente importante). Seu próprio populismo embrionariamente político, radical, mas não democrático — exceto na organização da comunidade local — foi no passado mobilizado com mais facilidade num movimento de massas por presidentes ou ex-presidentes demagógicos, de preferência militares. É um erro pensar que sua política é apenas operacional, mas não há dúvida de que um líder clientelista e com capacidade de entregar estradas e água para bairros miseráveis ou benefícios de bem-estar social para seus habitantes, rapidamente e com algum *éclat*, os atrai mais do que alguém que não pode fazê-lo.

Mas, seja qual for a dificuldade de mobilizá-los por meio dos movimentos trabalhista socialista tradicionais, esses grupos constituem um eleitorado natural da esquerda, porque são pobres e trabalham.* Ademais, agora que o campesinato é uma força em

---

* Além disso, se outra experiência latina pode servir de guia, eles são cada vez mais atraídos pelos slogans da esquerda. O maior de seus movimentos de massa

processo de rápido encolhimento, eles são cada vez mais o setor decisivo das massas latino-americanas. Os democratas-cristãos conseguiram exercer alguma atração sobre eles. A julgar pelas eleições municipais de 1971, a UP ainda não os converteu em massa.

III

O que o governo de Allende realizou até agora? O que tentou fazer? Ele tem consciência aguda dos estreitos limites do tempo. Em consequência, concentra praticamente todo o seu pensamento no período de seis meses a três anos dentro do qual, de acordo com várias avaliações, seu destino será decidido. Ainda não há muito pensamento concreto além desse ponto, o que é uma pena.

Em primeiro lugar, a política de curto prazo baseia-se no programa acordado pelos seis partidos da UP, uma plataforma complexa negociada com grande dificuldade antes das eleições, mas agora obrigatória. Ninguém sabe o que surgirá da próxima fase da discussão, e políticos sensatos tentam adiá-la. É certo que dois dos seis partidos da UP são agora insignificantes, enquanto o Partido Radical, com somente 8% dos votos, está reduzido e em desordem. Mas o elemento ex-democrata-cristão de esquerda na coalizão não é de modo algum insignificante, apesar da fraqueza eleitoral de seus representantes na UP, porque ao menos representa muitos votos que devem ser conquistados. Além disso, embora Allende provavelmente concorde nas questões mais importantes com o poderoso PC, que constitui o núcleo da UP e é, de longe, seu

---

no momento, a Aliança Nacional Popular [Anapo] na Colômbia, está sendo alimentado pela retórica de esquerda — Che Guevara, Camilo Torres e os outros — de líderes que sem dúvida prefeririam se restringir às generalidades demagógicas se não tivessem percebido o estado de ânimo de seus seguidores.

componente mais eficaz e racional, as divergências entre os diversos setores de seu Partido Socialista e entre eles e os comunistas são substanciais.

Em segundo lugar, o governo tem certeza de que a inusitada situação política favorável dentro do Chile e no âmbito internacional, que permitiu que assumisse o cargo e, em grande medida, tenha desde então paralisado seus oponentes nos Estados Unidos, provavelmente não durará muito. Até agora, os exércitos manobravam para assumir posições. Mais cedo ou mais tarde, o governo chegará ao confronto e à batalha, embora não necessariamente na forma ingênua antecipada pelos apocalípticos da extrema esquerda, como, por exemplo, um golpe militar contra a resistência das massas ou uma invasão armada estrangeira.* O curto prazo está dentro do alcance da previsão, mas nem mesmo o médio está.

Em terceiro lugar, mas mais urgente, os problemas econômicos do Chile estarão em seu ponto mais agudo nos próximos dois anos. Esses problemas decorrem de duas características dos países semicoloniais que infelizmente existem de forma exagerada no Chile: sua dependência de uma única mercadoria de exportação e a ineficiência da agricultura, o que faz com que (como outros países

* No momento em que este artigo vai para o prelo, parece que um confronto com os Estados Unidos pode estar a caminho, sobre a questão da compensação pelas minas de cobre nacionalizadas. Ambos os lados estão sob alguma pressão para resistir e lutar: Washington, porque há muito dinheiro envolvido e o confisco criou um precedente perigoso; Santiago porque não pagar todos aqueles dólares ajudaria no balanço de pagamentos chileno. Além disso, "nenhuma compensação" é um slogan popular, e o confronto entre um pequeno povo e o gigante do imperialismo americano traz claras vantagens políticas para a UP. Em contrapartida, ambos os lados também têm boas razões para evitar um choque aberto. Tendo em vista o papel fundamental do cobre tanto na economia chilena como nas relações entre os Estados Unidos e o Chile, será difícil evitar algum tipo de crise, mas suas repercussões, além de uma guerra puramente econômica entre os dois países, ainda são impossíveis de prever.

da América do Sul) importe cada vez mais alimentos. Oitenta por cento da renda externa do Chile depende do preço do cobre. Cerca de um terço de suas importações (em valor) consiste de alimentos e, uma vez que os chilenos sob o governo da UP comem muitíssimo melhor do que antes, essa quantidade vai subir.

Não há praticamente nada que o Chile possa fazer no curto prazo a respeito do preço do cobre, que precisa ficar bem acima de quarenta centavos para que os cálculos dos planejadores deem certo. Muitas coisas, inclusive o fim da Guerra do Vietnã, poderiam causar uma queda longa o suficiente no mercado para que fosse catastrófica. Não obstante, mesmo que o mercado se mantenha estável, com certeza haverá uma aguda crise do balanço de pagamentos em 1972, que por diversas razões, no entanto, deverá ser menos aguda em 1973.

Infelizmente, as duas maneiras óbvias de minimizar essa crise — exportar mais cobre e cortar as importações — são muito difíceis. A produção de cobre não se expandirá tanto quanto desejável ou planejado. A produção agrícola terá sorte se permanecer estável. O boom dos gastos internos aumentará a demanda por matérias-primas industriais, que é o outro grande item de importação. Os líderes chilenos estão bastante otimistas quanto a superar as dificuldades transitórias da produção de cobre e da agricultura, que são seus problemas econômicos mais prementes. Até os políticos cautelosos consideram que isso não deve levar mais do que três anos. Mas esses três anos serão difíceis e cruciais e manterão suas mentes completamente ocupadas.

IV

Nessa situação, o governo perseguiu quatro objetivos. Primeiro, buscou introduzir "mudanças estruturais" irreversíveis na economia em seu primeiro ano. A teoria por trás disso parece ser um determinismo econômico um tanto simples. Como disse um ministro: "Se privarmos a burguesia de sua base econômica, ela não conseguirá retornar". O método foi basicamente a expropriação e, fora da agricultura, a nacionalização de atividades econômicas essenciais. Por seu programa, a UP está comprometida com uma estrutura tripartida da economia: um setor público dominante; um setor público-privado misto, em especial nas áreas em que o progresso técnico e os pesados investimentos em equipamentos e know-how (inclusive estrangeiros) são essenciais; e um setor privado que se espera que seja dinâmico de pequenas e médias empresas. Até agora, o cobre, os nitratos, o carvão, o ferro, os bancos, o cimento, uma boa parte dos têxteis e algumas outras empresas foram, de uma forma ou de outra, estatizados, e o comércio exterior presumivelmente terá de sê-lo também.

Em segundo lugar, o governo de Allende buscou incentivar a produção e, portanto, o emprego e, ao mesmo tempo, elevar o padrão de vida, estimulando a demanda mediante a combinação de um aumento acentuado dos salários com o congelamento de preços. O governo supôs, em geral corretamente, que a indústria chilena estava trabalhando com uma capacidade ociosa suficiente para tornar isso possível sem novos investimentos imediatos, os quais, é óbvio, as empresas privadas não iriam fazer. Dar mais dinheiro aos pobres, argumentava-se, estimularia o emprego desproporcionalmente, uma vez que eles estavam no mercado de commodities de produção mais intensiva em mão de obra do que os produtos mais sofisticados do mercado de classe média. Jamais devemos esquecer que não mais de 300 mil dos 9 milhões de chilenos eram clientes efetivos da indústria.

Esse plano era arriscado e — durante os dramáticos primeiros meses posteriores a 4 de setembro, quando a histeria burguesa levou a uma fuga em massa de capital e a um colapso temporário da produção — não parecia promissor. No entanto, na primavera de 1971, essa política já funcionava, para enorme alívio do governo e surpresa dos observadores estrangeiros, para não mencionar o impressionante benefício para o povo chileno. O desemprego era menor do que em dez anos e, não fossem alguns sérios problemas de planejamento que atrasaram a revitalização das indústrias de construção, teria sido ainda menor. O padrão de vida dos pobres cresceu imensamente. Até mesmo o consumo de farinha (ou seja, pão) aumentou 15%. Os críticos apontaram que, com o aumento da produção, a inflação endêmica do Chile também ganhou força. Ela costumava ficar entre 25% e 30% ao ano e, durante o último ano de Frei, chegou a 35%. Contudo, em 1971 não será mais do que metade disso. A política econômica interna tem sido até agora o sucesso mais significativo do regime de Allende.

Demonstrar a vantagem material de um governo popular é indispensável para a UP, uma vez que deve concorrer em eleições livres. Allende não poderia, mesmo que quisesse, impor ao seu povo os sacrifícios materiais que os cubanos fizeram nos últimos anos. Isso estabelece limites muito estreitos para a política do governo, embora alguns de seus seguidores não estejam dispostos a admitir. Os comunistas, sendo os mais realistas, consideram que, nesse momento, a rápida industrialização pesada deve estar subordinada a bens leves e de consumo. Allende provavelmente concorda, mas a questão continua a ser debatida. Se a elevação do padrão de vida proporcionará a um governo de revolucionários legais apoio adequado é outra questão.

O terceiro objetivo decorre desse cálculo. O governo deve aumentar a produção, especialmente de cobre e produtos agrícolas, a fim de, pelo menos, manter o suprimento de alimentos e bens de consumo. E novamente Allende e o PC concordam nisso. Uma vez que o racionamento ou uma redução incontrolada das importações seria um suicídio político, a "batalha pela produção" é a primeira prioridade. No entanto, o cobre e a agricultura representam problemas bastante diferentes.

A maior parte do cobre chileno provém de três grandes minas que antes pertenciam a empresas americanas: El Teniente, Chuquicamata e Salvador. Desde setembro, a produção tem sido fraca, o que é um problema sério, e os custos aumentaram abruptamente, o que é menos grave.* Até que ponto essa situação é causada por sabotagem da Kennecott e da Anaconda ou, o que é mais plausível, por suas tentativas de explorar rapidamente os depósitos fáceis e lucrativos, em antecipação da expropriação, é uma questão a discutir. Com certeza, é uma consequência da não cooperação generalizada dos executivos e do pessoal de supervisão — segundo a oposição, cerca de trezentos deles renunciaram —, em especial aqueles que costumavam receber em dólares americanos, que trocavam no mercado livre e agora negro por quantidades cada vez mais astronômicas de escudos. O efeito inevitável de parar com esses pagamentos em dólares aos chilenos foi diminuir a renda real dessas pessoas, apesar da disposição pouco entusiasmada do governo de pagar-lhes quase que qualquer salário em escudos. (No verão de 1971, a taxa de câmbio não oficial já era três vezes maior do que a taxa oficial fixa.)

Mas as dificuldades também surgem do interesse coletivo da pequena aristocracia operária dos mineiros do cobre, que se deram bem o bastante fora da economia de enclave das corporações norte-americanas e que é provável não se darão tão bem no futu-

---

* Em princípio, pois, uma vez que os custos são em moeda local e as receitas em dólares, divisas valiosas continuarão a entrar enquanto suficiente cobre for vendido a um preço adequado.

ro. Independentemente de terem ou não apoiado o governo democrata-cristão de Eduardo Frei Montalva (e em Chuquicamata, a UP não obteve maioria nas eleições presidenciais), o sindicalismo espontâneo desses grupos tende a funcionar às custas do interesse maior do povo. As greves de trabalhadores e técnicos que irromperam durante o verão passado refletem ambos os fatores.

O problema da produção agrícola é muito mais complexo. O governo democrata-cristão subordinou o ritmo da reforma agrária ao aumento da produção, o que fez com sucesso substancial. Somente 30 mil famílias de um quarto de milhão de sem-terras e donos de minifúndios receberam terras. Em consequência, ao final da gestão de Frei, o acúmulo de descontentamento agrário já estava explodindo em ocupações de terra e outros conflitos rurais. Mesmo que Allende não tivesse ganhado, a reforma agrária teria que ser acelerada ou problemas maiores teriam ocorrido no campo. A UP acelerou a reforma agrária, mas a um custo imediato para a produção, como costuma acontecer nesses casos.

É difícil saber qual foi a extensão da interrupção na produção, em parte porque não pode ser separada dos efeitos de algumas catástrofes naturais dramáticas durante a primeira metade de 1971 e em parte porque essas coisas são, de qualquer modo, uma questão de conjetura. O transtorno deveu-se à sabotagem ou à realização de lucros por parte dos que temiam a expropriação — principalmente durante o outono de 1970, quando uma grande quantidade de gado leiteiro e de reprodução foi vendida para corte —, bem como à incerteza dos camponeses médios a respeito de suas perspectivas e ao desânimo dos camponeses no setor onde a reforma agrária ocorreu. Isso, por sua vez, foi causado pelo fracasso da UP em aplicar uma política única ou clara. Quando qualquer reunião de funcionários da reforma agrária se transforma numa discussão programática ideológica de tendências rivais, é provável que os camponeses sintam que o governo antigo pode ter sido lento, mas pelo menos sabiam quem tomava as decisões e quais eram elas.

Os elementos mais suicidas ou utópicos da UP chegaram até a exagerar a extensão dessa ruptura, falando de modo impensado, e não apenas implausível, e sem provas de uma queda de 50% na produção do setor reformado que, segundo eles, será mais do que compensada pelo progresso da luta de classes rural. A melhor estimativa é que pode haver algum declínio na produção, embora a visão oficial seja que a semeadura desta primavera compensará a queda na semeadura do último outono, que pode ser em torno de 10%. A reação do governo foi retardar a expropriação inicialmente muito rápida de terras, a fim de pôr em produção as cerca de setecentas propriedades que foram de fato tomadas (entre as novecentas expropriadas). As expropriações oficiais foram interrompidas até abril de 1972. Quanto às não oficiais, a visão do governo é a da mensagem de Allende ao Congresso:

> As ocupações indiscriminadas de propriedades rurais e fazendas são desnecessárias e prejudiciais. O que dissemos e fizemos deve ser suficiente para que as pessoas tenham confiança em nós. Desse modo, os planos do governo e sua implementação devem ser respeitados.

Allende (apoiado pelo PC) entra em choque nessa questão com a oposição de esquerda do MIR e também com elementos na ala esquerda de seu próprio partido.

Allende supõe que as ocupações são controláveis. Provavelmente são, pois somente uma pequena parte delas é consequência da agitação ingovernável das bases populares. Das cerca de 150 ocupações registradas em um dia escolhido ao acaso do verão de

1971,[4] cerca de 25% ou 30% eram tentativas de índios mapuches de recuperar terras comunais perdidas, o que sem dúvida é a parte mais espontânea da atual agitação agrária, mas mesmo assim não é — ou não é mais — um movimento de massa. Essas ocupações mobilizaram entre setecentos e oitocentos indivíduos no total, e apenas três delas envolveram mais de cem, o que é quase nada pelos padrões habituais latino-americanos de ocupação de terras camponesas. As outras foram, em parte, ocupações por camponeses sem terra que exigiam expropriações para seu benefício, mas principalmente incidentes em conflitos trabalhistas rurais em que a propriedade da terra não estava em questão. Não mais do que um punhado de pessoas está envolvido numa ocupação de ambos os tipos. As *tomas de fundos* fazem manchetes estrangeiras, porque sugerem tumulto e anarquia, e porque contam com a presença de algumas figuras bastante pitorescas das franjas incontroláveis da extrema esquerda, mas hoje em dia o Chile está muito longe da insurreição rural.

O quarto objetivo do governo é não ser derrubado. O perigo de um golpe militar, embora presente, não parece imediato. A principal razão para isso não é o senso de obediência constitucional do Exército, que existe, mas o conhecimento de que isso levaria à guerra civil. Uma coisa é ocupar algumas ruas e edifícios em silêncio e enfiar o presidente no próximo avião para o exterior, mas outra bem diferente é iniciar um conflito armado imprevisível.

Aqui reside talvez a principal vantagem de um governo marxista legal, distinto daquele dos reformistas populistas civis comuns, cuja política de curto prazo pode não ser muito diferente. Esses populistas tenderam a abdicar quando ocorreu o confronto lógico, mas involuntário, com a direita: no Brasil, Getúlio Vargas suicidou-se [em 1954], Jânio Quadros renunciou [em 1961], João Goulart fugiu [depois do golpe militar de 1964]. Os reformistas marxistas sabem que a transformação social enfrentará contestações, estão preparados para encará-las — pelo menos devemos esperar por isso — e, em consequência, diminuem o risco dos golpes.

Não há muito que a UP pode fazer em relação às Forças Armadas, exceto pôr a polícia sob controle politicamente confiável e cercar o presidente com uma forte guarda pessoal recrutada dentre quadros políticos (em especial antigos membros do MIR), que poderia ganhar algumas horas preciosas enquanto as massas fossem mobilizadas. Ambas as medidas foram saudadas com insultos histéricos da direita. Se a UP poderia ganhar uma guerra civil se as coisas chegassem a esse ponto, isso é outra questão, mas, no curto prazo, sua determinação óbvia desencoraja aventuras militaristas.

A direita preferiria não voltar ao poder mediante uma insurgência armada; essa é sem dúvida a opinião dos democratas-cristãos. Os governantes chilenos se beneficiaram por muito tempo de um constitucionalismo estável e pacífico para jogá-lo levianamente pela janela. Assim, há atualmente uma estratégia alternativa promissora: reunir as forças antimarxistas, cuja divisão deu a eleição a Allende, e trazer pelo voto o formidável Frei de volta à presidência em 1976. A perspectiva é realista. Se a UP não conseguir aumentar substancialmente seu sólido apoio e, sobretudo, se seu apoio marginal for corroído pelos previsíveis problemas econômicos de 1972-3, então a direita poderia ganhar uma luta eleitoral direta em 1973, perpetuando assim seu controle do Congresso e seu poder de atrasar e sabotar. Em outras palavras, de acordo com essa análise, tudo o que a oposição precisa fazer é esperar que a UP perca força. É a estratégia clássica para arruinar frentes populares e já funcionou antes.

O objetivo imediato seria, por conseguinte, uma vitória contra a esquerda em 1973, seguida de uma longa presidência enfraquecida. É com isso, em vez do confronto de curto prazo, que os realistas da UP estão preocupados, embora ninguém negligencie a ameaça da contrarrevolução direta. Há motivos para se preocupar, mesmo que a direita superestime a probabilidade de quebra econômica, pois tem o feito de modo consistente em relação aos problemas econômicos do governo desde 1970 e foi desagradavelmente surpreendida por seus sucessos substanciais. O que Allende pode fazer a respeito da ameaça da direita? Mais do que está sendo feito agora.

V

Muitos dos problemas da UP estão além do seu controle efetivo, mas há três coisas que não estão.

O primeiro é o seu ritmo. As transformações revolucionárias dependem de estabelecer e manter a *iniciativa*. Quanto a isso, as revoluções constitucionais não são diferentes das outras. Elas devem, como no jogo de xadrez, manter a iniciativa dentro de determinado conjunto de regras. Parece-me que a UP ainda não estabeleceu tal ritmo. A campanha eleitoral gerou seu próprio ímpeto, reforçado pela enorme e inesperada satisfação da vitória e pelo fracasso das tentativas de impedir Allende de tomar posse. Por outro lado, a derrota inesperada e um terror genuíno da revolução desmoralizaram e paralisaram temporariamente a direita chilena. Durante alguns meses, ela não teve nenhuma estratégia eficaz e fez pouco mais do que buscar refúgio. Mais uma vez, a UP tinha um programa, e a necessidade de implementá-lo em seu primeiro ano sustentou-a por um tempo, pelo menos até que as dificuldades de aplicação começaram a surgir.

Até agora, a UP tem avançado graças a esse ímpeto inicial e, em certo sentido, extrínseco. À medida que ele se esgota, precisa ser substituído por iniciativa estratégica intrínseca. Qualquer governo reformador tende a começar, pelo menos potencialmente, com essa explosão de velocidade. Os governos não revolucionários não conseguem substituí-lo com facilidade depois que ele se esgota, e alguns, como o governo trabalhista britânico de 1964, o jogam fora. Ao não gerar esse ímpeto, esses governos veem-se empurrados para a defensiva pelos adversários internos e externos e pelos perigos do mundo, como as crises da balança de pagamentos. Então, estão perdidos. Eles desaparecerão, como tantas das antigas frentes populares, em meio a crescentes disputas internas; ou propiciarão as condições para sua derrubada. Em 1970 e 1971, a UP não precisou gerar sua força motriz, mas, a partir de agora, deve gerá-la.

Isso é dificultado pelo fato de a UP ser uma coalizão: sua segunda fraqueza séria. Para dizer sem rodeios, a UP é um veículo concebido mais para travar do que para rodar. A fim de evitar que qualquer partido (leia-se: o PC) estabelecesse controle exclusivo sobre qualquer setor do governo, todos os empregos foram distribuídos de acordo com um rígido sistema de cotas, de modo que nenhum funcionário tivesse um superior imediato ou um subordinado imediato de seu próprio partido. A fim de evitar que qualquer partido (mais uma vez, leia-se: o PC) domine a política, "a ação do presidente e dos partidos e movimentos que formam o governo será coordenada por um Comitê Político de todas essas forças", o qual será responsável por examinar "a praticabilidade e a operacionalidade [*operatividad*] das medidas econômicas e sociais do governo e aquelas relativas à ordem pública e à política internacional, bem como mais especialmente os meios pelos quais elas são implementadas".[5]

Isso significa que cada departamento e agência do Estado consiste de máquinas partidárias rivais entrelaçadas. Cada funcionário concede sua primeira lealdade a uma delas, através da qual ele procura agir, contornando as outras sempre que possível, neutralizando-as onde isso é impossível. As disputas devem ser resolvidas pela negociação interpartidária e as principais tendem a ir para o topo. Isso também significa incidentalmente: a) que os relativamente poucos ministros ou autoridades não partidárias devem se vincular a uma ou outra máquina para conseguir que as coisas sejam feitas, e (b) que é extremamente difícil demitir os numerosos nomeados políticos que se revelem ruins em seus cargos, mas que são protegidos pela necessidade de manter o equilíbrio do sistema de cotas.

Sobretudo, significa que é difícil e lento formular qualquer coisa que não esteja especificamente prevista no pacto pré-eleitoral e que decisões rápidas e inequívocas são quase impossíveis de se tomar. O efeito dessa paralisia é desastroso, em especial na reforma agrária. Qualquer governo que não pode tomar decisões com rapidez está em apuros, mas um governo revolucionário nessa situação está em apuros gravíssimos.

É certo que a confiança mútua entre os partidos é hoje muito maior do que era antes da eleição. Até o MIR chegou a um acordo e estabeleceu uma relação de trabalho com os socialistas e o PC — porém, uma relação que é melhor com um partido [Comunista] do que com o outro [Socialista], já que na opinião do MIR (que é uma verdade óbvia) "é possível ter relações orgânicas com o PC que levem a acordos racionais". Esse tipo de relação não é fácil de estabelecer com os socialistas, um partido que é pouco mais do que um complexo de grupos rivais, sistemas de clientelismo e baronias políticas, praticamente incapaz de agir como um partido. Seu problema principal reside hoje em sua ala esquerda. Ao contrário do MIR, poucos dos clãs da esquerda do Partido Socialista são revolucionários sérios, apesar da retórica guevarista e esquerdista radical. Alguns diriam — cito um progressista não partidário desiludido — que "são pessoas que não conseguem se acostumar com a ideia de que são o governo, já que era muito mais simples estar na oposição". Alguns observadores menos simpáticos acrescentariam que o esquerdismo é uma saída fácil para as pessoas que acham que não são boas em seus novos cargos governamentais.

É difícil estimar a importância da esquerda dentro do Partido Socialista. É certo que ela elegeu o novo secretário-geral no início deste ano, embora seja improvável que Carlos Altamirano, que claramente pretende ser o próximo candidato presidencial da UP (nenhum presidente chileno pode ser reeleito), se identifique com alguma facção do partido. É provável que a esquerda socialista seja fortalecida pelo desejo de competir com o PC, que pode ser facilmente ultrapassado por esse lado e por uma forma familiar de reagir às decepções e incertezas do governo popular. Se a esquerda, ou qualquer um de seus grupos, ganhasse o controle genuíno do partido, isso seria pelo menos uma solução para o perene problema da desunião do partido. Isso é improvável, e assim as melhores esperanças estão depositadas em Allende, cuja posição (por ser o verdadeiro captador de votos) lhe dá vantagem considerável em seu partido. Infelizmente, até agora ele foi extremamente lento no uso disso.

Em suma, a UP sofre das fraquezas familiares das alianças partidárias e coligações numa democracia parlamentar. Do ponto de vista organizacional, ela é inadequada para as tarefas que aceitou. O "caminho chileno para o socialismo" não implica necessariamente um partido único, menos ainda monolítico, da esquerda e, de qualquer modo, isso não é uma possibilidade realista. Mas ele implica dar à aliança existente maior unidade de decisão e ação. Em terceiro lugar, a UP até agora não conseguiu mobilizar de forma adequada as massas em seu apoio. Mais uma vez, refletiu as fraquezas de seus pais históricos, a democracia parlamentar burguesa e o movimento operário socialista clássico. Os políticos parlamentares pensam a mobilização de massa essencialmente como obtenção de votos. Os líderes tradicionais da classe operária pensam no sindicato ou partido como mobilização para levar os companheiros das minas e das fábricas para as ruas. (Pode-se acrescentar que o complemento histórico de ambos é uma espécie de esquerdismo que rejeita tanto as eleições quanto a mobilização por meio de organizações "burocráticas" e propõe, em vez disso, multiplicar a ação popular de massa, independentemente das circunstâncias.)

Nada disso é adequado para fins revolucionários, muito menos em países onde as eleições nacionais talvez não façam parte da cultura política popular ou onde o proletariado industrial organizado não é a forma típica dos trabalhadores pobres. Ademais, todas as tradições que brotaram do liberalismo e do movimento operário socialista clássico desconfiaram do estilo carismático, da política personalizada, da relação cara a cara com a multidão, para não mencionar a demagogia irresponsável que normalmente acompanhava a efetiva mobilização do "marginal".

Na UP, há muita conversa sobre como obter mais votos em futuras eleições ou como formular um plebiscito que consiga uma maioria; há mesmo uma tendência a levar competições eleitorais menores mais a sério do que merecem. Há muito planejamento sobre como mobilizar os trabalhadores organizados através dos

sindicatos, sobre a melhor maneira de criar conselhos de camponeses ou variados comitês de fábrica. Por outro lado, há uma crença bastante simplória na esquerda de que tudo ficará bem, se tão
somente "a luta for transferida fundamentalmente para as fábricas,
as propriedades rurais, as favelas, as escolas secundárias e as universidades".

Mas o fato é que os pobres desorganizados entre as eleições
ainda não estão constantemente *envolvidos* com o governo e que
o governo não está constantemente *presente* para eles. Não há
equivalente do diálogo perpétuo, ainda que unilateral, de Fidel
Castro com seu povo, ou das conversas periódicas de Roosevelt
pelo rádio. Não se trata apenas de uma questão retórica. Uma
técnica demagoga não é necessária, e pode nem mesmo ser desejável, para a manutenção dessa conversa permanente entre um
governo popular e seu povo. O que está em questão é mais um
estilo de política do que de oratória ou campanha eleitoral.

Trata-se de um problema que preocupa o presidente Allende
mais como indivíduo do que a UP, embora as suspeitas de presi-
dencialismo excessivo manifestadas por seus companheiros e parceiros de coalizão talvez tenham de ser superadas. (Eles podem
lembrar que as massas americanas que se tornaram democratas
por causa de Roosevelt não deixaram de ser democratas após sua
morte: a política personalizada pode precipitar mudanças organi-
zacionais permanentes de lealdade.)

Os trabalhadores pobres desorganizados darão ouvidos a Allende porque ele tem o prestígio, o poder e a função paternal de
qualquer presidente, e porque representa um governo que está ao
lado deles. Ele pode mobilizá-los prontamente como uma força
nacional, e eles podem ser transformados numa força nacional
permanente e decisiva, que é o que Perón conseguiu na Argentina.
Talvez tenha de escolher um estilo pessoal bastante diferente de
seu amigo Fidel, mas não deve esquecer uma das poucas lições da

Revolução Cubana que são aplicáveis ao Chile, ou seja, que um líder capaz de falar para o mais remoto e menos político de seus concidadãos pobres é um trunfo importante para qualquer revolução e, provavelmente, indispensável para aquela que não pode coagir as pessoas, mas deve persuadi-las.

VI

Como se pode resumir o primeiro ano do Caminho Chileno? Ele demonstrou o que dificilmente exigia prova, a saber, que uma aliança de esquerda pode chegar ao poder pelo voto. Demonstrou algo mais importante, ou seja, que depois disso pode agir com alguma rapidez e decisão, apesar de não ter o controle das Forças Armadas e de partes cruciais do mecanismo constitucional. Demonstrou uma determinação em prosseguir com a construção do socialismo, embora seu primeiro ano não tenha ultrapassado os limites de uma reforma não socialista.

Até agora, o que ele fez não é *qualitativamente* muito diferente do que vários outros governos latino-americanos fizeram, estão fazendo ou poderiam muito bem se decidir a fazê-lo. Mas, ao contrário de outros governos reformistas, está firmemente baseado no movimento da classe trabalhadora, e sua principal inspiração não é o nacionalismo ou a "modernização", mas a emancipação dos explorados, dos oprimidos, dos fracos e dos pobres. Ele demonstrou considerável inteligência e habilidade política. Por fim, suas realizações, em especial no campo econômico, são substanciais.

Essas coisas não garantem o seu sucesso. Ele está claramente, como a maioria dos países semicoloniais subdesenvolvidos — ou antes, mal desenvolvidos —, à mercê de forças fora de seu controle — como, por exemplo, o mercado do cobre —, às quais é ainda mais sensível porque o Chile é, afinal, segundo os padrões do Terceiro Mundo, um país altamente urbanizado e industrializado, com uma estrutura social complexa e padrões de consumo modernos. Ainda não sabemos se será capaz de superar a peculiar estagnação econômica (combinada, nesse caso, com permanente inflação alta) que compartilha com o resto do "Cone Sul" da América Latina e, por falar nisso, com a Grã-Bretanha, de cuja economia essa área dependeu por tanto tempo. A experiência mostra que essas debilidades de longo prazo são mais difíceis de remediar do que os formuladores de políticas pensam. Tampouco sabemos ainda como o Caminho Chileno poderá superar o grande problema das economias subdesenvolvidas, a defasagem entre emprego e população. As dificuldades de produção a curto prazo, embora sérias, não são por si só decisivas.

Politicamente, o Caminho Chileno ainda não mostrou que uma frente popular, por mais dinâmica e bem-intencionada que seja, é uma revolução, ainda que constitucional. Ele permanece limitado não só por forças externas, mas pela natureza do sistema político e da situação da qual emergiu e pelas forças políticas que se combinaram para formá-lo. Sem dúvida, é muito cedo para julgá-lo. Ainda não foi testado numa crise grave e por verdadeira contestação, e a capacidade da UP de superar suas fraquezas atuais de estilo, organização e política não deve ser subestimada. O próximo ano pode abalá-la e pode também transformá-la. Mas não se transformará de forma espontânea.

[...] A UP pode superar [essas crises e desafios]? Seus adversários, inclusive quase com certeza o governo dos Estados Unidos, estão convencidos de que não pode. Os líderes e figuras políticas do governo chileno são cautelosamente otimistas ou, talvez melhor, não pessimistas, até mesmo em conversas privadas. O mesmo acontece com alguns chilenos muito capazes e não envolvidos em política com quem conversei. Um homem de apostas que permitisse que sua simpatia natural por Allende influenciasse um pouco seu julgamento talvez oferecesse chances de seis contra quatro, o que não é desanimador. Se ele mantivesse suas simpatias inteiramente fora da aposta, talvez pudesse oferecer duas contra uma. Mesmo assim, é muito mais do que qualquer um teria oferecido ao apostar nos bolcheviques após a Revolução de Outubro. Ou, a propósito, na vitória de Salvador Allende há treze meses.

Setembro de 1971

Algumas notas do ensaio original foram omitidas nesta versão.

28. O assassinato do Chile

O assassinato do Chile foi esperado durante muito tempo, e a agonia dos últimos meses de Allende foi noticiada com frequência na imprensa, para todos os que vivem de pôr seus nomes na mídia para oferecer obituários públicos — exceto Washington, que tem (enquanto escrevo) mantido um silêncio eloquente. Até mesmo o Partido Trabalhista britânico, que se interessou tão pouco pela social-democracia chilena durante sua existência quanto normalmente se interessa pelos assuntos do Afeganistão, saudou sua morte com algumas lágrimas oficiais. Isso é temporariamente embaraçoso para os assassinos, cujo modelo foi uma contrarrevolução pouco divulgada que, aliás, produziu o maior massacre no período do pós-guerra — o indonésio de 1965.

Os jovens reacionários picharam "Jacarta" nas paredes de Santiago antes do golpe; e os militares chilenos dizem agora aos telespectadores que a Indonésia tem sido bem-sucedida desde que atraiu investimentos estrangeiros. Não haverá nenhum problema com o investimento estrangeiro. Ninguém nem vai saber quantos chilenos cairão vítimas da vingança de sua classe média, já que a maioria das vítimas será do tipo de chileno de quem ninguém nunca ouviu falar fora de sua fábrica, favela ou vila. Afinal, cem anos após o fim da Comuna de Paris, ainda não sabemos com precisão quantos foram massacrados após sua repressão. O principal problema dos obituários é que poucos deles se interessaram pelo Chile. A tragédia desse pequeno e remoto país é que, como a Espanha na década de 1930, sua política era de importância global, exemplar e, infelizmente, desprotegida. Tornou-se um caso de teste. Os americanos sabiam perfeitamente que era um caso de teste de algo muito mais simples do que saber se o socialismo pode ocorrer sem insurreição violenta ou guerra civil. A questão para eles era, e continua a ser, a manutenção da supremacia imperial na América Latina. Ela começou a ser corroída nos últimos cinco anos por uma variedade de regimes políticos não só no Chile, mas também no Peru, Panamá, México e, mais recentemente, com o triunfo de Perón na Argentina. É provável que tenha sido Perón, em vez de Allende, que acabou por inclinar a balança no sentido de encorajar um golpe militar. Os Estados Unidos haviam confiado no lento estrangulamento econômico para acabar com o Chile — um país com uma dívida externa assombrosa, uma conta de importação em crescimento rápido e uma única commodity para vender (cobre), cujo preço desmoronou em 1970 e ficou baixo nos dois anos seguintes. Mas os americanos acharam que não podiam esperar mais. Em todo caso, a entrega contínua de armas às Forças Armadas chilenas mostrava que os Estados Unidos nunca descartaram a possibilidade de um golpe.

Para o resto do mundo, o Chile era um caso de teste mais teórico do futuro do socialismo. A direita e a extrema esquerda estavam ambas preocupadas em provar, para sua própria satisfação, que um socialismo democrático não poderia funcionar. Seus obituários preocuparam-se principalmente em demonstrar como estavam certos. Para ambos, a culpa foi de Allende.

As fraquezas e os fracassos da Unidade Popular (UP) de Allende foram, de fato, sérios. Mas antes que as várias mitologias se fixem em moldes permanentes, é também necessário deixar três coisas claras.

A primeira, e mais óbvia, é que o governo de Allende não cometeu suicídio, mas foi assassinado. O que acabou com ele não foram os erros políticos e econômicos e a crise financeira, mas armas e bombas. E para aqueles comentaristas da direita que perguntam que outra escolha havia para os oponentes de Allende, se não um golpe, a resposta é simples: não dar um golpe.

Em segundo lugar, o governo de Allende não era um teste do socialismo democrático, mas, no máximo, da disposição da burguesia de respeitar a legalidade quando a legalidade e o constitucionalismo não funcionam mais a seu favor. A UP não tinha o tipo de poder constitucional que os governos trabalhistas britânicos eleitos tiveram e desperdiçaram. Tinha um presidente legalmente eleito por uma minoria, confrontado com um Judiciário hostil e um Parlamento controlado por seus inimigos, o que o impediu de aprovar *qualquer* lei, exceto com a permissão da oposição. Allende não operava com poder constitucional, mas apenas com aqueles recursos que a engenhosidade poderia extrair de sua posição de presidente legal (embora constitucionalmente paralisado). A não ser que ganhasse o controle nas eleições parlamentares deste ano, não havia maneira de avançar muito mais por meios constitucionais. E ele não ganhou o controle.

Mas o que dizer dos meios inconstitucionais? Aqui o terceiro ponto a ser observado é que a escolha da "revolução", em vez da "legalidade", não estava em questão. A UP não estava em condições, nem em termos militares nem em termos políticos, de ganhar num teste de força física. Allende certamente odiava a guerra civil, como qualquer adulto com experiência histórica deve odiar, por mais convencido de que às vezes é necessária. Mas se Allende fez de tudo para evitá-la, foi porque acreditava que seu lado perderia uma guerra civil — e ele estava sem dúvida certo. Foi o outro lado que tentou provocar um teste de força, usando, aliás, os métodos tradicionais da classe trabalhadora, com efeito devastador. E as greves nacionais das empresas de transporte foram concebidas não apenas para paralisar a economia, mas para obrigar o governo a escolher entre coerção e abdicação e, portanto, fazer as Forças Armadas saírem de sua postura de neutralidade política. Os reacionários sabiam que se as Forças Armadas tivessem de escolher entre identificar-se com a esquerda ou com a direita, escolheriam a direita. As greves fracassaram na primavera passada, mas tiveram êxito nesse inverno.

Contra isso, Allende tinha apenas a ameaça de resistência. Com efeito, perguntou ao outro lado se estavam preparados para a terrível e, a longo prazo, incontrolável opção pela guerra civil. Provavelmente calculou mal a relutância da burguesia chilena em mergulhar na luta. Em geral, a esquerda subestimou o medo e o ódio da direita e a facilidade com que homens e mulheres bem-vestidos adquirem um gosto por sangue. Mas, como os acontecimentos mostraram, a resistência da esquerda estava organizada. Só o tempo mostrará se estava bem organizada o bastante. Talvez não. Mas, ao contrário da esquerda brasileira em 1964, a esquerda chilena está caindo lutando. E se o país está entrando agora num período de escuridão, ninguém pode ter dúvidas sobre quem apagou as luzes.

O que Allende poderia ter feito? É um momento difícil para realizar inquéritos sobre os possíveis erros de homens e mulheres corajosos, muitos dos quais estão ou logo estarão mortos. De qualquer modo, não desejamos nos unir aos que hoje estão posando sobre o túmulo de Allende com cartazes escritos com palavras convenientemente diferentes: "Eu lhe disse". Nem sequer é muito fácil, neste momento, distinguir entre o que foi erro e o que não foi, entre coisas fora do controle dos chilenos (como o mercado do cobre); coisas que teoricamente poderiam ter sido de outra forma, mas que, na prática, não eram modificáveis (por exemplo, a paralisia das políticas públicas decorrente das rivalidades dentro da UP); e políticas que poderiam ter sido de fato diferentes. Não há dúvida de que a aposta econômica do regime de Allende — que sempre foi uma aposta contra as probabilidades — fracassou.

Eu mesmo não acho que havia muito o que Allende pudesse fazer depois (digamos) do início de 1972, exceto dar tempo ao tempo, assegurar a irreversibilidade das grandes mudanças já alcançadas e, com sorte, manter um sistema político que poderia dar à UP uma segunda chance mais tarde. Ele não podia nem se propôs a construir o socialismo durante um único mandato. Nos últimos meses, é quase certo que não havia quase nada que pudesse fazer. Por mais trágica que tenha sido, a notícia do golpe era esperada e prevista. Não surpreendeu ninguém.

Setembro de 1973

NOTA DO ORGANIZADOR

A parte final deste artigo foi severamente cortada antes da publicação na *New Society*. Em carta ao editor na edição da semana seguinte (27 de setembro de 1973), Eric resumiu os pontos nela contidos "em prol do equilíbrio da discussão":

1. A UP não conseguiu manter o apoio da classe média baixa e dos pequenos agricultores e empresários, embora tenha conseguido ampliar seu apoio entre trabalhadores e os pobres. Essa

falha foi fatal. Tanto Allende como o PC estavam cientes de quão importante isso seria.

2. Graças à contínua resistência armada do movimento chileno, nem tudo foi ou será perdido, ao contrário do Brasil em 1964.

3. Um retorno à antiga democracia chilena é improvável. O padrão futuro provavelmente seguirá (com modificações) a linha brasileira agora favorecida: guerrilhas ultraesquerdistas, tecnocratas e muito capital estrangeiro. A próxima vítima pode muito bem ser a ala "nasserista" dos militares peruanos.

4. Dentro de dez anos, é provável que os Estados Unidos se sintam menos felizes com a América Latina do que hoje.

PARTE VII
REFLEXÕES POSTERIORES

29. Colômbia homicida

Quase a única coisa que a maioria das pessoas que não são colombianas sabe sobre o terceiro maior país da América Latina, e praticamente o menos conhecido, é que ele é fornecedor de cocaína e é o lugar onde se passam os romances de Gabriel García Márquez. Na verdade, García Márquez é um guia maravilhoso para seu país extraordinário, mas não uma boa introdução a ele. Somente aqueles que estiveram lá sabem quanto do que se lê como fantasia está realmente perto da realidade colombiana. Infelizmente, o tráfico de drogas também é um elemento importante, embora seja um tema que os colombianos esclarecidos não estão muito ansiosos por discutir. Deve-se também admitir que eles são muito mais descontraídos em relação a isso do que seus colegas norte-americanos. É provável que isso aconteça porque, esclarecidos ou não, os colombianos estão hoje em dia mais preocupados com a crescente onda de assassinatos.

O país é conhecido há muito tempo por uma propensão excepcional ao homicídio. O excelente relatório da Americas Watch de setembro de 1986 sobre os direitos humanos assinala que o homicídio era a principal causa de morte de homens entre quinze e 44 anos e a quarta causa de morte para todas as idades. A morte violenta não é apenas uma maneira pela qual a vida pode acabar nesse país. É, para citar um soberbo e arrepiante exercício recente de história oral de Alfredo Molano, *Los años del tropel: Relatos de la violencia* (Bogotá, 1985), "uma personagem onipresente". Mas o que os colombianos temem não é simplesmente a morte, mas uma nova queda numa dessas pandemias de violência que ocasionalmente inundaram todo o país, em especial durante os vinte anos decorridos entre 1946 e 1966, conhecidos apenas como *La Violencia*. Essa época sombria foi há pouco tempo estudada com seriedade por um excelente grupo de jovens historiadores colombianos, entre os quais o trabalho de Carlos Ortiz sobre a região cafeeira do Quindío nos anos 1950, *Estado y subversión en Colombia*, é notável por mostrar o que se pode fazer com uma combinação de pesquisa de arquivo, história oral e conhecimento local. Entre as tentativas sistemáticas de vincular os anos da *Violencia* com o presente, devem-se mencionar o livro organizado por Gonzalo Sánchez e Ricardo Peñaranda, *Pasado y presente de la Violencia en Colombia* (Bogotá, 1985) e *El Bogotazo: Memorias del olvido* (Bogotá, 1983), de Arturo Alape, uma importante compilação de fatos e testemunhos.

O medo de uma nova onda de homicídios — a última matou cerca de 200 mil pessoas — é tanto político quanto social. (A cifra de 300 mil, citada no relatório da Americas Watch, não se baseia em provas e é, quase com certeza, alta demais.)* A Colômbia foi

---

* Depois de uma carta de Aryeh Neier, da Americas Watch, publicada na edição de 26 de fevereiro de 1987 da *New York Review of Books*, Eric pediu desculpas por atribuir erroneamente à Americas Watch, em seu relatório "Human Rights

durante a maior parte de sua história, e ainda é em grau surpreendente, uma terra para colonizadores pioneiros ("o clássico colono com seu machado, arma e cão de caça", para citar uma descrição da década de 1970). O governo nacional e a lei ainda fazem apenas incursões ocasionais em grande parte do campo, que por sua vez está apenas vagamente sob o controle da capital. Até mesmo a mais antiga e poderosa instituição nacional — a Igreja católica — tem somente uma organização esquelética. [...]

Era, e até certo ponto ainda é, algo parecido com uma combinação do Velho Oeste americano, da urbanização latino-americana do século xx e da Inglaterra do século xviii, na qual uma oligarquia constitucional de famílias ricas, divididas em dois partidos rivais (Liberal e Conservador), constituía o que havia de governo. A Colômbia teve um sistema partidário nacional antes de ter um Estado nacional. A coesão dessa oligarquia e seu apego genuíno a uma constituição eleitoral garantiram que o país praticamente nunca fosse vítima das ditaduras ou juntas militares latino-americanas. Mas o preço disso foi o derramamento de sangue endêmico e, às vezes, epidêmico, pois aqui as armas não são monopólio de ninguém e, por motivos que até agora escaparam aos historiadores, as pessoas comuns, em algum momento do século xix, adotaram os dois partidos como formas rivais de religião fundamental. Como demonstra o livro de Alfredo Molano, nada pode ser mais letal do que isso.

[A transformação da sociedade colombiana nos últimos sessenta anos] pôs a ordem social e política tradicional sob enorme pressão e ocasionalmente a rompeu. A eficácia com que continua a existir hoje é uma questão muito grande e aberta.

De início, a pressão veio de baixo, à medida que as massas urbanas e rurais se mobilizavam para a luta contra a oligarquia, sobretudo sob a liderança do extraordinário líder populista Jorge Eliécer Gaitán, cujo assassinato em uma rua de Bogotá em 1948 desencadeou, em poucas horas, uma insurreição espontânea da capital, da qual participou a polícia, e que se propagou para numerosas cidades provinciais por meio da tomada igualmente espontânea do poder por comitês revolucionários locais. Não sabemos se Gaitán foi morto pela oligarquia, como as pessoas comuns supuseram automaticamente. Mas que ela tinha motivos para temer esse homem, que havia assumido o comando do Partido Liberal e estava prestes a se tornar presidente, isso é certo. Afinal, sozinho, ele desencadeou a única revolução nacional conhecida por combustão espontânea. [...] O que deveria ter sido uma revolução social acabou em *La Violencia* porque, talvez pela última vez, o sistema oligárquico conseguiu conter e dominar a insurreição social transformando-a numa competição de partidos. Mas essa batalha escapou do controle e se tornou uma avalanche de sangue, porque a luta armada dos liberais contra os conservadores trazia agora uma carga adicional de ódio e medo social: o temor dos oligarcas conservadores de que seu partido seria uma minoria permanente contra um Partido Liberal que parecia capturar as massas recém-despertadas; e o ódio dos homens pobres do outro lado, não apenas como adversários hereditários, mas como opressores dos pobres ou como pessoas que eram melhores em ganhar um pouco de dinheiro.

A fase mais sangrenta do conflito (entre 1948 e 1953) conciliou brevemente o establishment com uma das raras ditaduras militares da Colômbia, sob o comando do general Rojas Pinilla, entre 1953 e 1957. No entanto, após a sua queda, ameaçada com a perda de controle tanto dos soldados como da revolução social, a oligarquia decidiu fechar fileiras. Com a Frente Nacional — que, na verdade, só está terminando em 1986 — os partidos suspenderam a luta, revezaram-se para assumir a presidência e repartiram equitativamente os cargos entre si. A *Violencia* reduziu-se a um banditismo politizado, mais ou menos liquidado em meados da década de 1960, fase analisada com muita percepção por Gonzalo Sánchez e Donny Meertens em *Bandoleros, gamonales y campesinos: El caso de la Violencia en Colombia* (Bogotá, 1983). Por um certo tempo, parecia que o Estado moderno poderia estar chegando ao país.

Na verdade, o ritmo e o ímpeto da mudança social foram, mais uma vez, demasiados para o sistema social, sobretudo para um sistema ossificado por uma classe dominante cujo senso de urgência da reforma social foi atrofiado pelo longo sucesso em matar ou expulsar quaisquer elementos indesejáveis. Nos 25 anos decorridos desde 1950, a população da Colômbia passou de dois terços rural para 70% urbana, enquanto a *Violencia* desencadeou outra grande onda de homens e mulheres que, por força, medo ou escolha, foi para um dos muitos lugares onde um homem e sua esposa poderiam limpar algum terreno e plantar o suficiente para suas necessidades, longe do governo e dos ricos poderosos. Novas indústrias instalaram-se na Colômbia, que fabrica agora carros franceses e japoneses, caminhões americanos e jipes soviéticos. Chegaram novos produtos primários, sobretudo a maconha e a cocaína, bem como o turismo. Novos tipos de riqueza e influência minaram a velha oligarquia. A partir de 1970, vários homens que não descendiam das antigas dinastias chegaram ao topo da política colombiana: Misael Pastrana, César Turbay, Belisario Betancur. As tensões sociais que outrora explodiram na revolução espontânea continuam tão tensas como sempre.

No campo, elas explicam a constante expansão até 1984 do movimento guerrilheiro, que começou em meados da década de 1960 com alguns grupos armados comunistas de autodefesa, empurrados para áreas remotas e inacessíveis, mas que o Exército não conseguiu liquidar. Eles formaram o núcleo original do maior movimento armado dos últimos vinte anos, as Farc do Partido Comunista Colombiano, que, na época do armistício de 1984, tinham 27 "frentes" ou unidades regionais. (O principal comissário político das Farc, Jacobo Arenas, acabou de publicar *Cese el fuego* (Bogotá, 1985), "uma história política" da força guerrilheira.) Trata-se basicamente de um movimento camponês de colonizadores da fronteira, pois a essência do "problema agrário" num país com terras de sobra não é a fome de terra. É apenas a defesa dos direitos de ocupação ilegal contra os proprietários com reivindicações jurídicas igualmente vagas ou incertas sobre a propriedade de territórios vastos e subutilizados, mas com mais poder político e (até a chegada das guerrilhas) poder militar.*

Durante muito tempo, as Farc foram subestimadas por todos, exceto pelo Exército, porque seus membros agiam no interior distante e porque os intelectuais da cidade não levavam a sério aqueles *campesinitos*. Elas nunca cessaram de crescer e contavam com

---

* A causa mais comum de rebelião camponesa em outros lugares, a luta por recuperar terras comuns alienadas, está confinada, na Colômbia, a comunidades indígenas antigas ou sobreviventes, que constituem um caso especial. O primeiro prefeito comunista designado legalmente no país (1986) administra Coyaima, um típico *"resguardo"* indígena — e, por esse motivo, politizado há muito tempo.

cerca de três quartos de todos os guerrilheiros.[1] Após 1965, passaram a ter a companhia de grupos menores rivais e hostis. O Exército de Libertação Nacional (ELN), de inspiração cubana, estava condenado pela loucura da teoria do "foco" de Che Guevara-Régis Debray — iniciar com gente de fora uma força guerrilheira no sertão — da qual seria o exemplo. O ELN atraiu padres e estudantes, mas sua inutilidade e falta de objetivos políticos logo se tornaram evidentes. É provável que tenha matado mais membros e ex-membros acusados de "traidores" do que soldados. Praticamente impossível de erradicar, como todos os movimentos guerrilheiros colombianos, recusa-se a assinar qualquer trégua e tem poucos partidários no momento, mas, graças a seus assaltos às companhias petrolíferas internacionais, muito dinheiro.

Uma dissidência da classe média do PC também criou o maoista Exército Popular de Libertação (EPL). O último e mais amplamente divulgado movimento guerrilheiro, o M-19, foi formado em 1974 e pretendia ser uma resposta ao roubo da eleição presidencial de 1970 do general Rojas, um ex-ditador que empreendeu um retorno bem-sucedido como uma espécie de Perón colombiano, ou antes, um neo-Gaitán, apelando para a vasta população urbana marginal com um programa populista radical, e com enorme sucesso. Sem dúvida, ele venceu as eleições de 1970. Mas embora alguns antigos seguidores de Rojas fizessem parte do novo movimento guerrilheiro, o M-19 foi realmente criado por aquele fenômeno latino-americano característico, os filhos — e algumas filhas — de boas famílias para os quais o PC não é suficientemente revolucionário.[2] Seus principais líderes haviam estado nas Farc. O M-19 advinha do mundo social da classe média alta colombiana e seus líderes faziam uso das técnicas da publicidade moderna. Nesse mundo, os pais não ficam surpresos nem chocados ao saber que os jovens corajosos mostrem o idealismo natural da juventude com a atividade revolucionária e provem sua masculinidade com o que um colombiano espirituoso chamou de *machismo-le-ninismo*. [...] Até ter demonstrado sua bancarrota política entre 1984 e 1986, o M-19 gozou de enorme simpatia nesse mundo. A multiplicação dos movimentos guerrilheiros foi um sinal de frustração. Tendo em vista a fermentação social do povo colombiano e o potencial para a luta armada, por que a revolução social parecia tão remota? No entanto, se os guerrilheiros não representavam uma ameaça real para o sistema — a mobilização de curta duração das massas urbanas pelo general Rojas tinha sido muito mais perigosa —, tampouco podiam ser eliminados pelo (surpreendentemente pequeno) Exército colombiano de cerca de 60 mil soldados. Pareciam fazer parte permanente de uma paisagem na qual grupos de homens armados são tão naturais quanto os rios. Mas enquanto o Exército e a guerrilha lutavam uns contra os outros e chegavam a uma espécie de empate em várias zonas rurais, os problemas sociais e políticos dos quais os guerrilheiros eram um sintoma tornaram-se cada vez mais explosivos. A única explosão considerada tanto pelos guerrilheiros como pelo Exército (estimulado pelo Exército norte-americano, que havia treinado tantos de seus oficiais) era uma revolução comunista. Mas, como outros colombianos sabem melhor do que ninguém, existem formas de explosão social mais perigosas — porque desconcentradas e pessimistas.

Belisario Betancur (1982-6) foi o primeiro presidente a reconhecer que a solução dos problemas da Colômbia exigia mudanças essenciais no modo de lidar com eles e, como precondição, o fim do estado endêmico e sem sentido da guerra civil. Decidiu conseguir isso apesar da resistência militar de ambos os lados. Intelectual católico civilizado, conservador dissidente que apelou deliberadamente para o crescente número de seus compatriotas que já não se identificam por sangue com nenhum dos dois partidos, Betancur tentou abrir uma nova era na história colombiana. Chegou ao auge do sucesso popular em 1984, quando demitiu um ministro militar e, desse modo, conseguiu assinar uma trégua com todos os principais grupos guerrilheiros, exceto os extremistas do Exército de Libertação Nacional (ELN). No final de seu mandato, a maioria de suas iniciativas parecia estar desintegrando-se e seu governo afogando-se em sangue.

Todos os movimentos guerrilheiros (exceto as Farc) estavam mais uma vez lutando; os Estados Unidos haviam destruído as possibilidades de paz na América Central; a Frente de Cartagena de Estados devedores latino-americanos — outra das iniciativas preferidas de Betancur — não passou de uma breve história de manchete, enquanto a máfia da droga matava seu ministro da Justiça (um dos 57 juízes assassinados durante seu mandato). A tomada do Supremo Tribunal pelo M-19, um golpe publicitário que deu errado, terminou no massacre de uma centena de pessoas, em sua maioria juízes e outros civis, desacreditando o Exército, a guerrilha e o próprio presidente.

Não obstante, Betancur pode mesmo assim ter inaugurado uma nova era na Colômbia. O país, durante muito tempo o mais sólido e leal partidário da política mundial dos Estados Unidos, mudou para o não alinhamento pela primeira vez. Virgilio Barco, o novo presidente, é um liberal que massacrou um candidato conservador de extrema direita. Ele mantém deliberadamente as diretrizes políticas de Betancur, ainda que os conservadores sejam agora uma oposição não cooperante. As Farc ainda mantêm a trégua e passaram das armas para os votos com mais sucesso do que o esperado através do novo partido de esquerda que fundaram, a União Patriótica (UP). Paradoxalmente para um movimento patrocinado pelo partido do proletariado, sua força é esmagadoramente rural. É provável que seja o primeiro partido camponês da história colombiana. (Por outro lado, sua força nas grandes cidades é absurdamente baixa, embora maior do que no passado: 44 mil entre os 4 milhões de habitantes de Bogotá, 34 mil entre os 2,5 milhões de Medellín.) O presidente Barco está inteiramente comprometido com o reconhecimento do novo pluralismo político, e sobretudo o direito da UP de conquistar pelo voto o poder público estadual e municipal. Graças a uma silenciosa, mas explosiva medida da reforma democrática, os prefeitos — que hoje são nomeados pelos governadores regionais — serão em breve eleitos. Essa e outras reformas recentes não são radicais, mas constituem mudanças muito importantes na política colombiana.

Essas mudanças e as incertezas em relação ao futuro, para não mencionar o período de transição entre presidentes, produziram um clima de tensão, medo e expectativas sombrias, estimulados por um aumento acentuado dos homicídios políticos e, mais preocupante por se tratar de uma novidade, dos "desaparecimentos". É impossível dizer se os assassinatos sem motivação política, mal noticiados pela imprensa, estão aumentando, mas não há razão para supor que a indústria da cocaína, que passou da fase da competição em degolas (literais), precise de muitos assassinatos, exceto de juízes que poderiam aplicar o tratado de extradição de 1979 com os Estados Unidos. As fronteiras selvagens da livre concorrência, como a da mineração ilícita de esmeraldas, são mais letais — cerca de trezentos cadáveres até agora em 1986 —, mas isso não é novidade.[3] O verdadeiro setor que cresce é o do terror de direita.

Ele toma a forma de ameaças e assassinatos de líderes operários e ativistas da UP, que em setembro de 1986 estavam caindo à taxa de um por dia — um claro aumento da taxa de ataques à esquerda, que consta ter perdido cerca de trezentos indivíduos nos últimos dois anos do governo Betancur. Ainda mais sinistros são os esquadrões da morte "desconhecidos" que, em defesa da moral e da ordem social, passaram a fazer incursões de fim de semana em cidades como Cali e Medellín, matando elementos "antissociais", como criminosos menores, homossexuais, prostitutas ou simplesmente mendigos e vagabundos indiscriminadamente. Em 1986, a quantidade desses massacres em Cali (a terceira maior cidade da Colômbia) fala por si mesma: oitenta mortos em janeiro, 82 em fevereiro, 84 em março, 91 em abril, 98 em maio, 114 em junho, cem em julho, 102 em agosto e 79 nos primeiros dezoito dias de setembro. (Em 1985, o total foi de 763.)[4]

A sistemática campanha nacional de assassinatos de líderes de esquerda, especialmente aqueles eleitos para algum cargo, sugere alguma coordenação, mas ninguém conseguiu provar isso. Por outro lado, ninguém duvida que os comandantes do Exército e as forças policiais locais estão em estreito contato com as forças paramilitares e os esquadrões da morte, que gozam do apoio entusiasta dos proprietários rurais (entre eles, muitos ex-oficiais) e dos industriais, para não mencionar o tipo de direita radical que não traça linhas nítidas entre os assaltantes, [frequentadores de] bares gays, organizadores sindicais e a conspiração comunista mundial. Alega-se também, principalmente em setores do Exército, que guerrilheiros da extrema esquerda são responsáveis por esses ataques.

Quem quer que sejam, quem os organize e qualquer que seja exatamente o número de "desaparecidos" até hoje, o fato central a respeito dos esquadrões da morte e dos paramilitares é que ninguém, muito menos todas as pessoas associadas às Forças Armadas, foi preso e processado, para não falar de condenado.[5] Como me disse um jornalista bem informado: "A única coordenação nacional que foi claramente estabelecida consiste na decisão de não fazer nada a respeito desses assassinatos". A extrema cautela com que até mesmo os políticos corajosos de um país com uma longa tradição de supremacia civil tratam o establishment armado é o sintoma mais preocupante do estado atual da Colômbia. Por que deveria haver uma reação direitista desenfreada? À primeira vista, a situação imediata dificilmente requer histeria. A economia deve crescer. Os pobres não estão mais pobres do que de costume e continuam orgulhosos como sempre de sua capacidade de suportar qualquer coisa, tendo descoberto há pouco tempo o tipo de herói popular cuja característica é a resistência no limite do insuportável, a saber, o ciclista de montanha. Os colombianos, graças à participação de seus heróis no Tour de France, conhecem agora mais geografia alpina do que geografia andina.

Sob qualquer ponto de vista, a situação dos guerrilheiros é melhor. Os 6 mil homens em armas das Farc mantêm tenazmente a trégua contra considerável provocação. Eles convidam sem restrições jornalistas a visitar seus QGs remotos, com excelentes resultados para a imagem de seu velho chefe, o lendário Manuel Marulanda, cercado por homens igualmente duros cujos nomes de guerra são um lembrete das esperanças de sua juventude: Timochenko, Ivan, Fidel Labrador.[6] A direita reclama que os meios de comunicação públicos, como a televisão, não devem dar publicidade aos rebeldes, mas os políticos racionais devem acolher essa troca de emboscadas por oportunidades fotográficas. Em todo caso, o futuro mais provável para a UP, como era para os partidos socialistas pré-1914 nos países parlamentares europeus, não é a tomada revolucionária do poder, mas um partido agrário radical com base sólida nos territórios fronteiriços, o que lhe dá a chance de negociar acordos com os liberais ou, com sorte, manter um equilíbrio político a seu favor.

Quanto aos mil e tantos guerrilheiros — nenhuma estimativa

chega a 2 mil — que ainda estão lutando ou voltaram a lutar, agora unidos na chamada Coordenação Nacional de Guerrilhas, sua falência política foi ressaltada pelo sucesso das Farc em aproveitar suas oportunidades políticas. Sua falência estratégica é demonstrada pela fissão de vários grupos, pela perda do M-19 de praticamente todos os seus líderes nos desesperados golpes recentes e pelas atividades de estilo cambojano do grupo de Ricardo Franco, uma dissidência estudantil das Farc contra a trégua, que massacrou 160 de seus próprios membros — com efeito, a maioria deles — acusados de traidores e de serem policiais infiltrados.

É difícil acreditar que em 1984 os guerrilheiros, de acordo com pesquisas de opinião (inéditas), desfrutassem de 75% de opinião favorável, e o M-19 fosse o queridinho da classe média. Os principais admiradores encontram-se agora nas favelas e cortiços onde crianças corajosas sonham em ser heróis. Se há alguma estratégia por trás das investidas guerrilheiras dos últimos meses, é provável que seja provocar a insurreição nessas áreas, que os militares só poderiam controlar por meio de bombardeios indiscriminados. No fundo, o cálculo do M-19 sempre foi o de estimular uma situação potencialmente insurrecional para se transformar numa verdadeira revolução graças a alguma operação militar incrível.[7] Isso não é mais provável de acontecer agora do que quando o Exército estava lutando contra quatro vezes mais guerrilheiros. Do ponto de vista militar, os guerrilheiros não poderiam ganhar então, e não podem ganhar agora, por mais satisfatório que fosse para eles provar que o Exército também não poderia vencer.

Por que, então, o nervosismo da direita? Talvez seja porque a desintegração do sistema partidário e do Estado (com exceção do Exército) voltou a deslocar o centro de gravidade da capital para as regiões, onde várias situações tensas não parecem melhores porque a situação nacional é calma; e porque aqueles que se sentem ameaçados hoje não são tanto as velhas famílias oligárquicas que resistiram aos piores desafios sem perder a calma, ou os realmente super-ricos, mas os donos de propriedades de tamanho médio, empresários e políticos, em ascensão social. Essas pessoas se sentem abandonadas, enquanto os guerrilheiros, combatendo ou não, permanecem armados no campo; elas cruzam os semáforos vermelhos com seus carros trancados nas ruas vazias da noite de Bogotá ou Cali, por medo de terem as gargantas cortadas se pararem. Para os presidentes da Câmara de Comércio, do Rotary Club, dos Kiwanis e Lions Clubes, e para a Associação dos Contadores (para citar alguns dos signatários de um manifesto contra a Farc de um departamento periférico),[8] os únicos subversivos e antissociais bons são os mortos; e na Colômbia há uma abundância de homens, e até mesmo algumas mulheres, que podem ser contratados para matar se o preço lhes parecer adequado.

Nessas circunstâncias, as opiniões mais otimistas que se podem ouvir na Colômbia são de que nada vai mudar muito. Os mais pessimistas vão de uma argentinização do país à sua salvadorização: terror militar ou guerra civil — ou talvez a extensão do que já acontece em Cali ou Medellín, um caos de três ou quatro vias de violência por parte das forças oficiais, das gangues de justiceiros, dos partidários da guerrilha e de criminosos comuns. É provável que os mais escuros destes sejam demasiado sombrios. A Colômbia tem um longo histórico de imobilidade violenta. Mas Barco está assumindo a presidência de um país claramente preocupado.

Diante de tudo isso, como os colombianos veem o tráfico de drogas? Depende de onde você olha. Do ponto de vista dos camponeses da fronteira, sobre os quais boa parte de *Colonización, coca y guerrilla*, o livro mais original sobre o assunto, escrito por três modestos pesquisadores da Universidade Nacional, Jaime Jaramillo, Leonidas Mora e Fernando Cubides, a coca é, em primeiro lugar, uma plantação especulativa, mas incerta, que não tem concorrência como propiciadora de lucros, ou pelos salários que se pode ganhar em sua colheita. Os custos aumentam, principalmente porque os soldados que deveriam estar lá para lutar contra as Farc, que atuam como governo local, continuam elevando suas exigências de propina a alturas cada vez mais andinas, e no início dos anos 1980 o preço despencou. Felizmente para os produtores de coca, o governo nacional perseguiu o narcotráfico com mais força depois de 1984, então os preços estão novamente altos e estáveis. Nas regiões de fronteira, o problema de uma máfia da droga não existe, uma vez que ali qualquer pessoa envolvida em algum negócio o faz em termos aceitáveis para a autoridade local. O verdadeiro problema é a desorganização social que qualquer bonança provoca — as crianças que abandonam a escola para ganhar quantias de dinheiro inauditas, como cinco ou dez dólares por dia, os valentões solteiros vindos de todos os lugares em busca da coca, para cujo benefício vilas de quinhentas cabanas se enchem com quatrocentas prostitutas e os tipos de desordem conhecidos de todo xerife de ficção. Talvez o mais grave de tudo seja a erosão dos valores simples da vida de pioneiro, tanto dos colonizadores como dos guerrilheiros. Quem vai acreditar novamente que a boa vida é um pedaço de terra limpa na floresta, um cão de caça e um pouco de mandioca e bananas?

Visto de um posto de observação mais alto, o narcotráfico é consideravelmente mais alarmante, embora não — até agora — por causa do vício, assunto sobre o qual os colombianos permanecem indiferentes. Ninguém deu manchete ao fato de que, nos últimos seis meses, a polícia de Bogotá apreendeu exatamente quinhentos gramas de cocaína ("tanto quanto há neste prédio agora ou em qualquer outro escritório deste tamanho", para citar um informante de Bogotá). A verdadeira preocupação é a corrupção universal disseminada por uma indústria que agora proporciona à Colômbia mais receita de exportação do que o café[9] e, visto que o número de pessoas envolvidas nela é tão pequeno, produz de longe os homens mais ricos do país. (Uma vez que dinheiro novo e arte nova andam juntos, diz-se também que suas compras transformaram o mercado local de pintura contemporânea.) Corrupção dos juízes, que enfrentam a escolha entre ficar rico ou ser morto. Corrupção do Exército, até o nível de alguns generais, como oficiais honestos admitirão amargamente, pois nada é mais útil ao narcotráfico do que o sistema de transporte rodoviário e aéreo das Forças Armadas. Corrupção, óbvio, da polícia e, menos óbvio, dos guerrilheiros. Paradoxalmente, a única parte da vida colombiana que se recusou a abrir espaço para os barões da droga é a política. Durante a presidência de Turbay (1978-82), houve sinais de que os barões da droga, desesperadamente interessados em entrar para o antigo establishment, estavam se infiltrando na política nacional; mas, enquanto os candidatos ainda pegam dinheiro onde o encontram, representantes conhecidos do tráfico são mantidos fora da política.

A vida nacional é tão permeada por essa corrupção que a legalização do tráfico de drogas é ampla e seriamente sugerida como a única maneira de eliminar os lucros estratosféricos e o incentivo ao suborno. A cocaína é vista como apenas mais um produto na história dos países tropicais, como o açúcar, o tabaco e o café. Exportá-la é um negócio como qualquer outro e, neste caso, um negócio que existe simplesmente porque os Estados Unidos insistem em cheirar ou fumar a coisa em quantidades cada vez mais astronômicas. Deixados de lado e aos princípios de Adam

Smith, os consórcios de investidores de Medellín não se considerariam mais criminosos do que os empreendedores holandeses ou ingleses no comércio das Índias (inclusive o ópio), que organizavam suas cargas especulativas mais ou menos da mesma forma. O tráfico se ressente de ser chamado de máfia. É bastante diferente das máfias italianas ou ítalo-americanas, tanto do ponto de vista estrutural quanto sociológico.

Trata-se basicamente de um negócio comum que foi criminalizado — tal como os colombianos o veem — pelos americanos, incapazes de administrar seus próprios assuntos. Nos últimos dois anos, em duas ocasiões os maiores nomes do tráfico ofereceram-se para pagar a dívida nacional e se retirar da cocaína, em troca de anistia e legitimidade. De qualquer modo, alguns dos maiores agentes estão agora fora do tráfico e se dedicam ao seguro de cargas. E se a cocaína fosse tão legal quanto o café, com o qual, por sinal, os traficantes de drogas têm conexões comerciais, a próxima geração de agentes não ganharia um monte de dinheiro como as primeiras. E, em todo caso — é um comentário ouvido com frequência —, se os gringos fossem tão sérios em relação ao perigo das drogas como alegam, por que não acabam com as plantações de maconha do condado de Mendocino com herbicida, como fazem em Guajira, e enviam tropas através da Geórgia como fazem na Bolívia? O presidente Barco falou por quase todos os colombianos, inclusive aqueles solidamente a favor da política externa dos Estados Unidos, quando anunciou que sob nenhuma circunstância permitiria a presença de tropas americanas em solo colombiano.

No entanto, as drogas não são o mais importante para a maioria dos colombianos. Eles estão bastante dispostos a deixar os aspectos mais sensacionalistas do assunto para autores estrangeiros como Charles Nicholl em *The Fruit Palace* (Londres, 1986), uma denúncia antiquada que finge ser uma rapsódia da *Rolling Stone*. Eles têm coisas mais preocupantes para pensar, enquanto o presidente Barco enfrenta seus primeiros cem dias, do que "uma odisseia através do submundo da cocaína da Colômbia". E se estivéssemos no lugar deles, nós também.

Novembro de 1986

Algumas notas do ensaio original foram omitidas nesta versão.

30. Nacionalismo e nacionalidade na América Latina

O nacionalismo é um tema de interesse acadêmico urgente em muitas partes do mundo, porque é também um tema de interesse político urgente. Este ensaio trata de uma parte do mundo que, em ambos os aspectos, é um tanto anômala: a América Latina. Isso é estranho, à primeira vista, já que foi seriamente sugerido por Benedict Anderson em *Comunidades imaginadas* que as verdadeiras pioneiras mundiais do nacionalismo moderno foram as cidades crioulas da América espanhola do século XVIII. No entanto, o nacionalismo de elites minoritárias não deve ser confundido com o nacionalismo que possui ou desenvolve uma base popular de massa sob a forma de consciência nacional ou de um apego aos símbolos e instituições da nacionalidade, embora possam existir vínculos históricos entre os dois. E deve ser identificado menos ainda com as formas étnicas/religiosas ou exclusivistas de consciência nacional. Em ambos os aspectos, a América Latina se desenvolveu tardiamente. Com efeito, ela continua, em grande parte, imune ao nacionalismo étnico-cultural moderno até hoje.

Examinemos brevemente o período colonial e do início da independência. No final do século XVIII, a tensão entre os colonos e a metrópole e seus habitantes estava crescendo, assim como a demanda por autonomia dos colonizadores, tanto no Império Espanhol quanto no Britânico. Não é impossível detectar elementos potencialmente nacionalistas em alguns porta-vozes da defesa da autonomia da elite crioula, em especial onde era possível elaborar, como na Nova Espanha, o mito de que os crioulos e mestiços representavam, em certo sentido, uma tradição não hispânica e autóctone, embora sem dúvida cristianizada, ou seja, uma continuidade com os impérios pré-colombianos. O forte tom asteca do nacionalismo mexicano moderno é resultado dessa "invenção da tradição" nos séculos XVII e XVIII. Contudo, esse nacionalismo potencial era limitado pela desconfiança aguda dos crioulos em relação às massas americanas e pelo temor de suas revoluções sociais, dramaticamente exemplificadas por Túpac Amaru, na década de 1780, e Toussaint Louverture na década de 1790. Com efeito, como mostra Anderson, o nacionalismo crioulo foi, em grande parte, dirigido contra a política aparentemente pró-indígena da Coroa espanhola, e à independência latino-americana se contrapôs o apoio das comunidades indígenas ao poder colonial espanhol. Além disso, a verdadeira ideologia da emancipação, tanto na América Latina como na britânica, foi a do Iluminismo, para o qual a "nação" não era, de modo algum, um conceito herderiano ou sociológico e cultural. Ao jogar fora suas correntes e escolher liberdade, "o povo" constituía ele mesmo "a nação", independentemente de sua composição anterior. Uma nação, de acordo com o abade Sieyes, era apenas "a totalidade dos indivíduos, unidos, vivendo sob uma lei comum e representados pela mesma assembleia legislativa". Nos casos clássicos dos Estados Unidos e da França, não tinha outros limites. "A nação" era um convite aberto para se unir a ela. De qualquer modo, a decisão de rebelar-se contra a Espanha não implicava necessariamente uma rejeição da hispanidade. [...]

Mas isso me leva a uma questão crucial sobre a independência latino-americana, ou pelo menos hispano-americana (a separação do Brasil de Portugal foi bem diferente). Por que uma nação norte-americana surgiu muito rapidamente entre a Declaração de 1776, de treze colônias separadas, ainda que aliadas, e o final do século, enquanto nada parecido aconteceu na América espanhola? É suficiente dizer que o Império Espanhol era tão vasto e heterogêneo que uma rebelião unânime e coordenada como a das treze colônias era impossível? É suficiente assinalar que áreas importantes de dentro do Império eram contra a independência — uma oposição muito mais eficaz do que qualquer uma porventura existente nos futuros Estados Unidos? É suficiente lembrar que a população branca das treze colônias, embora modesta em 1790 — pouco menos de 4 milhões —, era quase certamente maior, em termos absolutos, e muito maior em termos relativos do que a população branca total de toda a área que ia da Califórnia ao cabo Horn, estimada em menos de 3,5 milhões no final do período colonial (1825)? Além disso, não se deve esquecer que as principais cidades latino-americanas eram muito maiores do que suas equivalentes norte-americanas. Na época do primeiro censo dos Estados Unidos (1790), nenhuma cidade norte-americana tinha mais do que 42 mil habitantes (Filadélfia), enquanto a Cidade do México estava a caminho dos 120 mil, Lima dos 53 mil e até Caracas aproximava-se de 40 mil habitantes.[1] Mas a independência trouxe o declínio da elite urbana latino-americana e a ascensão dos proprietários rurais e seus peões. É possível argumentar que, em decorrência disso, o eleitorado natural da "nação política" na América espanhola foi enfraquecido, pois, numa independência dominada por fazendeiros, era mais provável que prevalecessem os interesses locais e regionais. Tudo isso é verdade. Não obstante, o fato é que nas treze colônias a ideia de uma nação separada constituída pela totalidade de seus habitantes (brancos e livres) já fazia parte da consciência antes mesmo da declaração de independência — talvez mais entre o povo comum do que entre a elite —, e o senso de unidade entre eles era inegável. É difícil detectar esse senso na América Latina, exceto no Brasil, onde a totalidade do Império Português se separou como um único Estado. Como sabemos, até mesmo as tentativas de formar unidades regionais maiores (Grande Colômbia etc.) fracassaram.

Em consequência, os Estados latino-americanos (ou pelo menos hispano-americanos) que surgiram das guerras de independência não eram "nações" ou "Estados-nações" em nenhum sentido realista, nem eram resultado de movimentos de libertação nacional. Em grande parte da região, até mesmo as divisões administrativas coloniais, que deveriam proporcionar (como na África pós-colonial) uma boa parte da estrutura dos novos Estados, eram comparativamente novas. Eram produto da reorganização colonial pela monarquia espanhola no século XVIII e, às vezes, no final desse século. Em cada um desses países, com a provável exceção do Chile (escolhido para a existência nacional bem-sucedida pelo próprio Bolívar), as rivalidades locais e regionais eram muito mais óbvias do que até mesmo suas elites tinham em comum. Daí a persistente história de guerras civis ou intrarregionais nas primeiras décadas da independência, mesmo em zonas geograficamente coerentes como a bacia do Prata. Daí também a persistente tendência dos países latino-americanos de formar federações oficiais ou não oficiais, até que o poder central do Estado começou a estabelecer um controle sério sobre seu território, principalmente no decorrer do século XX. Em realidade, nem mesmo as elites dos novos países tinham muita homogeneidade ou perspectiva. Viviam em países cujos nomes eram muitas vezes invenções posteriores à independência. Eram nacionais somente na medida em que as instituições desses novos Estados, e em particular sua constituição representativa nominalmente liberal, lhes propiciavam um palco nacional para representar suas combinações e conflitos. Os únicos corpos com um genuíno interesse nesses Estados como unidades "nacionais" talvez fossem os exércitos que os criaram ou cujos caudilhos tomaram-lhes o poder. Depois que a existência de um novo país deixou de ser questionada e a secessão regional foi excluída de sua política (após 1830, isso ocorreu apenas de forma ocasional e sob influência externa, como no Acre ou no Panamá), os exércitos, por mais frequente que houvesse mudança de seus chefes, eram praticamente as únicas instituições identificadas com todo o território da república. O poder a que qualquer caudilho aspirava era nacional. Considerando-se a raridade com que os soldados de uma república americana derramaram o sangue dos soldados de outro país nos últimos 150 anos (com as notáveis exceções da Guerra da Tríplice Aliança, 1864-70, Guerra do Pacífico, 1879-84, e da Guerra do Chaco, 1932-5), a glória militar desempenha um papel totalmente desproporcional nos mitos nacionais da América do Sul.

Podemos, com o assentimentos de todos, eliminar o povo comum como vetor da nova consciência nacional, com exceção talvez do Paraguai e do Uruguai de Artigas, onde a independência foi conquistada e defendida menos contra a antiga potência colonial do que contra Buenos Aires e o Brasil. Alguma coisa parecida com uma genuína consciência popular certamente se desenvolveu em partes do México, em torno da Virgem de Guadalupe, sucessora da divindade pré-colombiana Tonantzin. Homens levantaram-se sob sua bandeira na época de Hidalgo e Morelos. Porém, enquanto o guadalupismo se fundiu sem dúvida com a consciência nacional entre as massas mexicanas, a Virgem negra na época de Hidalgo era menos um símbolo de *nacionalidade* do que a padroeira e protetora dos *pobres*, que eram ou são nacionais somente porque são pobres mexicanos. A ideologia popular andina, sob a forma do milenarismo inca, bem analisada por Alberto Flores Galindo em *Buscando un inca: Identidad y utopía en los Andes* (1986), não tinha nenhuma conexão com as novas repúblicas até a década de 1920.

Tampouco há qualquer motivo para que esperássemos que o povo tivesse muito interesse pela nação ou mesmo por qualquer conceito dela. Os criadores da ideologia nacional em seus países não estavam interessados no grosso dos habitantes do continente ou, com maior probabilidade, consideravam-nos o principal obstáculo ao progresso nacional ou de qualquer outro tipo. Antonio Candido comparou com perspicácia Domingo Faustino Sarmiento, lutando contra a tirania interiorana de Rosas, na Argentina, com Euclides da Cunha tentando entender, sessenta anos depois, o fenômeno dos habitantes do sertão da Bahia no Brasil. O subtítulo do *Facundo* (1845) de Sarmiento, "civilização e barbárie", poderia ser igualmente o subtítulo de *Os sertões* (1902) de Euclides da Cunha.[2] Por um lado havia, para citar o argentino Esteban Echeverría (1829), o princípio do progresso, da livre associação e da liberdade, representado para Sarmiento pelas cidades; de outro, "o princípio anárquico antissocial do status quo, da ignorância e da tirania", representado pelo campo. E a cidade, na época de Sarmiento, embora não mais na de Euclides, não era apenas uma minoria, mas politicamente marginalizada.

Em resumo, os progressistas precisavam gerar um sentimento nacional para substituir as antigas e poderosas coletividades e corporações — locais, ocupacionais, religiosas, étnicas etc. — que eram obstáculos tão resistentes ao progresso. Mas isso implicava um ataque frontal contra tudo o que a massa da população latino--americana prezava. Não é de admirar que as elites locais fossem atraídas por uma ideologia internacional como o positivismo de Comte, idealmente adequado à situação de determinada elite modernizadora com poder estatal, confrontada com a massa de forças populares imóveis e hostis. A ideologia nacional brasileira tornou-se comtiana e, não fosse pela revolução, o México talvez também tivesse se tornado positivista.

Era tamanho o desespero em relação a essas massas que, como sabemos, muitos dos crentes no progresso consideraram que a única solução era a imigração em massa de raças "superiores", isto é, os europeus, e a marginalização de índios e negros, ou até mesmo dos crioulos corrompidos pela barbaridade circundante. Apenas o México não mostrou entusiasmo por essa solução, já que o afluxo de *gringos* estava compreensivelmente associado à transferência de grande parte do México para os Estados Unidos no século XIX. Porém, em outros aspectos, o seu impacto econômico e cultural foi bem acolhido, assim como o dos britânicos. O progressismo e o nacionalismo de classe média do século XIX não eram dirigidos contra o imperialismo estrangeiro. A pronta acolhida das empresas estrangeiras e da imigração era inteiramente compatível com seu tipo de nacionalismo. Não há razão para duvidar que a classe dominante política chilena se sentisse e se sinta chilena, embora quase todos os seus membros — com exceção de alguns bascos onipresentes — tenham nomes de clara origem estrangeira: Edwards, Pinochet, Frei, Allende Gossens, Alessandri, Marmaduke Grove, Foxley etc. Por outro lado, esse nacionalismo excluía o apelo ao que poderia ser chamado de nacionalismo populista étnico ou histórico. Lembremos Martín Fierro, no poema épico de José Hernández, que cantava:

> *O gaúcho só tem de sorrir e suportar*
> *até que a morte venha engoli-lo*
> *ou temos um tipo crioulo para governar*
> *esta terra à maneira gaúcha.*[3]

Esse ressentimento provinciano foi o que uma nova fase do nacionalismo, no governo de Perón, aprendeu a mobilizar com tanto sucesso: a hostilidade da "verdadeira Argentina" contra os portenhos de Buenos Aires e os estrangeiros. De fato, a realidade do peronismo era bem diferente. No exército de Perón, mais da metade dos generais era de filhos de imigrantes, indicando uma disposição para assimilar e uma velocidade de assimilação sem paralelo no mundo fora da América Latina.

Assim, até o século XX, temos, grosso modo, duas fases do nacionalismo latino-americano: a fase pós-independência, quando, apesar da retórica revolucionária francesa e da agitação da bandeira militar, não foi muito significativa; e a era em que praticamente coincidiu com o antitradicionalismo. Identificou-se a "nação" com o progresso, isto é, com o desenvolvimento econômico e o estabelecimento de um poder estatal efetivo sobre todo o território nacional. Somente aqueles comprometidos com o progresso, ou que ao menos o aceitavam, poderiam ser vistos como verdadeiros membros da nação.

A terceira fase começa com a Revolução Mexicana e os ecos da Revolução Russa. Caracterizou-se não só pela participação ativa e positiva dos movimentos populares na política em escala nacional, mas também pelo reconhecimento, entre intelectuais e políticos, de que a nação consistia do povo — *todas as pessoas*, exceto talvez os índios da selva. Três exemplos podem ilustrar isso. O primeiro é o movimento estudantil que, tendo iniciado em Córdoba (Argentina) em 1918, se espalhou rapidamente pela América Latina, para Peru, Uruguai, Chile, Colômbia, Venezuela, México e Cuba, e inspirou novos movimentos democráticos populistas e nacionalistas, como a futura Apra no Peru e talvez o futuro Partido Revolucionário Institucional (PRI) no México, o Movimento Nacionalista Revolucionário (MNR) na Bolívia, a Ação Democrática na Venezuela, entre outros. Esses movimentos eram nacionalistas no sentido de serem, pela primeira vez, fundamentalmente anti-imperialistas e de definir o "povo" como objetivo básico da ação política dos intelectuais. O segundo exemplo é o Peru da década de 1920, em que o indigenismo, isto é, o reconhecimento de que os índios constituem o núcleo do povo peruano, tornou-se fundamental para a consciência nacional peruana. Isso se manifestou não só através de intelectuais oposicionistas, como Mariátegui e Haya de la Torre, mas até mesmo na política oficial dos governos de Leguía, Prado e Sánchez Cerro. O terceiro exemplo é o Brasil depois de 1930. Os três livros daquela década que formaram o conceito de Brasil e brasilidade dos intelectuais modernos foram certamente *Casa-grande e senzala*, de Gilberto Freyre, *Raízes do Brasil*, de Sérgio Buarque de Holanda, e *Formação do Brasil contemporâneo*, de Caio Prado Júnior. O que os três têm em comum é a denúncia do preconceito racial, a integração do índio, do negro e dos descendentes da miscigenação na "nação" identificada até agora com os brancos nativos ou imigrantes. Em resumo, o que eles tinham em comum era a extensão do conceito de "nação" às massas de seus habitantes.

O que tornou essa extensão mais fácil do que antes, pelo menos para os intelectuais revolucionários, foi que as massas pareciam agora prontas para a ação revolucionária — e dava-se por certo que a revolução visava criar com precisão aquela sociedade dedicada à ciência, ao progresso e ao esclarecimento, pelos quais as massas tinham até então demonstrado tão pouco interesse. Haya de la Torre era no mínimo um modernizador tão apaixonado quanto Sarmiento, assim como Mariátegui. "O camponês andino espera por um Lênin", escreveu [Luis Eduardo] Valcárcel [historiador e antropólogo peruano].[4] A Revolução Mexicana provara que poderia produzir pelo menos um Zapata e um Villa. Além disso, por mais enganosa que fosse a suposição de que todas as massas rurais só esperavam por seu Lênin, era inegável que *algumas* seções importantes delas poderiam ser mobilizadas pela esquerda. Em todo caso, os movimentos de massa da esquerda poderiam agora surgir não só, como no Cone Sul, nas classes operárias compostas, em grande parte, por imigrantes, mas também, como no Peru, no proletariado não branco. A Apra tornou-se um partido de massa dos trabalhadores, ainda que o seu impacto sobre o interior indígena fosse apenas marginal. A partir da Revolução Mexicana, todas as ideologias nacionalistas das Américas incluíram as massas.

Mas não negligenciemos o outro aspecto do novo nacionalismo, seu anti-imperialismo ou xenofobia. Ele assumiu a premissa nova de que a tarefa principal da nação, ou seja, a modernização através do desenvolvimento econômico, tinha de ser levada a cabo *contra* a Europa e os Estados Unidos, e não essencialmente *por meio* de investimento estrangeiro, exportações primárias e simbiose com as empresas estrangeiras em geral. Por razões óbvias, o nacionalismo anti-imperialista, embora tivesse existido anteriormente, sobretudo nas regiões expostas à diplomacia das canhoneiras de Washington, veio à tona com a Grande Depressão. Não estamos falando apenas de uma nova consciência nacionalista popular, que logo assumiu a forma de um simples ódio aos estrangeiros ou forasteiros, como no México, onde, ao que tudo indica, levou a um aumento do assassinato de estrangeiros — curiosamente, de orientais e turcos, em vez de *gringos* —, fato que ao menos um autor, F. C. Turner, em *The Dynamics of Mexican Nationalism* (1968), utilizou como um índice do desenvolvimento do nacionalismo popular. Penso antes nos tipos de ideologia desenvolvimentista que encontramos no Brasil entre autores como Hélio Jaguaribe, que não renegou o rótulo de "burguesia nacional". Para essas pessoas, a "nação" era, como no pensamento europeu do século XIX, uma unidade de desenvolvimento econômico baseada na "existência de um território contínuo [que] estimula a integração econômica, a qual ocorre ainda mais prontamente em proporção com sua unidade cultural já existente". Porém, o fato de o Brasil ter se desenvolvido como uma economia de exportação primária dependente da Europa impedia a integração. Em *O nacionalismo na atualidade brasileira* (1958), Jaguaribe argumentava que isso privou o Brasil tanto das condições quanto dos incentivos para alcançá-la. No entanto, o que se desenvolveu recentemente foi um nacionalismo cultural, ligado ao movimento modernista nas artes e a outras correntes inovadoras, seguido por um nacionalismo econômico que exigiu o desenvolvimento estatal dos recursos minerais e de um nacionalismo político identificado com a democracia, a justiça social e o fortalecimento do poder central e local contra o poder dos estados.

Desenvolvimentista, anti-imperialista — isto é, antiamericana, popular e preocupada com as condições de vida da massa do povo e politicamente inclinada para a esquerda: assim tem sido a principal corrente do nacionalismo latino-americano desde os anos 1930. Durante aquela década, por um momento pareceu que uma corrente de direita, inspirada pelo fascismo europeu, poderia competir com ela, mas o fim de Hitler e Mussolini eliminou essa alternativa. De qualquer modo, as bases sociais desses movimentos fascistas na América Latina eram muitas vezes bem diferentes das dos originais europeus. O principal antagonista dessa corrente nacionalista progressista atual é, mais uma vez, o desenvolvimentismo através do neoliberalismo econômico, seja sob auspícios civis ou militares. Hoje em dia, a tendência "burguesa nacional", o capitalismo de Estado desenvolvimentista e as tendências socialistas estão em retração, embora essas ideologias sejam provavelmente ainda mais fortes na América Latina do que em qualquer outra região do mundo.

Duas outras questões podem ser levantadas em conclusão. O que aconteceu com a consciência nacional de *massa* e qual é a perspectiva para o nacionalismo latino-americano no atual renascimento mundial das tendências nacionalistas? Quando a massa de mexicanos comuns passou a ver-se como mexicanos, ou de hondurenhos como hondurenhos? Não é uma pergunta fácil. Não basta que homens e mulheres sejam contados, registrados ou tributados por um governo para sentir uma identificação primária, ou qualquer que seja, com o país que esse governo alega representar. Se eles gozam de direitos civis, por exemplo, num sistema político democrático, é mais provável que se identifiquem com seu país, em especial se as pressões democráticas levam a reformas sociais ou outras vantagens que claramente os beneficiam. Podemos quase com certeza supor uma consciência nacional no Uruguai desde Batlle, na Argentina desde Sáenz Peña. Mais uma vez, grandes levas de imigrantes, tratados como membros de determinada nação no exterior, desenvolverão uma consciência nacional, mesmo que ela esteja ausente em seu país de origem. [...] Da mesma forma, se as pessoas forem mobilizadas por uma força que prega o nacionalismo, elas se identificarão com a "nação" por intermédio dela: todos os apristas estarão conscientes de sua peruanidade, e todos os peronistas provavelmente se sentirão muito argentinos.

No entanto, alguém sugeriu que, pelo menos na América Latina, a identificação com a nação através da admiração por uma *pessoa* que representa a nação é mais importante do que outras formas de identificação política. Não há muita dúvida de que Getúlio Vargas inspirou mais brasileiros pobres a se sentirem brasileiros do que ninguém antes ou depois dele. Nesse sentido, a antiga tradição do caudilhismo levou algumas vezes ao conceito moderno de nacionalismo, pois os caudilhos se transformaram em líderes revolucionários ou populistas — até mesmo candidatos pouco prometedores, como os generais Odría (Peru) e Rojas Pinilla (Colômbia).

Não obstante, a força mais decisiva para a criação da consciência nacional foi, sem dúvida, o desenvolvimento da moderna cultura de massa, especialmente reforçada pela tecnologia. Desde a criação da Copa do Mundo, é absolutamente certo que cada habitante de um país com acesso a um rádio ou uma televisão — e quem não tem esse acesso desde a década de 1960? — desenvolveu uma forma de patriotismo, pelo menos se o país possui uma equipe de futebol séria. A Copa do Mundo remonta a 1930, quando, como todos deveriam saber, o Uruguai venceu a Argentina na final. Com efeito, a América Latina é, sem dúvida, o único continente em que o partidarismo do futebol levou ou, pelo menos, contribuiu para uma guerra real — a "guerra do futebol" de 1969 entre El Salvador e Honduras. O desenvolvimento do rádio foi igualmente fundamental, mais do que o da televisão, porque transformou certos tipos de música ou até certas canções — e não estamos falando de hinos nacionais — em símbolos de seus países entendidos por todos, dentro e fora de suas fronteiras, e porque levou as notícias nacionais a áreas remotas e ao alcance dos analfabetos. Ao contrário da cultura impressa, a nova cultura oral e visual de alta tecnologia não conhece limites educacionais.

Além disso, é inevitável que a própria expansão da alfabetização, isto é, da escolaridade, gere alguma consciência nacional, já que grande parte da escola em todos os lugares é dedicada a inculcá-la. Um estudo comparativo de dois departamentos peruanos feito por Howard Handelman ilustra esse ponto. Há 25 anos, apenas 8% dos adultos das comunidades de Cusco tinham rádios, menos de 30% das crianças frequentavam a escola, a porcentagem de adultos alfabetizados era inferior a 20% e apenas 13% viajavam para cidades próximas. Por outro lado, em Junín, mais da metade das crianças frequentava a escola, 45% dos adultos tinham rádios e 30% eram alfabetizados. Em 60% das comunidades, todos ou a maioria dos membros falavam espanhol, enquanto em Cusco a maioria das pessoas não falava espanhol e praticamente não havia comunidades bilíngues.[5] Sem levar muito longe a tese de Karl Deutsch do nacionalismo como uma função da comunicação, deveríamos esperar que a política rural em Junín fosse muito mais "nacional", o que de fato é o caso. Já em 1930, na comunidade militante de Huasicancha, descrita de forma correta por Gavin Smith como um assentamento particularmente remoto, as discussões sobre a situação política nacional "faziam parte do discurso cotidiano da aldeia".[6] Contudo, nunca devemos esquecer que até mesmo a consciência de que a sua luta tinha uma dimensão nacional não significava que o Peru, como tal, estivesse no centro das mentes dos huasicanchinos, em comparação com seu problema de fato importante, o conflito de terras com a vizinha Hacienda Tucle. No entanto, ao chegarmos à década de 1960, não há dúvida alguma de que bandeiras peruanas, o símbolo-padrão da nação, eram universalmente carregadas em invasões de terras pelos camponeses, tanto que em determinado lugar noticiou-se que os camponeses faziam bandeiras com *a finalidade* de usá-las nas invasões. Tanto quanto eu saiba, isso não ocorria no surto anterior de agitação agrária, em 1946-8. Não podemos deixar de concluir que nesse intervalo houve um crescimento substancial de alguma forma de consciência nacional entre as massas, com toda probabilidade, como um subproduto da emigração maciça do altiplano nos anos 1950, que intensificou os contatos entre os moradores das aldeias e o mundo urbano. Hoje, é provável que muito poucos habitantes, mesmo aqueles que vivem em zonas rurais remotas da América Latina, careçam de algum senso de identificação nacional com sua república ou país de origem, embora não esteja muito claro o que isso significa — se é que significa — em termos políticos concretos.

Uma coisa, no entanto, está clara. As revoluções que são consideradas populares e governos vistos como tendo legitimidade popular genuína incentivam um vínculo positivo com a nação, como ilustra a comparação entre as atitudes italiana e mexicana feita por Almond e Verba em 1960.[7] Ambos eram então Estados semidesenvolvidos de origem católica. Na Itália, apenas 3% dos entrevistados manifestaram orgulho por algum aspecto político de sua nação, mas no México foram 30%. Além disso, quase dois terços da amostra mexicana disseram que poderiam citar alguns dos ideais e objetivos da Revolução Mexicana e assim o fizeram: democracia, liberdade política, igualdade, reforma agrária e — significativamente — liberdade nacional.

Mas e o futuro? A fase atual do nacionalismo em outras regiões do mundo tem três características: (1) é fortemente étnico-linguística e/ou religiosa em sua justificação; (2) é em grande parte separatista, na medida em que pretende a divisão de países maiores, como Canadá, Espanha ou Grã-Bretanha; e (3) é fortemente historicista na medida em que utiliza o passado religioso, cultural ou político como ponto de referência e, em casos extremos, a fim de definir um programa para o futuro, principalmente de expansão territorial, como entre os extremistas israelenses. Pode-se também dizer que (4) é em grande parte dirigida contra inimigos *internos* (um governo central, imigrantes, outras minorias etc.), em vez de contra outros países.

Isso ilustra a anomalia da América Latina. Do ponto de vista linguístico, na maioria da região, o espanhol ou o português é a língua escrita comum, e embora outras línguas indígenas sejam usadas e venham ganhando cada vez mais o reconhecimento oficial, seguindo o exemplo do guarani no Paraguai, elas não são consideradas alternativas potenciais ao espanhol e ao português, mesmo por seus falantes. O fundo religioso de todos os países do continente é católico e, embora existam cultos nativos e sincréticos, nenhum país, com a provável exceção do Haiti, os considera essenciais para sua identidade, embora não seja inconcebível que isso possa acontecer um dia no Brasil. Os imigrantes vindos em massa de todas as regiões do mundo integraram-se extraordinariamente bem nas áreas onde foram significativos (Argentina, Uruguai, sul do Brasil), exceto talvez a grande comunidade judaica na Argentina, tanto excluída como isolada por iniciativa própria durante uma ou duas gerações. Curiosamente, os imigrantes árabes foram aceitos com mais facilidade e alcançaram as mais altas posições em várias repúblicas (Menem na Argentina, Maluf no Brasil, Turbay na Colômbia e outros na Bolívia, Equador etc.).

Houve fricções aqui e ali decorrentes de migrações transfronteiriças de trabalhadores, como entre El Salvador e Honduras, e mais recentemente Colômbia e Venezuela, mas em geral as grandes correntes migratórias, como a da Bolívia e do Paraguai para a região de La Plata, não parecem ter causado muitos problemas — certamente muito menos do que migrações semelhantes na Europa e na América do Norte. Em todo caso, a homogeneidade étnica, real ou imaginária, não faz parte da consciência nacional latino-americana, uma vez que pertence inteiramente aos crioulos de classe alta. Quanto à história, ela mais une do que divide grandes partes do continente, como indica a tendência persistente, tanto de intelectuais da região como estrangeiros, de tratar o continente como uma única unidade. É possível até mesmo ouvir intelectuais brasileiros falarem sobre "o pensamento latino-americano". A Europa não tem um senso comparável de unidade, apesar dos esforços de Bruxelas. Uma carreira como a de Che Guevara, que o levou da Argentina, via México e Cuba, para a Bolívia, é difícil de imaginar na Europa, ao menos por razões linguísticas. Mas não só por questões de idioma. No discurso de Fidel, ouvimos um eco de um libertador de todo o continente, e é simbólico que, no crepúsculo do sonho de Fidel, García Márquez escreva sobre o fracasso e a morte de Bolívar.[8]

Por fim, o separatismo é insignificante em comparação com o Velho Mundo, ainda que não possamos excluir a possibilidade de que ele possa algum dia se desenvolver. Contudo, embora não possa ser ignorado no universo insular do Caribe, os raros e até agora temporários exemplos no continente — Santa Cruz na Bolívia, Rio Grande do Sul no Brasil — tiveram pouco a ver com nacionalismo. A popularidade tradicional das Constituições federais e a fraqueza e ineficácia da máquina central do Estado talvez tenham deixado muito mais espaço do que na Europa para uma efetiva autonomia local.

É impossível prever tendências futuras. Embora haja provavelmente mais margem para disputas tradicionais entre exércitos nacionais, como testemunham os conflitos periódicos a respeito de zonas fronteiriças mal definidas, principalmente em torno da Bacia Amazônica, verdadeiras guerras entre as repúblicas não são muito prováveis. Os apelos nacionalistas servirão, sem dúvida, para reforçar a atuação na política interna dos demagogos e líderes populistas, mas, tendo em vista o comportamento discreto das migrações de trabalhadores na região, parece estar ausente a xenofobia generalizada da Europa Ocidental e da América do Norte. É possível que o caldeirão das nações latino-americanas se divida em comunidades mutuamente hostis com base na raça, na língua ou qualquer outra coisa? Isso não é impensável nos países andinos com fortes populações indígenas, onde há um indubitável substrato de ressentimento indígena contra crioulos e cholos, como testemunham os 45% de votos que o candidato não branco (japonês) Alberto Fujimori obteve contra o romancista Mario Vargas Llosa, alguns deles sem dúvida porque "el Chinito" visivelmente *não* era branco. Tendências similares podem existir em partes do México. Mas isso são especulações. Na maioria das outras regiões do mundo, e certamente na Eurásia, a ascensão dos movimentos nacionalistas é uma realidade imediata. Na América Latina, é objeto de conjeturas. Por enquanto, sorte da América Latina.

1995

Algumas notas do ensaio original foram omitidas nesta versão.

31. Uma relação de quarenta anos com a América Latina

Em 1962, quando fui pela primeira vez à América Latina,* o continente estava em um de seus estados de ânimo periódicos de expansiva confiança econômica, articulada pela Comissão Econômica para a América Latina, órgão da ONU constituído por um grupo continental de cérebros localizado em Santiago do Chile sob a chefia de um banqueiro argentino, que recomendava uma política de industrialização planejada patrocinada pelo Estado e, em grande medida, de propriedade estatal e crescimento econômico mediante a substituição de importações. Parecia funcionar, pelo menos para o gigantesco Brasil, acossado pela inflação, mas em fase de crescimento. Foi a época em que Juscelino Kubitschek, presidente de origem tcheca, lançou a conquista do vasto interior brasileiro por meio da construção de uma nova capital nessa região, projetada em grande parte pelo mais eminente arquiteto do país, Oscar Niemeyer, conhecido membro do poderoso porém

* América Latina continental. Eric visitara Cuba em 1960. (N. O.)

ilegal Partido Comunista que me disse havê-la projetado pensando em Engels.

Seus principais países se encontravam também numa das fases ocasionais do continente de governo constitucional civil, que em breve terminaria. Entretanto, o *caudillo* do tipo antigo já estava em declínio, pelo menos fora do Caribe. Os regimes dos torturadores iriam ser coletivos de oficiais sem rosto e quase insípidos. Na América do Sul daquele tempo, o único país sob ditadura militar era o incomumente atrasado Paraguai, sob o comando do eterno general Stroessner, um regime antipático que tratava bem os nazistas expatriados num país belo e encantador, cuja renda vinha em grande parte do contrabando. O tocante *O cônsul honorário*, de Graham Greene, é uma excelente apresentação ao país.

[...]

O que era imediatamente evidente nesses países [sul-americanos] não era tanto a imensa desigualdade econômica, que não deixou de aumentar desde então, mas o enorme hiato entre as classes dirigentes e intelectuais com as quais os acadêmicos visitantes tinham contato e as pessoas comuns. Os intelectuais, a maioria proveniente das "boas" famílias, com padrão confortável, em sua maioria brancas, eram sofisticados, muito viajados e falavam inglês e (ainda) francês. Como acontece com frequência no Terceiro Mundo (ao qual os argentinos vociferantemente se recusavam a pertencer), formavam a mais tênue camada social do continente. [...] Se tivessem atividade política, é quase certo que teriam passado algum tempo como exilados em outro país latino-americano ou teriam viajado à Cuba de Castro; se fossem acadêmicos, teriam passado algum tempo como membros de alguma entidade multinacional em Santiago, no Rio ou na Cidade do México. Como eram poucos, conheciam-se uns aos outros ou sabiam de sua existência. [...] Mas o simples fato de que essas pessoas se moviam num mundo igualmente à vontade em Paris, Nova York e cinco ou seis capitais latinas os separava do mundo em que vivia a maioria dos latino-americanos, de pele mais escura e com menos conexões.

Fora do "Cone Sul" já urbanizado (Argentina, Uruguai e Chile), essas pessoas vindas do interior inundavam as favelas das cidades que explodiam, trazendo consigo seus hábitos rurais. Antes que eu lá chegasse, São Paulo havia dobrado de tamanho em dez anos. Essa gente ocupava os morros da cidade, tal como no interior haviam ocupado partes vazias das grandes propriedades, construindo abrigos e barracos que acabavam se tornando verdadeiras casas, como se fazia na aldeia, com a ajuda mútua de vizinhos e familiares, recompensados com uma festa. Nas feiras de rua de São Paulo, à sombra de novos arranha-céus, as massas vindas do sertão seco do Nordeste compravam camisas e jeans à prestação e livretos ilustrados baratos, com versos sobre os grandes bandidos de sua região. Em Lima, no Peru, já havia estações de rádio transmitindo em quéchua para os imigrantes indígenas das montanhas, já suficientemente numerosos para constituir um mercado, apesar da pobreza. O grande escritor, folclorista e indianista José María Arguedas levou-me a um dos teatros musicais onde, nas manhãs de domingo, o povo das montanhas vinha ouvir canções e anedotas sobre "a terra". ("Alguém aqui vem de Ancash? Palmas para as moças e rapazes de Huánuco!") Em 1962, parecia quase impensável que trinta anos mais tarde eu viesse a supervisionar o doutorado do filho de um deles na New School, em Nova York. É uma experiência extraordinária ter convivido com a primeira geração da história registrada em que um rapaz pobre casado com uma analfabeta de uma aldeia de língua quéchua nas alturas dos Andes pôde tornar-se um motorista sindicalizado de um hospital aprendendo a dirigir um caminhão e assim abrir o mundo para seus filhos. [...]

As pessoas que vinham para as cidades eram pelo menos visíveis nas ruas. As pessoas do interior estavam duplamente afastadas das classes médias, inclusive seus revolucionários como Che Guevara, devido à distância geográfica e social. Até mesmo os que tinham maior interesse em estreitar contatos com eles encontravam obstáculos proibitivos nas diferenças de estilos de vida, para não falar em expectativas de padrões de vida. Poucos especialistas externos viviam realmente entre os camponeses, embora muitos tivessem bons contatos no interior, inclusive, como de hábito, os onipresentes pesquisadores de várias organizações internacionais ligadas às Nações Unidas.

[...] Quando fui pela primeira vez à América do Sul, a principal história "camponesa", se é que havia alguma, tratava das Ligas Camponesas do Brasil, um movimento iniciado em 1955 sob a liderança de Francisco Julião, advogado e político local do Nordeste, que atraíra a atenção de jornalistas norte-americanos por expressões de apoio a Fidel Castro e Mao. (Conheci-o dez anos depois, um baixo, triste e desorientado exilado pelo regime militar brasileiro, vivendo sob a proteção do dramático ideólogo centro-europeu Ivan Illich em Cuernavaca, no México.) As poucas horas passadas no escritório do movimento no Rio, no fim de 1962, revelaram que tinha pouca presença nacional e visivelmente já passara de seu momento culminante. Por outro lado, as duas principais sublevações camponesas ou rurais sul-americanas, que nenhum observador alerta poderia deixar de descobrir em poucos dias ao chegar aos respectivos países, encontravam-se praticamente não documentadas e, na verdade, quase desconhecidas no mundo exterior no fim de 1962. Esses eram os grandes movimentos camponeses nas montanhas e fronteiras do Peru e o "estado de desorganização, guerra civil e anarquia" no qual a Colômbia havia caído desde a implosão do que fora, de fato, uma revolução social potencial por combustão espontânea deflagrada em 1948 pelo assassinato de um tribuno popular nacionalmente famoso, Jorge Eliécer Gaitán.

Mesmo assim, essas coisas não eram completamente remotas do mundo exterior. O vasto movimento de ocupações de terra por camponeses estava no auge em Cusco, onde até mesmo os turistas que não liam os jornais locais podiam observar, ao passar pelos blocos de pedra incaicos no ar frio e rarefeito das tardes na montanha, as infindáveis e silenciosas colunas de índios, homens e mulheres, do lado de fora dos escritórios da Federação Camponesa. O caso mais dramático de revolta rural bem-sucedida na época, nos vales de La Convención, ocorreu abaixo das maravilhas de Machu Picchu, bem conhecidas por todos os turistas na América do Sul já naquela época. A poucas dezenas de quilômetros de trem do grande sítio inca, até o final dos trilhos, e algumas horas a mais na carroceria de um caminhão, chegava-se à capital da província, Quillabamba. Escrevi um dos primeiros relatos de forasteiro a respeito dela.[1] Para um historiador de olhos abertos, em especial um historiador social, até mesmo essas primeiras impressões, quase casuais, constituíam uma revelação súbita. [...] Como seria possível não explorar esse planeta desconhecido, mas historicamente familiar? Minha conversão foi completada uma ou duas semanas depois, entre as infindáveis encostas cobertas de barracas guarnecidas por camponesas aimará, baixotas, de tranças e chapéus-coco, nas imensas feiras livres nas ruas da Bolívia. [...]

A Colômbia era um país de cuja mera existência quase ninguém fora da América Latina parecia ter conhecimento. Essa foi minha segunda grande descoberta. Na teoria, um modelo de democracia constitucional de dois partidos representativos, quase completamente imune a golpes militares e ditaduras, transformou-se na prática, depois de 1948, no campo de morticínio da América do Sul. Nesse período, a Colômbia atingiu uma taxa bruta de homicídios de mais de cinquenta por 100 mil, e até mesmo esses números empalidecem diante do zelo assassino colombiano no final do século xx.[2] [...] Os jornalistas colombianos usaram o termo "genocídio" para descrever os pequenos massacres em assentamentos agrícolas e de passageiros de ônibus — dezesseis mortos aqui, dezoito lá, 24 acolá. Quem eram os assassinos e os mortos? "Um porta-voz do Ministério da Guerra disse que não é possível dar informação categórica sobre os autores, porque os distritos (*veredas*) daquela região [de Santander] eram regularmente objeto de uma série de vendetas entre os partidários das agremiações políticas tradicionais", isto é, os partidos Liberal e Conservador aos quais, como sabem os leitores de García Márquez, todos os colombianos ao nascer já pertencem por laços familiares e lealdade local. A onda de guerra civil conhecida como *La Violencia*, que começara em 1948 e oficialmente já teria terminado havia muito tempo, mesmo assim matou quase 19 mil pessoas naquele "ano tranquilo". A Colômbia era, e ainda é, a prova de que a reforma gradual no quadro da democracia liberal não é a única e nem mesmo a mais plausível alternativa às revoluções sociais e políticas, inclusive as que fracassam ou são abortadas. Descobri um país no qual o fato de não ter havido uma revolução fizera da violência o centro constante, universal e onipresente da vida pública.

Não estava claro o que exatamente significava, ou teria significado, a *Violencia*, embora eu tivesse tido a sorte de chegar bem na época em que o primeiro estudo importante estava sendo publicado, a um de cujos autores, meu amigo sociólogo Orlando Fals Borda, devo minha primeira introdução aos problemas colombianos. Eu deveria ter dado mais atenção na época ao fato de que o principal estudioso da *Violencia* era um monsenhor católico [Germán Guzmán] e que algumas pesquisas pioneiras sobre suas consequências sociais acabavam de ser publicadas pelo padre Camilo

Torres, um jovem espetacularmente bem-apessoado, oriundo de um dos clãs dos fundadores do país e, ao que se dizia, grande destruidor de corações entre as moças da oligarquia. Não por acidente, a conferência dos bispos latino-americanos que iniciou a Teologia da Libertação socialmente radical, alguns anos mais tarde, ocorreu na montanhosa cidade colombiana de Medellín, então ainda conhecida por suas indústrias têxteis e não pelas drogas. Tive algumas conversas com Camilo e, a julgar pelas notas que tomei na ocasião, levei seus argumentos muito a sério, mas ele ainda estava muito longe do radicalismo social que o levou três anos depois a unir-se aos novos guerrilheiros fidelistas do ELN, que ainda existe.

Em meio à *Violencia*, o PC havia formado "zonas de autodefesa armada" ou "repúblicas independentes" como lugares de refúgio para camponeses que desejavam ou precisavam estar a salvo dos bandos assassinos dos conservadores e por vezes dos liberais. Acabaram por transformar-se nas bases do temível movimento guerrilheiro das Farc. As mais conhecidas entre as áreas "libertadas" desse tipo, Tequendama e Sumapaz, eram surpreendentemente próximas de Bogotá, em linha reta, mas, como o país é montanhoso, o caminho era longo e difícil a cavalo ou em lombo de mula. Viotá, um distrito de fazendas de café expropriado pelos camponeses na década reformista de 1930, e de onde os proprietários de terras haviam se retirado, não necessitava entrar na luta. Até mesmo os soldados se mantinham distantes, enquanto Viotá cuidava de seus assuntos sob a supervisão de um dirigente político mandado pelo partido, um antigo trabalhador de cervejaria, e vendia seu café tranquilamente no mercado mundial por meio dos costumeiros intermediários. As montanhas de Sumapaz, terras de fronteira para homens e mulheres livres, estavam sob as ordens de um líder rural "feito em casa", um daqueles raros talentos camponeses que escaparam ao destino cantado pelo poeta

Gray em sua famosa elegia, a de ser "algum Milton inglório e mudo [...] algum Cromwell sem culpa do sangue de seu país". Isso porque Juan de la Cruz Varela estava longe de ser mudo ou pacífico. Durante sua variada carreira como chefe de Sumapaz, ele havia sido proeminente liberal, seguidor de Gaitán, comunista, chefe de seu próprio movimento agrário e liberalista revolucionário, porém sempre firmemente do lado do povo. Descoberto por um daqueles maravilhosos mestres-escolas de aldeia que foram os verdadeiros agentes de emancipação para a maior parte da raça humana nos séculos XIX e XX, tornara-se ao mesmo tempo leitor e pensador prático. Adquiriu sua educação política em *Os miseráveis*, de Victor Hugo, livro que levava consigo por toda parte e no qual marcava os trechos que lhe pareciam particularmente adequados à sua situação ou à situação política da época. Seu marxismo, ou o que nele havia de marxismo, foi adquirido mais tarde, por meio das obras de um clérigo inglês entusiasta da União Soviética e hoje esquecido, o falecido Hewlett Johnson, deão de Canterbury, as quais parece que ganhou de comunistas colombianos cuja crença na revolução agrária o atraiu. Aceito durante muito tempo como pessoa poderosa e influente, cuja região se encontrava fora do alcance das tropas do governo, Varela representou-a no Congresso. [...] As primeiras negociações para um armistício entre o governo colombiano e as Farc ocorreriam no interior de seu território.

As próprias Farc, que se tornariam o mais temível e duradouro dos movimentos guerrilheiros latino-americanos, ainda não haviam sido fundadas quando cheguei pela primeira vez à Colômbia, embora o homem que as comandou militarmente durante muito tempo, Pedro Antonio Marín (Manuel Marulanda), outro líder formado "em casa", já estivesse ativo nas montanhas adjacentes à antiga cidadela da agitação e autodefesa comunista no sul de Tolima. As Farc foram criadas somente quando o governo colombiano, ao experimentar contra os comunistas as novas técnicas antiguerrilha trazidas pelos peritos militares americanos, expulsou os guerrilheiros de sua fortaleza em Marquetalia. Vários anos depois, em meados da década de 1980, eu passaria alguns dias no lugar de nascimento da atividade guerrilheira comunista, no município cafeeiro de Chaparral, na casa de meu amigo Pierre Gilhodes, que se casara com alguém da localidade. As Farc, mais fortes do que nunca, ainda estavam nas montanhas acima da aldeia. [...]

A Colômbia, como escrevi após meu regresso [em 1963], experimentava "a maior mobilização de camponeses armados (como guerrilheiros, bandidos ou grupos de autodefesa) da história contemporânea do hemisfério ocidental, com a possível exceção de alguns momentos da Revolução Mexicana".[3] Curiosamente, esse fato ou passou despercebido ou foi negligenciado pela extrema esquerda contemporânea na América do Sul e fora dela (cujas tentativas de insurreição guerrilheira guevarista foram todas fracassos espetaculares), porque supunha-se que estivesse ligada a um PC ortodoxo, mas, na verdade, porque aqueles que foram inspirados pela Revolução Cubana não entenderam, nem queriam entender, o que poderia fazer com que os camponeses latino-americanos pegassem em armas.

No início da década de 1960, não era difícil tornar-se um especialista em América Latina. O triunfo de Fidel criara um enorme interesse pela região, que era mal coberta pela imprensa e pelas universidades fora dos Estados Unidos. Eu não pretendia me interessar por ela como especialista, embora tenha acabado por dar conferências e escrever sobre esse tema nos anos 1960 e no início da década de 1970, na *New York Review of Books* e em outros lugares. [...] [E] continuei a viajar para lá diversas vezes em cada década. [...]

No entanto, jamais procurei tornar-me um latino-americanista, nem me considerava um deles. Assim como para o biólogo Darwin, para mim, como historiador, a revelação da América Latina não foi regional, mas geral. Era um laboratório de mudança histórica, em sua maior parte diferente do que se poderia esperar, um continente feito para minar as verdades convencionais. Era uma região onde a evolução histórica ocorria à velocidade de trem expresso e que podia ser realmente observada durante a metade da vida de uma única pessoa, desde a primeira derrubada de florestas para o estabelecimento de uma fazenda até a morte dos camponeses, das subidas e descidas das culturas de exportação para o mercado mundial até a explosão de gigantescas megacidades, como São Paulo, onde era possível encontrar uma mescla de populações imigrantes ainda mais implausível do que até mesmo em Nova York — japoneses e gente de Okinawa, calabreses, sírios, psicanalistas argentinos e um restaurante que orgulhosamente anunciava "CHURRASCO TÍPICO NORTE-COREANO". Era uma região na qual o tamanho da Cidade do México dobrou em dez anos e onde o cenário das ruas de Cusco deixou de ser dominado por índios vestidos com suas roupas tradicionais para ter pessoas que passaram a usar roupas modernas (cholos).

Inevitavelmente, a América Latina transformou minha perspectiva da história do resto do mundo, ainda que fosse somente por haver dissolvido a fronteira entre o mundo "desenvolvido" e o "Terceiro" Mundo, entre o presente e o passado histórico. [...] Ela nos obrigou a encontrar sentido no que à primeira vista parece implausível. Ela proporciona o que as especulações "contrafactuais" jamais poderiam fazer, ou seja, uma gama genuína de resultados alternativos para situações históricas: líderes de direita que se tornam inspiradores de movimentos operários (Argentina,

Brasil); ideólogos fascistas que se juntam a um sindicato mineiro de esquerda, a fim de fazer uma revolução que entrega terras a camponeses (Bolívia); o único país do mundo que de fato aboliu o exército (Costa Rica); um país de partido único notoriamente corrupto, cujo Partido Revolucionário Institucional (PRI) recruta de modo sistemático seus quadros entre os mais revolucionários estudantes universitários (México); uma região onde os imigrantes de primeira geração oriundos do Terceiro Mundo podem tornar-se presidentes e onde os árabes ("turcos") tendem a ser mais bem-sucedidos do que os judeus.

O que tornou este continente extraordinário muito mais acessível aos europeus foi um inesperado ar de familiaridade, como os morangos selvagens que crescem nos caminhos atrás de Machu Picchu. Não se tratava somente que alguém de minha idade que conhecesse o Mediterrâneo fosse capaz de reconhecer, nas populações que habitam o pardacento e ilimitado estuário do rio da Prata, italianos que durante duas ou três gerações foram alimentados com enormes fatias de carne de vaca e que conhecesse, desde a Europa, tanto os valores dos colonizadores — a honra machista, a vergonha, a coragem e lealdade para com os amigos — quanto as sociedades oligárquicas. (Somente pelas batalhas entre jovens revolucionários das elites e governos militares, na década de 1970, é que foi abandonada a distinção social básica, tão bem formulada em *Nosso homem em Havana*, de Graham Greene, pelo menos em diversos países, isto é, entre os "torturáveis" de classes baixas e os "não torturáveis" das classes altas.)

Para os europeus, os aspectos do continente mais afastados de nossa própria experiência estavam embutidos em instituições conhecidas dos historiadores, e com elas entrelaçados, como a Igreja católica, o sistema colonial espanhol ou ideologias do século XIX, como o socialismo utópico e a religião da humanidade de Auguste Comte. Isso de certa forma realçava e até mesmo

dramatizava tanto a peculiaridade das transmutações latino-
-americanas como o que tinham em comum com outras partes
do mundo. A América Latina era o sonho dos estudiosos de história comparada.

Quando pela primeira vez o descobri, o continente estava
prestes a entrar no período mais negro de sua história no século
xx, a era das ditaduras militares, do terror estatal e da tortura. [...]
Os generais tomaram o poder no Brasil em 1964 e em meados dos
anos 1970 os militares governavam por toda parte na América do
Sul, com exceção dos países em torno do Caribe. Desde a década
de 1950, as repúblicas centro-americanas, afora México e Cuba,
haviam sido protegidas da democracia pela CIA e pela ameaça, ou
realidade, da intervenção dos Estados Unidos. A diáspora dos refugiados políticos latino-americanos concentrava-se nos poucos
países do hemisfério que proporcionavam refúgio — o México e,
até 1973, o Chile — e se espalhava pela América do Norte e pela
Europa: os brasileiros para a França e a Grã-Bretanha, os argentinos para a Espanha e os chilenos por toda parte. (Embora muitos
intelectuais latino-americanos continuassem a visitar Cuba, pou-
quíssimos efetivamente a escolheram como lugar de exílio.) Essencialmente, a "era dos gorilas" (para usar a expressão argentina)
foi produto de um triplo encontro. As oligarquias governantes
locais não sabiam o que fazer diante da ameaça de suas classes
mais baixas, cada vez mais mobilizadas nas cidades e no campo,
e dos políticos radicais populistas que apelavam para elas com
evidente sucesso. A jovem esquerda de classe média, inspirada
pelo exemplo de Fidel Castro, achava que o continente estava
pronto para a revolução, precipitada pela ação guerrilheira armada. E o temor obsessivo de Washington ao comunismo, confirmado pela Revolução Cubana, era intensificado pelos insucessos
internacionais dos Estados Unidos na década de 1970: a derrota

no Vietnã, as crises do petróleo, as revoluções africanas que se voltavam para a URSS.

Vi-me envolvido nesses assuntos como visitante marxista intermitente ao continente, simpatizante de seus revolucionários — afinal, ao contrário da Europa, lá as revoluções eram necessárias e possíveis —, porém crítico de grande parte de sua ultraesquerda. Absolutamente crítico dos sonhos de guerrilha impossíveis de 1960-7,[4] inspirados por Cuba, vi-me defendendo a segunda melhor opção, contra as críticas dos insurrectos dos campi universitários. [...] Eu tinha em mente a junta de militares reformistas sob a chefia do general Velasco Alvarado no Peru (1969-76), que proclamara a "Revolução Peruana", a respeito da qual escrevi com simpatia, mas com ceticismo.[5] O governo nacionalizou as grandes haciendas e foi também o primeiro regime peruano a reconhecer as massas do país, os índios do alto dos Andes que falavam quéchua e que estavam inundando o litoral, a cidade e a modernidade, como cidadãos potenciais. Todos os demais haviam fracassado naquele país tristemente pobre e impotente, inclusive os próprios camponeses, cuja maciça ocupação de terras em 1958-63 havia cavado a tumba da oligarquia dos proprietários de terras. Não tinham sabido como enterrá-los. Os generais peruanos agiam porque ninguém mais queria ou podia agir. (Sou obrigado a acrescentar que eles também fracassaram, mas seus sucessores foram ainda piores.)

Dizer essas coisas não era algo que agradasse a muita gente, dentro ou fora da América Latina, numa época em que o sonho suicida de Guevara de realizar a revolução por meio de pequenos grupos nas zonas tropicais de fronteira ainda estava muito vivo. Isso talvez ajude a explicar por que minha apresentação aos estudantes da Universidade de San Marcos, em Lima [...] não foi nada bem. O maoismo, em uma ou outra de suas numerosas subvariedades, era a ideologia dos filhos e filhas da nova classe média chola (índios hispanizados) dos imigrantes vindos da montanha, pelo menos até que se formassem.

Mas não havia esperanças no Chile? [...] Eu estivera no país em 1971, numa curta viagem vindo do Peru, para fazer uma reportagem sobre o primeiro ano do primeiro governo socialista democraticamente eleito, para surpresa geral, inclusive de Allende.[6] Apesar de meu apaixonado desejo de que desse certo, não consegui esconder de mim mesmo que as probabilidades eram contrárias a ele. Deixando minhas "simpatias completamente de fora", estimei as chances em dois para um contra ele.

[...]

Os debates sobre a esquerda latino-americana tornaram-se acadêmicos na década de 1970, devido ao triunfo dos torturadores, e ainda mais acadêmicos na década de 1980, com a era da guerra civil na América Central, apoiada pelos Estados Unidos, e com o recuo dos governos militares na América do Sul, e inteiramente irrealistas com o declínio dos partidos comunistas e o fim da União Soviética. Talvez a única tentativa significativa de revolução guerrilheira armada ao estilo antigo tenha sido o Sendero Luminoso, criação de um conferencista maoista marginal da Universidade de Ayacucho, que ainda não havia pegado em armas quando visitei aquela cidade no final da década de 1970. Ele demonstrou o que os sonhadores cubanos da década de 1960 haviam fracassado espetacularmente em fazer ver, isto é, que uma política armada séria era possível no campo peruano, mas também — pelo menos para alguns de nós — que essa não era uma causa que devesse ter êxito. Com efeito, foi reprimida pelo exército da costumeira forma brutal, com o auxílio dos segmentos do campesinato que os senderistas haviam antagonizado.

No entanto, a mais temível e indestrutível das guerrilhas rurais, as Farc colombianas, floresceu e cresceu, embora naquele país ensanguentado tivesse de lidar não só com as forças oficiais do Estado, mas também com os bem-armados pistoleiros da indústria das drogas e com os selvagens "paramilitares" dos latifundiários. O presidente Belisario Betancur (1982-6), intelectual conservador civilizado, preocupado com as questões sociais e que não estava no bolso dos Estados Unidos — pelo menos, me deu essa impressão na conversa que tivemos —, iniciou a política de negociar a paz com a guerrilha, o que o governo continuou a fazer intermitentemente desde então. Suas intenções eram boas, e ele conseguiu pacificar pelo menos um dos movimentos guerrilheiros, o chamado M-19, o preferido dos intelectuais. [...] Com efeito, as próprias Farc estavam dispostas a entrar no jogo constitucional mediante a criação de uma "União Patriótica", que deveria funcionar como aquele partido eleitoral da esquerda que jamais conseguira emergir no espaço entre os liberais e os conservadores. Teve pouco sucesso nas grandes cidades, e depois que cerca de 2500 de seus prefeitos, vereadores e ativistas locais que tinham largado as armas foram assassinados no interior do país, as Farc passaram a ter uma compreensível relutância em trocar os rifles pela urna. [...]

O que aconteceu com a América Latina desde que pela primeira vez aterrissei em seus aeroportos, há quarenta e poucos anos? A revolução esperada, e em tantos países necessária, não aconteceu, estrangulada pelos militares nativos e pelos Estados Unidos, mas também pela debilidade, divisão e incapacidade interna de cada país. Não acontecerá agora. Nenhuma das experiências políticas que observei, de perto ou de longe, desde a Revolução Cubana, teve consequências duradouras.

Somente duas pareceram poder fazê-lo, mas ambas são recentes demais para que se possa julgar. A primeira, que deve alegrar todos os velhos corações vermelhos, é a ascensão nacional, desde sua fundação em 1980, do PT no Brasil, cujo líder e candidato presidencial Lula (Luiz Inácio da Silva) é provavelmente o único operário industrial a chefiar um partido trabalhista em qualquer lugar. É um exemplo tardio de um partido trabalhista e movimento socialista de massa clássico, como os que emergiram na Europa antes de 1914. Levo seu distintivo em meu chaveiro para recordar simpatias antigas e contemporâneas e lembranças de meus momentos com o PT e com Lula. [...] O outro marco, mais dramático, foi o fim, no ano 2000, dos setenta anos do inabalável governo unipartidário do PRI. Infelizmente, há dúvida de que isso produza uma alternativa política melhor.

Assim, a vida política na América Latina é visivelmente o que sempre foi, assim como sua vida cultural (a não ser pela vasta explosão global da educação superior que ocorreu em suas repúblicas). No cenário econômico mundial, mesmo quando não foi abalada pelas grandes crises dos últimos vinte anos, a América Latina desempenha papel mínimo. Politicamente, tem permanecido tão distante de Deus e tão perto dos Estados Unidos como sempre. [...] Durante meio século, jornalistas e acadêmicos têm visto transformações seculares no que não são mais do que tendências políticas temporárias, mas a região permanece como foi durante mais de cem anos, cheia de constituições e juristas, mas instável em sua prática política. Do ponto de vista histórico, seus governos nacionais encontraram dificuldades em controlar o que ocorre em seus territórios e continuam a tê-las. Como não é possível garantir que suas populações votem conforme seus desejos, os governantes têm tentado evitar a lógica da democracia eleitoral mediante diversos métodos que vão desde o controle por potentados locais, clientelismo, corrupção geral e ocasionais "pais do povo" demagógicos até o governo militar. Todas essas opções continuam disponíveis.

No entanto, durante os últimos quarenta anos observei uma

sociedade em processo de completa transformação. A população da América Latina quase triplicou, e um continente essencialmente agrícola e ainda em grande parte desabitado perdeu a maioria de seus camponeses, que se mudaram para enormes cidades e da América Central para os Estados Unidos, numa escala comparável somente às migrações irlandesas e escandinavas do século XIX, ou mesmo através do oceano, como os equatorianos que trabalham nas colheitas da Andaluzia. As remessas financeiras dos emigrantes substituíram as grandes esperanças da modernização. O barateamento das passagens aéreas e das comunicações telefônicas aboliu a imobilidade. Estilos de vida que observei na década de 1990 eram inimagináveis na de 1960: um taxista de Nova York, natural de Guayaquil, que morava metade do tempo nos Estados Unidos e outra metade no Equador, onde sua esposa dirigia uma gráfica; as camionetes de imigrantes mexicanos (legais ou clandestinos) que voltavam da Califórnia ou do Texas para passar feriados em Jalisco ou Oaxaca; a transformação de Los Angeles em uma cidade de políticos e dirigentes sindicais imigrantes centro-americanos. É verdade que a maioria dos latino-americanos continua pobre. Com efeito, em 2001, é quase certo que estavam relativamente mais pobres do que no início da década de 1960, mesmo que descontemos os estragos das crises econômicas dos últimos vinte anos, pois não apenas aumentou a desigualdade nesses países, mas o próprio continente perdeu terreno internacionalmente. O Brasil pode ter a oitava economia do mundo, devido ao tamanho de seu PIB, e o México a décima sexta, mas em renda per capita estão respectivamente em 52º e sexagésimo. O Brasil continua a liderar a classificação mundial da injustiça social. Mesmo assim, se alguém pedisse aos pobres latino-americanos que comparassem sua vida no início do novo milênio com a de seus pais, sem falar na de seus avós, com uma ou outra exceção a maioria provavelmente diria: é melhor. Mas, na maior parte dos países, também poderiam acrescentar: é mais imprevisível e mais perigosa.

Não é minha tarefa concordar ou discordar. Afinal, eles são a América Latina que eu fui procurar, e descobri, há quarenta anos [...].

2002

Notas

INTRODUÇÃO: ERIC E A AMÉRICA LATINA [pp. 9-35]

1. Eric Hobsbawm, *Tempos interessantes*. São Paulo: Companhia das Letras, 2002, p. 396.

2. Ibid., p. 283.

3. Capítulo 1, neste volume.

4. Carta a Andrew Weale, 21 de abril de 1984. Weale havia perguntado sobre Tynan e Cuba em nome da biógrafa de Tynan, sua viúva, Kathleen. (Hobsbawm archive, Warwick University, Box 1.) Um catálogo on-line dos trabalhos de Eric Hobsbawm está disponível em: <https://mrc.epexio.com/records/EJH>.

5. *Tempos interessantes*, p. 284.

6. *Times Literary Supplement*, 25 de janeiro de 1968.

7. Capítulos 2, 4, 5, 6 e 7, neste volume.

8. *Tempos interessantes*, p. 405.

9. Capítulo 3, neste volume.

10. Capítulo 17, neste volume.

11. Capítulo 13, neste volume. Também capítulos 9 e 14.

12. Capítulo 15, neste volume.

13. Resenha de *Obstacles to Change in Latin America*, de Claudio Véliz, em *New Society*, 29 de outubro de 1965.

14. Capítulos 21, 22 e 23, neste volume.

15. *Tempos interessantes*, p. 409.

16. *Guardian*, 16 de março de 1972.

17. Capítulo 25, neste volume.

18. Capítulos 24 e 26, neste volume.

19. *New Society*, 22 de maio de 1975.

20. Capítulo 27, neste volume.

21. Capítulo 28, neste volume.

22. Eric Hobsbawm, *Era dos extremos*. São Paulo: Companhia das Letras, 1995, p. 429.

23. *New York Review of Books*, 2 de outubro de 1975.

24. *Tempos interessantes*, pp. 402-3.

25. Ibid., p. 410.

26. Ibid. [ibid.].

27. Ibid., pp. 395-6.

28. *Guardian*, 27 de julho de 1984.

29. Capítulo 29, neste volume.

30. *Tempos interessantes*, p. 403.

31. *Veja*, 4 de junho de 1975.

32. *Tempos interessantes*, p. 416.

33. Ibid. [ibid.].

34. Comunicação pessoal de Richard Gott.

35. Eric Hobsbawm, *Bandits*, quarta edição revisada (2000), pp. 118-9.

36. Eric Hobsbawm, *A era das revoluções*. Trad. de Marcos Penchel e Maria L. Teixeira. São Paulo: Paz e Terra, 1977, p. 161.

37. Eric Hobsbawm, *A era do capital*. Trad. de Luciano Costa Neto. São Paulo: Paz e Terra, 1977, p. 139.

38. Capítulo 8, neste volume.

39. Capítulo 30, neste volume.

40. Prefácio a *Bandits*, quarta edição revisada, p. x.

7. A ANATOMIA DA VIOLÊNCIA NA COLÔMBIA [pp. 91-101]

1. G. Guzmán, O. Fals Borda e E. Umaña Luna, *La Violencia en Colombia*, v. I (Bogotá, 1962).

2. R. Pineda Giraldo, *El impacto de la violencia en el Tolima: El caso de el Líbano*. (Monografias Sociológicas 6, Universidad Nacional, Bogotá, 1960). Ver também Departamento de Tolima, Secretaria de Agricultura, *La Violencia en el Tolima* (Ibagué, 1958).

8. ELEMENTOS FEUDAIS NO DESENVOLVIMENTO DA AMÉRICA LATINA [pp. 105-28]

1. Cida, *Tenencia de la tierra y desarrollo socioeconómico del sector agrícola de Colombia* (Washington, 1966), p. 46; E. Guhl, "El aspecto economico-social del cultivo del café en Antioquia", *Revista Colombiana de Antropología*, I (1953), pp. 197 ss.

2. A análise mais completa de sua gênese é a de F. Chevalier, *La Formation des grands domains au Mexique* (Paris, 1952), traduzida em versão abreviada para o inglês como *Land and Society in Colonial Mexico: The Great Hacienda* (Berkeley e Los Angeles, 1963).

3. Luis González, *Pueblo en vila* (1968), pp. 52, 56 ss., 91 ss.

4. Citado em E. Florescano, *Estructuras y problemas agrarios de México* (1500-1621) (1971), p. 142.

5. Ibid., p. 141.

6. P. Macera, *Feudalismo colonial americano: El caso de las haciendas peruanas* ("Acta Historica", XXXV, Szeged, 1971), p. 4.

7. Cida, *Tenencia de la tierra y desarrollo socioeconómico del sector agrícola de Colombia*, p. 18.

8. Ibid., p. 45.

9. L. Becerra, *El problema agrario en Honduras* (Havana, 1964), pp. 14-5.

10. Plan Regional del Desarrollo del Sur del Peru II, citado em R. Montoya, *A propósito del carácter predominantemente capitalista de la economia peruana* (Lima, 1970), p. 105.

11. G. Stresser-Péan, *Problèmes agraires de la Huasteca ou region de Tampico* (Mexique) (CNRS, *Les Problèmes agraires des Amériques Latines*, Paris, 1967), p. 202.

12. Macera, *Feudalismo*, p. 17.

13. Joan Martínez Alier, *Relations of Production in Andean Haciendas* (1972).

14. J. Womack, *Zapata and the Mexican Revolution* (1969), p. 47.

15. A. Warman (org.), *Los campesinos de la tierra de Zapata I Adaptación, cambio y rebelión* (1974), pp. 108-9.

16. Cida, *Tenencia de la tierra y desarrollo socioeconómico del sector agrícola de Colombia*, p. 130; [...] *Guatemala*, p. 74, [...] *Brazil*, pp. 198-9, 221, 227. Assim no Nordeste, de acordo com o ex-líder das ligas camponesas, "os dias (de trabalho compulsório) exigidos representavam muito pouco no ano, o camponês se ressentia não do trabalho, mas da humilhação do trabalho compulsório e não pago para um senhor da terra ao qual ele pagava aluguel por sua terra" (Francisco Julião, *Cambão* (Paris, 1968), p. 75).

1. As principais fontes sobre o desenvolvimento econômico de La Convención, usadas extensamente neste artigo, são: Unión Panamericana, *Tenencia de tierra y desarrollo socioeconómico del sector agrícola: Peru* (Washington, 1966) (citado como *Cida: Peru* [1966]), em especial o capítulo VII, ii, "Características generales de los sistemas de tenencia en la selva con referencia especial al valle de La Convención". D. D. Enrique Rosell, "Fragmentos de las monografías de la provincia de La Convención", *Revista Universitaria*, VI (Cusco, 1917) (citado como Rosell [1917]). F. Ponce de Leon, "Formas del arrendamiento de terrenos de cultivo en el Depto de Cuzco, y el problema de la distribución", *Revista Universitaria*, VII (Cusco, 1918) (citado como Ponce de Leon [1918]). Isaac Tupayachi, "Un ensayo de econometría en La Convención", *Revista Universitaria* (Cusco, 1959) (citado como Tupayachi [1959]). C. F. Cuadros y Villena, "El 'arriendo' y la reforma agraria en la provincia de La Convención", *Revista Universitaria*, XXVIII (Cusco, 1949) (citado como Cuadros [1949]). J. Kuon Cabello, "Industrias alimenticias en el Cuzco", *Revista Universitaria*, LI-LII (Cusco, 1965) (citado como Kuon [1965]). Kuczynski Godard, *A propósito del saneamento de los Valles Yungas del Cuzco* (citado como Kuczynski Godard [1946]).

2. H. Bingham, *Inca Land* (1922), p. 324. Ver também I. Bowman, *The Andes of Southern Peru* (1920). A expedição de 1911, que descobriu Machu Picchu, nos forneceu alguns dados úteis sobre La Convención naquela época. É uma sorte, aliás, que a parte superior desses vales tenha sido visitada por vários viajantes europeus, graças à sua proximidade com Cusco, de modo que temos descrições de duas das grandes fazendas, Huadquiña e Echarate, que remontam pelo menos à década de 1830.

3. Entre 1933 e 1945, numa fazenda para a qual temos números, a epidemia matou ou forçou a emigrar 65,5%, 87% e 83,4% das várias classes de inquilinos. Kuczynski Godard (1946), p. 32; *Cida: Peru* (1966), p. 209.

4. Para os números, ver *Cida: Peru* (1966), p. 208; *Guerra a muerte al latifundio: Proyecto de Ley de Reforma Agraria del MIR Estudio del Ing. Carlos Malpica S. S.* (Lima, s.d.), pp. 221-3.

5. Wesley W. Craig, *The Peasant Movement of La Convención*, Universidade de Cornell, 1966, mimeo, observa que o primeiro secretário-geral da Federação Provincial de Camponeses em 1958 era protestante, tendo sido preso depois como "comunista", e eu certamente encontrei militantes camponeses protestantes em La Convención. Não sei quando esse fenômeno apareceu. A pri-

meira união camponesa parece ter sido a de Maranura, em 1934, que durante muito tempo foi um bastião do PC.

10. CAMPONESES COMO BANDIDOS SOCIAIS [pp. 155-69]

1. R. Rowland, "Cantadores del Nordeste brasileño", em *Aportes*, 3 de janeiro de 1967, p. 138. Para as verdadeiras relações entre esse bandido e o homem santo, que eram um pouco mais nuançadas, cf. E. de Lima, *O mundo estranho dos cangaceiros* (Salvador, Bahia, 1965), pp. 113-4, e O. Anselmo, *Padre Cícero* (1968).

2. Nertan Macedo, *Capitão Virgulino Ferreira da Silva: Lampião*, 2. ed. (1968), p. 183.

3. A prova mais dramática disso vem da aldeia de San José de Gracia, nas terras altas de Michoacán, a qual — como tantas aldeias mexicanas — expressou suas aspirações populares, mobilizando-se sob a bandeira de Cristo Rei *contra* a revolução (como parte do movimento dos *Cristeros*, conhecido através do romance *O poder e a glória*, de Graham Greene). Seu excelente historiador salienta que eles naturalmente "abominavam as grandes figuras da revolução", com duas exceções: o presidente Cárdenas (1934-40), por ter distribuído terras e acabado com a perseguição à religião, e Pancho Villa. "Estes tornaram-se ídolos populares." Luis González, *Pueblo en vila* (1968), p. 251. Ainda em 1971, o armazém de uma vila muito semelhante da mesma área, lugar não muito dado à literatura, vendia as *Memorias de Pancho Villa*.

4. Allen L. Woll, "Hollywood Bandits 1910-1981", em Richard W. Slatta (org.), *Bandidos: The Varieties of Latin American Banditry* (1987), pp. 171-80.

5. Linda Lewin, "Oral Tradition and Elite Myth: The Legend of Antônio Silvino in Brazilian Popular Culture", *Journal of Latin American Lore*, 5/2 (1979), pp. 57-204.

6. Gonzalo Sánchez, Prólogo a Maria Isaura Pereira de Queiroz, *Os cangaceiros: La epopeya bandolera del Nordeste de Brasil* (Bogotá, 1992), pp. 15-6.

7. Gonzalo Sánchez e Donny Meertens, *Bandoleros, gamonales y campesinos: El caso de la Violencia en Colombia* (1987), p. 168.

13. OCUPAÇÕES DE TERRA PELOS CAMPONESES: O CASO DO PERU [pp. 189-208]

1. As principais fontes utilizadas, além da imprensa e de uma quantidade substancial de publicações oficiais e semioficiais peruanas, são os documentos

guardados na Zona X da Reforma Agrária (Escritório de Huancayo) e o "Juzgado de Tierras", Huancayo, e os arquivos de várias antigas propriedades, especialmente a antiga Sociedad Ganadera del Centro, Sociedad Ganadera Tucle e Companía Ganadera Antapongo. Todas essas propriedades situam-se no planalto central do Peru.

2. *En Torno a la Prática Revolucionária y la Lucha Interna II, Pleno del Comité Central del Partido Comunista Peruano. Informe Politico* (Lima, 1970, mimeo), p. 12. O dr. Paredes é um advogado com longa experiência de trabalho junto aos camponeses.

3. Ibid.

4. John Womack, *Zapata and the Mexican Revolution* (1969), Epílogo, pp. 371 ss.

5. Entrevista com sr. Oscar Bernuy Gómez, Huancayo, junho de 1971.

6. Gerrit Huizer, *Report on the Study of the Role of Peasant Organizations in the Process of Agrarian Reform in Latin America* (ILO-Cida, Genebra, 1969, mimeo), pp. 241, 243.

7. Juzgado de Tierras, Huancayo, Exp. 69.831, fj 35.

8. Rodrigo Montoya Rojas, *A propósito del carácter predominantemente capitalista de la economía peruana Actual* (Lima, 1970), pp. 110-1.

9. Insurreições locais para restaurar o regime inca ou que expressem um apoio específico aos incas não são incomuns nos séculos XIX e XX no Peru, até a década de 1930. Sobre o mito inca, ver A. Flores Galindo, *Buscando un inca: Identidad y utopía en los Andes* (Havana, 1986).

10. Henri Favre, *Changement et continuité chez les Mayas du Mexique* (Paris, 1971), pp. 269 ss.

18. A REVOLUÇÃO MEXICANA [pp. 291-6]

1. Edwin Lieuwen, *Arms and Politics in Latin America* (1961), p. 21.

2. Friedrich Katz, *The Secret War in Mexico: Europe, The United States and the Mexican Revolution* (1981), p. 22.

19. A REVOLUÇÃO CUBANA E SUAS CONSEQUÊNCIAS [pp. 297-302]

1. Walter Laqueur, *Guerrilla: A Historical and Critical Study* (1977), p. 442.

2. Hugh Thomas, *Cuba or the Pursuit of Freedom* (1971), pp. 997, 1020, 1024.

3. Régis Debray, *La Révolution dans la révolution* (1965).

21. GUERRILHAS NA AMÉRICA LATINA [pp. 311-28]

1. Resposta de Régis Debray a Paul Sweezy e Leo Hubermann, *Monthly Review*, edição italiana, 11, 1-2, 1969.
2. Citado em D. Mack Smith, *Il Risorgimento Italiano* (Brai, 1968), p. 426.
3. Jacobo Arenas, *Colombie, guérrillas du peuple* (Paris, 1969).
4. Héctor Béjar, *Les Guérrillas péruviennes de 1965* (Paris, 1969), p. 71.
5. *Avec Douglas Bravo dans les maquis vénézuéliens* (Paris, 1968), p. 54.
6. R. Debray, *La Révolution dans la révolution* (Paris, 1967), p. 40.
7. Arenas, op. cit., p. 118.
8. Hugo Blanco, *El camino de nuestra revolución* (Lima, 1964), p. 63.

22. GUERRILHAS LATINO-AMERICANAS:
UMA VISÃO GERAL [pp. 329-38]

1. Ver Orlando Ortiz, *Genaro Vásquez* (Cidade do México, 1972).
2. Sara Beatriz Guardia, *Proceso a campesinos de la guerrilla "Túpac Amaru"* (Lima, 1972), reproduz o processo judicial contra vários camponeses e militantes de baixo escalão num julgamento de 1969. O registro é trágico e esclarecedor.
3. Ver também Alain Labrousse, *Les Tupamaros* (Paris, 1972).
4. Há uma abundância disso. Às vezes contêm informações incidentais de interesse. Entre aqueles que chegaram ao meu conhecimento estão: *Avec Douglas Bravo dans les maquis vénézuéliens* (Paris, 1968); Ricardo Ramírez, *Autobiografia di una guerriglia, Guatemala, 1960-68* (Milão, 1969); Mario Menéndez, *Intervista con Fabio Vasquez, Capo Esercito de Liberazione Nazionale di Colombia* (Milão, 1968); Robinson Rojas, *Colombia, surge el primer Vietnam en la América Latina* (Montevidéu, 1971) e numerosas publicações de Havana da década de 1960.
5. Para uma amostra disso, ver Jay Mallin (org.), *Terror and Urban Guerrillas: A Study of Tactics and Documents* (Coral Gables, 1972).

26. PERU: UMA "REVOLUÇÃO" PECULIAR [pp. 382-412]

1. Ver Grant Hilliker, *The Politics of Reform in Peru* (Baltimore, 1971). O autor demonstra tanto os limites da influência da Apra como seu fracasso nos últimos anos.
2. Jaime Gianella, *Marginalidad en Lima Metropolitana: Una investigación*

exploratoria (Lima, 1970, mimeo). Os dados desta pesquisa por amostragem bastante completa foram coletados em 1967.

3. O tamanho máximo de propriedade que os donos expropriados podem manter é provavelmente maior, embora as disposições de ambas as reformas sejam demasiado complexas para uma comparação simples. Para mais detalhes, ver Luis Dongo Denegri, *Compendio Agrario: Comentario, legislación, jurisprudencia*, 2 v. (Lima, 1971), que registra as mudanças até meados de fevereiro de 1971.

4. Para um exemplo do primeiro, G. Lessink, *Le Cas du Pérou: Politique aujourd'hui* (Paris, 1971); e do segundo, Ricardo Letts, *Peru: Revolución socialista o caricatura de revolución?* (México, 1971, mimeo).

5. Cf. *Aspectos sociales y financieros de un programa de reforma agraria 1968-1975* (Lima, 1970, mimeo).

6. Cf. itens 1 a 4 das Metas de Longo Alcance, tal como definidas pelo presidente Velasco Alvarado, na Mensagem de 5 de dezembro de 1968. Elas estão reproduzidas em R. R. Marett, *Peru* (1969), pp. 275-6.

7. *Reforma de la Educación Peruana: Informe General* (Lima, 1970), p. 16.

8. A tradução para o inglês dos *Siete Ensayos* de Mariátegui (*Seven Interpretive Essays on Peruvian Reality*, Austin, 1971) foi publicada com uma introdução pelo decano dos historiadores peruanos, Jorge Basadre. Trata-se de uma introdução bem-vinda para a obra do pensador marxista mais original até hoje da América Latina.

27. CHILE: ANO UM [pp. 415-45]

1. *La Via Chilena, del primer mensaje del Presidente Allende al Congreso Pleno, 21 de Mayo 1971* (Santiago, 1971).

2. Cf. a declaração do MIR que repudia o assassinato do ex-ministro democrata-cristão do Interior pela Vanguarda Organizada do Povo (VOP), um pequeno grupo terrorista. *Punto Final*, 22 de junho de 1971.

3. Labarca, um jornalista do comunista *El Siglo*, foi criticado pelo seu tratamento da extrema esquerda (ver Manuel Cabieses Donoso, "Puntualizando la Historia", *Punto Final*, 25 de maio de 1971), mas o livro está cheio de informações valiosas sobre a formação da UP, os complôs militares e outros assuntos. Em linhas gerais, um pacto pré-eleitoral cuidadosamente elaborado entre Allende e o candidato democrata-cristão (de esquerda) Radomiro Tomic foi para governar suas relações após as eleições. Previa-se que (a) se o candidato de direita (o ex-presidente Jorge Alessandri) chegasse em terceiro lugar, UP e DC aceitariam qualquer candidato que tivesse a maioria relativa dos votos, desde que a

margem de diferença ultrapassasse 30 mil votos; (b) se Alessandri vencesse, tanto UP como DC aceitariam sua vitória dentro de 24 horas, desde que sua maioria relativa fosse superior a 100 mil votos; (c) se Alessandri ficasse em segundo lugar, qualquer candidato que chegasse em terceiro — no caso, foi Tomic — concederia a vitória imediatamente, desde que o vencedor obtivesse uma maioria relativa de pelo menos 5 mil votos sobre Alessandri. No entanto, após a eleição, a liderança da DC, sob a influência do ex-presidente Frei, que, aliás, parece não ter desencorajado os complôs militares de que tinha conhecimento, condicionou o apoio do Congresso a Allende à promessa de uma emenda constitucional que garantiria formalmente "a sobrevivência do regime democrático". Após algumas negociações e modificações, essa emenda foi posteriormente aprovada. Ver Fernando Silva Sánchez, *Primeras reformas constitucionales del presidente Allende* (Valparaíso, 1971).

4. Minha fonte é o relatório policial confidencial diário sobre estas questões, que fui gentilmente autorizado a consultar.

5. Labarca Goddard, *Chile al rojo*, p. 235.

29. COLÔMBIA HOMICIDA [pp. 455-72]

1. Enrique Santos Calderón, *La guerra por la paz* (Bogotá, 1985), p. 108.

2. No entanto, durante o breve período da trégua, em 1984 e 1985, o M-19 recrutou mulheres em quantidade significativa — cerca 30%, de acordo com Laura Restrepo, *Colombia: historia de una traición* (Bogotá, 1986), p. 233.

3. *El Tiempo*, 28 de setembro de 1986.

4. *El Espectador*, 20 de setembro de 1986.

5. O ilustre jornalista Antonio Caballero afirma sobre os trezentos militantes da UP assassinados: "Nenhum desses casos foi investigado; se foram, não sabemos com que resultados. Nem uma única pessoa está presa. Nenhuma pessoa foi condenada". (*El Espectador*, 28 de setembro de 1986). O número de soldados condenados por homicídio ou agressão nos últimos seis anos é exatamente dezoito.

6. Ver Santos Calderón, *La guerra por la paz*, p. 303. É verdade que nem todas as "frentes" das Farc são igualmente disciplinadas. Porém, os 336 homens da Frente XI (Magdalena Médio) são provavelmente típicos. De acordo com um desertor, eles passam seu tempo (1) taxando agricultores e proprietários de terras para arrecadar fundos, (2) punindo traficantes de drogas e ladrões de gado, e (3) organizando os camponeses, na esperança de uma futura tomada do poder (*El Tiempo*, 19 de setembro de 1986).

7. Para uma boa análise do que costumavam ser as perspectivas do M-19,

ver Eduardo Pizarro, "La guerrilla revolucionaria en Colombia", em Gonzalo Sánchez e Ricardo Peñaranda (orgs.), *Pasado y presente de la Violencia en Colombia*, pp. 391-411. O autor é o irmão de um líder do M-19.

8. "Clima de inseguridad azota el departamento del Huila" (*La República*, 25 de setembro de 1986).

9. Mario Arango e Jorge Child, *Narcotráfico: Império de la cocaina* (Medellín, 1987), a abordagem colombiana mais bem informada sobre o assunto, contém cálculos úteis.

30. NACIONALISMO E NACIONALIDADE NA AMÉRICA LATINA [pp. 473-90]

1. Ver W. D. Harris Jr., *The Growth of Latin American Cities* (1971); P. Bairoch, *De Jéricho à Mexico: Villes et économie dans l'histoire* (1985).

2. A. Candido, Introdução a Sérgio Buarque de Holanda, *Raízes do Brasil*, 20. ed., 1988, p. xliii.

3. Citado em J. L. Romero, *A History of Argentine Political Thought* (1963), p. 163.

4. Citado em F. Bourricaud, *Power and Society in Contemporary Peru* (1970), pp. 146-8.

5. Ver H. Handelman, *Struggle in the Andes: Peasant Political Mobilization in Peru* (1975).

6. G. Smith, *Livelihood and Resistance: Peasants and the Politics of Land in Peru* (1989), p. 174.

7. S. Verba e G. A. Almond, "National Revolutions and Political Commitment", em H. Eckstein (org.), *Internal War* (1964).

8. Gabriel García Márquez, *El general en su laberinto* (1989).

31. UMA RELAÇÃO DE QUARENTA ANOS COM A AMÉRICA LATINA [pp. 491-508]

1. Ver o capítulo 14.

2. Ver o capítulo 29.

3. Ver capítulos 6 e 7.

4. Ver capítulos 21 e 22.

5. Ver capítulos 24, 25 e 26.

6. Ver o capítulo 27.

Datas e fontes da publicação original

1. Perspectivas cubanas
New Statesman, 22 de outubro de 1960.

2. Viagem sul-americana
Trechos de um artigo publicado na *Labour Monthly*, julho de 1963.

3. Bossa nova
New Statesman, 21 de dezembro de 1962.

4. América Latina: a área mais crítica do mundo
The Listener, 2 de maio de 1963. Baseado na primeira de duas palestras para o *Third Programme*, da BBC.

5. Desenvolvimentos sociais na América Latina
The Listener, 9 de maio de 1963. Baseado na segunda de duas palestras para o *Third Programme*, da BBC.

6. A situação revolucionária na Colômbia
The World Today, junho de 1963. Baseado num trabalho apresen-

tado no seminário latino-americano do Royal Institute of International Affairs (Chatham House).

7. A anatomia da violência na Colômbia

New Society, 11 de abril de 1963. Reeditado como "La anatomía de la violencia: La Violencia en Colombia" em *Rebeldes primitivos: Estudio sobre las formas arcaicas de los movimientos sociales en los siglos XIX y XX* (Barcelona: Ediciones Ariel, 1968; Crítica, 2001), a edição espanhola do primeiro livro de Eric, *Primitive Rebels* (1959).

8. Elementos feudais no desenvolvimento da América Latina

Trabalho apresentado num encontro na Polônia em homenagem a Witold Kula. Publicado em Witold Kula (org.), *Miedzy Feudalizmem a Kapitalizmem: Studia z dziejów, gospodarczych i spoùecznych* (Breslávia: Zazùad Narodowy Imienia Ossolínskich — Wydawnictwo, 1976), pp. 57-74.

9. Um caso de neofeudalismo: La Convención, Peru

Journal of Latin American Studies, i (1) (maio de 1969), pp. 31-50. Baseado num trabalho apresentado numa conferência realizada em Roma em abril de 1968.

10. Camponeses como bandidos sociais

Trechos de *Bandits* ([1969] 4. ed. revisada, Londres: Weidenfeld & Nicolson, 2000), pp. 20-33, 64-9, 116-9, 162-5.

11. Insurreições camponesas

Trechos de um artigo inédito intitulado "The Motives of Peasant Insurrection".

12. Ideologia e movimentos camponeses

Trechos do ensaio "Ideology and Social Change in Colombia" publicado em June Nash, Juan Corradi e Hobart Spalding Jr (orgs.), *Ideology and Social Change in Latin America* (Nova York: Gordon & Breach, 1977), pp. 185-99.

13. Ocupações de terra pelos camponeses: o caso do Peru
Trechos de um artigo publicado em *Past & Present*, 62/1 (fevereiro de 1974). Reeditado em *Uncommon People* (Londres: Weidenfeld & Nicolson, 1998), cap. 12, pp. 223-55.

14. Um movimento camponês no Peru
Ensaio baseado num trabalho apresentado numa conferência internacional realizada em Paris em outubro de 1965. Publicada com o título de "Problèmes agraires à la Convención" em *Les Problèmes agraires des Amériques Latines* (Paris: Editions du Centre National de la Recherche Scientifique, CNRS, 1967), pp. 385-93. Reeditado como "Un movimiento en el Perú" em *Rebeldes primitivos* (Barcelona: Crítica, 2001), pp. 241-61.

15. Movimentos camponeses na Colômbia
Ensaio escrito em 1969. Publicado em Commission Internationale d'Histoire des Mouvements Sociaux et des Structures Sociales, *Les Mouvements paysans dans le monde contemporain*, 3 v. (Genebra: Librairie Droz, 1976) v. 3, pp. 166-86.

16. Camponeses e política
Trechos de um artigo publicado em *Journal of Peasant Studies*, I (1) (1973). Reeditado em *Uncommon People* (Londres: Weidenfeld & Nicolson, 1998), cap. 11, pp. 205-15.

17. Camponeses e migrantes rurais na política
Trechos de um ensaio publicado em Claudio Véliz (org.), *The Po-*

litics of Conformity in Latin America (Londres: Oxford University Press for the Royal Institute of International Affairs, 1967), pp. 43-65.

18. A Revolução Mexicana

Trecho do capítulo 12, "Towards Revolution", de *The Age of Empire 1875-1914* (Londres: Weidenfeld & Nicolson, 1987), pp. 286-92

19. A Revolução Cubana e suas consequências

Trecho do capítulo 15, "Third World and Revolution" de *The Age of Extremes: The Short Twentieth Century, 1914-1991* (Londres: Michael Joseph, 1994, pp. 437-41). Ed. bras.: *Era dos extremos: o breve século XX, 1914-1991* (Trad. de Marcos Santarrita. São Paulo: Companhia das Letras, 1995), pp. 421-46.

20. Um homem rigoroso: Che Guevara

New Society, 4 de abril de 1968. Resenha de Che Guevara, *Reminiscences of the Cuban Revolutionary War.*

21. Guerrilhas na América Latina

Artigo publicado em Ralph Miliband e John Saville (orgs.), *The Socialist Register 1970* (Londres: The Merlin Press, 1970), pp. 51-63.

22. Guerrilhas latino-americanas: uma visão geral

Artigo de resenhas publicado em Colin Harding e Christopher Roper (orgs.), *Latin American Review of Books*, 1 (1973), pp. 79-88.

23. Imperialismo norte-americano e revolução na América Latina

Artigo de resenhas, "Latin America as us Empire Cracks", *New York Review of Books*, 25 de março de 1971.

24. Generais no papel de revolucionários
Trechos de um artigo publicado em *New Society*, 20 de novembro de 1969.

25. O que há de novo no Peru
Artigo de resenhas, *New York Review of Books*, 21 de maio de 1970.

26. Peru: uma "revolução" peculiar
New York Review of Books, 16 de dezembro de 1971.

27. Chile: ano um
New York Review of Books, 23 de setembro de 1971.

28. O assassinato do Chile
New Society, 20 de setembro de 1973.

29. Colômbia homicida
New York Review of Books, 20 de novembro de 1986.

30. Nacionalismo e nacionalidade na América Latina
Ensaio publicado em Bouda Etemad, Jean Batou e Thomas David (orgs.), *Pour une Histoire économique et sociale internationale: Mélanges offerts à Paul Bairoch* (Genebra: Editions Passé- Présent, 1995), pp. 313-23.

31. Uma relação de quarenta anos com a América Latina
Trechos do capítulo 21, "Third World", de *Interesting Times: A Twentieth- Century Life* (Londres: Allen Lane, 2002), pp. 368-85. Ed. bras.: *Tempos interessantes: Uma vida no século XX* (Trad. de S. Duarte. São Paulo: Companhia das Letras, 2002), pp. 395-419. [Com pequenas alterações, é a tradução apresentada neste volume.]

Índice remissivo

ções com os Estados Unidos, 348-9, 373-4, 380, 383; resposta ao governo militar, 383, 397; visão do governo militar sobre, 391, 396-7
árabes, 47, 371, 488, 501
Arbenz, Jacobo, 42
Arenas, Jacobo, 333, 378, 460
Argélia, 298, 356
Argentina: banditismo social, 156; comunidade judaica, 488; consciência nacional, 484; desenvolvimento social, 72; economia de exportação, 267; engenhos de açúcar, 125; golpe militar (1930), 269; governo militar, 22; guerrilhas, 314, 334; imigrantes, 280, 488; insurreição urbana, 315, 324; movimento estudantil, 33, 480; nacionalismo, 480; peronismo, 13, 57, 59, 79, 284, 314, 410, 480, 484; população, 75; população urbana, 66, 269, 279; refugiados políticos, 502; relações com os Estados Unidos, 342, 345, 348; sindicatos, 57, 279, 284; socialismo, 61
Arguedas, José María, 493
arrendires (Peru), 137, 141, 145-6, 176, 209-12, 214, 217, 220, 277
arroz, 232, 367
Arteta, Oscar, 218
Artigas, José Gervasio, 477
Ásia, 56, 62, 112
astecas, 293, 389
Astiz, Carlos A., 369, 374
Austrália, 156
"autodefesa armada", 79, 93, 184, 244, 252, 314, 317-8, 323, 327, 333, 497

bananas: Brasil, 93; Colômbia, 93, 178, 184, 229, 232, 235-6, 242, 469; cultivo comercial colonial, 67, 70; exportação da América Latina, 68, 267; ver também United Fruit Company
banditismo: Brasil, 165, 167-8; Colômbia, 91, 162, 229, 459; México, 165-6; social, 31, 155-6, 158, 162, 227, 313
Baran, Paul, 10
Barco, Virgilio, 463
Barros, Adhemar de, 47
Batista, Fulgencio, 282, 298-9, 313
Béjar, Héctor, 318, 328, 333, 378, 385
Belaúnde Terry, Fernando, 219, 383
Bernal, Heraclio, 166
Betancourt, Rómulo, 42, 348
Betancur, Belisario, 26, 460, 462-3, 465, 505
Bíblia, 46, 160, 221
Blanco, Hugo, 213, 216, 220, 318, 327, 333
"boa vizinhança", política de, 341, 344, 346
Bogotá, 15, 26, 67, 74-5, 79-80, 82, 85, 89, 91-2, 227, 231, 233, 238, 244, 280, 284, 408, 456, 458-60, 464, 468-9, 497
Bogotazo (1948) ver Colômbia
bolchevismo, 204, 304-5, 307, 357, 445
Bolívar, Simón, 84, 229, 249, 299, 304, 476, 489
Bolívia: destruição de comunidades, 120; Exército, 57; golpe militar (1930), 268; golpe militar (1971), 22; Guevara na, 302, 309, 316, 327, 488; imigrantes árabes, 488; indígenas, 25, 57, 119, 233, 495;

mobilização, 273; movimentos camponeses, 14, 17-8, 21, 31, 171-2, 175, 179-80, 189, 191, 198, 205-7, 213, 221, 223-4, 226, 233, 248, 253-6, 259, 318, 333, 377, 396, 494; ocupação de terras, 84, 189-91, 197-9, 215-7, 240, 275, 434-5, 495; passividade, 260, 311, 386; Peru, 49-50, 209-23, 257, 311; reclamam a devolução de suas terras comunais, 275; revolta peruana (1958-63), 140; sem terra, 94, 126, 176, 312, 435; sistema de fazenda, 117-9; tipos de, 275-7; visões políticas, 62; voltados para o mercado, 276

Canadá, 351, 487

Candido, Antonio, 478

Canudos, Guerra de, 31

capitalismo, 105-6, 110-1, 116, 124, 149, 155-6, 301, 355, 373, 379, 381, 392-5, 407, 483; desenvolvimento capitalista, 106, 111, 117, 150-1, 402; mercado mundial capitalista, 151

Cárdenas, Lázaro, 282, 296n, 345

Cardoso, Fernando Henrique, 25, 27

Caribe, 15, 66, 75, 111, 228, 231, 236, 241, 489, 492, 502

carne, 70, 114, 267, 501

Carpio, Leónidas, 214

castrismo, 220, 275, 300, 331, 383

Castro, Fidel: conquistas, 42; estilo político, 442; expropriação, 70; fidelismo, 15, 40-1, 43, 59, 69, 70-1, 74, 85-6, 88, 314, 497; movimento de guerrilha, 312; movimento nacional, 63; opinião sobre a Revolução Peruana, 392; passado, 298; política agrária, 41,

363; posição política, 46, 57, 70, 356; relações com os Estados Unidos, 9, 343; slogans, 41, 196; táticas de guerrilha, 297-9

catolicismo ver Igreja católica

Cayaltí (Peru), 365-7

censos: colombiano agrícola (1960), 238, 240, 252; La Convención (Peru), 131-2; Peru (1961), 204

Cepal (Comissão Econômica das Nações Unidas para a América Latina), 238, 285, 491

CGTP (Confederação Geral de Trabalhadores do Peru), 384, 397

Chávez, Hugo, 29

Chevalier, F., 122

Chicago, 47

Chiclayo (Peru), 365

Chile: "Caminho Chileno", 417-8, 443-4; classe média, 425; cobre, 421, 424, 429-32, 443, 447, 450; comunidade de descendentes de imigrantes, 423n, 479; democratas-cristãos (DC), 348, 423n, 427, 436; dificuldades de coalizão, 438-40; eleições municipais (1971), 427; estrutura política, 58; estudantes, 419, 480; favelas, 426; Forças Armadas, 428, 436; Frente Popular Chilena (1938), 416; golpe militar (1973), 22, 446-7; governo marxista, 382, 435-6; indígenas, 435; invasões de terra, 198, 434-5; mineração, 424, 428n, 432; mudanças no regime, 286n; objetivos do governo de Allende, 430-6; Partido Comunista Chileno, 300, 423n, 427, 432, 434, 438-9; população urbana, 279; presidentes chilenos,

mia de subsistência, 231; estrutura política, 76, 234; estudantes, 69, 85, 90, 461, 480; favelas, 467; Federação Colombiana do Trabalho, 82; ferrovias, 235; gado *ver* gado; guerras civis, 78-80, 91, 234; guerrilhas *ver* guerrilhas; homens armados, 92; indígenas *ver* indígenas; industrialização, 89; insurreição do *Bogotazo* (1948), 15, 18, 33, 75, 81, 456; invasões de terra, 198; massacres, 57; migrações de trabalhadores, 488; mineração, 230, 464; mobilizações camponesas, 274, 315, 499; movimentos ideológicos, 181-8; mudanças agrárias, 231-2, 235; oligarquia, 76, 457-9; paramilitares, 169, 465, 505; Partido Socialista Revolucionário, 236; partidos políticos, 86; PC *ver* Partido Comunista; perspectiva para o futuro (a partir de 1963), 88-9; população, 75, 89, 91, 94-5, 233; posse de terra, 191, 195; posseiros, 240; presidência de Barco, 463; presidência de Betancur, 462; problemas dos índios, 247; produção extensiva para o mercado, 238-9; reforma agrária, 84-5, 89, 253, 270; relação com os Estados Unidos, 349, 471; relatório da Americas Watch (1986), 455-6; "repúblicas independentes", 314, 497; sindicatos, 82, 236, 249; sistema parlamentar, 57; situação atual (1963), 81; taxa de homicídios, 496; terror de direita, 464; tomadas de terra, 84; trabalhadores urbanos, 89; trabalho

servil, 127; tráfico de drogas, 468-71; Universidad Libre, 85; *Violencia, La*, 15, 18, 25, 75*n*, 91-101, 162-4, 168-9, 228, 244, 249, 251-2, 254, 333, 456, 457*n*, 458-9, 496-7; visita do autor, 495-8; vítimas da *Violencia*, 91; zona central, 228-31

colonos: Brasil, 109; Colômbia, 242-6, 249-51, 253; Peru, 144, 178; relação com os donos de terra, 242, 249-50, 253

Coluna Prestes, 284, 313

Comissão Econômica das Nações Unidas para a América Latina *ver* Cepal

Comte, Auguste, 293, 478, 501

Comuna de Paris, 447

comunismo, 58, 62, 72, 83, 97, 180, 185, 187, 222, 224, 275, 300, 355-6, 394; Brasil, 72; camponeses latino-americanos, 68, 222, 275; cidades latino-americanas, 279; Colômbia, 83, 97, 181, 184-6; Cuba, 40, 299-300; declaração do autor sobre o, 224; México, 72; movimentos comunistas, 58; Peru, 206, 222, 356, 379, 394; posição da América Latina, 61, 72; visão norte-americana, 23, 300, 346, 348, 502; *ver também* Partido Comunista; maoismo; marxismo; socialismo, 502

Cone Sul, 293, 334, 444, 482, 493

Conferência de Punta del Este (1961), 343

conservadores, 57, 77-8, 80, 84, 86, 88, 92-3, 95-6, 99, 181, 234, 237, 271*n*, 458, 463, 497, 505

sil, 66, 72, 493; Chile, 426; Colômbia, 467; migrantes do campo em, 66, 376, 493; movimentos políticos, 282; organizações comunitárias, 391; Peru, 48, 66, 202n, 407

Favre, Henri, 113, 205

fazendeiros: apoio governamental para, 128; atitude em relação às fazendas, 114-5; compensação, 218; efeitos da independência, 475; expulsão, 215, 221; mexicanos, 114, 164, 294; peruanos, 143-4, 148; relação com os arrendatários, 210-1, 277; relação com os camponeses, 118, 148, 220, 228; relação com os colonos, 249; status, 115; substituição por empresários, 270; terras usurpadas, 214, 242; *ver também* latifundiários

FBI (Federal Bureau of Investigation), 13n

Federação Camponesa (Peru), 49, 495

Federação Colombiana do Trabalho, 82

ferrovias: Brasil, 66; Colômbia, 235; México, 294; Peru, 49, 131-2, 134, 215, 223

feudalismo, 105, 116, 150, 373, 423; senhores feudais, 68; *ver também* neofeudalismo

Figueres, José, 348

Flores Galindo, Alberto, 478

Florescano, Enrique, 115

Fogel, Robert, 112

França, 48, 258, 292, 356, 372, 419, 474, 502

Francisco de Assis, são, 62

Franco, Ricardo, 467

Frap (Frente de Ação Popular — Chile), 283

Frei Montalva, Eduardo: governo, 431; nome, 423n, 479; perspectivas futuras, 436; relações com os Estados Unidos, 348, 350

Frente Sindical Camponesa (Peru), 377

Freyre, Gilberto, 481

Friede, Juan, 187, 248

Fuar (Frente Unida de Ação Revolucionária — Colômbia), 88

Fuentes, Carlos, 25

Fujimori, Alberto, 489

futebol, 28, 67, 276, 485; Copa do Mundo (1930), 485

gado: Brasil, 159; Colômbia, 80, 93, 96, 117, 232, 238, 241-3, 252; leiteiro, 433; México, 118; Peru, 50, 133, 157, 387

Gaitán, Jorge Eliécer: assassinato de, 74, 78, 81, 100, 251, 284, 458, 495; carreira política, 77, 100, 183, 236, 251, 282, 458; reputação, 88, 100

gaitanismo, 77-8, 83, 86, 88, 90, 185

García Márquez, Gabriel, 455, 489, 496

Garibaldi, Giuseppe, 316

Garvey, Marcus, 236

Gasparian, Fernando, 25

Gilhodes, Pierre, 499

Gilio, María Esther, 336

Gómez, Laureano, 78

González Willys, Luis, 219

González, Andrés, 213

González, Efraín, 57, 100

Gott, Richard, 29, 332, 337

1ª EDIÇÃO [2017] 2 reimpressões

ESTA OBRA FOI COMPOSTA EM MINION PELO ESTÚDIO O.L.M. / FLAVIO PERALTA
E IMPRESSA EM OFSETE PELA LIS GRÁFICA SOBRE PAPEL PÓLEN SOFT
DA SUZANO S.A. PARA A EDITORA SCHWARCZ EM JUNHO DE 2021